Große Werke der Literatur V

Herausgegeben von Hans Vilmar Geppert

Große Werke der Literatur

BAND V

Eine Ringvorlesung
an der Universität Augsburg
1996 / 1997

herausgegeben von
Hans Vilmar Geppert

francke verlag

Titel: Schmuckbuchstabe aus Hans Sachs:
(Das vierdt poetisch Buch) mancherley neue Stücke schöner gebundener Reimen.
Nürnberg: Heußler, 1576; Oettingen-Wallersteinsche Sammlung der Universität Augsburg

Die Deutsche Bibliothek – CIP-Einheitsaufnahme

Grosse Werke der Literatur : eine Ringvorlesung an der Universität Augsburg / hrsg. von Hans Vilmar Geppert. – Tübingen ; Basel : Francke.
NE: Geppert, Hans Vilmar [Hrsg.]; Universität <Augsburg>

Bd. 5 1996/1997 – 1. Aufl. – 1997
ISBN 3-7720-2505-6

Dischingerweg 5 · D-72070 Tübingen

Gedruckt auf säurefreiem und alterungsbeständigem Werkdruckpapier.

Satz: Hoffmann, Reutlingen
Druck: Gulde-Druck GmbH, Tübingen
Verarbeitung: Gogl, Reutlingen
Printed in Germany

ISBN 3-7720-2505-6

»Eigentlich ist das doch wie Kraut und Rüben«, sagte ein Kollege, verwundert über den nun schon in fünfter Folge anhaltenden Erfolg dieser Vortragsreihe. Was ist an Kraut und Rüben eigentlich falsch? Eine gute Minestrone, ein Irish Stew, wenn Sie wollen, Pichelsteiner – immer gehören sowohl »Kraut« als auch »Rüben« hinein. Wenn es gut schmeckt, anders gesagt, wenn die Mischung zugleich ausgewogen, reich und variabel ist, dann kann die Vielfalt der Zutaten eigentlich nur willkommen sein oder, um einmal wieder mit Goethe zu sprechen:

> Laßt uns doch vielseitig sein! Märkische Rüben schmecken gut, am besten gemischt mit Kastanien, und diese beiden edlen Früchte wachsen weit auseinander.
>
> (*Maximen und Reflexionen*)

In diesem Sinne war und ist in dieser Vortragsreihe die Auswahl der Themen immer Sache der Beiträger, ob es sich nun um »große« oder auch »nur« um aparte oder unterhaltende Werke handelt. Und dabei, das ist immer wieder überraschend, stellte sich auch diesmal wie von selbst so etwas wie ein durchgehender Zusammenhang ein. Was immer wieder von Lucan über Montaigne, Knigge, Kant bis zu Freud, Sartre und Yourcenar interessierte, war offensichtlich die Frage, wie politische Verantwortung, Humanität, Vernunft, Urteilskraft, Aufklärung, menschliches Selbstbewußtsein mit ihrem »anderen«, ihren Grenzen, Widersprüchen und Aporien, eben auch Krieg und Unterdrückung zurechtkommen. Und das ist sicher auch die Frage, wenn es etwa um extreme Veränderungen des Bewußtseins geht wie bei Büchner, um dessen Nachtseiten wie bei E.A. Poe, die Überwindung des Mythos vom »Untergang« wie im *Josephs*-Roman Thomas Manns oder durchaus riskante einsame Durchsetzungsspiele einer »Aufklärung trotz allem«, wie bei Marlowe.

Mein Dank gilt zuerst den Beiträgerinnen und Beiträgern, die sich wieder einmal vorzüglich der Aufgabe gestellt haben, anschaulich, lebendig und zugleich wissenschaftlich fundiert durch die Literatur zu führen und Freude am Lesen zu wecken. Sodann danke ich dem Rektor, dem Kanzler, der Gesellschaft der Freunde unserer Universität und der Kurt-Bösch-Stiftung für ihre Unterstützung, den Damen und Herren des Francke Verlags für die problemlose Zusammenarbeit, den Mitarbeiterinnen und Mitarbeitern meines Lehrstuhls, insbesondere Fabian Lampart M.A., für die umsichtige organisatorische Betreuung und zuletzt, aber darum nicht minder herzlich, dem Publikum aus Universität und Stadt Augsburg für sein anhaltendes Interesse.

Augsburg, im August 1997 — Vilmar Geppert

Inhaltsverzeichnis

Lucan: »Pharsalia«

Marion Lausberg

> Zum Schauderfeste dieser Nacht, wie öfter schon,
> Tret ich einher, Erichtho, ich, die düstere;
> Nicht so abscheulich,wie die leidigen Dichter mich
> im Übermaß verlästern ... Endigen sie doch nie
> In Lob und Tadel

Die Sprecherin, die in Goethes *Faust II* mit diesen Worten die Klassische Walpurgisnacht eröffnet, ist nicht etwa eine gängige Figur antiker Mythologie, sondern eine Erfindung des römischen Dichters Lucan. Er ist es, der in seinem Epos *Pharsalia* diese schaurige Gestalt eingeführt hat, eine wahrhaft abscheuliche Hexe, die in einer großen Szene eine Totenbeschwörung vornimmt. Bis in Goethes Zeit gehörte Lucan zum gängigen Bildungswissen in Europa.Noch Hölderlin hat Teile aus seinem Werk übersetzt. Erst dann ist Lucan vor allem in Deutschland, im Zuge einer allgemeinen Abkehr vom Rhetorischen und Römischen, aus dem Bewußtsein breiterer Bildungsschichten entschwunden; auch die Forscher, die noch von ihm wußten, taten ihn lange Zeit ab mit abqualifizierenden Wendungen wie ›hohles Pathos‹ oder ›rhetorischer Schwulst‹.

Eine Neuentdeckung für die Forschung hat in den zwanziger Jahren eingesetzt, und seitdem hat, vor allem in den letzten zwei Jahrzehnten, in der Forschung eine regelrechte Lucanrenaissance stattgefunden; sein Epos wurde in vielen größeren und kleineren Abhandlungen neu erschlossen und einem besseren Verständnis zugeführt. Trotzdem ist der Autor in der breiteren Öffentlichkeit, außerhalb der Fachspezialisten, weithin ein Unbekannter geblieben. Es dürfte lohnen, ihn im Rahmen einer Reihe *Große Werke der Literatur* vorzustellen. Über viele Jahrhunderte hin wurde Lucan als zentraler Autor der Weltliteratur rezipiert. Für das Mittelalter sei nur auf Dantes *Divina Commedia* verwiesen, wo Lucan ganz selbstverständlich zum Kreis der großen Dichter gehört, die Dante in der Hölle trifft. Die Wiederentdeckung Lucans in der Forschung ging tatsächlich aus von seiner großen Bedeutung in der Rezeption des Mittelalters und der Neuzeit. »Lucan als Mittler des antiken Pathos« lautet der Titel des Aufsatzes von E.Fraenkel, der 1927 den entscheidenden Anstoß gegeben hat.

Wer also war Lucan und worum geht es in seinem Werk *Pharsalia*? Unser Wissen über sein Leben beruht im wesentlichen auf zwei unterschiedlichen antiken Biographien, deren Informationen gestützt werden durch Gedichte, die unter Kaiser Domitian Statius und Martial zu einem postumen Geburtstag Lucans damals noch lebenden Witwe gewidmet haben, wahrscheinlich zum 50. Geburtstag im Jahre 89 n. Chr. Diese Texte stellen zugleich ein wichtiges Zeugnis früher Lucanrezeption dar.

Lucan war der Neffe des Philosophen Seneca und wurde wie dieser in Corduba in Südspanien, der damaligen Provinz Baetica, geboren im Jahre 39 n. Chr. Schon als Kleinkind wurde er nach Rom gebracht, wo er aufwuchs und seine Schulbildung genoß. Früh machte er durch verschiedene Gedichte von sich reden. Er kam in engen Kontakt zu Kaiser Nero, dessen Erzieher ja sein Onkel Seneca war. Das gemeinsame Interesse an der Dichtung verband die beiden fast gleichaltrigen jungen Männer, Lucan und den um zwei Jahre älteren Nero. Lucans einziges Werk, das auf uns gekommen ist, eben die Pharsalia, begann er wohl um 60 n. Chr., im Alter von nur ca. 20 Jahren. Zunächst publizierte er die ersten drei Bücher. Zu einem nicht genau bestimmbaren Zeitpunkt trat ein Zerwürfnis mit Nero ein und er erhielt Publikationsverbot, dichtete aber offenbar trotzdem weiter. Im Jahre 65 mußte er sich im 26. Lebensjahr auf Geheiß Neros das Leben nehmen, nachdem eine Verschwörung gegen den Kaiser gescheitert war. Die Pharsalia blieb durch den frühen Tod ihres Autors unvollendet, der postum publizierte Text bricht im 10. Buch mitten in der Handlung ab.

Thema Lucans ist der Bürgerkrieg zwischen Caesar und Pompeius von der Überschreitung des Rubico im Jahre 49 v. Chr. über die Schlacht von Pharsalus bis zur Ermordung des Pompeius in Ägypten und zu Caesars Aufenthalt in Ägypten bei Kleopatra. Wie weit die Handlung nach den Plänen des Autors vermutungsweise reichen sollte, darüber streitet sich die Forschung. In Frage kommt vor allem der Selbstmord des Cato (46 v. Chr.), der sich damit der eventuellen Milde Caesars entziehen wollte, oder die Ermordung Caesars durch Brutus im Jahre 44 v. Chr. Der übliche Titel *Pharsalia* bezieht sich auf die von Lucan im 7. Buch geschilderte entscheidende Schlacht bei Pharsalus, einer Örtlichkeit in Thessalien. Der Titel ist nicht als authentisch gesichert, beruht aber immerhin auf einer Formulierung innerhalb Lucans Werk (9,985) und ist zumindest als Teil der Rezeptionsgeschichte Lucans praktisch; in der handschriftlichen Überlieferung wird das Werk *De bello civili* genannt, ein Titel, den ein Teil der modernen Forschung übernimmt.

Lucans *Pharsalia* ist der literarischen Gattung nach ein Epos, d.h. nach antikem Verständnis eine umfangreiche Erzählung in Versen, und zwar in Hexametern. Damit tritt der Dichter in eine lange ehrwürdige literarische Tradition ein, die mit Homer beginnt und auch in Rom seit den Anfängen der lateinischen Literatur gepflegt worden war. Insbesondere muß er sich mit einem solchen Werk dem Vergleich mit Vergils *Aeneis* stellen, einem Werk, das nach dem Tod dieses Autors unter Augustus publiziert und sogleich als das große klassische Werk anerkannt worden war. Nachdem lange Zeit der Wettstreit mit der bewunderten großen griechischen Literatur die Hauptantriebskraft für die lateinische Literatur gewesen war, gab es nun innerhalb dieser Literatur durch Vergil und andere Autoren seiner Zeit eine anerkannte Klassik. Es stellte sich angesichts dieser neuen literarischen Situation die Frage, wie der Weg der Literatur nun weitergehen sollte. Sollte man sich, wie es vor allem nach Lucan eher klassizistisch geprägte Autoren taten, an der Klassik orientieren oder sollte man versuchen, Neues zu schaffen, der veränderten literarischen und auch politischen Situation entprechend? Letzteres ist der Weg, den Lucan gegangen ist.

Während Ovid gegenüber Vergil schon in der anderen Kompositionsform der Metamorphosen und im mythischen Stoff sich von der *Aeneis* abgesetzt hatte, konfrontiert sich Lucan viel unmittelbarer mit der *Aeneis,* indem er wie diese eine einheitliche zusammenhängende Handlng aus dem römischen Bereich wählt.

Lucan war, als er sein Epos schrieb, nur halb so alt wie Vergil, der im Alter von 50 Jahren bei der Arbeit an der Aeneis starb und der sogar bei der Abfassung seines Jugendwerks *Bucolica* schon älter war als Lucan je wurde. Die Jugendlichkeit Lucans im Vergleich zu Vergil rühmt Statius in dem genannten Geburtstagsgedicht: In diesem Alter hatte Vergil nicht noch einmal den *Culex,* ein damals als echt geltenden Frühwerk, verfaßt (*ante annos Cu-*

licis Maroniani). Eine entsprechende Anekdote überliefert eine der Biographien. Lucan habe selbst sich in diesem Sinne stolz mit Vergil verglichen und gesagt: »Und wieviel bleibt mir noch bis zum Culex?« Se non è vero è ben trovato. Eben eine solche Haltung des stolzen Selbstbewußtseins gegenüber dem großen Klassiker läßt sich sozusagen aus jeder Zeile seines Epos herauslesen.

Der jugendliche Dichter läßt sich von der literarischen Tradition nicht einschüchtern, sondern fühlt sich herausgefordert, in einen literarischen Wettstreit zu treten (*aemulatio*). Er verheißt in einer Passage des 9. Buches seinem eigenen Werk Unsterblichkeit und stellt sich hier sogar neben denjenigen Dichter, der in der Antike unbestritten als der Größte überhaupt galt, neben Homer (9,983ff.). Martial weist ihm dann tatsächlich den zweiten Platz zu nach Vergil, Statius stellt ihn sogar gleichrangig neben ihn, und noch in der frühen Neuzeit wird leidenschaftlich diskutiert, ob Vergil oder Lucan der erste Rang unter den römischen Dichtern zukomme. Doch die Neuheit seines Werks forderte auch zu scharfer Kritik heraus.

Ich möchte im folgenden Lucans Epos unter einigen Aspekten kurz beleuchten und damit zugleich einen kleinen Durchgang durch wichtige Szenen der Dichtung verbinden. Der Blick auf die antike und nachantike Rezeption Lucans soll dabei eine wichtige Rolle spielen.

1. Das Proömium und die Kritik an Lucans Stil

Die antike Kritik an Lucan bezog sich vor allem auf zwei Punkte, den Stil und die epische Behandlung des Stoffes.

Mit der Neuartigkeit seines Stils erregte Lucan bei klassizistisch orientierten Autoren der unmittelbaren und späteren Nachwelt Anstoß. Quintilian sagt um 90 n. Chr., Lucan sei mehr von Rednern als von Dichtern nachzuahmen. Er hebt dabei die pathetische Leidenschaftlichkeit des Tons und die Fülle kurzer pointierter Formulierungen hervor. Den pointierten Stil des Lucan kritisiert auch im 2. Jh. n. Chr. Fronto, der Wortführer der damals herrschende Stilrichtung des Archaismus, die die altrömische Literatur besonders schätzte. Fronto greift für seine Kritik das Proömium des Lucan heraus. In sieben Versen reihe Lucan nur eine pointierte Formulierung an die andere, ohne daß sich ein gedanklicher Fortschritt dabei ergebe. Tatsächlich beleuchtet Lucan in immer neuen Wendungen die Paradoxie und das Verbrecherische des Bürgerkriegs, in dem Römer gegen Römer kämpfen: (Lucan 1,1–7):

> *Bella per Emathios plus quam civilia campos*
> *iusque datum sceleri canimus populumque potentem*
> *in sua victrici conversum viscera dextra*
> *cognatasque acies et rupto foedere regni*
> *certatum totis concussi viribus orbis*
> *in commune nefas infestisque obvia signis*
> *signa, pares aquilas et pila minantia pilis.*

> Von Krieg auf thessalischen Feldern singe ich, der mehr war als nur Bürgerkrieg, wie dem Verbrechen freier Lauf gegeben wurde, ein mächtiges Volk sich mit siegreicher Hand gegen die eigenen inneren Organe kehrte, von Schlachtreihen Verwandter, wie nach dem Bruch des

> Tyrannenbundes gekämpft wurde mit den gesamten Kräften des erschütterten Erdkreises zu gemeinsamem Frevel, von Feldzeichen, die feindlichen Feldzeichen gegenüberstanden, gleichen Legionsadlern und Römerspeeren, die Römerspeeren drohten.

Fronto mißt den Dichter einseitig an vorgefaßten Vorstellungen, daß ein Proömium in erster Linie informieren soll über möglichst viele Teilaspekte eines Themas. Für Lucans Eigenart hat er dabei kein Auge. Den Vergleich zu früheren epischen Proömien hat der Dichter tatsächlich gesucht, insbesondere zur *Aeneis*, zu der die Verszahl und sogar Einzelheiten der metrischen Struktur in enger Entsprechung stehen. Die Parataxe des Stils, bei dem syntaktisch gesehen nur lauter Accusativobjekte zum Verbum ›ich singe‹ aneinandergefügt werden, unterscheidet sich vom hypotaktischen Gebilde Vergils. Die Unterschiede sind auch inhaltlicher Art. Vergil hatte von einem Mann gesungen, der sich durch *pietas*, durch das richtige Verhältnis zu Göttern und Menschen, auszeichnet, Lucans Gegenstand ist das Verbrecherische des Bürgerkriegs (*scelus, nefas*). Es fehlt im Unterschied zu Vergil der Hinweis auf das Wirken der Götter, und es fehlt die Geschichtsteleologie; bei Vergil ist Rom das letzte Wort des Proömiums und zugleich das Ziel der erzählten Handlung. Lucans Epos erscheint damit vom Geschichtsbild her als negatives Gegenstück zu Vergils *Aeneis*, als eine Anti-*Aeneis*. Zugleich ist es auch eine Über-*Aeneis*, indem der Gegenstand des Epos als übersteigert gegenüber dem literarischen Vorgänger dargestellt wird: Kein Einzelheld ist genannt, sondern das römische Volk insgesamt (*populus*), und die ganze Welt (*orbis*) ist in das Geschehen einbezogen.

Die Andersartigkeit in Stil und Inhalt ist von Lucan gesucht. Gleich am Anfang erhält der Leser das Signal, daß hier ein Dichter antritt, der etwas Neues gegenüber der epischen Tradition zu bieten hat. Die Paradoxie als stilistisches Kennzeichen ist nicht nur artifizielles Mittel einer stilistischen Mode, sondern eingesetzt, um das zu erzählende Geschehen zu deuten. Vielleicht hat Lucan schon das Thema seines Epos so gewählt, daß er solche Paradoxie inhaltlich und stilistisch wirksam gestalten konnte.

2. Die Kritik am Fehlen des Götterapparats

Neu war auch die Art, wie Lucan seinen Stoff behandelte. Lucans Thema ist der römischen Geschichte entnommen, weshalb sein Epos in der Forschung üblicherweise als ›historisches Epos‹ bezeichnet wird. Solche Epen waren in Rom, anders als im griechischen Bereich, seit den Anfängen üblich. Zu beachten ist dabei, daß nach antiker Auffassung Mythos und Geschichte nicht prinzipiell, sondern eher graduell und chronologisch unterschieden waren. Auch Vergils *Aeneis* behandelt nach antiker Auffassung einen Stoff aus den Anfängen der römischen Geschichte. Für die Zeitgenossen war solch historischer Stoff vor allem eine Möglichkeit, spezifisch Römisches zum Thema zu machen. In dem Gedicht des Statius wird Lucan eben dafür gerühmt, daß er einen römischen Stoff wählte, und auch Lucan selbst spricht von *Romana carmina* (1,66). Nicht die Tatsache, daß Lucan einen historischen Stoff zugrundelegte, war das Neue, Überraschende für sein damaliges Publikum, sondern vielmehr die Art und Weise, wie er diesen Stoff episch gestaltet.

Am meisten Anstoß erregt hat eine bestimmte Neuerung des Lucan im Verhältnis zur epischen Tradition. Lucan verzichtet auf den sogenannten Götterapparat. Seit Homer war es üblich, im Epos neben der Handlung im Bereich der Menschen eine zweite Handlungsebene einzuführen und mehrere Götter redend und handelnd auftreten zu lassen. So beschützt in Homers *Odyssee* Athene den Hauptthelden Odysseus. Mehrfach tritt sie auf,wenn sie etwa Zeus für Odysseus bittet oder selbst dem Odysseus in menschlicher Verkleidung gegenübertritt. In Vergils *Aeneis* spielen wichtige Rollen vor allem Venus als Mutter des Aeneas und ihre Gegenspielerin Iuno, die dem Helden immer wieder Schwierigkeiten in den Weg legt. Der Göttervater Iuppiter als Weltenlenker verkündet seine Pläne für die zukünftige Größe Roms.

Dieser Götterapparat war nicht nur in den Beispielen früherer epischer Dichtung literarisch fest etabliert, sondern er bildete auch einen integralen Bestandteil der in Lucans Zeit gültigen literarischen Theorie des Epos. Wahrscheinlich der Aristotelesschüler Theophrast hatte das Epos geradezu definiert als eine Handlung aus Göttern und Menschen. Ein Beispiel für eine solche Definition bietet ein spätantiker Vergilkommentator: *est autem heroicum quod constat ex divinis humanisque personis, continens vera cum fictis* (Servius, Vorrede zum Aeniskommentar). »Ein heroisches – d.h.episches – Gedicht ist ein solches, das aus göttlichen und menschlichen Personen – gemeint ist handelnden und redenden – besteht und Wahres zusammen mit Erfundenem enthält.«

Vor diesem Hintergrund war es die etablierte Literaturkritik, die von ihren konventionellen Kriterien aus am Fehlen des Götterapparats bei Lucan Anstoß nahm. Belegt ist uns solche Kritik vor allem aus späteren Jahrhunderten der Antike bis hinein ins Mittelalter. Eine der Formulierungen aus einem im Kern auf die Antike zurückgehenden mittelalterlichen Kommentar zu Lucan lautet (*Commenta Lucani* 1,1): *ideo autem Lucanus dicitur a plerisque non esse in numero poetarum, quia omnino historiam sequitur, quod poeticae arti con convenit.* »Deswegen aber wird von vielen gesagt, daß Lucan nicht unter die Dichter zu zählen sei, weil er ganz und gar der Geschichte folgt, was sich für die Dichtkunst nicht ziemt,« Daß solche Kritik aber älter ist, zeigt mit großer Wahrscheinlichkeit eine Passage bei Lucans Zeitgenossen Petron, wo freilich der Name Lucans nicht genannt ist.

In der modernen Forschung wird häufig vermutet, daß Lucan deshalb den Götterapparat weggelassen hätte, weil er Begebenheiten aus der jüngsten Geschichte schildert, und daß dafür dieses Element, das eher zu einer mythischen Vergangenheit passe, ihm nicht so geeignet erschien. Doch das war offenbar nicht die Auffassung der antiken Kritik, denn wenn dies ein naheliegender Grund gewesen wäre, hätte sie ja an Lucan keinen Anstoß zu nehmen brauchen. Zudem ist auch für die Behandlung jüngst zurückliegender Geschichte der Götterapparat anderweitig durchaus belegt.

Petron läßt im Anschluß an die theoretische Kritik an Lucan den Dichter Eumolpus, eine Figur seines Romans, ebenfalls eine Darstellung der Anfänge des Bürgerkriegs dichten. Diese enthält im Gegensatz zu Lucan einen Götterapparat. Somit dürfte hier ein Beispiel dafür gemeint sein, wie man dieselben historischen Ereignisse unter Beachtung der Regeln anders als Lucan hätte darstellen können. Es muß dabei keinswegs Petrons eigene Meinung sein, die er seine Figur Eumolpus vertreten läßt. Auf jeden Fall läßt sich im Vergleich zur Alternativversion des petronischen Eumolpus die Eigenart von Lucans Darstellung besser fassen.

Bei Petron wird der Bürgerkrieg ausgelöst durch ein Göttergespräch zwischen dem Unterweltsherrscher Dis und der Glücksgöttin Fortuna. Dis fordert Fortuna auf, einen Krieg zu entfesseln; es sei Zeit dazu, weil die Römer so verderbt seien; sie solle dafür sorgen, daß die Unterwelt voll mit Menschen werde. Lucan dagegen spricht von menschlich-historischen Ursachen des Bürgerkriegs, dem allgemeinen Niedergang der Sitten und insbesondere von dem Machtkampf der Großen. Dies ist in der Tat das, was auch die Historiker zu diesem Punkte erörterten. Lucan bleibt näher an einer wirklichen Analyse der historischen Gegebenheiten, als es das mythologische Versatzstück des Petron vermag. Der Götterapparat wurde in Lucans Zeit ohnehin als etwas nur Fiktives verstanden; vielleicht betrachtete er es als überlebtes Stück literarischer Konvention, auf das er zugunsten eines engeren Bezugs auf die wirkliche Geschichte verzichtet hat. Daß er dabei gegen Literaturtheorie und traditionelle Literaturpraxis verstieß, hat er wohl eher bewußt gesucht als nur in Kauf genommen.

Die Ebene des Göttlichen fehlt im Epos des Lucan nicht völlig; es ist bei ihm von Fortuna, der launischen Glücksgöttin, mehrfach die Rede, und es werden Prodigien und andere Vorzeichen erwähnt, aber das gab es auch in den historiographischen Quellen; als spezifisch für das Epos galt eben die Ausgestaltung mit persönlich auftretenden Göttern, und die fehlen bei Lucan in der Tat. Das Sprechen von den Göttern war nach damaliger Auffassung nach Textsorten unterschieden, Lucan spricht wie ein Historiker und verstößt damit gegen die Gattungsgesetze, die den Dichtern die sogenannte mythische Theologie zuwiesen.

3. Die dichterische Umgestaltung des historischen Stoffes

Nicht erfaßbar mit den vorgefaßten konventionellen Kriterien der Kritik waren andere spezifische Formen poetischer Getsaltung des Stoffs, wie sie sich bei Lucan durchaus finden, gerade in den Anfangspassagen. Er stellt hier die Gestalten des Pompeius und des Caesar in zwei großen Gleichnissen einander gegenüber, dem der ehrwürdigen, aber altersschwachen Eiche und dem des Blitzes. Ich zitierte hier das Eichengleichnis in der Übersetzung Hölderlins (Lucan 1,136–143):

> So auf fettem Saatengefild ein erhabener Eichbaum,
> Rings mit alter Beute des Volks und heiligen Spenden
> Seiner Helden geschmückt; ihn hält sie nimmer, der Wurzel
> Kraft, noch stehet er fest in seinem Gewichte, die nackten
> Äste streckt er hinaus in die Lüfte, nur mit dem Stamme
> Breitet er Schatten umher, nicht mehr mit seinem Gezweige.
> Rings erhaben um ihn in steter Kraft sich die Wälder,
> Doch nur er wird geehrt.

Lucan greift hier auf die alte Tradition des epischen Gleichnisses der Form nach zurück, doch die kompositionelle Stellung am Anfang und die Funktion, am Beginn des Werks in symbolischer Verdichtung die beiden Gestalten zu umreißen und zugleich den Ausgang des Geschehens anzudeuten – der Blitz wird die Eiche fällen –, das ist durchaus neu gegenüber der epischen Tradition. Um des Gegensatzes willen hat Lucan dabei auch die historische Überlieferung verändert. Der tatsächliche Altersunterschied zwischen Pompeius und Caesar betrug nur sechs Jahre, bei Lucan steht einem altersschwachen Pompeius der junge, energiegeladene Caesar gegenüber. Eben die von der Kritik nicht gewürdigten eindrücklichen Bilder Lucans haben aber durchaus bei der Nachwelt gewirkt. Der französische Renaissancedichter Du Bellay (*Les Antiquitez de Rome* 28) hat aus dem Eichengleichnis ein Sonett geformt und es dabei auf den Untergang der Größe Roms bezogen, durchaus im Sinne des Lucan, bei dem mit der Eiche außer Pompeius symbolisch auch das dem Untergang geweihte altehrwürdige Rom mitgemeint ist.

Die Kritik der antiken Grammatiker könnte vermuten lassen, daß Lucan Geschichtsschreibung nur versifiziert hat, so wie dann in Spätantike und Mittelalter die Bibel oder Heiligenlegenden mehr oder weniger nur in Verse gesetzt werden. Tatsächlich hat man im Mittelalter Lucan eben deswegen geschätzt, weil er die historische Wahrheit, nicht Fiktion darstelle und nicht den nun als heidnisch empfundenen Götterapparat. Was in der Antike zu Kritik an Lucan führte, war nun, von christlichen Voraussetzungen her, geradezu eine Empfehlung für ihn. Seit der Spätantike war es üblich, Prosa und Vers als Bearbeitungen eines Stoffs nebeneinanderzustellen, wobei sich beides im wesentlichen nur durch die stilistische Gestaltung und das Metrum unterschied.

Doch bei Lucan ist das anders. Auch wenn er den Götterapparat beiseite gelassen hat, hat er doch keineswegs einfach eine historische Quelle in Verse gebracht. Vielmehr hat er die Handlung, die er bei den Prosahistorikern, vor allem bei Livius fand, kompositorisch umgeformt. Er hat daraus eine einheitliche, zielgerichtete Handlung gemacht im Sinne dessen, was die aristotelische Poetik von einer epischen Handlung fordert. Das war freilich bei einem historischen Stoff schwieriger als bei einem mythischen, denn Mythos und Historie unterschieden sich nach antiker Auffassung eben dadurch, daß die Überlieferung zum Mythos, etwa zur römischen Frühgeschichte um Aeneas, vielfältiger war. Dadurch hatte Vergil einen großen Spielraum, auf der Grundlage der vorliegenden Überlieferungen zu Aeneas, die ohnehin schon viele stark differierende Varianten aufweisen, seine Handlung nach kompositorischen Prinzipien neu zu gestalten. Für Lucan war dies beim gut überlieferten historischen Stoff der jüngeren Vergangenheit schwieriger. Auch hier gab es zwar unterschiedliche Fassungen, aber der Grundablauf der Handlung war doch relativ sicher, die Differenzen bezogen sich eher auf Einzelheiten und auf Wertungen, etwa in der Beurteilung von Caesars Tun.

Wenn Lucan den Stoff zu wenig umgestaltete, mußte darunter die künstlerische Gestaltung der Handlung leiden, wenn er ihn zu sehr umgestaltete, die historische Wahrheit. Der Bürgerkrieg war nicht irgend ein beliebiger Stoff, sondern er war ein Ereignis, das auch für die Gegenwart des Lucan noch eine wichtige Bedeutung hatte. Aus diesem Bürgerkrieg ging letztlich die herrschende Staatsform in Lucans eigener Zeit, der Prinzipat, hervor. Wenn für Lucan der gewählte Stoff einer war, dessen historischer Gehalt für ihn über die ästhetische Formbarkeit hinaus etwas besagte, so durfte er auch als Dichter nicht zu weit abweichen vom überlieferten Ablauf der historischen Ereignisse. Die von der antiken Dichtungstheorie nicht nur ermöglichte, sondern sogar geforderte Umgestaltung der Historie findet ihre Grenzen in der historischen Bedeutung des Geschehens.

Dies läßt sich wiederum im Vergleich mit Petron verdeutlichen. Petron läßt Caesar zu Beginn des Bürgerkriegs nicht den Fluß Rubico, sondern die Alpen überschreiten. Dies ergibt zwar eine Analogie zu Hannibal, es ermöglicht ein artistisch interessantes Stück Ortsbeschreibung, und es mußte jedem Römer, der von dem berühmten Übergang über den Rubico wußte, auf den ersten Blick als Umformung der Geschichte erscheinen, in der Lucan nach Urteil der Kritiker nicht weit genug gegangen war. Die Freiheit des Dichters zur Umgestaltung des Stoffs hat für Lucan offenbar da ihre Grenzen, wo die Substanz des historischen Vorgangs tangiert wäre. Das ist beim Übergang über den Rubico der Fall, denn hier überschreitet Caesar die Grenze seiner Provinz und leitet eben dadurch den Bürgerkrieg ein. Den kleinen Fluß läßt Lucan, und in diesem Punkt geht er nun doch über die historische Überlieferung hinaus, angeschwollen sein, um seine Bedeutsamkeit zu überhöhen. Die dichterische Ausgestaltung der Szene dient somit der Deutung des historischen

Geschehens in dem Sinne,wie Lucan es gedeutet wissen will. Der historische Stoff ist aber für ihn keine beliebige Manövriermasse dichterischer Freiheit um ihrer selbst willen.

Im Bild des Wassers verbindet Lucan dann im weiteren Verlauf seines Epos eine ganze Reihe von im Kern historischen, im einzelnen aber in übersteigernder Umformung gestalteten Szenen untereinander zu einer einheitlichen Bildlichkeit. Immer wieder ist es Wasser, das sich Caesar entgegenstellt, ihn aber letzlich doch nicht aufhalten kann, nicht eine Überschwemmung in Spanien, nicht eine Seeschlacht bei Massilia, nicht das zum Sturm aufgepeitschte Meer bei seinem Versuch, auf einem Boot tollkühn die Adria zu überqueren.

Kühne Überschreitung von Grenzen nach anfänglichem Zögern, auch das macht Lucan dann, ausgehend von der Rubicoszene, zu einem grundlegenden Charakteristikum seiner Caesargestalt auch im weiteren Verlauf seines Epos. Er erzielt damit eine eindrückliche Charakterisierung dieser Hauptgestalt, indem er sein Handeln nach einem bestimmten Modell ablaufen läßt. Hierfür gestaltet er je nach Bedarf das historische Quellenmaterial durchaus mehr oder weniger um. Noch weiteres Beispiel aus den ersten Büchern möge dies zeigen.

Caesar fällt im dritten Buch Bäume eines heilige Hains, um mit den Stämmen einen Damm zur Belagerung der Stadt zu errichten. Der Symbolwert dieser Szene wird von Lucan dadurch unterstrichen, daß er kurz zuvor Caesar eine Selbstcharakterisierung in den Mund legt, in dem er sich mit dem Wind vergleicht, der, um seine Kräfte zu entfalten, einen dichten Wald als Hindernis braucht (3,362ff.). Caesars bedenkenloses Überschreiten der Grenzen wird durch Bezüge zur literarischen Tradition von Baumfällszenen verdeutlicht. Vergils Aeneas hatte Bäume fällen lassen, um einen verstorbenen Gefährten zu bestatten; bei Vergil zeigt das Vorgehen also seine *pietas*. Ovid hatte in den Metamorphosen das Fällen eines heiligen Baums durch den mythischen Erysichthon zum Muster der *impietas* gestaltet. Lucan übersteigert dies daduch, daß er seinen Caesar viele Bäume fällen läßt, und im Unterschied zu Ovid greifen hier die Götter bei Lucan nicht hindernd oder strafend ein, obwohl die Zuschauer der Szene dies erwartet hätten. Hier wie im ganzen Epos Lucans ist Caesar ein Frevler, aber einer, gegen den die Götter nicht einschreiten. Die historische Basis für Lucans Szene besteht hier nur in der Notiz, daß in den umliegenden Wäldern von den Soldaten Holz für die Belagerung gefällt wurde. Die Beschreibung des heiligen Hains, den Caesar fällen läßt, wird ein von späteren Autoren, etwa dem italienischen Dichter Tasso, mehrfach auf gegriffenes Glanzstück eines großartigen Bildes. Lucans Beschreibung ist nicht wie die Ortsbeschreibung bei Petron ein bloßes episches Versatzstück. Die ganze Szene wird zur Ballade *Das Heiligtum* gestaltet von Conrad Ferdinand Meyer, aus der hier ein paar eng an Lucan angelehnte Sätze zitiert seien:

> Waldnacht. Urmächtge Eichen, unter die
> Des Blitzes greller Strahl geleuchtet nie!
> Dämmernde Wölbung, Ast in Ast verwebt,
> Von keines Vogels Lustgeschrei belebt!
> Ein brütend Schweigen, nie vom Sturm gestört,
> Ein heilig Dunkel, das dem Gott gehört....

Lucan formt um nach vorwiegend ästhetischen Kriterien, wenn er etwa im dritten Buch mehrere kleinere Kämpfe zur See bei Massilia zu einer einzigen großen Seeschlacht gestaltet. Seeschlacht, das war zugleich gegenüber der epischen Tradition etwas, womit er seine Vorgänger überbieten konnte.

Ganz erfunden ist die Episode von Erichtho,von der wir bei Goethe gehört haben. Lucan wollte hier vor allem ein Gegenstück zur Totenbeschörung der *Odyssee* und zur Jenseitsfahrt des Aeneas bei Vergil schaffen. Daß die Episode wie bei Vergil im sechsten Buch des Epos steht, zeigt, daß auch kompositionelle Bezüge zu Vergil eine Rolle spielen.

In Abweichung von der Klassik Vergils etabliert Lucan hier seine eigene Ästhetik des Grausigen und Übersteigerten. Er versucht damit, dem schon verwöhnten Publikum seiner Zeit neue Reize zu bieten, zugleich aber findet er auch eine dem gewählten grausigen Geschehen des Bürgerkriegs adäquate neue Darstellungsform, die als solche auch zur Deutung des Geschehens als nie dagewesener, alles bisherige übersteigender Greueltaten beiträgt.

Die breite Ausführung der Szene zeigt auch, wie es Lucan insbesondere auf die Ausgestaltung von Einzelszenen, weniger auf den kontuierlichen epischen Fluß der Handlung ankommt. Dies kann auch sonst als Kennzeichen der Literatur der nachklassischen Zeit gelten. Solche Kompositionsweise wurde nahegelegt durch die Praxis der Rezitation von Dichtung, wonach Texte mündlich als einzelne Glanzstücke einem Zuhörerpublikum präsentiert wurden.

4. Die Deutung des Geschehens und die Umgestaltung der epischen Tradition

Als einen Höhepunkt seines Epos hat Lucan die entscheidende Schlacht von Pharsalus im 7. Buch gestaltet. Ich möchte einige Punke herausgreifen und dabei die Umformung der epischen Tradition durch Lucan und seine Deutung des Geschehens noch stärker in die Betrachtung miteinbeziehen. Lucan hat einerseits, wie wir gesehen haben, den historischen Stoff episch umgestaltet, andererseits aber auch die epische Tradition verändert, und zwar nicht nur im Verzicht auf den Götterapparat.

Hanc fuge mens partem belli (Lucan 7,552): »Diesen Teil des Krieges fliehe, mein Geist«, so leitet Lucan die Schilderung des Höhepunktes der Schlacht ein. Der Erzähler evoziert hier die bislang übliche Praxis epischer Dichter, an besonderen Punkten des Geschehens die Muse um Beistand zu bitten. Lucan dagegen wendet sich an seinen eigenen Geist, und er fordert ihn nicht auf, von den Kämpfen zu singen, sondern sie zu verschweigen. Die Aufgabe, die er sich hier selbst zuweist, die Ereignisse im Dunkeln zu lassen, steht in schroffem Gegensatz zu der Aufgabe, die dem Epiker seit alters zugewiesen wurde, den Ruhm tapferer Taten der Nachwelt zu überliefern. Weil die Gegebenheiten sich diametral verändert haben, kann der Epiker nur noch das Gegenteil seiner traditionellen Aufgabe erfüllen, nur noch schweigen, und der Hinweis auf dieses Schweigen wird zum Mittel der Aussage, wie verschieden diese Schlacht im Vergleich zu traditonellen epischen Schlachten ist. Die Abgrenzung von der epischen Tradition ist zur Deutung des Geschehens eingesetzt. Die Andersartigkeit seiner Darstellung macht Lucan eben dadurch deutlich, daß er auf die Tradition verweist; der Leser soll seine Darstellung vor der Folie des Traditionellen lesen.

Tatsächlich waren nach der historischen Überlieferung die Verluste bei den Kerntruppen, insbesondere beim Senat gering; zehn Senatoren sollen umgekommen sein. Aber durch das Mittel des expliziten Verschweigens erscheinen dem Leser des Lucan die Verluste riesiger, als wenn er auf Details eingegangen wäre.Auch die übliche Serie von Verwundungen übergeht er in einer *praeteritio*. Er hätte hier die Möglichkeit gehabt, sich mit der literarischen Tradition zu messen, verzichtet aber darauf, um die Besonderheit dieser Schlacht, in der Bürger gegen Mitbürger kämpfen und die Guten ausgelöscht werden, hervorzuheben; die Deutung des Geschehens ist ihm hier wichtiger als die ästhetische Überbietung. Die Abgrenzung von der epischen Tradition dient der Bewertung der Ereignisse.

Überhaupt gibt der Erzähler gerade hier im siebten Buch immer wieder wertende Stellungnahmen zum Geschehen ab, und in diesem Punkt führt Lucan gegenüber der epischen Tradition auch formal eine Neuerung durch. Bislang hatte es dazu nur Ansätze insbesondere bei Vergil gegeben, Lucan baut diese so entschieden aus, daß episches Erzählen überhaupt dadurch von ihm grundlegend verändert wird.

Auch inhaltlich ist Vergils *Aeneis* primärer Bezugspunkt für ihn. In ihr war vom Untergang Troias und vom Aufstieg Roms die Rede. Lucan deutet den Untergang der römischen Republik als eigentlichen Untergang Roms, indem er Elemente aus Vergils Darstellung des Untergangs Troias in seine Erzählung einbezieht und auf Rom umdeutet, und indem er Passagen, die sich auf den Aufstieg Roms beziehen, ins Gegenteil verkehrt. Dies möchte ich an zwei kurzen Passagen zeigen.

Die Wendung *advenisse diem* (»daß der Tag gekommen ist«) bezieht sich bei Vergil (*Aen.* 7,145) darauf, daß der Tag gekommen ist, die Stadt zu gründen, aus der dann später Rom hervorgehen wird, bei Lucan (7,131) dagegen ist der Tag gekommen, der den Untergang Roms bringen wird.

Bei Livius, der uns in diesem Punkt noch faßbar ist, war von einem Seher aus Padua, der Heimatstadt des Livius die Rede, der während der Schlacht aus Vogelzeichen erkennt, daß ein bedeutsames, entscheidendes Ereignis im Gange ist. Lucan greift diese Worte auf, fügt aber eine Formulierung hinzu, die nicht bei Livius, sondern bei Vergil ihre Entsprechung hat: *venit summa dies*, »gekommen ist der letzte Tag«, das geht bei Vergil (*Aen.* 2,324) auf den Untergang Troias, bei Lucan (7,195) auf den Untergang Roms. Auch an der Vergilstelle spricht ein Priester; Lucan macht sich Vergleichbares in Epos und Historie zunutze und bringt es in seinem Werk deutend zusammen.

Bei Vergil führt die Handlung letztlich zu Augustus und erhält darin ihr Ziel. Auch bei Lucan ist das erzählte Geschehen auf die politische Gegenwart bezogen, aber in nunmehr eindeutig negativer Färbung. Der Sieg Caesars bei Pharsalus begründet den Untergang der Freiheit, der bis in die Gegenwart des Erzählers dauert: *par quod semper habemus, libertas et Caesar* (Lucan 7,695f.), »das Kämpferpaar, das wir immer haben, Freiheit und Caesar«.

Die Erfahrungen der Kaiserzeit haben auch unmittelbar die Art der Darstellung des Bürgerkriegs durch Lucan beeinflußt in der Weise, daß Zustände der Kaiserzeit rückprojiziert werden auf Caesars Umgebung. Während des Kampfes inspiziert Lucans Caesar das Schlachtfeld und prüft dabei, ob seine Soldaten auch richtig kämpfen, und er prüft dabei nicht nur das Handeln als solches, sondern sogar die Gesinnung. Man soll Caesar nicht nur gehorchen, sondern sogar freudig, und das prüft der Tyrann. Die Szene hat in der historischen Überliferung von der Schlacht von Pharsalus wiederum keine Entsprechung. Die Unterdrückung der Meinungsfreiheit, ja der Gefühle der Menschen, das macht Lucan auch sonst immer wieder zum Thema, einem Thema, das nach Ausweis anderer Autoren der frühen Kaiserzeit als ein Hauptproblem der Verhältnisse unter den Kaisern galt. Am Beginn des 7. Buches spricht Lucan von der zukünftigen Trauer des Volkes um den toten Pompeius. Die Menschen werden weinen, doch während sie Weihrauch und Lorbeerkränze dem Iuppiter darbringen; sie werden ihre Trauer nicht in einer öffentlichen Trauerfeier, sondern allenfalls privat äußern können, und öffentlich ein Freuden- und Dankesfest feiern müssen (7,40ff.). Im 9. Buch läßt Lucan seinen Caesar beim Anblick des abgeschlagenen Hauptes des Pompeius weinen, deutet die Tränen jedoch im Gegensatz zur Überlieferung als geheuchelt (9,1038ff.). Seine Begleiter wagen es nicht, im Angesicht Caesars selbst auch zu weinen, sondern sie verbergen ihre wirkliche Trauer aus Angst vor Caesar hinter einer heiteren Miene.

Diese politische Deutung des Bürgerkriegs als des Anfangs negativer Verhältnisse der Kaiserzeit ist freilich bei Lucan erst in den letzten Büchern voll ausgeprägt. Ob sie schon in den ersten Büchern enthalten ist und wenn ja, wie dann das Lob Neros am Anfang des ersten Buches zu deuten ist, das ist eine der Streitfragen der neueren Lucanforschung. Ich kann hier auf das Problem aus Zeitgründen nicht näher eingehen. Eine Zuspitzung in der Beurteilung der Ereignisse und der Gestalt Caesars ist auf jeden Fall zu erkennen. Im Fortgang des Schreibens nach dem Publikationsverbot und nach dem Bruch mit Nero hat Caesars Gestalt für den Dichter zunehmend an zeitpolitischer Relevanz und düsterer Färbung gewonnen.

Spätestens aus der Perspektive des 7. Buches erhält auch der Verzicht auf den Götterapparat eine tiefere Bedeutung als nur diejenige, mit einer ästhetischen Neuerung schockieren zu wollen. Das erzählte Geschehen ist aus der Sicht des Erzählers nicht sinnvoll. *Sunt nobis nulla profecto numina, cum caeco rapiantur omnia casu* (Lucan 7,445f.): »Es gibt wahrlich für uns keine Götter; wo doch alles von blindem Zufall getrieben wird, lügen wir, daß Iuppiter herrrsche«. Die Welt wird von einem blinden Zufall gelenkt. *Mortalia nulli sunt curata deo* (Lucan 7, 454f.): »Kein Gott kümmert sich um die Angelegenheiten der Sterblichen«. Die Götter greifen nicht ein in die Geschichte, um Unheil zu verhindern. Ein Götterapparat, der eine letzte Sinndeutung der menschlichen Ereignisse aus göttlicher Perspektive geben könnte wie bei Vergil, wäre aus einer solchen Sicht gar nicht möglich.

Anfangs mag für Lucan der Wunsch, ein als abgestanden, allzu konventionell erscheinendes Element epischer Darstellung abstreifen zu wollen, im Verzicht auf den Götterapparat eine wichtige Rolle gespielt haben. Doch auch in den ersten Büchern ist vielleicht zwar der Gegenwartsbezug noch nicht so deutlich, Caesar nicht in unmittelbarem Bezug speziell zu Nero gesehen, doch schon in den ersten Büchern ist Caesar eindeutig negativ gekennzeichnet, wenn er sich etwa bei seinem Aufenthalt in Rom im 3. Buch darüber sogar freut, daß die Menschen sich vor ihm fürchten (3,82). Dies ist ein Zug, der nach antiker Auffassung den Tyrannen charakterisiert. Auch hier schon schreibt Lucan ein Epos aus der Sicht der Besiegten, nicht der Sieger. und diese Perspektive nimmt den Göttern die Legitimation, da sie ja, sofern überhaupt als wirksam gedacht, die siegreiche Sache untersützt haben, nicht die unterlegene. Nicht im 7., sondern schon im 1. Buch steht einer der berühmtesten zugespitzten Sätze Lucans *victrix causa deis placuit, sed victa Catoni* (Lucan 1,128): »Die siegreiche Sache gefiehl den Göttern, doch die besiegte dem Cato.«

5. Catos Wüstenmarsch

Dieser Cato ist neben Caesar und Pompeius die dritte Hauptgestalt in Lucans Epos,der wir uns jetzt noch kurz zuwenden wollen. In den ersten Büchern ist ihm vor allem eine Szene gewidmet, in der er sich entschließt, am Kampf auf der Seite des Pompeius teilzunehmen als dem geringeren Übel. Stärker in den Vordergrund tritt er dann nach dem Tod des Pompeius vor allem im 9. Buch. Er wird nun zum eigentlichen Gegenspieler Caesars. An Cato zeigt Lucan, wie allein noch in dieser sinnlos geworden Welt menschliche Bewährung möglich ist. Auf der Grundlage der historischen Überlieferung, daß Cato durch die Wüste gezogen ist, gestaltet er wiederum eine großartige Szenenfolge aus. Auf dem Marsch ist Cato mit vielerlei Gefahren konfrontiert. Er bewährt sich dabei als vorbildlicher Heerführer, der im Durst den Soldaten den Vortritt läßt, wenn endlich doch eine Quelle gefunden wurde (9,591), der aber als erster trinkt, wenn die gefundene Quelle mit Schlangen verseucht ist (9,611ff.). Der Tod römischer Soldaten durch Bisse giftiger Schlangen gibt Lucan nun doch noch die Möglichkeit, traditionelle epische Verwundungsszenen auf neuartige Weise zu übersteigern. Nicht in den Schlachten des verbrecherischen Bürgerkrieges ist wahre Bewährung der *virtus* nach Lucans Darstellung noch möglich, sondern nur noch im tapferen Ertragen von Gefahr und durch äußere Widrigkeiten verursachtem Tod. Später versucht dann seinerseits Dante Lucans Schlangenepisode an Grausigkeit zu überbieten (Inferno 25,94: *Taccia Lucano*: »Lucan möge schweigen«).

Gegen die historische Überlieferung läßt Lucan seinen Cato zum Heiligtum des Iuppiter Ammon gelangen, um ihn zu einem Gegenbild des Alexander zu machen, den sich die römischen Herrscher zum Vorbild nahmen. Alexander hatte sich dort seine göttliche Herkunft bescheinigen lassen. Lucans Cato lehnt es ab, das Orakel zu befragen und verkündet seine stoisch geprägte Theologie (9,564ff.). Er weiß den Gott in seinem eigenen Herzen. Diese Gottesauffassung ist aber nur noch eine Theologie der Innerlichkeit; die Übereinstimmung mit dem sinnvoll die Welt regierenden göttlichen Willen, die in der genuin stoischen Lehre mit dieser Auffassung verbunden war, hat in der von Lucan gestalteten Weltsicht keinen Platz mehr. Der Stoizismus des lucanischen Cato ist zu einer Bewährung des großen Einzelnen in einer sinnlos gewordenen chaotischen Welt geworden.

Letztlich ist die Bewährung nur im Tode noch möglich. Die letzte Steigerung dieser Auffassung, nämlich Catos Selbstmord, dichterisch zu gestalten, war Lucan durch seinen von Nero erzwungenen eigenen Selbstmord verwehrt. Cato muß sich durch den Tod, so hätte Lucan sicherlich die Szene dargestellt, Caesars möglicher *clementia,* seiner berühmten Milde, entziehen, da er nur so, durch den Tod, seine innere Freiheit bewahren kann. Nur ein Alleinherrscher übt *clementia* gegenüber seinen Mitbürgern, die er eben dadurch von Mitbürgern zu Untertanen degradiert. Caesars *clementia* stellt Lucan in fertiggestellten Teilen des Epos als besonders perverse Form der Grausamkeit, in Einklang mit seinem sonstigen Caesarbild, eindeutig negativ dar.

6. Zur Rezeption Lucans

Auch im unvollendeten Zustand hat Lucans eindrucksvolle dichterische Gestaltung auf die Nachwelt gewirkt, ungeachtet der Ablehnung mancher Kritiker.

Martial sagt etwa 20 Jahre nach Lucans Tod (14,194; als fiktiver Sprecher ist Lucan selbst zu denken):

> *Sunt quidam qui me dicant non esse poetam,*
> *sed qui me vendit bibliopola putat.*

> Es gibt gewisse Leute, die behaupten, ich sei kein Dichter,
> doch der Buchhändler, der mich verkauft, glaubt es schon.

Ungeachtet der professionellen Kritik wird also Lucan verkauft und gelesen. Auch sonst können wir feststellen, daß er schnell als Klassiker der Moderne rezipiert wird. Für den Vertreter der modernen Richtung der Redekunst im Dialogus des Tacitus (*Tac.dial.* 20,5) ist Lucan neben Horaz und Vergil der maßgebende Autor, aus dem poetischer Redeschmuck entnommen werden kann. Für die flavischen Epiker, insbesondere Statius und Silius, ist Lucan neben Vergil deutlich erkennbarer Bezugspunkt. Er ist anerkanntes Vorbild, das richtungsweisend wird für die Entwicklung der Gattung. Freilich nehmen diese Autoren auch manches an Kühnheiten Lucans zurück. Sie bezeugen so einerseits die große Wertschätzung für Lucan, andererseits enthalten sie aber auch implizite Kritik. Bewunderung und Distanzierung verbinden sich.

Alle halten sich im Hauptpunkt dessen, was an Lucan kritisiert wurde, nämlich dem Fehlen des Götterapparats, gegen Lucan an die etablierte Gattungstradition. Im stilistischen sind sie, inbesondere Silius, wesentlich klassizistischer als Lucan. Im Stofflichen ziehen sie sich aus dem Aktuell-Historischen zurück, Statius in den Mythos, Silius in die frühe römische Geschichte. Wenn Silius mit Hannibal einen negativen Helden in den Mittelpunkt seines Epos stellt, so ist das nicht nur allgemein, sondern auch in der Gesamtcharakterisierung und vielen Einzelheiten, ganz wesentlich dem Einfluß von Lucans Caesargestalt zuzuschreiben. Aber es ist etwas völlig anderes, ob man einen auswärtigen Römerfeind der frühen römischen Geschichte oder mit Caesar einen Ahnen des aktuellen römischen Kaisers zum negativen Helden macht und diesen mit dem größten außenpolitischen Feind, den Rom im Lauf seiner Geschichte hatte, explizit gleichsetzt, wie dies Lucan tut. Bei Tacitus heißt es in anderem Zusammenhang, es interessiere niemanden mehr, ob man die Karthager literarisch stärker herausstelle als die Römer (*Annalen* 4,33,4). Der Stoff hat keinerlei Aktualität mehr. Die Kühnheiten des Lucan werden teils gemieden, teils als literarische Versatzstücke rezipiert; der literarische Revolutionär ist zum Klassiker geworden, wobei man ihn auf seine literarischen Aspekte reduziert und die politischen entschärft oder ganz beiseite läßt. Bemerkenswert ist auch, daß Silius zwar später schreibt als Lucan, literarhistorisch gesehen einer späteren, flavischen und eher klassizistischen Richtung angehört, seinem Geburtsdatum nach aber einige Jahre älter ist als Lucan. Die politische Brisanz der Darstellung Lucans erschien nun, nachdem Lucan als Opfer Neros umgekommen war und einige Jahre später Neros Herrschaft und mit ihm auch das julische Kaiserhaus ein Ende gefunden hatte, auch sonst entschärft. Man konnte Lucans Angriffe auf Bürgerkrieg und Kaiserzeit als bedingt durch Nero, der nun bei der Nachwelt ohnehin als Tyrann verrufen war, verstehen und damit als historisch überwunden. Das Politische ist zum Persönlichen abgeschwächt.

Die Kritik an Lucan ist auch in späteren Jahrhunderten nicht verstummt. Doch immer wieder hat er begeisterte Leser gefunden. Eine Fülle von Handschriften aus dem Mittelalter überliefert seinen Text. Es sind, entsprechend den jeweiligen Interessen, Lebenslagen und Epochen unterschiedliche Seiten an Lucan, die in Spätantike, Mittelalter und Neuzeit rezipiert werden.

So gilt er für das Mittelalter als historische Quelle, wenn etwa der Dichter des mittelhochdeutschen Annolieds im 11. Jh. den römischen Bürgerkrieg nach Lucan schildert. Lucan verleiht aber auch Farben für die Beschreibung anderer Kriege, wenn ebendort der zeitgenösssische Sachsenkrieg mit Worten aus dem Proömium Lucans in seiner verheerenden Wirkung für das Reich charakterisiert wird. Die Großartigkeit in Lucans Darstellung der Caesargestalt wirkt auch dort, wo die Bewertung, wie oft im Mittelalter und wohl auch bei C.F. Meyer, eine andere ist. Lucans exemplarische Catogestalt führt dazu, daß Dante diesen Heiden Cato zum Wächter des Purgatorio macht, obwohl Brutus als Mörder Caesars von Dante in die unterste Hölle verdammt wird. Bei Dantes Überbietung der Schlangenepisode erscheint Lucan als Vertreter eines grausigen Pathos. Als Muster des hohen Stils, nicht nur als stoffliche Quelle dient Lucan in Corneilles Tragödie *Pompée.* Als Dichter des Untergangs Roms findet er seinen Platz dort, wo wie bei du Bellay in späteren Zeiten unter anderen Umständen vom Untergang Roms die Rede ist. Als politischer Dichter der Freiheit und des Widerstands gegen Tyrannei findet er Anklang in Zeiten und bei Autoren, die in ihrer eigenen Zeit für diese Haltung eintreten, wie etwa beim englischen Dichter Shelley. Vor allem sind es, wie wir gesehen haben, immer wieder die großen Bilder, Szenen und Gestalten, die die Nachwelt beeindruckt haben.

Heute könnte wohl vor allem seine literarische Destruktion der poetischen Tradition und sein Bild einer chaotischen, sinnlos erscheinenden Welt Interesse finden, wenn er nur außerhalb der Fachwelt bekannt wäre.

Es wird Zeit, daß Lucan seinen Platz unter den Großen Werken der Literatur zurückgewinnt.

Lassen wir abschließend noch einmal Goethe zu Wort kommen (*Faust II* 7018ff.):

> Hier aber ward ein großes Beispiel durchgekämpft:
> Wie sich Gewalt Gewaltigerem entgegenstellt,
> Der Freiheit holder, tausendblumiger Kranz zerreißt,
> Der starre Lorbeer sich ums Haupt des Herrschers biegt.
> Hier träumte Magnus früher Größe Blütentag,
> Dem schwanken Zünglein lauschend wachte Cäsar dort!
> Das wird sich messen.Weiß die Welt doch, wem's gelang.

Literaturhinweise

Text mit Übersetzung:

Lucanus: *Bellum civile./Der Bürgerkrieg.* Hg. und übers. von W. Ehlers, München, ²1978.

G. Luck: *Lukan. Der Bürgerkrieg.* Lateinisch und deutsch, Berlin 1985.

Einführende Interpretationen:

F. Ahl: *Lucan. An Introduction.* Ithaca 1976 (Cornell Studies in Classical Philology 39).

M. v. Albrecht: *Geschichte der römischen Literatur.* München ²1994, Bd. II, S. 723–737.

E. Burck/W. Rutz: »Die *Pharsalia* Lucans.« In: E. Burck (Hg.): *Das römische Epos.* Darmstadt 1979, S. 154–199.

Walther von der Vogelweide: »Minnesang«

Johannes Janota

Große Heidelberger (Manessische) Liederhandschrift: Miniaturseite zu Beginn der Walther-Sammlung

Dieses bekannte Bild ist wohl die am häufigsten reproduzierte Miniatur des Mittelalters, vertraut als Poster und Postkarte, bekannt u.a. von Wandteppichen, Hinterglasbildern, Tischläufern und Sofakissen, von Briefmappen, Lampenschirmen, Kacheln, Weingläsern und Bierseideln, ja sogar (zu Ostern) von Gänse- und Hühnereiern. Die Miniatur eröffnet den Walther-Teil in der umfangreichsten, in Zürich entstandenen Minnesanghandschrift, die nach ihrem heutigen Aufbewahrungsort »Große Heidelberger« oder nach der Sammlertätigkeit der Züricher Patrizierfamilie Manesse, in deren Umkreis sie entstanden ist, »Manessische Liederhandschrift« genannt wird. Der prachtvolle Pergamentkodex, in dem die Liedtexte (ca. 6000 Strophen) von 140 Sängern gesammelt sind, wurde in mehreren Etappen zwischen 1300 und 1330/40, also etwa hundert Jahre nach dem Tode Walthers von der Vogelweide angelegt; dabei erhielt (fast) jeder Autor zur Eröffnung seiner Textsammlung eine Miniatur. Die Walther-Miniatur belegt auf schönste, daß schon damals biographische Kenntnisse über Walther fehlten: Der Titel Her und das Schwert deuten ebenso wie das redende, einfach aus dem Namen abgeleitete Wappen zumindest auf den Stand eines Ministerialen, der für Walther aber völlig ungesichert ist. Keine historische Beweiskraft besitzt auch die Nachricht aus der Mitte des 14. Jahrhunderts, im Kreuzgang (Lusamgärtchen) des Würzburger Neumünsterstifts befinde sich – mit lateinischer Inschrift – das Grab des *miles Waltherus*. Nicht einmal der Beiname »von der Vogelweide« – das meint den Fangort für Vögel – ist über alle Zweifel erhaben; an die 20 von lokalpatriotischem wie auch nationalem Interesse geleiteten Lokalisierungsversuche des Geburtsortes – angefangen vom Grödnertal in Südtirol über Wien und das Waldviertel bis nach Würzburg, Feuchtwangen und Frankfurt am Main – hinterlassen nur Ratlosigkeit. Der Beiname könnte durchaus ein sprechender Künstlername sein, der dann Gottfried von Straßburg im »Literaturexkurs« seines Tristan-Romans zum Preis Walthers als *leitaerinne der nahtegalen* beflügelte (V. 4793–4820). Selbst das einzige außerliterarische Zeugnis trägt für sich gesehen zur Biographie Walthers wenig bei: In einer Reiserechnung des Passauer Bischofs Wolfger von Erla findet sich die Notiz, am

12.11.1203 habe der Sänger (*cantor*) Walther in der Nähe von Wien 5 Schillinge für einen Pelzrock erhalten – offenkundig als Honorar für seine Lieddarbietungen im Reisetroß des Bischofs und vielleicht während dessen Aufenthaltes in Wien.

Was wir dennoch an historisch halbwegs Verläßlichem über Walther wissen, wissen wir nur aus seinen Dichtungen, und die sind hierfür aufschlußreicher als bei allen anderen Dichtern dieser Zeit. Auch darauf verweist uns die Miniatur (die ein Gegenstück in der zeitlich und örtlich zur »Manessischen Liederhandschrift« benachbarten »Weingartener Liederhandschrift« besitzt); der Gestus des Nachdenkenden, der übrigens in einer von der Antike bis in die Neuzeit reichenden Tradition steht, visualisiert nämlich nur den Beginn des berühmten Walther-Spruchs (L 8,4):

Ich saz ûf eime steine
und dahte bein mit beine.
dar ûf satzt ich den ellenbogen.
ich hete in mîne hant gesmogen
daz kinne und ein mîn wange.
dô dâhte ich mir vil ange,
wie man zer welte solte leben.
[...]

Ich saß auf einem Stein,
und schlug ein Bein über das andere.
Darauf stützte ich den Ellenbogen.
Ich hatte in meine Hand geschmiegt
das Kinn und meine eine Wange.
So erwog ich in aller Eindringlichkeit,
wie man auf dieser Welt zu leben habe.

(P. Wapnweski)

Die Miniatur gibt also eine poetische Realität, keine historisch-biographische Wirklichkeit wieder; und auch bei Walthers Selbstaussagen muß immer bewußt bleiben, daß es sich hierbei zunächst um poetische Aussagen handelt. Dennoch läßt sich aus diesen poetischen Zeugnissen wenigstens in Ansätzen eine historisch-biographische Situierung von Walthers Dichtung gewinnen. Seine Schaffens- und vielleicht auch Lebenszeit reicht nach Ausweis der sicher datierbaren Strophen nicht über 1230 hinaus. Da Walther in seinem Alterslied rückblickend sagt: *wol vierzic jâr hân ich gesungen unde mê* (L 66,27), darf man den Beginn seines literarischen Schaffens demnach um 1190, seine Geburt um 1170 ansetzen. An anderer Stelle bekennt Walther: *ze Oesterrîch lernde ich singen unde sagen* (L 32,14), also das Komponieren, den Gesangsvortrag und das Dichten von Minneliedern. *Ze Oesterrîch* meint wohl den Wiener Hof des Herzogs Friedrich I. von Österreich, das bedeutendste literarische Zentrum dieser Zeit im deutschsprachigen Südosten. Nach dem Tod des Babenbergers (1198) ändert sich Walthers Lebensform radikal: Er kann sich – aus welchen Gründen auch immer – unter dem Nachfolger Herzog Leopold VI. nicht am Wiener Hof halten, er wird zum »Berufssänger ohne festen Wohnsitz« (P. Wapnewski). D.h. er muß umherziehend versuchen, an den Höfen und Hoftagen die Zusage zum Vortrag gegen Entlohnung zu erhalten – und das ein Leben lang: ehr- und rechtlos, zusammen mit dem anderen fahrenden Volk, den Gauklern und Akrobaten, Feuer- und Schwertschluckern, Tänzerinnen und Spielleuten; mit ihnen in Konkurrenz auf der Suche nach einer honorierten Auftrittsmöglichkeit. Den bitteren Geschmack dieser Lebensweise formuliert Walther selbst in einer Dankstrophe für ein Lehen, das ihm König Friedrich II. um 1220 verliehen hat (L 28,31):

Ich hân mîn lêhen, al die werlt, ich hân mîn lêhen!
nû enfürhte ich niht den hornung an die zêhen
und wil alle boese hêrren dester minre flêhen.
Der edel künic, der milte künic hât mich berâten,
daz ich den sumer luft und in dem winter hitze hân.
mînen nâhgebûren dunke ich verre baz getân,
si sehent mich niht mêr an in butzen wîs als si wîlent tâten.
Ich bin ze lange arm gewesen âne mînen danc,
ich was sô volle scheltens, daz mîn atem stanc.
daz hât der künic gemachet reine und dar zuo mînen sanc.

Ich habe mein Lehen, alle Welt, ich habe mein Lehen!
Nun fürchte ich den Hornung nicht mehr an den Zehen
und will alle schlechten Herren um so weniger anflehen.
Der edle König, der freigebige König hat mich versorgt,
so daß ich den Sommer über Luft, im Winter Hitze habe.
Meinen Nachbarn erscheine ich nun weitaus besser ausgestattet,
sie sehen mich nicht mehr an wie ein Schreckgespenst, wie sie es früher taten.
Ich bin zu lange arm gewesen – ohne mein Verschulden,
ich war so voller Schelten, daß mein Atem stank.
Das hat der König rein gemacht, und ebenso meinen Sang.

(G. Schweikle)

Die (historisch nicht nachweisbare) Vergabe eines Lehens – oder war es doch nur ein größeres Geldgeschenk (vgl. L 27,7)? – an einen fahrenden Sänger, das bedeutete eine Anerkennung für einen ganz außergewöhnlichen Künstler. Sie spricht übrigens auch aus dem gut bemessenen Geldgeschenk des Passauer Bischofs, ebenso das Ernstnehmen des Sängerberufs in der Bezeichnung *cantor*. Tatsächlich finden wir Walther an den Königshöfen, an den großen Fürsten- und Adelshöfen seiner Zeit: 1198-1201 beim Staufer Philipp von Schwaben, 1212/13 beim Welfen Otto IV., dann wieder auf staufischer Seite bei Friedrich II. und bei dessen Reichsverweser, dem Kölner Erzbischof Engelbert, dabei in Sprüchen immer kräftig die jeweilige politische Partei ergreifend. Aber all das waren nie feste Anstellungen, dazwischen lag das Aufsuchen immer neuer Herren: Landgraf Hermann I. von Thüringen, Markgraf Dietrich von Meißen, Herzog Bernhard II. von Kärnten ... und immer wieder der Versuch, an den *wunneklîchen hof ze Wiene* Herzog Leopolds VI. von Österreich zurückzukehren – freilich erfolglos. Aus Walthers Sprüchen läßt sich geradezu ein Itinerar seines Fahrendendaseins zusammenstellen: Von der Seine bis zur Mur (Steiermark), vom Po bis zur Trave, von der Elbe bis an den Rhein und wieder zurück bis Ungarn (vgl. L 31,13f. und 56,38f.), dabei durchaus auch Abfuhren erleidend, wie etwa im Kloster Tegernsee, wo er statt Wein nur Wasser kredenzt bekam (L 104,23).

Trotz oder besser wegen dieser ungesicherten Existenz eines fahrenden Sängers hat Walther mehr als 500 Strophen mit mehr als 110 (leider fast restlos verlorenen) Melodien gedichtet und komponiert. Dazu kommt die formal anspruchsvolle Prunkform eines religiösen Leichs, ein unstrophisch-sequenzartiger Gesang als ein Meisterstück musikalisch-textlicher Kompositon, mit dem vor allem Berufslyriker ihr Können unter Beweis stellten. Sieht man von diesem Leich sowie einigen Altersliedern (darunter die berühmte »Elegie«;

L 124,1) und Kreuzzugsliedern (mit dem bekannten »Palästinalied«; L 14,38) ab, so teilt sich Walthers lyrisches Oeuvre in zwei Gattungsbereiche: in etwa 70 Minnelieder und in ungefähr 150 Sangsprüche. Bei den Sangsprüchen handelt es sich um gesungene Spruchstrophen(-reihen) didaktischer Art, mit Fürsten- bzw. Gönnerlob und -schelte, mit Hofkritik als Thema, und – eine Neuerung Walthers, die bis heute aktuell ist – als politische Lyrik, bei der Kaiser und Papst ebenso polemisch scharf attackiert werden wie etwa der ungastliche Abt des Klosters Tegernsee.

Die Sangsprüche bleiben hier ausgespart, sie sind aber – über ihren Wert als biographische »Quelle« hinaus – für ein angemessenes Verständnis der poetischen Existenz Walthers wichtig. Sangspruch und Minnesang weisen nämlich bis Walther in zwei sozial völlig getrennte Bereiche: Der Minnesang war die Domäne adliger und adelsnaher Sänger, Sangspruchdichtung dagegen das Tätigkeitsfeld fahrender Berufsliteraten. Für die »adligen Dilettanten« diente Minnesang nicht zum Broterwerb, sondern zur Erhöhung des persönlichen Ansehens am Hof durch eine zusätzliche kulturelle Kompetenz, die fahrenden Sangspruchdichter mußten hingegen mit ihren Spruchstrophen versuchen, von Hof zu Hofe ziehend ihren Lebensunterhalt zu sichern. Sie mußten an jedem Hofe allererst Eingang finden, für sich ein Publikum gewinnen, es auf möglichst hohem, den adligen Dilettanten überlegenem Niveau für sich einnehmen, sich mit dem Erfahrungswissen aus ihrer Fahrendenexistenz in den Spruchstrophen interessant machen, durch Herrenlob und Kritik an anderen Höfen sich andienen und in Konkurrenz zu anderen Sangspruchdichtern die Gunst des Hofes wenigstens solange auf sich lenken, bis sich das – im Wortsinne – auszahlte, um dann am nächsten Hof oder Hoftag erneut ihr Glück zu versuchen. Es bedarf keiner großen Phantasie, um sich vorzustellen, daß diese Lebensform ganz andere mentale Spuren bei den Sangspruchdichtern hinterließ als die »Luxuskunst« der adligen Sängerdilettanten.

Gegen Ende des 12. Jahrhunderts unternahmen nun einige fahrende Berufsdichter den geradezu waghalsigen Versuch, auch den Minnesang für sich zu reklamieren und durch eine elitäre Kunstfertigkeit die adligen Dilettanten an den Höfen auszustechen. Die beiden ersten namhaften Berufssänger, die diesen halsbrecherischen Weg nach unserer Kenntnis einschlugen, waren Walther von der Vogelweide und sein etwas älterer Sängerkonkurrent Reinmar der Alte. Reinmar – heute *de facto* nur den Mittelaltergermanisten bekannt, aber zu seiner Zeit nach unserem Wissen der gefeiertste Sänger – gelang es, seinen Lebensunterhalt als Fahrender allein mit Minnesang zu sichern, Walther dagegen mißglückte dieses Wagnis. Zwar begann er (am Wiener) Hof mit Minnesang, als er aber dort nicht mehr bleiben konnte, mußte er sich vor allem auf die politische Sangspruchdichtung werfen, um halbwegs über Wasser zu bleiben. Der polemische Ton Walthers in seiner literarischen Fehde mit seinem erfolgreicheren Konkurrenten Reinmar wurzelt wohl auch in dieser unterschiedlichen *fortune* der beiden Sänger als Minnesänger. Walthers künstlerisches Ziel war der Minnesang, nicht die Brotkunst des Sangspruchs, aber sein Fahrendenschicksal ließ ihm offenkundig nicht die dazu notwendige Muße. Walther hat dies in seiner Lehensbitte an Friedrich II. selbst formuliert (L 28,1):

Von Rôme voget, von Pülle künic, lât iuch erbarmen,
daz man bî rîcher kunst mich lât alsus armen.
gerne wolte ich, möhte ez sîn, bî eigenem fiur erwarmen.
Ahî, wie ich danne sunge von den vogellînen,
von der heide und von den bluomen als ich wîlent sanc!

swelh schoene wîp mir gebe danne ir habe danc,
der lieze ich lilien unde rôsen ûz ir wengel schînen.
Kume ich spâte und rîte fruo: gast, wê dir, wê!
sô mac der wirt wol singen von dem grüenen klê.
die nôt bedenkent, milter künic, daz iuwer nôt zergê.

Schirmherr von Rom, König von Apulien, laßt es Euch erbarmen,
daß man mich bei reicher Kunst so arm sein läßt.
Gerne wollte ich, könnte es sein, an eigenem Feuer warm werden.
Ach, wie ich dann sänge von den Vöglein,
von der Heide und von den Blumen, wie ich einstmals sang!
Welche schöne Frau auch immer mir dann ihr Dankeschön sagte –
der ließe ich Lilien und Rosen auf ihren Wänglein erblühen.
Komme ich spät an und reite früh weg: Gast, weh dir, weh!
Dagegen kann der Hausherr gut vom grünen Klee singen.
Diese Not bedenkt, großmütiger König, damit (auch) Eure Not vergehe.

(G. Schweikle)

Glücklicherweise verfolgte Walther als Fahrender seine Ambition als Minnesänger neben der unterhaltsichernden Sangspruchdichtung dennoch weiter. Diese hat aber unübersehbare Spuren in Walthers Minnesang hinerlassen: etwa bei der geschliffenen Polemik in der literarischen Auseinandersetzung mit Reinmar, im nachhaltig argumentierenden, belehrenden, geradezu nüchternen Duktus, aber auch im ethischen Pathos vieler seiner Minnelieder. Vor allem aber die einzigartig selbstbewußte Inszenierung seiner Sängerrolle in den Minneliedern ist am Sangspruch gelernt und von ihm entlehnt. Bereits damit setzt sich Walther unüberhörbar vom tradierten Minnesang ab; dazu kommen thematische Neuakzentuierungen, mit denen er den Minnesang konzeptionell erweiterte und vertiefte. All dies gekonnt Neue fasziniert heute an Walthers Minnesang, aber es regen sich Zweifel, ob Walther damit bei seinem Publikum den erhofften großen Durchbruch als Minnesänger geschafft hat. Immerhin sah er sich offenkundig genötigt, bis ins Alter Sangsprüche zu dichten.

Bevor wir das Besondere an Walthers Minnesang in den Blick nehmen können, muß kurz die Grundstruktur des bis dahin allein gültigen Minnesangs erinnert werden. Nach einer formal und thematisch anders strukturierten Frühphase des Minnesangs ab Mitte des 12. Jahrhunderts entlang der Donau etwa zwischen Ulm und Melk wird ab circa 1170 an der Kontaktzone am Rhein von den französischen Trouvères und provencalischen Trobadors eine besondere Art von Liebeslyrik ins Deutsche übernommen und ausgeformt, die eine über 200jährige Tradition begründet. Es handelt sich um eine Werbelyrik, bei der die besungene Beziehung zwischen Mann und Frau aber nicht als individualisierende Erlebnisdichtung im neuzeitlichen Sinn mißverstanden werden darf, sondern als eine gesellschaftlich gebundene Rollenlyrik verstanden werden muß. Wegen der spezifischen Ausprägung dieses literarischen Rollenspiels sprechen wir zur Unterscheidung zu heute vertrauten Formen der Liebeslyrik von Minnesang und von Minne, um die besondere Mann-Frau-Beziehung in dieser Rollendichtung zu bezeichnen.

Die grundlegenden Rollen dieses literarischen Spiels sind der Sänger und eine von ihm umworbene Dame (*frouwe*). Keine dieser Rollen trägt einen Namen, denn das höfische Publikum, vor dem der Sänger im Liedvortrag das Rollenspiel inszenierte, sollte sich mit den Rollen identifizieren können. Die *frouwe* ist in dieser laikalen Kunst *guot unde schoene*, der Inbegriff des Gutseins und der Schönheit als Abbild der göttlichen Vollkommenheit.

Der Sänger, der diesen Vollkommenheitsstatus noch nicht erreicht hat, ist von diesem Ideal fasziniert. Er tritt – hier werden lehensrechtliche Strukturen der Zeit als poetische Vorstellungs- und Verstehensmuster sichtbar – in den Dienst (*dienest*) dieser in ihrer Vollkommenheit unerreichbaren Dame und wirbt mit seinen Minneliedern um die erotische Erfüllung als Lohn (*lôn*) für seinen unablässigen Dienst. Als ethisches Vorbild darf die Dame diesen Lohn aber nicht gewähren. Dennoch hat der Sänger weiterzudienen, er hat ebenso wie die Dame Beständigkeit (*staete*) und Treue (*triuwe*) zu beweisen, Wohlerzogenheit (*zuht*) und angemessenes Verhalten (*mâze*) zu üben, auch wenn ihm das Herz schwer wird. Das Bedrücktsein (*swaere*) und das Trauern (*trûren*) über das Nichterfüllen des begehrten Lohns sollen – so das Konzept – durch den beständigen Dienst zur Hochgestimmtheit (*hôher muot*) als dem eigentlichen Lohn des solchermaßen Bewährten führen. Der Sänger ist hochgestimmt, weil die Dame und er standhaft geblieben sind. Das neue, im *staeten dienest* erworbene Wertebewußtsein kann nunmehr der erotischen Erfüllung entbehren, die gleichwohl als Antrieb zu diesem hochgesteckten Ziel notwendig war. All dies wird in den Minneliedern mit immer neuen formalen und thematischen Variationen vor der höfischen Gesellschaft als Publikum regelgerecht in einem breiten Repertoire von Liedtypen durchgespielt. Für diese Adelsgesellschaft war der Minnesang – wie überhaupt die höfische Literatur – neben ihrem festlichen Unterhaltungswert der Ausdruck einer laikalen Ethik, aber auch eine kulturelle Form der höfischen Repräsentation, eine feierlich zeremonielle Überhöhung der selbstbewußten Adelsgesellschaft, aber auch ein Mittel zur sozialen Abgrenzung: Nur wer die Inszenierung dieses literarischen Rollenspiels verstand, die unentwegten formalen und thematischen Variationen in all ihren Nuancen erkannte, war ein kompetentes Mitglied der kulturell geprägten höfischen Gesellschaft.

In diese elitäre Kunstwelt trat Walther wohl am Wiener Hof zu Beginn seines literarischen Schaffens als Minnesänger ein. Etwa eine Handvoll seiner Minnelieder könnten unmittelbare Reflexe dieser Zeit sein. Man bezeichnet sie daher auch als »frühe Lieder«, aber sie werden wohl zeitlebens zum festen Repertoire Walthers gehört haben, denn als fahrender Sänger mußte Walther an literarisch weniger ambitionierten Höfen statt mit seiner neuen Art des Minnesangs auch mit traditioneller »Hausmannskost« aufwarten können, um lohnenswerten Anklang zu finden. Zur Illustration ein Beispiel, bei dem, in raffinierter Inszenierung, der Sänger in der Rolle seines Boten auftritt und bei dem er am Schluß die Dame sogar selbst zu Worte kommen läßt (L 112,35):

1 **V**rouwe, vernemt dur got [von] mir diz maere:
ich bin ein bote und sol iu sagen,
Ir sült wenden einem ritter swaere,
der si lange hât getragen.
Daz sol ich iu künden sô:
ob ir in welt fröiden rîchen,
sicherlîchen
des wirt manic herze frô.

2 **V**rouwe, enlât iuch des sô niht verdriezen,
ir engebt im hôhen muot.
Des mugt ir und alle wol geniezen,
den ouch fröide sanfte tuot.
Dâ von wirt sîn sin bereit,
ob ir in ze fröiden bringet,

daz er singet
iuwer êre und werdekeit.

3 **V**rouwe, sendet im ein hôhgemüete,
sît an iu sîn fröide stât.
Er mac wol geniezen iuwer güete,
sît diu tugent und êre hât.
Vrouwe, gebt im hôhen muot.
welt ir, sîn trûren ist verkêret,
daz in lêret
daz er daz beste gerne tuot.

4 ›**J**a möhte ich michs an in niht wol gelâzen,
daz er wol behüete sich.
Krumbe wege die gênt bî allen strâzen:
dâ vor, got, behüete mich.
Ich wil nâch dem rehten varn,
ze leide im der mich anders lêre.
swar ich kêre,
dâ müeze mich doch got bewarn.‹

1 Herrin, um Gottes willen vernehmt meinen Auftrag:
ich bin Bote und habe Euch auszurichten,
Ihr sollet einem Ritter seine Sorgenlast nehmen,
die er lange schon getragen hat.
Und zwar soll ich das solchermaßen begründen:
wenn Ihr ihn glücklich macht,
zweifellos
werden damit viele andere froh.

2 Herrin, Ihr solltet nicht darauf verzichten
ihm die freudige Hochstimmung des *hôhen muotes* zu schenken.
Ihr werdet den Vorteil davon haben und alle,
denen Freude gleichfalls wohl tut.
Denn sein Wesen wird dadurch so gestimmt
– wenn Ihr ihn glücklich macht –
daß er hinaussingt
Euren Ruhm und Euren Wert.

3 Herrin, macht ihn frohgestimmt,
da alle seine Freude an Euch liegt.
Er ist es wert, an Euern Vorzügen teilzuhaben,
die alle guten Eigenschaften verkörpern.
Herrin, schenkt ihm *hôhen muot.*
Wenn Ihr nur wollt, ist sein Kummer umgewandelt
und so lernt er,
nach dem Tun nur des Guten zu streben.

4 »Ich darf mich in dieser Sache nicht fest auf ihn verlassen,
nicht darauf, daß er sich bewahrt.
Neben jeder graden Straße laufen krumme Wege:
vor ihnen, lieber Gott, bewahre mich.

Ich will den geraden Weg gehen,
jedem zum Verdruß der michs anders lehren will.
Wohin auch ich mich wende,
überall möge Gott mich schützen.«

(P. Wapnewski)

Als Anwalt des traditionellen Minnesangreglements tritt Walther auch gegen den Vertreter der Minnesangtradition in dieser Zeit, gegen Reinmar, in der sogenannten »Ersten Walther-Reinmar-Fehde« auf, deren Konstellation und Verästelungen hier nicht nachgezeichnet werden können. Was man dagegen als »zweite Walther-Reinmar-Fehde« bezeichnet, geht über die Form einer literarischen Fehde zweier Sängerkonkurrenten weit hinaus. Walther setzt sich hier programmatisch vom Konzept des traditionellen Minnesangs ab, der in Reinmar seine höchste Vollendung gefunden hatte. Bei ihm wurde der Klagegestus über den unentwegt ungelohnten Dienst soweit sublimiert, daß seine Trauer zur Freude darüber wird, daß er – ach – so schön trauern kann (*daz nieman sîn leit sô schône kan getragen.* XIII,5, v.5). Die Ästhetisierung des kunstvoll zelebrierten Minneleids ist die Kennmarke, *der* spezifische *sound* Reinmars, der die literarisch versierten Höfe so faszinierte, daß Reinmar, der Reinmar, offenkundig sein Auskommen allein als Minnesänger finden konnte. In seiner Attitude geht Reinmar in einem seiner zentralen Lieder sogar soweit, verletzt darüber zu klagen, daß die Zuhörer die Echtheit seines Leids bezweifeln – natürlich nur, um die Berechtigung, die Authentizität seiner Minneklage im 5strophigen Lied darzulegen, indem er zugleich die Aporie des Minnekonzepts vor Augen führt: Bleibt die Dame ablehnend, *daz klage ich iemer mê*, erhört sie den Sänger, dann verliert sie ihre ethische Vorbildlichkeit - *ich enwirde ir lasters niemer frô.* Diese Aporie ist der Grund, warum die meisten Minnelieder Minneklagen sind oder doch Klagestrophen haben. In Reinmars Worten (X,1):

1 **S**waz ich nu niuwer maere sage,
des sol mich nieman frâgen: ich enbin niht frô.
Die friunde verdriuzet mîner klage,
swes man ze vil gehoeret, dem ist allem alsô.
Nu hân ich sîn beidiu, schaden unde spot.
waz mir doch leides unverdienet, daz erkenne got,
und âne schulde geschiht!
ichn gelige herzeliebe bî,
es hât an mînen fröiden nieman niht.

1 Was immer ich jetzt an Neuem verkünde,
danach braucht mich niemand zu fragen: Ich bin nicht froh!
Die Freunde verdrießt meine Klage –
wovon man zu viel hört, damit ist es immer so.
Nun habe ich deswegen beides, Schaden und Spott.
Was mir doch unverdient – das möge Gott erkennen –
und ohne Schuld widerfährt!
Liege ich nicht bei der Herzenslieben,
so hat niemand Freuden von mir.

(G. Schweikle)

Gegen die Aporien dieses Minnekonzepts, die bei Reinmar am extremsten ausgebildet waren, wendet sich Walther vehement und findet damit zu einer eigenen Form des Minnesangs, einer neu begründeten Minnekonzeption. Das zeigt sich an einem zäsursetzenden Programmlied (L 56,14), seinem »Preislied«, von dem man gerne annimmt, daß es Walther am Wiener Hof vorgetragen hat, um an dieser Pflegestätte des traditionellen Minnesangs à la Reinmar mit seinem neuen Sang wieder Fuß zu fassen. Jedenfalls scheint Walther zu Beginn dieses Liedes pointiert den Eingangsvers der eben zitierten Reinmar-Strophe aufzugreifen:

Ir sult sprechen willekomen,
der iu maere bringet, daz bin ich.
Allez daz ir habt vernomen,
daz ist gar ein wint: nû frâget mich!
Ich wil aber miete:
wirt mîn lôn iht guot,
ich gesage iu lîhte daz iu sanfte tuot.
seht, waz man mir êren biete.

Ihr sollt mich willkommen heißen,
der Euch Neues bringt, bin ich.
Alles, was Ihr bis jetzt gehört habt,
das ist überhaupt nichts: nun fraget mich!
Aber Lohn verlange ich:
wird mein Entgelt gut,
sage ich Euch vielleicht, was Euch gefällt.
Seht zu, welche Ehrengabe man mir bietet.

Anders als Reinmar behauptet also Walther, mit Neuigkeiten aufwarten zu können, allerdings verlangt er dafür eine entsprechende Belohnung (*miete, lôn*), verlangt, daß man ihn willkommen heißt, daß man ihm (!) *êre biete*. Nimmt man zu diesen anmaßenden Forderungen noch die nicht minder anmaßende Selbstinszenierung der Sängerrolle (in den 8 Versen finden sich 6 *ich*-Formen) hinzu, dann muß man fragen, ob Walther sich als Minnesänger hier nicht fatal in der Tonlage vergriffen hat, ob er über seinen Sangsprüchen das regelgerechte Dichten von Minneliedern verlernt hatte. Was auf den ersten Blick wie ein poetischer Mißgriff aussieht, erweist sich jedoch bei genauerem Hinsehen als Walthers radikales Ernstnehmen seiner poetischen Existenz: Wenn er als Sänger vor dem Hof auftrat, dann wollte er als fahrender Berufsdichter anerkannt werden, der – anders als die adligen Sängerdilettanten – von diesen Auftritten leben mußte: auch als Minnesänger. Auch als Minnesänger: hier liegt die Provokation. Denn anders als die Sangspruchdichtung, die dem fahrenden Sänger als »Brotkunst« konkurrenzlos zugestanden wurde, war Minnesang als »Luxuskunst« bis in Walthers Zeit ebenso selbstverständlich ein literarisches Reservat adliger Sänger, von ihnen nach romanischen Vorbildern etabliert und ausgeformt. Wer sich – wie Reinmar – als Berufssänger gleichwohl auf diesem Feld tummeln wollte, hatte den etablierten Konventionen zu folgen, also gleichsam die Rolle eines adligen Sängerdilettanten zu imitieren. Eine solche Camouflage war jedoch für Walther unmöglich, dessen Fahrendenexistenz ja bei ihm als etabliertem Sangspruchdichter offen vor Augen lag.

Also eröffnete Walther das vorliegende Lied in der einzigen literarischen Rolle, die ihm zugestanden wurde: als Sangspruchdichter. Aber er überzieht in der Eröffnungsstrophe seine provokante Selbststilisierung auf so peinliche Art, daß man geradezu erleichtert die Ankündigung des Frauenpreises in der zweiten Strophe vernimmt – und damit dem Sänger geradewegs auf den Leim geht: denn als Minnesänger (nicht nur als Sangspruchdichter) möchte er anerkannt werden, und dafür zieht er alle Register seines Könnens als Berufssänger:

2 **I**ch wil tiuschen frowen sagen
solhiu maere daz si deste baz
al der werlte suln behagen:
âne grôze miete tuon ich daz.
Waz wold ich ze lône?
si sint mir ze hêr,
sô bin ich gefüege und bite si nihtes mêr,
wan daz si mich grüezen schône.

2 Ich will deutschen Frauen sprechen
solches Lob, daß sie viel besser noch
aller Welt gefallen sollen:
ohne viel Belohnung tu ich das.
Was wollte ich als Entgelt?
Sie sind mir zu hoch,
so bin ich bescheiden und bitte sie um nichts mehr,
als daß sie mich freundlich grüßen.

Das ist Frauenpreis, und Frauenpreis ist Minnesang; aber was Walther hier vorführt, ist eine bislang unerhörte Form von Minnesang: nicht einer *frouwe*, nicht der Dame des Sängers gehört der Preis, sondern allgemein den *tiuschen frouwen*. Angeblich will er – wie es sich für den Minesänger gehört – auch keinen Lohn (*miete*) mehr, und will in Wirklichkeit viel mehr: von den über ihn stehenden Damen als nichtadliger, fahrender Berufssänger soziale Anerkennung. Dies meint nämlich das *grüezen*, denn nur wen man erkennt und anerkennt, den grüßt man; und daher galt im traditionellen Minnesang der *gruoz* der Dame als besonderer Gunsterweis für den höfisch-adligen Sänger.

Als Fahrender will Walther mit seinem Minnesang akzeptiert werden, als Fahrender verdient sein Preisen aber auch besondere Beachtung, weil es durch Er-fahrung gestützt ist, über die eben nur der Fahrende verfügt:

3 **I**ch hân lande vil gesehen
unde nam der besten gerne war.
Übel müeze mir geschehen,
kunde ich ie mîn herze bringen dar
daz im wol gevallen
wolde fremeder site.
nu waz hülfe mich, ob ich unrehte strite?
tiuschiu zuht gât vor in allen.

3 Länder habe ich viele gesehen
und habe die besten gern kennen gelernt.
Böses möge mir geschehen,
könnte ich je mein Herz dazu bewegen,
daß ihm gut gefallen
wollte fremde Sitte.
Nun, was hülfe mir, wenn ich Falsches behauptete?
Deutsche Zucht übertrifft sie alle.

In diesem nachhaltigen Abheben auf *tiuschiu zuht*, das die beiden Folgestrophen weiterführen, glaubte man vom 19. bis weit in unser Jahrhundert hinein, ein nationales, ja nationalistisches Pathos zu erkennen. Diese Fehleinschätzung angesichts der Nationalitätenvielfalt im mittelalterlichen Reich verkennt völlig Walthers Argumentationsrichtung. Er möchte dem höfischen Publikum einsichtig machen, daß es auf die Erfahrung des fahrenden Sängers angewiesen ist, um die Konkurrenzfähigkeit der Hofkultur im deutschen Sprachbereich mit der vorbildgebenden Hofkultur in der Romania (wo dies angezweifelt wurde) zu verteidigen. Es geht hier also um eine kulturelle, nicht um eine nationale Konkurrenz. In diesem Zusammenhang sind die beiden nachfolgenden Preisstrophen zu verstehen, aus denen der Mittelaltergermanist Hoffmann von Fallerleben für sein »Lied der Deutschen« Anleihen machte:

4 **V**on der Elbe unz an den Rîn
und her wider unz an Ungerlant
mugen wol die besten sîn,
die ich in der werlte hân erkant.
Kan ich rehte schouwen
guot gelâz und lîp,
sem mir got, sô swüere ich wol, daz hie diu wîp
bezzer sint danne ander frouwen.

5 **T**iusche man sint wol gezogen,
rehte als engel sint diu wîp getân.
Swer si schildet, derst betrogen,
ich enkan sîn anders niht verstân.
Tugent und reine minne,
swer die suochen wil,
der sol komen in unser lant, dâ ist wünne vil.
lange müeze ich leben dar inne!

4 Von der Elbe bis zum Rhein
und wieder zurück bis ans Ungarland
können wohl die Besten sein,
die ich in der Welt kennengelernt habe.
Verstehe ich recht zu beurteilen
edles Benehmen und Leben,
helfe mir Gott, so schwüre ich wohl, daß hier die Frauen
besser sind als sonst die Herrinnen.

5 Deutsche Männer sind zuchtvoll,
ganz wie Engel sind die Frauen geschaffen.
Wer von ihnen Schlechtes sagt, der irrt,
anders kann ich es nicht verstehen.
Edles Wesen und reine Liebe,
wer immer die suchen will,
der soll kommen in unser Land, da wird er viel Freude haben.
Lange noch möchte ich darin leben!

(F. Maurer)

Preisstrophen sind dies ohne Zweifel, aber Preisstrophen wiederum in der Tonlage der Sangspruchdichtung, nicht des Minnesangs: Der Preis gilt nicht einer Dame, sondern richtet sich allgemein an die *tiuschen wîp* (Frauen), ja sogar – im koventionellen Minnesang ganz undenkbar – an die *tiuschen man.* Zwar überwiegt der Frauenpreis, dennoch ist der Eindruck nicht von der Hand zu weisen, daß sich Walther mit diesem sangspruchartigen Lob als Minnesänger um Kopf und Kragen singt. Wenn Walther glaubte, sich auf diese Weise als fahrender Minnesänger etablieren zu können, dann ist ihm dies – trotz der programmatisch zentralen Stellung des »Preislieds« in Walthers Minnesang – angesichts der literarischen Gattungskonventionen mißglückt (dies bestätigt im Grunde auch eine – nur in einer Handschrift überlieferte – reguläre Minnesangstrophe als Liedschluß).

Wollte Walther als Minnesänger gleichwohl reüssieren, ohne seine Stellung als Fahrender zu verleugnen, dann blieb ihm nichts anderes übrig, als in der herkömmlichen Form des Minnelieds zu singen, dabei aber unverwechselbar eigene Akzente zu setzen. Dies hat Walther im Anschluß an das besprochene Lied auch getan – getan, ohne sich zu verbiegen, denn er bringt die entscheidenden Aspekte dieses Liedes in das tradierte Minnesangmodell ein und verleiht damit seinen Liedern eine unverwechselbare Handschrift: mit der Neubestimmung der Sänger- (und Männer-)rolle, in einer Neubestimmung der Frauenrolle, mit einem neuen Verhältnis beider Rollen, mit seinem Abheben auf verwirklichte, nicht nur idealisierend postulierte Tugenden.

Geradezu programmatisch legt Walther sein neues Minneverständnis in dem Lied L 69,1 dar, in dem er rhetorisch sein Publikum fragt, was denn Minne überhaupt sei, um dann geradezu sentenzhaft seine Definition vorzulegen:

1 **S**aget mir ieman, waz ist minne?
weiz ich des ein teil, sô wist ichs gerne mê.
Der sich baz denn ich versinne,
der berihte mich durch waz si tuot sô wê.
Minne ist minne, tuot si wol.
tuot si wê, so enheizet si niht rehte minne.
sus enweiz ich wie si danne heizen sol.

1 Kann mir jemand sagen, was *Minne* ist?
Weiß ich davon auch schon einiges, so wüßt ich doch gern noch mehr von ihr.
Wer mehr davon versteht als ich,
der belehre mich, weshalb sie so weh tut.
Denn *Minne* ist doch *Minne* sofern sie wohltut!
Tut sie weh, heißt sie nicht rechtens *Minne.*
Und ich weiß nicht, wie man sie dann zu bezeichnen hat.

Und Zustimmung heischend, unterstreicht Walther diese Einsicht in der Folgestrophe:

2 **O**be ich rehte râten künne
waz diu minne sî, sô sprechet denne ›jâ‹!
Minne ist zweier herzen wünne:
teilent sie gelîche, sost diu minne dâ.
Sol abe ungeteilet sîn,
sô enkans ein herze alleine niht enthalten.
owê woldest dû mir helfen, frouwe mîn!

2 Falls ich richtig zu raten vermag
was *Minne* ist, so ruft alle: »Ja«!
Minne ist das Glück *zweier* Herzen:

tragen sie zu gleichen Teilen, dann ist *Minne* da.
Wird aber nicht geteilt,
dann vermag ein Herz allein nicht sie aufzunehmen.
Ach wolltest du mir helfen, meine Herrin!

Damit sind – wie in der neueren Forschung herausgearbeitet – zwei entscheidende Komponenten in Walthers neuakzentuiertem Minnesang in aller Deutlichkeit genannt: Minne zielt auf Beglückung. Schon in Walthers konventionellen Liedern war der Ton eher auf *fröide* denn auf *swaere, leit* und *trûren* gestimmt, und auch der traditionelle Minnesang hatte *fröide* und *hôhen muot* (Hochgestimmtheit) zum Ziel, aber nunmehr sollte diese *fröide* nicht der sublime Lohn für den ungelohnten Dienst des Sängers sein, der sich schließlich nach allem *trûren* über die abweisende Haltung der Dame darüber freut, daß die Umworbene so standhaft und der Sänger in seinem Werben so beständig geblieben sind. Nicht aus dem Durchleben dieses Minneparadoxons sollte *fröide* sich herleiten, sondern sie sollte – so Walther – unmittelbare Beglückung sein, die sich Werbender und Umworbene in der Bejahung der Minnebeziehung gegenseitig schenken. Gegenseitigkeit: das ist die zweite Komponente in Walthers umakzentuiertem Minnemodell. Aufgehoben ist damit die hierarchisierende Distanz zwischen ungelohnt dienendem Sänger und abweisender Dame, die sich in dessem Minnedienst sonnt. In einem neuen Selbstbewußtsein als Sänger lehnt es Walther ab, daß er einseitig die Last der Minne trägt, daß ihm sein liebevoller Dienst vergällt wird, daß die Dame seine Glücksbereitschaft mit Leid vergilt, daß sie, die er durch seinen Sang erhöht hat, ihn herabsetzt:

3 **F**rouwe, ich trage ein teil ze swaere.
wellest dû mir helfen, sô hilf an der zît.
Sî abe ich dir gar unmaere,
daz sprich endelîche: sô lâz ich den strît,
unde wirde ein ledic man.
dû solt aber einez rehte wizzen, frouwe:
daz dich lützel ieman baz geloben kan.

4 **K**an mîn frouwe süeze siuren?
waenet si daz ich ir liep gebe umbe leit?
Sol ich si dar umbe tiuren
daz siz wider kêre an mîne unwerdekeit?
Sô kund ich unrehte spehen!
wê waz sprich ich ôrenlôser ougen âne?
den diu minne blendet, wie mac der gesehen?

3 Herrin, ich trage zu schwer.
Willst du mir helfen, dann hilf so lang es Zeit ist.
Bin hingegen ich dir durchaus gleichgültig,
so sag es klar und deutlich: dann geb ich den Kampf auf
und werde wieder ein freier Herr.
Über eines freilich mußt du dir dann im Klaren sein, Herrin:
daß dich wohl kaum jemand schöner zu rühmen versteht.

4 Vermag denn meine Herrin das Süße in Bitternis zu verwandeln?
Meint sie, ich vermöchte Freude zu geben gegen Leid?
Soll ich sie erheben,
nur damit ich dir dadurch als umso niedriger erscheine?

Dann müßte ich blind vernarrt sein!
Aber ach, was sage ich da, ich ohne Ohren und Augen?
Doch wen Minne blendet, wie soll er sehen können?

(P. Wapnewski)

Dies sind offene, ja harte Worte, für die sich Walther scheinbar entschuldigt: Die Minne habe ihn so betäubt und geblendet, daß er sich zu diesen Äußerungen hinreißen ließ. Aber das Moment der Dienstaufkündigung bei vorenthaltener Beglückung behält Walther in seinen Liedern bei – mit geradezu kabarettistischer Pointe in der Schlußstrophe des berühmten »Sumerlaten«-Lieds (L 72,31), in der Walther wenig galant die Dame darauf hinweist, daß nicht nur der Sänger, sondern auch sie in dieser unentwegt fruchtlosen Werbung altere. Wenn sie sich dann nach einem jüngeren Verehrer umschaue, dann solle dieser – so Walther – der Abweisenden mit jungen Zweigen ihr altes Fell gerben:

5 **S**ol ich in ir dienste werden alt,
die wîle junget si niht vil.
So ist mîn hâr vil lîhte alsô gestalt,
dazs einen jungen danne wil.
Sô helfe iu got, hêr junger man,
sô rechet mich und gêt ir alten hût mit sumerlaten an.

5 Geschieht es, daß ich alt werde in meinem Werben um sie,
so wird auch sie nicht eben jünger.
Dann sieht mein Haar womöglich so aus,
daß sie dann einen Jüngeren begehrt.
Dann mit Gott, Herr Jüngling:
Rächt mich und macht Euch mit jungen Zweigen an ihr altes Fell!

Eine solche Dame ist nämlich keines Minnedienstes würdig, weil sie nicht begriffen hat, daß ihr Ansehen beim höfischen Publikum als Rollenpartnerin im literarischen Spiel des Minnesangs allein vom Preis des Sängers abhängt. Während Reinmar seine Sängerexistenz von der Dame her definierte (*stirbet si, sô bin ich tôt*; VIII, 2 v. 8), dreht Walther den Spieß um: *stirbe ab ich, sô ist si tôt.* Stellt der Sänger seinen Frauenpreis ein, dann versinkt das gesellschaftliche Ansehen der Dame in ein Nichts und raubt damit im Versagen der ihr von Walther zugedachten Minnesangrolle der höfischen Gesellschaft die höfische Freude:

2 **H**oeret wunder, wie mir ist geschehen
von mîn selbes arebeit:
Mich enwil ein wîp niht an gesehen!
die brâht ich in die werdekeit,
daz ir muot sô hôhe stât.
jon weiz si niht, swenn ich mîn singen lâze, daz ir lop zergât.

3 **H**êrre, waz si flüeche lîden sol,
swenn ich nû lâze mînen sanc!
Alle die nû lobent, daz weiz ich wol,
die scheltent danne ân mînen danc.
Tûsent herze wurden frô
von ir genâden; dius engeltent, lât si mich verderben sô.

4 **D**ô mich dûhte daz si waere guot,
wer was ir bezzer dô dann ich?
Dêst ein ende; swaz si mir getuot,
des mac ouch si verwaenen sich:
Nimet si mich von dirre nôt,
ir leben hât mînes lebennes êre: stirbe ab ich, sô ist si tôt.

2 Höret denn das Große, was mir geschehen ist
durch Schuld meines eignen Mühens:
Sie will mich nicht ansehen!
Sie, der ich doch solchen Ruhm verschaffte,
daß sie jetzt derart hochgemut ist!
Sie bedenkt wohl nicht, daß, verstummt mein Lied, auch ihr Ruhm zergeht!

3 Herr des Himmels, was für Verwünschungen wird sie über sich ergehen lassen müssen,
wenn ich jetzt meinen Sang verstummen lasse.
Alle, die sie heute rühmen, weiß ich genau,
die werden sie dann schmähen, leider.
Tausend Herzen wurden froh
wenn sie mir gewogen war; die müssen es büßen, wenn sie mich so zugrunde gehen läßt.

4 Als ich noch an ihre Güte glaubte,
wer hat da Besseres an sie gewandt als ich?
Damit ist es vorbei: was immer sie mir antut,
dessen mag auch sie sich von mir gewärtigen.
Erlöst sie mich aus meiner Not,
erhöht sich ihr Leben durch das meine; sterbe ich jedoch, so ist auch sie tot.

(P. Wapnewski)

Wenn Walther seinen Frauenpreis nicht mehr wie im traditionellen Minnesang unterschiedslos allen Damen gewährt, sondern von der gegenseitigen Beglückung abhängig macht, die auch die Dame in die Pflicht nimmt, dann wird damit das Kriterium der Unterscheidung eingeführt – die dritte Komponente in Walthers Neuakzentuierung des Minnesangs. Nicht nur bei den Sängern, auch bei den Damen ist – bislang im Minnesang ungehört – zwischen *guoten* und *boesen* zu scheiden. Wenn die Frauen diese Unterscheidung nicht mehr treffen, dann liegt auch die Gesellschaft im Argen; niemand weiß mehr, wie man sich angesichts solcher Gleichmacherei ethisch orientieren solle, diagnostiziert Walther in der Mittelstrophe seines Liedes *Zwo fuoge hân ich doch* (L 47,36):

3 **I**ch sage iu waz uns den gemeinen schaden tuot:
diu wîp gelîchent uns ein teil ze sêre.
Daz wir in alsô liep sîn übel alse guot,
seht, daz gelîchen nimet uns fröide und êre.
Schieden uns diu wîp als ê,
daz si sich ouch liezen scheiden,
daz gefrumt uns iemer mê,
mannen unde wîben, beiden.
waz stêt übel, waz stêt wol,

sît man uns niht scheiden sol?
edeliu wîp, gedenket
daz ouch die man waz kunnen:
gelîchents iuch, ir sît gekrenket.

3 Ich will euch sagen, was uns allesamt schadet:
in den Augen der Frauen erscheinen wir Männer viel zu gleichförmig.
Daß sie uns unterschiedlos schätzen, seien wir böse oder gut,
seht, solche Gleichmacherei nimmt uns Freudigkeit und Achtung.
Wenn die Frauen wie früher Unterschiede zwischen uns machten,
so daß dadurch auch sie unterscheidbar wären,
das wäre von großem Nutzen
für beide, Männer wie Frauen.
Was heißt böse, was heißt gut,
wenn man keine Unterschiede mehr zwischen uns machen will?
Ihr edlen Frauen, bedenkt,
daß auch die Männer es in der Hand haben:
stellen sie Euch insgesamt auf eine Stufe, dann seid Ihr verletzt.

Walther ist es mit der Unterscheidung zwischen den Frauen im Minnesang so ernst, daß er eine berühmt gewordene Scheidung zwischen *frouwe* und *wîp* einführt, die als Begriffe bis dahin im Minnelied unterschiedslos gebraucht wurden, wobei *frouwe* auf das gesellschaftliche Ansehen verwies (Herrin, Dame, Madame), *wîp* dagegen auf die Geschlechtsbezeichnung abhob (also »Frau« im heutigen Sprachgebrauch). Walther unterscheidet im eben angesprochenen Lied nun – in der Übersetzung nur schwer wiederzugeben – folgendermaßen:

4 **W**îp muoz iemer sîn der wîbe hôhste name,
und tiuret baz dan frouwe, als ichz erkenne.
Swâ nû deheiniu sî diu sich ir wîpheit schame,
diu merke disen sanc und kiese denne.
Under frouwen sint unwîp,
under wîben sint si tiure.
wîbes name und wîbes lîp
die sint beide vil gehiure.
swiez umb alle frouwen var,
wîp sîn alle frouwen gar!
zwîvellop daz hoenet,
als under wîlen frouwe:
wîp dêst ein name ders alle kroenet.

4 ›Frau‹ wird immer die höchste Bezeichnung für das Geschlecht der Frauen sein
und ehrt meiner Meinung nach mehr denn ›Dame‹.
Wofern nun eine sich etwa ihrer Zugehörigkeit zum Geschlecht der Frauen schämte,
so achte sie genau auf meine Worte und möge dann wählen.
Von den Damen ist so manche unfraulich,
von den Frauen kann nie eine unfraulich sein.
Begriff und Erscheinung der Frau
sind beide sehr liebenswert.
Wie auch immer es um die Damen bestellt sein möge –
als Frau sollte eine jede von ihnen sich fühlen.
Ein zweideutiges Lob kann Hohn sein,

wie unter Umständen das Wort ›Dame‹:
›Frau‹ indes ist ein Name der sie alle krönt.

(P. Wapnewski)

Nicht wegen ihrer gesellschaftlichen Stellung ist die Minnepartnerin zu preisen, sondern aufgrund ihrer Bereitschaft zur gegenseitigen Beglückung, indem sie ihr Frausein authentisch, nicht nach gesellschaftlich vorgegebenen Verhaltensregeln lebt. Auch einer Dame (*frouwe*) kann diese authentische Fraulichkeit eignen, aber sie besitzt sie nicht automatisch wegen ihrer Stellung in der Gesellschaft, sondern sie muß sich darum bemühen und dieses Frausein – will sie in Walthers Minnesangkonzept besungen werden – auch zeigen. Spiegelte im tradtionellen Minnesang die Frauenrolle höfische Normen, Werte, Verhaltensformen der höfischen Gesellschaft in ihrer Idealität, so zielt Walther nunmehr auf deren Realität, auf deren Verwirklichung in der höfischen Gesellschaft. Diese in Walthers neue Frauenrolle eingeschriebene Forderung nach Verwirklichung der höfischen Ideale in der Hofgesellschaft ist Walthers vierte Komponente in seiner Neuformulierung des Minnesangkonzepts. Gerade an diesem Moment zeigt sich, daß Walthers Minnesang weiterhin als Rollenlyrik mit ihrer Inszenierung gesellschaftlicher Werte Gesellschaftsdichtung bleibt und nicht als individualisierende Liebeslyrik verstanden werden darf. Es geht auch in seinen Frauenrollen nicht um spezielle Verhaltensweisen einer bestimmten Frau, sondern um Wertorientierungen und Verhaltensweisen der gesamten höfischen Gesellschaft.

Diese vier in der Forschung (G. Hahn) herausgearbeiteten Komponenten – Beglückung, Gegenseitigkeit, Unterscheidung und Verwirklichung – bestimmen ab dem zäsursetzenden »Preislied« Walthers spezifischen Minnesang in je unterschiedlicher Akzentsetzung. Neben den Liedern, in denen Walther seine neue Sicht des Minnekonzepts insbesondere vor dem Hintergrund des konventionellen Minnesangs formuliert und ausfaltet, finden sich zwei Liedgruppen, in denen Walther sein neuformuliertes Konzept zu verwirklichen sucht. Die eine bilden die »Mädchenlieder«, in denen die Frauenrolle – gleichsam als extremste Ausprägung des neuen Konzepts – nicht mehr mit einer *frouwe*, sondern – namengebend – mit einer *maget* besetzt ist, der wegen der Verwirklichung des neuen Postulats der ehrende Titel *frouwe* oder *frouwelîn* zugedacht wird. Obwohl im Blick auf den gesellschaftlichen Rang keine »Herrin«, wird der *maget* diese Auszeichnung vom Sänger gleichwohl zugesprochen, weil sie ihr Frausein identisch lebt. Auch dies ist freilich Rollendichtung: Walther wäre als Minnesänger gründlich mißverstanden, wenn man in der *maget*-Rolle, die sich literarisch mit der *puella*-Figur der lateinischen Vagantenlyrik (vgl. etwa die ›Carmina Burana‹) trifft, eine Hinwendung an niedrig Geborene als die geeigneteren Minnepartnerinnen sehen würde. Vielmehr wollte Walther in seinen Mädchenliedern zeigen, daß die Eignung zur preiswürdigen Minnedame nicht vom Stand der besungenen Frau, sondern von ihrer Bereitschaft zur beglückenden Partnerschaft in der literarisch stilisierten Minnebindung abhängt.

Dieses Moment der gegenseitigen Beglückung ließ sich in der Liebeserfüllung außerhalb ständischer Schranken dem höfischen Publikum am eindrucksvollsten demonstrieren. Die Imagination des genossenen Liebesglücks in paradiesischer Unschuld ist Walther besonders eindrucksvoll in seinem berühmten Mädchenlied *Under der linden* (L 39,11) geglückt, das – als fester Bestandteil von Liebesliedanthologien – vielleicht das einzige einem größeren Publikum bekannte Walther-Lied ist: freilich als Liebeslied real erlebten Liebesglücks gröblich mißverstanden. Es ist ein Minnelied, bei dem Walther in die Frauenrolle schlüpft und als Sänger dem Mädchen scheinbar höchst naiv das Bekenntnis genossener Liebeserfüllung in den Mund legt – erotisch hochgespannt, aber im rückerinnernden Andeuten an keiner Stelle ins Laszive abgleitend:

1 ›**U**nder der linden
an der heide,
dâ unser zweier bette was,
dâ mugt ir vinden
schône beide
gebrochen bluomen unde gras.
Vor dem walde in einem tal,
tandaradei,
schône sanc diu nahtegal.

2 **I**ch kam gegangen
zuo der ouwe:
dô was mîn friedel komen ê.
Dâ wart ich enpfangen,
hêre frouwe,
daz ich bin saelic iemer mê.
Kuste er mich? wol tûsentstunt:
tandaradei,
seht wie rôt mir ist der munt.

3 **D**ô het er gemachet
alsô rîche
von bluomen eine bettestat.
Des wirt noch gelachet
inneclîche,
kumt iemen an daz selbe pfat.
Bî den rôsen er wol mac,
tandaradei,
merken wâ mirz houbet lac.

4 **D**az er bî mir laege,
wessez iemen
(nu enwelle got!), sô schamt ich mich.
Wes er mit mir pflaege,
niemer niemen
bevinde daz wan er und ich –
und ein kleinez vogellîn,
tandaradei,
daz mac wol getriuwe sîn‹.

1 »Unter der Linde
auf der Heide,
wo unser beider Lager war,
da kann man sehn
liebevoll gebrochen
Blumen und Gras.
Vor dem Wald in einem Tal
tandaradei
sang schön die Nachtigall.

2 Ich kam gegangen
zu der Wiese,
da war mein Liebster schon vor mir gekommen.
Da wurde ich empfangen
– Heilige Jungfrau! –
daß es mich immer glücklich machen wird.
Ob er mich küßte? Wohl tausendmal,
tandaradei,
seht wie rot mein Mund ist.

3 Da hatte er bereitet
in aller Pracht
von Blumen ein Lager.
Daran wird sich freuen
von Herzen,
wer daran vorübergeht.
An den Rosen kann er noch
– tandaradei –
sehen wo mein Kopf lag.

4 Daß er bei mir lag,
wüßte es jemand
(da sei Gott vor!), so schämte ich mich.
Was er tat mit mir,
niemals soll jemand
das erfahren als er und als ich –
und die liebe Nachtigall,
tandaradei;
die wird gewiß verschwiegen sein«.

(P. Wapnewski)

Daß es sich dabei um literarisch inszenierte Imaginationen handelt, zeigt ein anderes Mädchenlied (L 74,20), diesmal als Bekenntnis der Männerrolle, in dem die beglückende Liebeserfahrung sich – so die Pointe – als ein Traum erweist:

1 ›**N**emt, frouwe, disen kranz!‹
alsô sprach ich zeiner wol getânen maget.
›**S**ô zieret ir den tanz,
mit den schoenen bluomen, als irs ûffe traget.
Het ich vil edele gesteine,
daz müest ûf iur houbet,
obe ir mirs geloubet.
seht mîne triuwe, daz ichz meine.‹

2 **S**i nam daz ich ir bôt
einem kinde vil gelîch daz êre hât.
Ir wangen wurden rôt
same diu rôse, dâ si bî der liljen stât.
Do erschampten sich ir liehten ougen:
doch neic si mir schône.
daz wart mir ze lône.
wirt mirs iht mêr, daz trage ich tougen.

3 ›**I**r sît sô wol getân,
daz ich iu mîn schapel gerne geben wil,
so ichz aller beste hân.
wîzer unde rôter bluomen weiz ich vil.
Die stênt sô verre in jener heide.
dâ si schône entspringent
und die vogele singent,
dâ suln wir si brechen beide.‹

4 **M**ich dûhte daz mir nie
lieber wurde, danne mir ze muote was.
Die bluomen vielen ie
von dem boume bî uns nider an daz gras.
Seht, dô muost ich von fröiden lachen,
do ich sô wünneclîche
was in troume rîche,
dô taget ez und muos ich wachen.

5 **M**ir ist von ir geschehen,
daz ich disen sumer allen meiden muoz
vast under d'ougen sehen:
lîhte wirt mir einiu: so ist mir sorgen buoz.
Waz obe si gêt an disem tanze?
frouwe, dur iur güete
rucket ûf die hüete:
owê gesaehe ichs under kranze!

1 »Nehmt, Herrin, diesen Kranz!«
So sagte ich zu einem schönen Mädchen.
»Dann schmückt Ihr den Tanz
mit den schönen Blumen in Euerm Haar.
Hätt ich Gold und Edelstein,
dann müßten sie auf Euer Haupt –
wie Ihr mir glauben werdet.
Wirklich, ich meine es ehrlich!«

2 Und sie nahm das Gebotete an
wie ein junges Mädchen annimmt, das wohlerzogen ist:
Sie errötete,
und die Farbe der Rose kam zu der der Lilie.
Schüchternheit ließ sie die Augen niederschlagen.
Doch dankte sie und neigte zart den Kopf.
Das war mein Lohn.
Schenkt sie mir noch mehr dafür, dann werde ich das heimlich für mich behalten.

3 »Ihr seid so schön,
daß ich Euch meinen Kranz schenken muß –
den schönsten den ich hab.
Ich weiß, wo viel weiße und rote Blumen stehn.
Die stehn da fern auf jener Heide.
Da wo sie blühen
und die Vögel singen,
da wollen wir sie brechen.«

4 Mir schien daß ich nie
glücklicher war als da.
Und immerfort rieselten die Blüten
der Bäume zu uns nieder aufs Gras.
Ja seht – da mußte ich lachen in all meinem Glück,
als ich so wunderbar
im Traum beschenkt wurde,
da kam der Tag und weckte mich.

5 Nun hat sie mich so weit gebracht,
daß ich diesen Sommer allen Mädchen
tief in die Augen sehen muß:
Vielleicht finde ich sie – dann bin ich allen Kummer los.
Wie, wenn sie diesen Tanz mitmachte?
Meine Damen, bitte,
rückt den Kopfschmuck ein wenig aus der Stirn!
Ach, erblickte ich sie doch unter dem Kranz!

(P. Wapnewski)

So anmutig und liebreizend uns dieser Liedtyp auch vorkommt, solche Lieder stießen in der höfischen Gesellschaft, da sie gegen die Konvention des Minnesangs provozierend verstießen, auf Kritik und Widerstand. Der Vorwurf lautete, Walther wende sich dabei *zu nidere*, auf Minnepartnerinnen von niedrigem Stand: die Frauenrolle sei mit einer *maget*, nicht – wie im konventionellen Minnesang – mit einer *frouwe* besetzt. Dagegen verteidigt sich Walther, indem er in der Form eines Mädchenlieds die Programmatik der Mädchenlieder herausstellt. Er insistiert mit allem Nachdruck, daß nicht Reichtum und äußere Schönheit, durch Schmuck unterstrichen und zur Schau gestellt, eine Frau als Minnepartnerin preiswürdig machen, sondern *liebe*, *triuwe*, *staetekeit* (liebevolle Zuneigung, Treue und Beständigkeit): Nicht äußere Schönheit begründet Liebe, ein liebendes Herz macht eine Frau schön. Dann – und nicht auf Grund ihres Standes – darf sie *frouwe*, oder wie im nachfolgenden Lied (L 49,25), kosend *frouwelîn* genannt werden:

1 **H**erzeliebez frouwelîn,
got gebe dir hiute und iemer guot!
Kund ich baz gedenken dîn,
des hete ich willeclîchen muot.
Waz mac ich dir sagen mê,
wan daz dir nieman holder ist? owê, dâ von ist mir vil wê.

2 **S**ie verwîzent mir daz ich
ze nidere wende mînen sanc.
Daz si niht versinnent sich
waz liebe sî, des haben undanc!
Sie getraf diu liebe nie,
die nâch dem guote und nâch der schoene minnent, wê wie minnent die?

3 **B**î der schoene ist dicke haz;
zer schoene niemen sî ze gâch.
Liebe tuot dem herzen baz:
der liebe gêt diu schoene nâch.

Liebe machet schoene wîp:
des mac diu schoene niht getuon, sie machet niemer lieben lîp.

4 **I**ch vertrage als ich vertruoc
und als ich iemer wil vertragen.
Dû bist schoene und hâst genuoc:
waz mugen si mir dâ von sagen?
Swaz si sagen, ich bin dir holt,
und nim dîn glesîn vingerlîn für einer küneginne golt.

5 **H**âst dû triuwe und staetekeit,
sô bin ich des ân angest gar
daz mir iemer herzeleit
mit dînem willen widervar.
Hâst aber dû der zweier niht,
so müezest dû mîn niemer werden. owê danne, ob daz geschiht!

1 Meine geliebte kleine Herrin,
Gott behüte dich heute und immer!
Könnte ich schöner meine Wünsche ausdrücken –
ich tät es wahrlich gern.
Was aber kann ich dir mehr sagen
als daß dich niemand lieber haben kann? Ach das macht mir manchen Kummer.

2 Sie werfen mir vor, daß ich
an niedrig Geborne richte meinen Sang.
Daß sie nicht begreifen
was wirkliche Liebe ist – dafür sollen sie verwünscht sein!
Nie hat wahre Liebe sie getroffen,
die nach dem Grad von Reichtum und Schönheit entflammt werden, – ach was für eine Liebe ist das?

3 Hinter äußerer Schönheit verbirgt sich oft ein böses Herz.
Solcher Schönheit laufe niemand eilig nach.
Ein liebes Herz steht so viel höher,
und hinter ihm geht die Schönheit.
Ein liebes und liebendes Herz macht die Frau schön;
dergleichen kann die Schönheit nicht vollbringen: sie macht das Herz nicht gut.

4 Ich trage ihren Vorwurf wie ich ihn immer getragen habe
und ihn immer tragen werde.
Du bist schön, und du bist reich –
aber was können sie mir davon schon sagen?
Was immer sie sagen mögen – ich hab dich lieb,
und dein Ring mit dem Glasstein ist mir mehr als der Goldring der Königin.

5 Wenn du Beständigkeit und Treue hast,
so hab ich keine Sorge davor,
daß meinem Herzen je ein Leid
von deinem Herzen widerfahre.
Hast aber du sie nicht,
dann könntest du mir nie gehören. Ach, wenn es je so kommt ...

(P. Wapnewski)

Die Gruppe der Mädchenlieder ist klein, im Kern umfaßt sie nur die drei zitierten Lieder. Dieser Sachverhalt läßt sich erklären: Wie wir beim letzten Lied gesehen haben, war diese Form des Minnesangs in der höfischen Gesellschaft offenkundig Mißverständnissen ausgesetzt. Auf das höfische Publikum war Walther als Berufssänger jedoch angewiesen, es war sein Adressatenkreis. Um ihn als Sänger einer neuformulierten Minnekonzeption zu erreichen, hat Walther das in den Mädchenliedern entwickelte Konzept auf die *frouwe* des etablierten, in der Forschung als Hoher Sang firmierenden Minnesangs übertragen. Es sind die viel zahlreicheren Lieder der »Neuen hohen Minne«. Die *frouwe* wird hier zur Trägerin der in den Mädchenliedern beschworenen ethischen Werte, die eben wegen dieser Werte zu umwerben ist. Im Vergleich zur alten Minnekonzeption ist dies etwas Neues, gleichsam wie ein neuer Sommer (L 92,9):

1 **E**in niuwer sumer, ein niuwe zît,
ein guot gedinge, ein lieber wân,
diu liebent mir en widerstrît
daz ich noch trôst ze fröiden hân.
Noch fröwet mich ein anderz baz
dan aller vogellîne sanc:
swâ man noch wîbes güete maz,
dâ wart ir ie der habedanc.
Daz meine ich an die frowen mîn.
dâ muoz noch mêre trôstes sîn:
sist schoener danne ein schoene wîp,
die schoene machet lieber lîp.

2 **I**ch weiz wol daz diu liebe mac
ein schoene wîp gemachen wol.
iedoch swelch wîp ie tugende pflac,
daz ist diu, der man wünschen sol.
Diu liebe stêt der schoene bî
baz dan gesteine dem golde tuot.
nû jehet, waz danne bezzer sî,
hânt dise beide rehten muot.
Si hoehent mannes werdekeit.
swer ouch die süezen arebeit
dur sî ze rehte kan getragen,
der mac von herzeliebe sagen.

3 **D**er blic gefröut ein herze gar,
den minneclîch ein wîp an siht.
wie welt ir danne, daz der var,
dem ander liep von ir geschiht?
Der ist eht manger fröiden rîch,
sô jenes fröide gar zergât.
waz ist den fröiden ouch gelîch,
dâ liebez herze in triuwen stât,
in schoene, in kiusche, in reinen siten?
swelch saelic man daz hât erstriten,
ob er daz vor den frömden lobet,
sô wizzet, daz er niht entobet.

4 **W**az sol ein man, der niht engert
gewerbes umb ein reine wîp?
si lâze in iemer ungewert,
ez tiuret doch wol sînen lîp.
Er tuo dur einer willen sô,
daz er den andern wol behage:
sô tuot in ouch ein ander frô,
ob im diu eine gar versage.
Dar an gedenke ein saelic man.
dâ lît vil saelde und êren an:
swer guotes wîbes minne hât,
der schamt sich aller missetât.

1 Ein neuer Sommer, eine neue Jahreszeit,
ein liebes Hoffen, eine frohe Erwartung,
die gefallen mir um die Wette,
daß ich noch Hoffnung und Freude habe.
Doch freut mich etwas andres mehr
als aller Vöglein Gesang:
wo man je auch fraulichen Adel prüfte,
da wurde ihr stets der Preis zuteil.
Das sage ich von meiner Herrin.
Dabei mag noch eine größere Zuversicht sein:
sie ist schöner als eine schöne Frau,
der Liebreiz macht die Schönheit aus.

2 Ich weiß genau, der Liebreiz kann
wohl eine schöne Frau erschaffen;
doch eine Frau von innerem Wert
ist es, die sich der Mann wünschen soll.
Der Liebreiz hilft der Schönheit
mehr als der Edelstein dem Gold;
nun sagt, was gibt es noch Besseres,
kommt zu beiden die rechte Gesinnung hinzu.
Sie steigern den Wert des Mannes:
wenn einer auch den süßen Dienst
um sie richtig zu erfüllen versteht,
der kann von Herzeliebe sprechen.

3 Der Blick schon macht dem das Herz ganz froh,
den eine Frau lieblich ansieht.
Wie meint Ihr, daß es dem ergeht,
dem noch anderes Liebes von ihr geschieht?
Der ist doch an vielen Freuden reich,
während des Andern Freude ganz vergeht.
Was ist auch den Freuden zu vergleichen,
wenn ein liebes Herz treu verbunden bleibt,
in Schönheit, Reinheit und Sittsamkeit?
Jeder Glückliche, der das gewonnen hat,
wenn er das vor den Andern preist,
so wißt, daß er nicht von Sinnen ist.

4 Was nützt ein Mann, wenn er sich nicht
bemühen will um eine reine Frau?
Läßt sie ihn auch alle Zeit unerhört,
so steigert es doch wohl seinen Wert.
Er halte es um der Einen willen so,
daß er den andern gut gefällt:
dann macht ihn auch eine andere froh,
wenn ihn die eine ganz abweist.
Daran denke ein glückhafter Mann.
Das schenkt viel Glück und Ansehen:
wer immer die Liebe einer edlen Frau besitzt,
der schämt sich über alles unrechte Tun.

(F. Maurer)

Also auch in den Liedern der »Neuen hohen Minne« wird an der These festgehalten, daß liebevolle Zuneigung (*liebe*) schön macht. Diese Schönheit ist nicht aufs Äußere, ist nicht auf den Schmuck von Gold und Edelsteinen angewiesen. Das entspricht der Einsicht der Mädchenlieder, wird aber nun auf die *frouwe* als Minnepartnerin bezogen. Liebevolle Zuneigung zielt auch hier auf gegenseitige Beglückung. Die *frouwe* ist zugleich als *friundîn* gedacht, die beide gleichsam von einem gemeinsamen Kleid umhüllt sind, und der Sänger möchte als *friunt* und *geselle* (Vertrauter) angesprochen werden (L 63,8):

1 **D**ie verzagten aller guoten dinge
waenent, daz ich mit in sî verzaget:
Ich hân trôst, daz mir noch fröide bringe,
der ich mînen kumber hân geklaget.
Obe mir liep von der geschiht,
sô enruoche ich, wes ein boeser giht.

2 **N**ît den wil ich iemer gerne lîden,
frowe, dâ solt dû mir helfen zuo.
Daz si mich von schulden müezen nîden,
sô mîn liep in herzeleide tuo.
Schaffe, daz ich frô gestê,
sôst mir wol, und ist in iemer wê.

3 **F**riundîn unde froun in einer waete,
wolte ich an dir einer gerne sehen,
ob ez mir sô rehte sanfte taete
alse mir mîn herze hât verjehen.
Friundinne ist ein süezez wort:
doch sô tiuret frowe unz an daz ort.

4 **F**rowe, ich wil mit hôhen liuten schallen,
werdent diu zwei wort mit willen mir:
Sô lâz ouch dir zwei von mir gevallen,
dazs ein keiser kûme gaebe dir.
Friunt und geselle diu sint dîn,
sô sî friundîn unde frowe mîn!

1 Die an allem Guten verzweifelt sind,
denken, daß ich mit ihnen verzweifelt sei:
aber ich habe die Zuversicht, daß sie mich noch erfreuen wird,
der ich meinen Kummer geklagt habe.
Wenn mir von ihr Liebe geschenkt wird,
so kümmere ich mich nicht darum, was ein Schlechter sagt.

2 Gern will ich mich stets beneiden lassen,
Herrin, dazu sollst du mir helfen.
Mögen sie mich mit Grund beneiden,
wenn mein Glück ihnen Herzeleid bereitet!
Mach nur, daß ich froh sein kann,
so geht's mir gut und ihnen alle Zeit schlecht.

3 Herrin und Geliebte im selben Kleide
möchte ich in dir allein gerne sehen;
Ob mir das so richtig wohl tun würde,
wie mein Herz es mir versprochen hat?
»Geliebte« ist ein süßes Wort,
»Herrin« aber steigert den Wert über alles.

4 Herrin, ich will hellen Jubel anstimmen,
wenn Du mir die beiden Worte schenkst:
laß Dir auch von mir zwei gefallen,
wie sie Dir kein Kaiser geben könnte.
»Geliebter« und »Gefährte« die sind Dein,
so seien »Geliebte« und »Herrin« mein!

(F. Maurer)

Und so kann dann auch die Heiterkeit der Mädchenlieder in die Lieder der »Neuen hohen Minne« und in den Rahmen höfischer Festlichkeit eingebracht werden. Nicht die *überhêre frouwe*, die unnahbar abweisende Dame des traditionellen Minnesangs schenkt der Gesellschaft festliche Hochstimmung, sondern die *frouwe*, die Walthers neues Minnekonzept verwirklicht (L 45,37):

1 **S**ô die bluomen ûz dem grase dringent,
same si lachen gegen der spilden sunnen,
in einem meien an dem morgen fruo;
und diu kleinen vogellîn wol singent
in ir besten wîse die si kunnen,
waz wünne mac sich dâ gelîchen zuo?
Ez ist wol halb ein himelrîche!
suln wir sprechen waz sich deme gelîche,
sô sage ich waz mir dicke baz
in mînen ougen hât getân,
und taete ouch noch, gesaehe ich daz.

2 **S**wâ ein edeliu schoene frouwe reine,
wol gekleidet unde wol gebunden,
dur kurzewîle zuo vil liuten gât,
hovelîchen hôhgemuot, niht eine,

umbe sehende ein wênic under stunden,
alsam der sunne gegen den sternen stât –
der meie bringe uns al sîn wunder,
waz ist dâ sô wünneclîches under,
als ir vil minneclîcher lîp?
wir lâzen alle bluomen stân
und kapfen an daz werde wîp.

3 **N**û wol dan, welt ir die wârheit schouwen:
gên wir zuo des meien hôhgezîte!
der ist mit aller sîner krefte komen.
Seht an in und seht an schoene frouwen,
wederz dâ daz ander überstrîte:
daz bezzer spil, ob ich daz hân genomen.
Owê der mich dâ welen hieze,
deich daz eine dur daz ander lieze,
wie rehte schiere ich danne kür!
hêr Meie, ir müeset merze sîn,
ê ich mîn frowen dâ verlür.

1 Wenn die Blumen aus dem Gras sprießen
als lachten sie der taufunkelnden Sonne entgegen
an einem Maitag morgens früh;
und wenn die kleinen Vögel fröhlich singen
in ihrer schönsten Weise –
welche Herrlichkeit kann sich damit vergleichen?
Das ist wohl halb das Himmelreich.
Sollen wir sagen was sich dem vergleichen kann,
so spreche ich aus, was meine Augen
mehr entzücken würde,
und wieder entzücken würde, sähe ich es wieder.

2 Wo nämlich eine Frau, damenhaft und vornehm innerlich und äußerlich,
prächtig Kleidung und Kopfschmuck,
um der Unterhaltung willen in Gesellschaft geht,
froh und festlich gestimmt, von Gefolge begleitet,
gelegentlich die Augen ein wenig herumgehn lassend,
und auftritt wie die Sonne neben Sternen –
der Mai bringe uns all seine Wunderpracht,
was ist darunter so Herrliches
wie ihre liebliche Schönheit?
Da lassen wir alle Blumen
und starren nur die herrliche Frau an.

3 Wohlan denn, wollt ihr den Wahrheitsbeweis,
gehn wir zum Fest des Mai!
Der ist gekommen mit aller seiner Macht.
Seht auf ihn – und seht auf die schönen Frauen,
welches von beiden da das andre übertrifft:
ob ich nicht den besseren Zug getan habe!
Oh, wenn mich jemand vor die Wahl stellte
das eine zu lassen um des andern willen –
wie prompt ich dann mich entschiede!

Herr Mai, lieber wollte ich ihr würdet März,
als daß ich da meine Herrin aufgäbe.

(P. Wapnewski)

Diese Imagination festlicher Freude darf allerdings nicht darüber hinwegtäuschen, daß Walther seine Erneuerung des Minnesangs offenkundig zeitlebens verteidigen mußte. Mit der Beschwörung höfischer Idealität hätte er es sich leichter machen können. Es ehrt den Sänger Walther, daß er sein neues Konzept gegen alle Widerstände durchgehalten hat: Die gesellschaftlichen Werte sind nicht nur zu beschwören, sie sind zu verwirklichen. In der Inszenierung erotischer Beglückung von Frau und Mann bringt Walther zum Vorschein, daß eine lebenswerte Gesellschaft nur dann glückt, wenn sie ihre Werte auch verwirklicht. Nicht zuletzt deswegen ist die Minnelyrik Walthers von der Vogelweide auch heute noch lesenswert.

Ausgabe:

Walther von der Vogelweide: *Leich, Lieder, Sangsprüche.* 14., völlig neubearbeitete Ausgabe Karl Lachmanns mit Beiträgen von Thomas Bein und Horst Brunner herausgegeben von Christoph Cormeau. Berlin, New York: Walther de Gruyter 1996. [Grundlegende wissenschaftliche Ausgabe.]

Übersetzungen:

Walther von der Vogelweide: *Die Lieder.* Mittelhochdeutsch und in neuhochdeutscher Prosa. Mit einer Einführung in die Liedkunst Walthers herausgegeben und übertragen von Friedrich Maurer. München: Wilhelm Fink Verlag 1972 u.ö. (Uni-Taschenbücher 167.)

Walther von der Vogelweide: *Gedichte.* Mittelhochdeutscher Text und Übertragung. Ausgewählt, übersetzt und mit einem Kommentar versehen von Peter Wapnewski. Frankfurt a.M.: Fischer Taschenbuch Verlag. 7., überarbeitete Auflage 1970 u.ö. (Fischer Taschenbuch 6052.)

Walther von der Vogelweide: *Werke.* Gesamtausgabe. Band 1: Spruchlyrik. Mittelhochdeutsch/Neuhochdeutsch. Herausgegeben, übersetzt und kommentiert von Günther Schweikle. Stuttgart: Philipp Reclam jun. 1994. (Universal-Bibliothek 819.)

Reinmar: *Lieder.* Nach der Weingartner Liederhandschrift (B). Mittelhochdeutsch/Neuhochdeutsch. Herausgegeben, übersetzt und kommentiert von Günther Schweikle. Stuttgart: Philipp Reclam jun. 1986. (Universal-Bibliothek 8315.)

Einführende Literatur:

***Walther von der Vogelweide*:** Eine Einführung von Gerhard Hahn. München und Zürich: Artemis Verlag 1986. (Artemis Einführungen 22.)

***Walther von der Vogelweide*:** Epoche – Werk – Wirkung. Von Horst Brunner, Gerhard Hahn, Ulrich Müller, Franz Viktor Spechtler. München: Verlag C.H. Beck 1996. [Mit zahlreichen Literaturangaben, auch zu weiteren Ausgaben und Übersetzungen.]

Hinweis: Die Stellennachweise zu den Liedern Walthers erfolgen nach der in der Forschung eingeführten L(achmann)-Zählung. Die mittelhochdeutsche Textform richtet sich nach den jeweils beigezogenen Übersetzungen; die Neubearbeitung der Lachmannschen Ausgabe durch Chr. Cormeau (1996) weicht davon öfters ab.

Essais de Messire Michel, Seigneur de Montaigne

Erprobungen des Herrn von Montaigne

Hans Peter Balmer

»Ich habe mir selbst nachgeforscht«

Heraklit

»Die Arbeit an der Philosophie ist ...
eigentlich mehr die Arbeit an Einem selbst.«

Ludwig Wittgenstein

Ein Philosoph ohne Vorbedacht und Plan

Michel de Montaigne ist, als Verfasser eines einzigen Buches, ein einzigartiger Schriftsteller. Ein durch Schreiben unsterblicher Autor, »ein Mensch, der immer geliebt werden wird«; so sah es schon Voltaire. Montaigne ist überhaupt der erste freie, nicht fachgebundene, nicht spezialisierte Schriftsteller; darauf hat Erich Auerbach insbesondere aufmerksam gemacht. Nach vierhundert Jahren noch ist es ein unvergleichliches Vergnügen, den Erprobungen der neu errungenen freien Stellung zu folgen; herrlich wie am ersten Tag.

Doch ist es angebracht, sich mit Montaigne *in philosophischer Hinsicht* zu befassen? Mit einem Autor, wohlgemerkt, der von sich selbst zu sagen hat: *Nouvelle figure: un philosoph impremedité et fortuite!* »Neuartige Erscheinung: ein Philosoph ohne Vorbedacht und Plan« (Buch II, Kap. 12, TR 528, c; L 461). Die Antwort der Philosophen auf diese Frage war lange Zeit hindurch: nein. Schon Descartes und Pascal, für die beide die Würde des Menschen, dessen Wesenskern und Daseinsgewißheit, ganz und gar im Denken besteht, haben nein gesagt. Und noch Kant, bei dem die neuzeitliche transzendentalphilosophische Option aufs gründlichste entfaltet wird, bietet Kategorien autonomer Rationalität und Systematik auf, vor denen alles Empirische und Nichtsystematische als bloß rhapsodisches Daherreden aus dem Bezirk strenger Philosophie verbannt bleiben muß. Es ist dies das – mindestens seit Plato (Gorgias 503 d) herkömmliche – Verdikt, das zuletzt bei Hegel bis in alle Einzelheiten sich wiederholt. Anders Nietzsche. Er stellt Montaigne und die ihm folgenden französischen Moralisten als redlicher, gedanklich fruchtbarer, menschlich bedeutsamer über den Idealismus der kanonischen Philosophie. Ähnlich auch der Phänomenologe Merleau-Ponty. Es sind damit wesentliche Impulse für die postmoderne Dezentrierung (Lacan, Lyotard, Foucault, Derrida) gesetzt. Geradezu eine Empfehlungs- und Werbeschrift für Montaigne ist neuerdings geschrieben worden, und zwar erstaunlicherweise durch keinen Geringeren als den angloamerikanischen Wissenschafts- und Moralphilosophen Stephen Toulmin, einen Schüler Wittgensteins: »Kosmopolis, Die unerkannten Aufgaben der Moderne«. In seiner Einschätzung der gegenwärtigen Krise in der von Descartes herstammenden neueren Philosophie gewinnt Montaignes Protomoderne schlechthin zukunftweisende Bedeutung.

Wer also war Montaigne? Was ist sein Werk? Und worin liegt seine aktuelle philosophische Bedeutung?

Michel de Montaigne wurde 1533 auf Montaigne geboren. Gut und Schloß Montaigne, im Tal der Dordogne, fünfzig Kilometer östlich der Hafenstadt Bordeaux, hatte Michels Urgroßvater, reich geworden durch Handel mit Lebensmitteln, von den Erzbischöfen von Bordeaux erworben. Damit war die Grundlage geschaffen für den endgültigen Aufstieg der Familie Eyquem (so hieß sie herkömmlich) in den Adelsstand. Michels Vater, Pierre Eyquem, hatte als erster mit der Kaufmannstradition der Familie gebrochen. Offizier in den italienischen Kriegen, hatte er Eindrücke der Renaissance mitgebracht, unter anderem die Idee, seinen Sohn mit Latein als Umgangssprache aufwachsen zu lassen (I 26). Montaigne besuchte das Collège de Guyenne in Bordeaux. Das Studium der Rechte, anfänglich wohl auch der Philosophie, in Bordeaux und Toulouse schloß er ab als *licentiatus iuris.* 21jährig, während der Vater Bürgermeister von Bordeaux wird, übernimmt Montaigne das (gekaufte) Amt eines Parlamentsrats, eine Funktion, mit der Dienstreisen an den Königshof und längere Aufenthalte in Paris verbunden sind (II 17). Als 25jähriger schließt Montaigne mit dem Parlamentskollegen Étienne de la Boétie, einem um drei Jahre älteren Autor (geb. 1.11.1530), den er bereits aus dessen Schriften schätzengelernt hatte, eine Freundschaft, die er selbst als *die* menschliche Erfahrung seines Lebens ansieht. Als Erklärung und Begründung für das Zustandekommen und Bestehen dieser einzigartigen Beziehung weiß er – nach langem Nachdenken – nichts weiter anzuführen als die Formel: »Weil er es war; weil ich es war.« *(Par ce que c'estoit luy; par ce que c'estoit moy;* I 28, TR 178, c). Freundschaft sollte Montaigne stets als »die vollkommenste und süßeste Frucht des menschlichen Lebens« (L 286) gelten. Nach fünf Jahren (18.8.1563) stirbt La Boétie. Aus dem Erlebnis dieses Sterbens bezieht Montaigne ohne Zweifel zentrale Motive zum Schreiben: das Gedenken an den Verstorbenen, die Fortführung und Ersetzung des freundschaftlichen Dialogs und die alles durchziehende Todesthematik. 1565 heiratet Montaigne Françoise de la Chassaigne (1544–1627), eine begüterte Frau, Tochter und Schwester von Kollegen im Rat zu Bordeaux. Sie gebar sechs Töchter, von denen eine einzige überlebte. 1568 mit dem Tod des Vaters wird Michel Eigentümer und Herr von Montaigne.

Und nun wird Montaigne zum Schriftsteller. 1569 publiziert er die »Théologie Naturelle«, eine Schrift des katalanischen Philosophen, Arztes und Theologen Raimundo Sibiuda, die er auf Wunsch seines Vaters aus dem Lateinischen ins Französische übertragen hatte. In den »Essais« (II 12), um dies hier gleich anzufügen, findet sich dann als bei weitem umfangreichster und philosophisch kohärentester Text eine *Apologie de Raimond Sebond,* worin – ganz entgegen dem Titel – die Möglichkeit einer stringent-rationalen Begründung in Glaubensdingen in Frage gestellt wird. Kurzum, Montaigne findet in der Auseinandersetzung mit den Problemen der sogenannten Natürlichen Theologie zu einer ausgesprochen skeptischen Position – und damit zu einer entscheidenden Grundlage der philosophischen Neuzeit.

1570/71 tritt das ein, was man als Lebenswende bezeichnen muß. Der 38jährige Montaigne verkauft sein politisches Amt, gibt seine öffentlichen Funktionen (zunächst) auf und zieht sich – auch aus dem Umgang mit Freunden und Frauen – zu den Büchern in der *arrière-boutique* (I 39, TR 235, a) in einem Eckturm seines Anwesens zurück (I 8, III 3).

In den siebziger Jahren verfaßt und redigiert er den Großteil der Kapitel des Ersten und Zweiten Buches der »Essais«. 1580 erfolgt zu Bordeaux die Erstveröffentlichung der »Essais«. Sie umfaßt zwei Bände: der eine enthält die 57 Kapitel des Ersten, der andere die 37 Kapitel des Zweiten Buches. Die »Essais« sind sogleich ein Erfolg, so sehr, daß Montaigne sie sogar dem König überreichen kann. 1580 begibt sich Montaigne auf eine große eineinhalbjährige Reise (III 9). Auch Augsburg hat er besucht, das damals als »die schönste Stadt Deutschlands« galt. Der äußere Anlaß für das Unternehmen lag in der Erkrankung an Nierensteinen. Aus mangelndem Zutrauen in die Kunst der Ärzte suchte er Linderung in berühmten Heilbädern (Plombières, Baden an der Limmat, Lucca). Ein weiteres Motiv war aber zweifellos die kosmopolitische Gesinnung des Autors der »Essais«: ihn verlangte nach konkreter Überprüfung und weiterer Anregung seiner Kenntnis von Welt und Mensch. Unterwegs (1.10.1581), nachdem er Padua, Venedig, Rom gesehen hatte, erreicht ihn die Nachricht, daß er zum Bürgermeister von Bordeaux gewählt worden war (III 10). Auf nachdrückliche briefliche Aufforderung des Königs (Henri III) hin nimmt er an. Nach Ablauf der zweijährigen Amtsperiode als *Maire et Gouverneur de Bordeaux* wird er, was äußerst selten ist, wiedergewählt. Nachdem 1582 die »Essais« (versehen bereits diesmal mit einigen Korrekturen und Zusätzen) in zweiter Auflage erschienen waren, arbeitet Montaigne hauptsächlich 1586–1588 an den dreizehn Kapiteln des abschließenden und zweifellos bedeutendsten Dritten Buches der »Essais«. 1588 erfolgt, in Paris nunmehr, die auf drei Bücher erweiterte Neupublikation der »Essais« (ab jetzt entgegen damaliger Gepflogenheit ohne Aufzählung der Ehrentitel ihres Verfassers). Der Autor der »Essais« macht die Bekanntschaft mit Marie de Gournay (1565–1645), einer Verehrerin, die zu seiner *fille d'alliance* und Nachlaßbetreuerin wird. 1592, am 13. September, in seinem sechzigsten Lebensjahr, stirbt Montaigne. Er wird beigesetzt in der Feuillantinerkirche in Bordeaux. Wenn Sie nach Paris kommen, finden sie gegenüber der Hauptfront der Sorbonne, in einem kleinen grünen Park, dem *Square Painlevé,* ein Denkmal, das 1933 zu Montaignes vierhundertstem Geburtstag errichtet wurde. Es zeigt den Weisen sitzend, mit übergeschlagenen Beinen, darauf in der rechten Hand ein zugeklapptes Buch, lächelnd.

Die »Essais« sind also über einen Zeitraum von gut zwei Jahrzehnten, die siebziger und achtziger Jahre des 16. Jahrhunderts, keineswegs zügig von der ersten bis zur letzten Seite niedergeschrieben worden. Es war die Zeit, da Frankreich von Religionskriegen (1562–1598) zerrissenen war. Zwischen der katholischen Liga und den calvinistisch-protestantischen Hugenotten wurde ein politisches Kräftemessen von gesamteuropäischen Dimensionen ausgetragen. Im Hintergrund standen Auseinandersetzungen zwischen dem protestantischen England und der katholischen Weltmacht Habsburg-Spanien, gegen deren weitere Expansion nicht zuletzt der Papst in Rom, Sixtus V. (1585–1590), die Schwächung Frankreichs zu nutzen versuchte. Das schlimmste Ereignis war die ›Pariser Bluthochzeit‹, das heimtückische Gemetzel an tausenden Protestanten in der Bartholomäusnacht am 23./24. August 1572. Es war abermals der römische Pontifex, Gregor XIII. (1572–1585), der auf die Nachricht von diesem Geschehen, »einem der scheußlichsten Verbrechen der Weltgeschichte« (A. Franzen), in der Ewigen Stadt ein Tedeum anstimmen und eine Gedenkmünze prägen ließ.

Vor einer in jeder Hinsicht verhärteten Welt bringt Montaigne den Mut auf, der Subjektivität sich zuzuwenden und sie als etwas höchst Ungewisses und Unzuverlässiges zu beschreiben. Anders als René Descartes kurz danach setzt er nicht triumphierend ein *ego cogito ego sum* ins Zentrum. Ungleich vorsichtiger bleibt er bei der schieren Frage *Que sais-je?,*

»Was weiß ich?« (TR 508, b). Eine systematische Lehre entwickelt er nicht, schreibt indessen auch nicht eine Autobiographie, noch einen Roman oder sonst ein Stück fiktionale Literatur. Sein Weg ist anders. Von einer anfänglich recht äußerlichen Methode der Kompilation von *loci communes* der klassischen Literatur kommt Montaigne zu sich selbst, zur *peinture de moi* (insbes. II 2 u. 6) und darin der Schilderung der *condition humaine*, der Bedingungen des Menschseins überhaupt.

Im Bestreben, Selbstverständigung literarisch zuwege zu bringen, modifiziert und erweitert er den unter den Händen ihm entstehenden Text unablässig. Entsprechend werden in allen kritischen Ausgaben drei redaktionelle Schichten unterschieden: A für die Erste Auflage (Bordeaux 1580), umfassend erst Buch I und II; B für die Zweite Auflage (Paris 1588), Buch I, II, vermehrt um etwa sechshundert Zusätze, und, neu hinzugefügt, Buch III; schließlich C für die posthume dritte Auflage (Paris 1595), bestehend aus Buch I–III, angewachsen um etwa ein Drittel infolge an die eintausend neuerlicher Einfügungen.

Die Lektüre, die Montaignes innerliche Entwicklung mitvollziehen will, hat also analytisch-kritisch und, auch rein sprachlich gesehen, recht voraussetzungsreich zu geschehen. Als ein südwestfranzösischer Autor einer Zeit, die noch keine Sprachnormierung durch eine *Académie Française* (gegründet 1635) kannte, schreibt Montaigne ein perigordinisch-gascognisch geprägtes Mittelfranzösisch, einen Typ der *Langue d'oc*, seinem eigenen Bekunden nach nicht so fein wie die *Langue d'oil* der nördlicher gelegenen *Ile de France* (II 17; L 510–512). Vielfach steht überdies Latein im Hintergrund, nicht nur in Form der mehr als 1300 Zitate lateinischer Philosophen und Literaten.

Deutsche Gesamtübersetzungen gibt es zwei: eine aus der Mitte des 18. Jahrhunderts von Johann Daniel Tietz (1753/54) und eine weitere zu Ende ebendieses 18. Jahrhunderts von Johann Joachim Bode (1797). Beide Übertragungen sind in vielfacher Hinsicht historisch geworden. Eine literarisch adäquate Montaigne-Gesamtübertragung ins Deutsche fehlt bis heute. An Auswahlausgaben ist an erster Stelle die von Herbert Lüthy in der Manesse Bibliothek der Weltliteratur (Zürich 1953, 8. Aufl. 1993) zu empfehlen. Sie bringt etwa zwei Drittel des Textes, markiert aber weder Auslassungen noch die drei Textschichten.

Grundzüge

»Essais de Michel de Montaigne« – einen derartigen Buchtitel gab es zuvor nicht. Auch war ›Essay‹ bis dahin noch keineswegs eine literarische Gattungsbezeichnung, und Montaigne verwendet den Begriff ausschließlich im (indefiniten) Plural für das *ganze* Buch. Es scheinen ihm gar aus dem Geschriebenen virtuell unendlich Essais *(infinis Essais;* I 40, TR 245, c) hervorzugehen. Seine Erkenntnisse schreibt der Autor »in unzusammenhängenden Stücken nieder, wie ein Sache, die sich nicht auf einmal und im ganzen mitteilen« läßt (EC 100f.). Ironischerweise erwägt er sogar, es werde kaum ausbleiben können, daß man denken wird, der Verfasser der »Essais« habe darauf hingewirkt, »sich durch Unkenntlichkeit bekannt zu machen« (EC 101). Näherhin heißt es, nicht minder drastisch und paradox: »Dieses ganze Sammelsurium, das ich hier von mir gebe, ist letzten Endes nichts anderes als ein Register meiner Lebenserprobungen«: *un registre des essais de ma vie* (III 13, TR 1056); [eines Lebens mithin,] »das, was seine innere Gesundheit anbetrifft, ein anschauliches Lehrbeispiel dafür gibt, wie es nicht (sic!) sein soll« (EC 103). Redlicherweise präsentieren sich die »Essais« voller Widersprüche, ohne festen Bauplan und zu keinem System sich fügend. An die einmal hingesetzten Kapitel-Überschriften hält Montaigne sich kaum (III 9, TR 973, b). Sie benennen noch gelegentlich ein Sujet, sind im ganzen aber verblaßt zu nurmehr beiläufigen Untergliederungen des Gesamttextes. Durch die Heuristik einer konventionellen *ars inveniendi* hindurch finden sich im Dritten und letzten Buch gleichwohl Überschriften, die denn doch signifikante Stichworte abgeben *(Du repentir, De la vanité)* oder gar – im Schlußkapitel – eine Evokation darstellen, in deren Zeichen der Kreis sich schließt, die Spiralbewegung ins Imaginär-Unendliche konvergiert: *De l'experience.*

Die »Essais« sind kein Journal, keineswegs die bloß extensive Stofferfassung und Komplettierung, sondern ganz im Gegenteil – das macht die geradezu musikalische Leichtigkeit dieses Weltbuches aus – mehr und mehr das Gewahrwerden einer einzigartigen Beweglichkeit, Vielheit und Lebendigkeit im menschlichen Dasein. Erprobt und entfaltet wird des näheren die Urteilskraft: *le jugement* (lat. *iudicium,* synonym mit *sententia*). Montaigne kann rundweg sagen, es sei die Urteilskraft, die in den »Essais« ihre Versuche ablege: *mon jugement ... duquel ce sont les essais* (II 17, TR 637, a; L 531). Entsprechend legt er es darauf an, alles »von Fall zu Fall gesondert« zu beurteilen *(juger distinctement piece à piece;* II 1, TR 316, b/c; L 320). *Distinguo* ist daher »das erste und letzte Wort« (ebd. TR 319, b; L 324) einer Intellektualität, die als Kunst der Unterscheidung, der Differenzierung, der Dezentrierung und insofern der Desillusionierung und Selbstbescheidung sich vollzieht.

Auf den Menschen, durch und durch unbeständig wie er ist, kann kein festes und einheitliches Urteil gegründet sein: *un subject merveilleusement vain, divers et ondoyant ... Il est malaisé d'y fonder jugement constant et uniforme* (I 1, TR 13, a). Im Bereich der menschlichen Angelegenheiten ist alles von ungefähr: *nous vivons par hazard* (TR 320, a), und das buchstäblich letzte Wort der (zweibändigen) Originalausgabe der »Essais« lautet: *diversité* (II 37, TR 766, a). Und, nochmals sei betont, es ist dies ein Befund, der keinesfalls an den Grenzen einer vermeintlich fixen Subjektivität zum Stillstand käme, sondern Montaigne versichert: »Es findet sich ebensoviel Verschiedenheit zwischen uns und uns selber wie zwischen uns und andern *(autant de difference de nous à nous mesmes, que de nous à autruy;* ebd. TR 321, a; L 325).«

Montaigne schreibt zunächst, um die eigene Belehrbarkeit aktiviert zu erhalten, nicht weil er irgendwen über irgend etwas zu belehren hätte. Gleichzeitig geht es bei dieser ›ersten philosophisch relevanten Veröffentlichung in französischer Sprache‹ darum, in neuer Weise ein Gespräch zu stiften. Dafür will Montaigne in tastenden Versuchen aufrichtig sich selbst zur Sprache bringen und einen Leser erreichen, der gleichfalls aufrichtig, unabhängig und kreativ sich verhalten möchte. Es wird so Aufmerksamkeit eingeübt, Mitteilung und Verständigung, ein sonst unerreichbarer Grad intellektuell-schöpferischer Lebendigkeit. Derart den Raum freizuhalten für die unbefangene Urteilsbildung im Dienst der Selbstformung der Person und ihrer Kommunikation, das allerdings ist Ausdruck einer Liebe zur Weisheit. Und darin ist Montaigne Philosoph. Eine Lehre hingegen, Verlautbarungen einer Autorität und Ergebnisse hat er nicht, nur die Option auf eine Weisheit, die fröhlich ist und umgänglich *(gay et sociale;* TR 822, b; vgl. III 13, TR 1097).

Wie jedem Leser auffällt, sind die »Essais« von unvergleichlicher Intimität. Das kommt daher, daß Michel de Montaigne sich die Freiheit nimmt, das ganze Spektrum seines Fühlens, Wollens und Denkens mit all seinen Widersprüchen, Konflikten und Unvereinbarkeiten sich einzugestehen und auszusprechen. Dieses Zu-Tage-treten-lassen einer wundersam ungesäuberten Lebendigkeit begründet ein geradezu erotisches Schreiben. Der Liebe, Montaigne zufolge »das Verlangen nach sinnlichem Genuß *(c)* durch ein Wesen, das man ersehnt« (F 306), wird freizügig zugestanden, was ihr Teil ist. Hier ist ein Feld, wo vor Gefahren der Dehumanisierung zu warnen ist: »Was ist der Mensch für ein Untier«, ruft Montaigne aus, »wenn er vor sich selber Abscheu empfindet, *(c)* wenn ihm seine Lust zum Ärgernis wird, wenn er sich als einen Fluch betrachtet!« (F 307; L 704). Montaigne ist, wie man feststellen muß, einer der ersten (nach Boccaccio und vor Shakespeare und Lichtenberg), die in erotischen Angelegenheiten unbestechlich auf Toleranz und Aufklärung bestehen.

Montaigne ist des weiteren Vorläufer einer komparatistisch verfahrenden Kulturanthropologie. Zeitgeschichtlichen Anlaß boten zahlreiche Entdeckungen: die Neue Welt, ein bislang unbekannter Seeweg nach Ostindien, aber auch die Antike, die zwischenzeitlich vergessene eigene Vergangenheit. Unter dem vergleichenden Scharfblick wird eine grundsätzliche Skepsis befördert bezüglich des Normativen überhaupt. Deutlich wird, daß das meiste, selbst das Gewissen nicht ausgenommen, nur usuell gilt und in der Weise von Vorurteilen. Wünschenswert sind Distanz und Gelassenheit, die dazu führen, nicht so sehr am Anders- und Fremdartigen sich zu stoßen, als vielmehr einen Blick zu gewinnen für die Ungereimtheiten des Eigenen und Allzuvertrauten. Die in Amerika vorgefundenen sogenannten Wilden *(sauvages, silvatici, pagani)* nimmt Montaigne denn auch zum Anlaß zu erweisen, daß die Zivilisierten der Alten Welt in vieler Hinsicht die eigentlichen Barbaren sind. In diesem Zusammenhang finden sich Seiten, die Montaigne wahrlich Ehre machen: Zeugnis, ebenso unzeitgemäß wie unbestechlich, seiner Indignation über die Greueltaten der christlichen Konquistadoren (III 6, vgl. II 5, 6, 27; III 11). »Gegen alles Völkerrecht« (L 722) sind »viele Städte dem Erdboden gleichgemacht«, ganze »Völker ausgerottet« worden (L 718f.). Uber die entsetzliche Unmenschlichkeit, in der etwa mit dem König von Peru verfahren wurde, noch über Zwangstaufe und Hinrichtung hinaus, kann sich Montaigne gar nicht fassen (L 720f.).

Nicht weniger entschieden legt Montaigne Verwahrung ein gegen den Wahn der Hexenverfolgung. (In den fünfzehn Jahren von 1577–1592 sollen allein in Lothringen neunhundert Todesurteile wegen Hexerei gefällt und vollstreckt worden sein.) Eingedenk der Unwissenheit hält Montaigne es für angezeigt, in allem vorsichtig zu sein, mit dem Wahrscheinlichen sich zu begnügen, der Unschärfe alles Aussagbaren Rechnung zu tragen, lieber den Zweifel auszuhalten als einer zu Fanatismus und Mordbrennerei führenden (vermeintlichen) Gewißheit anzuhangen. In jedem Fall ist Grausamkeit, die Lust am Schädigen, Quälen, Töten, der diametrale Gegensatz zur Humanität (TR 412; L 419). Und an der Stelle argumentiert Montaigne sogar in deontologischer Weise ethisch, indem er nämlich eintritt für Mitgefühl und Entfaltung des Lebens, in einem geradezu ökologischen Horizont und elementar religöser Lebensverbundenheit ausdrücklich auch auf Tiere und Pflanzen sich erstreckend. Er notiert: »Wir empfinden eine gewisse Achtung, eine allgemeine Verpflichtung zu menschlichem Verhalten *(un general devoir d'humanité),* die uns nicht nicht nur mit den Tieren, die ein Gefühlsleben haben, verbindet, sondern sogar mit Bäumen und Pflanzen. Gegen Menschen sollen wir gerecht sein, gegen die anderen Wesen, die dafür empfänglich sind, freundlich und gütig: es besteht ein geheimes Band zwischen ihnen und uns, ein gegenseitiges Aufeinander-angewiesen-Sein ...« (TR 414, a; F 205).

Die Förderung des Gemeinwohls orientiert sich an dem seit Cicero bekannten Gegensatz von *utile,* »nützlich« und *honestum,* »ehrenhaft-vortrefflich« (III 1). Hatte die politische Ethik seit Machiavelli und Guicciardini sich stark in Richtung Erhaltung und Steigerung der Macht entwickelt, so kann der Politiker Montaigne sich mit der Ausschließlichkeit des utilitaristischen Gesichtspunktes nicht abfinden. Aus der Wertschätzung des Charakterlich-Ehrenhaften, der *honnêteté* (von lateinisch *honestas*) sollte sich im weiteren das gesellschaftliche Leitbild der französischen Klassik entwickeln: der *honnête homme*, zunächst noch an den Adel gebunden, alsbald ins europäische Bürgertum übergehend, nicht zuletzt in der Figur des *gentleman*.

Am Ende einer vierjährigen Tätigkeit als Bürgermeister hatte Montaigne allerhand unheilvolle Erfahrungen durchgemacht: Bürgerkrieg, Hungersnot und eine Pestepidemie mit 14 000 Todesopfer in einem halben Jahr (L 827, Anm. 2). Unter all diesem Erlebten festigt sich seine weisheitliche Konzeption: Maßstab ist nicht so sehr hochgetriebene Vernunft und Kunst, als vielmehr in schlichter Natürlichkeit einfach gelebte Menschlichkeit.

Was aber hat es damit auf sich? Hierzu fällt im Kapitel »Über die Reue« (II 13) ein Satz, der nicht nur der meistzitierte der »Essais«, sondern in der Tat auch der bedeutendste ist. Dieser Satz lautet: *chaque homme porte la forme entiere de l'humaine condition*. Im Kontext zitiert: »Ich schildere ein niedriges und ruhmloses Leben. Nun gut. Man kann die ganze Moralphilosophie ebensogut an ein gewöhnliches Privatleben anknüpfen wie an ein ereignisreicheres Leben; ein jeder trägt die gesamte Form des Menschseins in sich« (TR 782, b; L 623; F 286). Es ist dies, wie immer wieder bemerkt, eine Behauptung, durchaus assertorisch-kategorisch vorgetragen, ohne Einschränkung und skeptischen Vorbehalt, vielmehr mit erheblichen begriffs- und ideengeschichtlichen Implikationen. Was ist damit ausgesagt?

Zum einen: Der Vorrang des Menschseins vor jeder Differenzierung, geschlechtlicher, altersmäßiger, sozialer oder welcher Art auch immer.

Sodann: Das definitive Bestimmtsein durch die gemeinsame Lage aller und die Gesetze des Lebens, so daß ein jeder – unentrinnbar und optionslos – Mensch ist, ausgesetzt zwischen Geburt und Tod, in dem einen Umkreis menschlicher Angelegenheiten angesiedelt, eine unteilbare Einheit.

Und schließlich ist damit die menschliche Würde und Autonomie hervorgehoben. Der Mensch ist Zweck an sich, nicht Mittel zu irgend etwas Weiterem. Von ihm gehen Sinndeutungen und Zwecksetzungen aus.

Im Begriff der Form *(la forme entiere; forma [integra], eídos)*, die im ganzen jeder einzelne repräsentiere, klingen überdies spekulative Bestimmungen mit: Zunächst: Menschsein ist nicht einfach vorhanden, als Materie sozusagen, sondern verwirklicht sich als Gestalt und, da nach aristotelisch-thomistischer Tradition die Form *(forma substantialis)* kommunikabel ist und universal, in einem allverbindenden kulturellen Prozeß. Ferner erinnert die Rede von der Form (als scholastische gnadenhatfe *forma superaddita)* an die biblische Überlieferung vom Menschen als Kreatur *(conditio conditoris)* und näherhin als Bild und Gleichnis Gottes *(imago dei,* Gn 1, 26f.), so daß erst durch entsprechende Bildung *(formatio)* den Vernunftdiskursen Gestalt und Fruchtbarkeit verliehen wird (II 12; TR 424, a).

Im letzten Kapitel der »Essais« zeigt sich Montaigne auf der Höhe seiner moralistischen Meisterschaft als Künstlerphilosoph: Der umfangreiche Text ist deutlich strukturiert, traktathaft beinahe, zugleich aber geradezu verstellt durch Humor, Ironie, Nonchalance, bis hin zu grotesken Einzelheiten wie etwa, daß der Herr von Montaigne auf Melonen versessen ist oder winters wie sommers als Beinkleid mit einem Seidenstrumpf auskommt. In dem großen Finale, einer wunderbaren Rhapsodie, einer sprachgewordenen Galliarde, einem wahren ›Hymnus auf das Leben‹ traktiert Montaigne seine ›Physik‹ und seine ›Metaphysik‹: die Lebensführung einerseits in leiblicher, andererseits in ethisch-moralischer Hinsicht. Seine ›Physik‹ ist in wesentlichen Teilen Kritik an den Normen der Medizin (und den Ärzten). Unter sozialem Aspekt erweitert sich die Kritik auf die Normen des Rechts und die Juristen. Es geht unscharf zu und schief, wenn die gesellschaftlichen Regeln festgelegt werden und sodann nach ihnen sanktioniert wird. Klein sind hier die Schritte, die ins Abseits führen: Nicht wenige Verurteilungen sind demzufolge »verbrecherischer als das Verbrechen selbst« (TR 1048, c; EC 95). Seine ›Metaphysik‹ dagegen ist ein schließlich virtuoses Philosophieren an den philosophischen Doktrinen vorbei, ein *se moquer de la philosophie, c'est vraiement philosopher,* etwas von satirischem Gelächter, durchaus aber Offenheit und Empfänglichkeit für das Leben in seiner unerschöpflichen Vielfalt und nicht feststellbaren Lebendigkeit. Die Erfahrung überhaupt bekundet durchwegs Ungleichheit, Differenz. Alles Bemühen um theoretische und praktische Orientierung »bleibt ein sprunghaftes Streben ohne vorgezeichnete Bahn und Absicht« (TR 1045, b; L 848). An Stelle der vermeintlichen Stringenz einer logisch-rationalen Begriffswissenschaft bevorzugt daher Montaigne Ähnlichkeit, Wahrscheinlichkeit, Mutmaßung, wie zuvor Cusanus und Lichtenberg dereinst.

Philosophische Würdigung

Nun sind die »Essais« nicht ohne weiteres ein klassischer Text der Philosophie wie beispielsweise Descartes' »Meditationes« oder Kants »Kritik der reinen Vernunft«. Die »Essais« sind zunächst und vor allem ein *literarischer* Text. Der Stil und die Sprache dieser gleichermaßen lässigen wie elaborierten Prosakunst sind zu untersuchen, zu beschreiben, namentlich hinsichtlich ihrer Mikro- und Makrostruktur, des Wechsels etwa im Satzbau von Lakonismen bis zu umfangreichen Perioden, der Metaphorik, der Zitiertechnik, der Verwendung von Anekdoten, Sprichwörtern, Allegorien, aphoristischen und maximenartigen Zuspitzungen, des Humors, der Ironie. Das Hauptaugenmerk aber wird zweifellos auf das schriftstellerische Selbstbewußtsein fallen, das Montaigne in den »Essais« in ganz ungewöhnlich präziser und differenzierter Weise überall an den Tag legt. Es ist zum Staunen und bezeugt Genialität, wie es einem, der nur relativ wenige Jahre schriftstellerisch tätig sein konnte, möglich war, derart tief einzudringen und das Gesichtete auch noch persönlich mitzuteilen, ohne irgendwie pedantisch oder sonst lästig zu werden.

Die »Essais«, dieses »einzige Buch in der Welt von seiner Art«, sind allerdings nicht *nur* Literatur. Was dieser französisch schreibende Autor am Ende des 16. Jahrhunderts verfaßt und publiziert hat, ist nicht Fiktion, sondern ein ›Versuch‹, ein offener, unabgeschlossener, zur Selbsterkenntnis in adäquater Form. Es ist, unter geänderten Bedingungen, die Erprobung der Ethik, die von Anfang an das philosophische Denken der Griechen wesentlich bestimmt hat. Bekanntlich stand am Tempel des Apollo zu Delphi als göttliche Begrüßung an die Menschen: *gnọthi sautón,* Erkenne dich selbst! Das hieß soviel wie: Nimm dich wahr als Individuum! Du bist! Sei wie du bist! Verwechsle dich nicht! Schöpfe das Mögliche aus! Wahre die Grenzen! Sei besonnen! Hüte dich vor Überhebung! Lebe ein wahrhaft menschliches Leben! Hier liegt denn auch letztlich die Berechtigung, Montaignes Unterfangen als qualifiziert philosophisches zu würdigen. Nachgerade war aus dem delphischen Auftrag offenbar eine so schwierige und komplizierte Angelegenheit geworden, daß sie nur in der intrikaten Textur der »Essais« prozessual überhaupt anzugehen war.

Als erster und unüberbietbar hat Sokrates der delphischen Maxime gemäß Philosophie betrieben. Als ein *prâgma,* wohlgemerkt, eine Tätigkeit voller Bewegung und Leben, nicht eine Doktrin und noch nicht einmal unter Verwendung von *grámmata,* nicht in der Form des Geschriebenen, vielmehr suchend, forschend, die eigene Existenz geburtshelferisch einsetzend, im Dienst nämlich an den Denk- und Lebensmöglichkeiten des jeweiligen Gesprächspartners. Sokrates ist für Montaigne der weiseste aller Philosophen *(le maistre des maistres;* III 13; TR 1044, c). War es Friedrich Nietzsche, der seinerseits den Montaigne als einen »Vorläufer und Wegweiser zum Verständnis ... des Sokrates« in Erinnerung gerufen hat, so wird seit Michel Foucault erneut betont, daß Sokrates die Forderung der Selbstsorge *(epimeleísthai heautoù;* Plato, Apol. 36c, Alkib. I 131a, Symp. 216a) ins Zentrum seines Wirkens gestellt und damit überhaupt erst ein kritisches Selbstbewußtsein begründet hat.

Die sokratische Tendenz verdeutlicht sich, insofern Montaigne offensichtlich auf eher philosophiekritische als -enthusiastische Positionen zurückgreift. Kaum auf Plato, kaum auf Aristoteles, und auch kaum auf Augustin und Thomas von Aquin. Sondern mit Vorliebe auf die (nichttheoretische) hellenistisch-römische Lebensweisheit.

Der Stoizismus gehört für den fortgeschrittenen Montaigne recht besehen ins Kapitel menschlich, allzumenschlicher Überheblichkeit. Stoisches Ertragen und Entsagen *(anéchou kaì apéchou, sustine et abstine),* die Empfindungslosigkeit *(indolence,* Apathie), die ›doktrinären Abkehr von allem Gefühlsmäßigen‹, die ›Geringschätzung von Leib und Sinnlichkeit‹ (M. Pohlenz) ist ihm kein Ideal. Bedeutend bleibt allerdings die von der Stoa bereits aus dem Kynismus übernommene Formel des naturgemäßen Lebens *(káta physin zên; scundum naturam vivere).* Im Gegensatz zu den Stoikern ist für Montaigne ein menschennaturgemäßes Leben nicht allein die mittels Vernunft von Leidenschaften freigehaltene Tugendhaftigkeit. Die Vernunft faßt Montaigne nicht als Übernatur und göttlichen Funken im Menschen, sondern als Natur, Materie sogar. So ist sie auch keineswegs ›die Oberaufseherin über alles‹. Ihretwegen haben die Menschen *keine* Sonderstellung inne. Sie sind »weder höher, noch niedriger als der übrige Teil« *(ny au-dessus ny audessouls de reste;* TR 436; Tie II 47).

Die Methode der Wahl kann daher nichts anderes als der Zweifel sein. Das Ziel der skeptischen Zurückhaltung im Urteil *(epoché)* war von jeher Ataraxie, eine »Lebensart, die von allen heftigen Bewegungen frei ist, welche durch den Eindruck der Meinungen und der Wissenschaft, die wir von den Dingen zu haben glauben, verursacht werden«. Anders als die ungebremsten Hektiker, nämlich die Umtriebigen, Geschäftigen und Verbissenen, nehmen die Ep-hektiker *(ephektikoí)* Abstand von allem Zorn und Eifer, sie »streiten ganz gelassen« (Tie 150f.). So ist die skeptische Position für Montaigne eine Strategie im Kampf *gegen* Dogmatismen und Fanatismen, *für* Gelassenheit und Toleranz. Mag es immerhin gelten, »der richtigen Partei bis ans Feuer treu zu bleiben«, so doch wenn irgend möglich »nicht bis hinein« (F 281).

Wie dereinst Wittgenstein (und Kant und Pascal zuvor) liegt Montaigne daran, eine Grenze zu ziehen (Tie II 291) zwischen dem, was gewußt werden kann, und dem, was den/die anderen Bereich/e ausmacht: des Fühlens, des Glaubens, des Schauens und Schweigens. Er führt aus: »Die Wissenschaft (*la science)* ist in der Tat ein sehr nützliches und wichtiges Stück. Diejenigen, welche sie verachten, geben ihre Dummheit genugsam zu erkennen. Dennoch aber schätze ich sie nicht so übermäßig hoch«, daß ich »das höchste Gut *(le souverain bien)* in ihr suchte und behauptete, sie könnte uns weise und vergnügt machen *(nous rendre sage et contens).* Ich glaube dies ebensowenig, als ... daß die Wissenschaft die Mutter aller Tugend sei, und daß alle Laster von der Unwissenheit *(l'ignorance)* herkämen« (II 12, TR 415, a; Tie II 1f.). In den Himmel dringen *(penetrare in caelum),* das kann auch der schärfste Verstand nicht; noch weiter gefehlt: er kann noch nicht einmal das irdische Territorium ergründen *(terram intrare;* Cicero, Acad.Quaest. IV 39; Tie 236). »(b) Warum«, so fragt Montaigne, »gefällt es doch nicht einmal der Natur ..., uns die eigentlichen Mittel und die Ausführung ihrer Bewegungen sehen zu lassen und unsere Augen dazu geschickt zu machen? Großer Gott, was für Mißbrauch, was für Irrtümer würden wir in unserer armen Wissenschaft finden! (c) Ich müßte mich sehr irren, wenn sie eine einzige Sache bei dem rechten Punkte faßt ...« (TR 517f.; Tie 235). Von der Vernunft denkt Montaigne nicht allzu hoch. Sie ist buchstäblich zu allem fähig, ihr darf man »nicht glauben, wenn sie von sich selbst redet: so wird sie kaum geschickt sein, von fremden Dingen zu urteilen« (Tie 247, vgl. 242, 287). Gründe lassen sich für alles finden, und »auf die angenommenen Gründe kann man sehr leicht alles bauen, was man will« (Tie 244). Nach innen aber hat die Vernunft, unabweislich Aristoteles zum Trotz, den Hang zu einem *regressus in infinitum:* »Keine Vernunft kann sich ohne eine andere Vernunft festsetzen. Also gehen wir ohne Ende zurück« (Tie 378). Insofern ist noch nicht einmal die Erkenntnis unserer selbst und der Dinge, die »wir in den Händen haben«, geradezu und ohne Schwierigkeit möglich (Tie 239f.)

Sein weitgehend ateleologisches Denken faßt Montaigne in die Worte: »Es gibt schließlich überhaupt kein beständiges Sein, weder in unserem Wesen, noch im Wesen der Dinge. Auch wir, auch unser Urteilen, überhaupt alle vergänglichen Dinge fließen unaufhörlich dahin. Daher ist keine Gewißheit zwischen beiden zu erreichen, und der Urteilende wie das Beurteilte befinden sich in fortwährender, schwankender Wandlung. Wir haben keine Beziehung zum Sein, denn die ganze Menschennatur ist stets in einem Mittelbereich zwischen Geborenwerden und Sterben und trägt von sich aus nichts bei als einen dunklen, schattenhaften Schein, ein ungewisses, schwächliches Meinen ... Da dergestalt alle Dinge dem Wandel von einer Veränderung zur anderen unterliegen, findet sich die Vernunft genarrt, wenn sie darin eine greifbare Wirklichkeit sucht; sie kann nämlich nichts Beharrendes und Bleibendes erfassen, weil alles entweder zum Sein unterwegs ist und noch gar nicht besteht oder schon zu vergehen beginnt, noch ehe es entstand« (TR 586, a; L 482f.; Tie II 379f.).

In Montaignes essayistischer Weltkonzeption der Fluktuanz schlägt sich die Erfahrung der beginnenden Neuzeit nieder als die überall hervortretende Vielfalt nicht länger durch den mittelalterlichen Ordnungsgedanken zusammengehalten werden konnte und es an Stelle des einen *ordo universalis zu* einer Pluralisierung der Ordnungen kommen mußte: *la plus universelle qualité, c'est la diversité* (II 37, *in fine).* Die paradoxe Feststellung der Vielheit als der einzigen durchgängigen ›Einheitlichkeit‹ war begleitet von nominalistischer Analytik, die zur Vielheit der Dinge die Vielheit der (beliebigen) Bezeichnungen hinzubrachte und insgesamt eine Verlagerung von der metaphysischen Wesenserkenntnis auf die Ebene der Sprache einleitete. An die Stelle des (statischen) *ordo rerum* tritt – bei Montaigne so gut wie bei Machiavelli, Giordano Bruno und anderen mehr – die *vicissitudo rerum,* die ständige Veränderung aller Dinge. Das ist nahezu gleichbedeutend mit einer Tendenz zu umfassender Naturalisierung. Dabei wird die ›fürsorgliche‹, ›gerechte‹ und ›weise‹ ›Mutter Natur‹ allerdings auch idealisiert, bis hin zu jenem Inbild der Beständigkeit, das im Innersten eines jeden Individuums paradoxerweise den unverrückbaren Gegenpol zu aller Inkonsistenz und Vielheit ausmachen soll. Wörtlich heißt es einmal: »Da ist niemand, wenn er auf sich horcht, der nicht in sich eine ihm eigene Form entdeckte *(une forme sienne),* eine Grundform *(une forme maitresse),* die gegen die Erziehung und den Ansturm der Einwirkungen ankämpft, die ihr entgegenstehen« (III 2; TR 789, b; L 632; Tie II 785). Ein ausgeglichenes Leben besagt nicht mehr und nicht weniger als in jedem Fall die Handlungen, die die Natur durch die Bedürfnisse als lebensnotwendig und angemessen den Individuen auferlegt, unverbrüchlich auszuführen (TR 1087, c; Tie III 426; EC 131).

Hand in Hand mit der Aufwertung der Natur geht eine Zuwendung zur epikureischen Tradition, die in Lust, Freude, Wohlbefinden, Vergnügtheit hohe Güter sieht. Vieldiskutiert ist auch hierbei die Frage, ob Montaigne damit sich aus der orthodox-christlichen Tradition entfernt, oder ob es im Gegenteil – nach dem Vorbild etwa der Humanisten Lorenzo Valla (1407–1457) oder Erasmus von Rotterdam (1469–1536) – legitimerweise so etwas wie einen christlichen Epikureismus (als eine Ethik des Genießens) geben könne. Die Seele allein ist jedenfalls nicht für den ganzen Menschen zu nehmen. Das hält Montaigne mit der Religion der Inkarnation und der Auferstehung des Fleisches fest, gegen Plato und alle Spiritualismen. Wie in der Musik, wo selbstverständlich jede Komposition Töne der unterschiedlichsten Art verwendet, so scheint ihm auch das menschliche Leben nur in der Weise der Mixtur, als Gemisch *(meslange)* gegensätzlicher Elemente, guter und sogar übler, zu bestehen (TR 1068, b; EC 113): als Übereinstimmung des Unstimmigen, Auf und Ab, Leben und Tod; als *concordia discors* (Horaz, epist. I 12, 19, zit. II 12, TR 520, a); als *conjunctio oppositorum*. Das allgemeine und menschliche Gesetz fordert, vornehmlich dem Genuß des Gegenwärtigen sich zu widmen, und zwar kunstvoll, nämlich als Freuden, die geistig sinnlich und sinnlich geistig sind: *intellectuellement sensibles, sensiblement intellectuelles*. Näherhin heißt es: »Der Geist sollte die Schwere des Körpers ermuntern und beleben, und der Körper sollte die Schwerelosigkeit des Geistes hemmen und festhalten« (III 13 TR 1094f., b; EC 137). Des Menschen »großes und rühmliches Meisterwerk ist es, den Gegebenheiten gemäß zu leben«: *nostre grand et glorieux chef-d'œuvre, c'est vivre à propos* (TR 1088, c; EC 132). Und so lautet in der vielzitierten Formulierung die Quintessenz von Montaignes menschlicher Philosophie: »Es ist eine höchste und fast göttliche Vollkommenheit, sein Dasein auf die rechte Weise genießen zu können«: *C'est une absolue perfection, et comme divine, de sçavoir jouyr loiallement de son estre* (TR 1096, b; EC 139).

Füglich kann festgehalten werden, daß Montaigne »der ganzen kommenden Literatur ein moralistisches Gepräge aufdrückt« (W. Weigand). Und was solcherart ›Literatur‹ heißt, bezeichnet einen Grenzbereich, ein *confinium* zwischen Prosakunst und Philosophie. Das, worum es hier geht, was anders nicht zur Entfaltung kommen kann: nämlich der authentische und also zugleich paradoxe Versuch zu menschlicher Mitteilung und zur Verständigung über die gemeinsame Situation und Verfaßtheit, das ist gehalten, den Umweg über die künstlerisch-literarische Form zu nehmen. Verhält es sich aber derart, so daß die verständliche Welt insgesamt sich überhaupt nur hermeneutisch-inventorisch, artistisch eigentlich konstituiert, so bleibt praktisches Wissen anders als gegenständliches Erkennen prinzipiell unabschließbar und stets situativ (individuell, sozial und geschichtlich) eingebunden. Was vom Lebensvollzug überhaupt faßbar und verständlich wird – *res humanae*, menschliche Dinge als Konkretionen sich vollziehender Freiheit –, kann nur indirekt-approximativ mitgeteilt und allenfalls ansatzweise als ›negative Anthropologie‹ (K. Stierle) entwickelt werden.

Montaigne ist daher, wie Nietzsche ganz zu Recht festhält, »ein Naturalist der Ethik, aber ein grenzenlos reicher und denkender«, wohingegen die ungebrochen Modernen in ihrem Rationalismus als »gedankenlose Naturalisten« anzusehen sind. Was mittlerweile die Hermeneutik wäre, innerhalb derer Montaignes Sprechen wohl am adäquatesten verstehbar wird, das ließe sich am ehesten mit mit dem Psychoanalytiker Jacques Lacan verdeutlichen, der Montaigne zum *guide éternel*, zur ›ewigen Leitfigur‹ erklärte (Le Séminaire XI, Les quatres concepts fondamentaux de psychanalyse, Paris 1973, S. 203). Aus dieser Warte ließe sich etwa folgendes zusammenfassen: Gegründet in schmerzlichem Verlust, ist Montaignes Sprechen experimentelle Antizipation eines vollen Sprechens. Evokativ eher denn informativ, ist es bestrebt das (außerrationale) Subjekt in die zugehörige, nicht entfremdende Sprache einzusetzen. Es ist gekennzeichnet durch eine Indirektheit, die nicht nur auf einen verborgenen Subtext und das zu ihrem Diskurs exzentrisch stehende Ich verweist, sondern, aller scheinbaren Monologik zum Trotz, auch – und mehr noch – auf den durchaus unverlierbaren Vorrang der Intersubjektivität.

Am Ende gebührt Montaigne das Verdienst, auf einzigartige Weise ein umfängliches Selbst erprobt zu haben. Ich meine, das ist mehr als uns seitdem zugestanden war.

Bibliographische Hinweise

Les Essais de Michel de Montaigne. Hgg. F. Strowski/M. Gebelin/P. Villey. 5 Bde., Bordeaux 1906–1933 [Édition Municipale].

Montaigne: *Œuvres complètes*. Hg. Albert Thibaudet/Maurice Rat. Paris 1962 (Bibliothèque de la Pléiade); [= TR].

Montaigne, Michel de: *Essais* [Versuche] *nebst des Verfassers Leben nach der Ausgabe von Pierre Coste ins Deutsche übersetzt von Johann Daniel Tietz.* 3 Bde., (Leipzig 1753/54) Zürich 1992; [= Tie].

Montaigne: *Essais*. Dt. Herbert Lüthy. Zürich 1953, ^{8}1992; [= L].

Montaigne, Michel de: *Die Essais*. Hg. Arthur Franz. Stuttgart 1980; [= F].

Montaigne: *Essays*. Dt. Liselotte Loos. Frankfurt am Main/Hamburg 1963 (Exempla Classica, 83); [= EC].

Frame, Donald M.: *Montaigne's »Essais«*. New York 1969.

Friedrich, Hugo: *Montaigne*. Nachwort von Frank-Rutger Hausmann. Tübingen ^{3}1993.

Laursen, John Christian: *The Politics of Skepticism in the Ancients, Montaigne, Hume and Kant.* Leiden/Köln 1992.

Marchi, Dudley M.: *Montaigne among the Moderns, Reception of the »Essais«*. Oxford 1994.

Rendall, Steven: *Distinguo, Reading Montaigne Differently*. Oxford 1992.

Sayce, Anthony Richard: *The Essays of Montaigne, A Critical Exploration*. London 1972.

Schaefer, David Lewis: *The Political Philosophy of Montaigne*. New York/London 1990.

Screech, M.A.: *Montaigne and Melancholy, The Wisdom of the Essays*. London 1983.

Starobinski, Jean: *Montaigne, Denken und Existenz*. München 1986.

Stierle, Karlheinz: *Sprache und menschliche Natur in der klassischen Moralistik Frankreichs.* Konstanz 1985.

Thiebaut, Carlos: »Drei Montaigne-Lektüren der Gegenwartsphilosophie,« – In: Schildknecht, Christiane/Teichert, Dieter (Hgg.): *Philosophie in Literatur.* Frankfurt am Main 1996, S. 257–277.

Toulmin, Stephen: Kosmopolis: *Die unerkannten Aufgaben der Moderne* (1990). Frankfurt am Main 1991.

Villey, Pierre: *Les sources et l'évolution des »Essais« de Montaigne.* 2 Bde., repr. Paris ²1993

Wentzlaff-Eggebert, Harald: *Lesen als Dialog, Französische Moralistik in texttypologischer Sicht.* Heidelberg 1986.

Adolph Freiherr von Knigge: »Über den Umgang mit Menschen«

Theo Stammen

Einleitung

Dieser Vortrag hat »Den Knigge« zum Thema.
Darunter ist zweierlei zu verstehen:

Einmal und zunächst ein Buch, das heute allgemein unter dem Namen »Der Knigge« bekannt (wenn sicher auch wenig gekannt und gelesen) ist und dessen voller Titel eigentlich lautet: *Über den Umgang mit Menschen*. Dieses Buch ist 1788 zum ersten Mal im Druck erschienen.

Zum anderen einen Autor, der heute so gut wie unbekannt ist und dessen voller Name Adolph Freiherr (von) Knigge lautet: er wurde 1752 geboren und starb 1796 – mithin in diesem Jahr vor exakt 200 Jahren – gerade einmal 44 Jahre alt – auch ein Grund, sich seiner zu erinnern. Die 5. Auflage seines »Umgangs mit Menschen«, die Ausgabe letzter Hand vom Autor noch selbst besorgt, die wir unserem Vortrag zugrunde legen werden, erschien in eben diesem Jahr 1796, kurz vor dem Tode Knigges.

Daß ein Buch mit dem Namen des Autors identifiziert und gleichsam »gerufen« wird – wie hier »Der Knigge« – kommt eher selten vor. Es scheint – wenn man sich umschaut und vergleicht – am ehesten mit solchen Büchern zu geschehen, die als Regelwerke, Instruktionsbücher oder auch wohl als Wörterbücher oder Lexika anzusprechen sind und als solche größere und langandauernde Verbreitung mit entsprechender Wirkung und Geltung gewonnen haben.»Der Duden« z.B. oder »Der Siebs« – Bücher, die die Kunst des Verhaltens allgemein oder lediglich für einen bestimmten engeren Sektor betreffen: »Der Duden« mit seinen (soeben verschlimmbesserten) Regeln des richtigen Schreibens, »Der Siebs« mit seinen (heute leider auch unter Akademikern weniger bekannten, aber kaum minder wichtigen) Regeln des richtigen Sprechens deutscher Wörter und Sätze. Regelwerke also mit mehr oder weniger strengen, verbindlichen Vorschriften und normativen Geboten und Verboten.

So auch »Der Knigge«, in dem *Über den Umgang mit Menschen* (»Umgang « hier durchaus im Verständnis von geregeltem, normierten Verhalten genommen) reflektiert wird zur Orientierungshilfe für die Praxis. Das Thema dieses Vortrags hat es mit »dem Knigge« in beiderlei Gestalt zu tun:

mit einem der bekanntesten und verbreitetsten Texten des 18. Jh. in deutscher Sprache. Die Auflagen und Ausgaben, Übersetzungen und Bearbeitungen sind kaum zu fassen und zu zählen; mit dem Autor dieses Textes, der Adolph Freiherr Knigge hieß (das adelige »von« ließ er schon früh weg) und der aus dem Niedersächsischen stammt.

Der Grund dafür, beides – Buch und Autor – zum Thema eines Vortrags zu machen, ist – abgesehen von der Erinnerung an Knigge zu seinem 200. Todestag in diesem Jahr – folgender:

Was wir heute unter dem Namen »Der Knigge« verstehen, hat mit dem Original des Werks (*Über den Umgang mit Menschen*) wie des Autors (Adolph Freiherr Knigge) so gut wie gar nichts zu tun. Unser landläufiges Wissen über das Buch ist vom originalen Text und der Autorenintention Lichtjahre entfernt! Das Werk hat – in seiner jetzt 200jährigen Geschichte – unzählige Übermalungen, Entstellungen, Verstümmelungen, ja partielle Verfälschungen erfahren, so daß das Original dahinter so gut wie vollkommen verschwunden ist. Das Bild des Autors, soweit es überhaupt Gegenstand späterer Aufmerksamkeit geworden ist, ist ebenfalls bis zur Unkenntlichkeit, ja Lächerlichkeit entstellt.

Der Autor Knigge ist nicht selten zu einer traurigen, lebensleeren Gestalt oder noch schlimmer: im wörtlichen Sinn zu einer Witzfigur geworden. Kennen Sie den letzten Knigge-Witz? Nein! So lassen Sie ihn sich rasch erzählen:

> »Knigge schwimmt im Roten Meer. Da trifft er auf einen großen Hai, der sich in eindeutiger Absicht dem Schwimmer nähert. Knigge sucht (in der Badehose!) nach seinem Messer. Der Hai, dies wahrnehmend, schüttelt vorwurfsvoll den Kopf: Aber Herr Knigge! Fisch mit dem Messer? – Darauf läßt Knigge das Messer fallen und sich – auffressen! (Ein Opfer seiner eigenen Tisch- und Benimmregeln!«)

Übrigens: Sie werden sich vergeblich bemühen, im »Knigge« eine entsprechende Regel, Fisch nicht mit dem Messer zu essen, zu finden. So etwas steht nicht drin!

Derartige Entstellungen und Verfälschungen vom Werk und Person, von Autor und Buch helfen uns, die Aufgabe unseres Vortrags genauer zu formulieren.

Wenn wir heute über »den Knigge« sprechen, so geht es demgemäß primär um eine Ehrenrettung, genauer genommen: um eine doppelte Ehrenrettung:

– einmal um die Ehrenrettung eines literarischen Werks *Über den Umgang mit Menschen*. Dies verlangt, daß wir den originalen Text dieses Werkes, ohne die entstellenden und verfälschenden Übermalungen der späteren Zeit neu lesen lernen;

– zum anderen eine Ehrenrettung des Autors; dies verlangt, daß wir uns auf sein Leben und sein literarisches Werk, seine zeitgenössische gesellschaftliche und politische Bedeutung einzulassen bereit sind.

Die Voraussetzungen für eine solche doppelte Ehrenrettung sind inzwischen einigermaßen günstig – dies aber erst seit relativ kurzer Zeit:

1. Die Situation der Quellen hat sich in den letzten Jahren erheblich, um nicht zu sagen: grundlegend zum Besseren gewendet.

Einmal hat es einen Reprint von Knigges *Sämtlichen Werken* (1978) in 24 Bänden gegeben.

Zum anderen ist jetzt gerade der letzte Band seiner *Ausgewählten Werke in zehn Bänden* (1991–96) im Auftrag der Adolph-Freiherr-von-Knigge-Gesellschaft erschienen.

Ein Nachfahre des Autors, Ernst August Freiherr Knigge hat unter dem Titel *Knigges Werke* soeben (1996) eine umfassende Bibliographie aller gedruckten Schriften, Kompositionen (Knigge hat auch komponiert: ein Konzert für Fagott und sechs Sonaten für Klavier, die es zum Teil auf CD gibt) und Briefe mit einem Anhang der Sekundärliteratur – alles in allem 640 Seiten Umfang – herausgegeben.

Ein vom Umfang her allein schon respektables Œuvre liegt somit gut erschlossen vor – als unentbehrliche Grundlage wissenschaftlicher Forschung über Knigge, sein Leben und seine Werke.

2. Die Situation der Knigge-Forschung hat sich – nicht zuletzt durch die verbesserte Quellensituation und auch durch die Gründung und Arbeit einer Knigge-Gesellschaft befördert – in den letzten Jahren erheblich quantitativ ausgeweitet wie qualitativ verbessert.

Man kann inzwischen durchaus von einer ernstzunehmenden Knigge-Forschung sprechen, an der sowohl Literatur- und Geisteswissenschaftler als auch Historiker gleichermaßen beteiligt sind und die inzwischen einen respektablen Umfang und Differenzierungsgrad erreicht hat.

Daß es dazu gekommen ist, hat seinen Grund nicht zuletzt in einer ziemlich heftigen Forschungskontroverse, die Anfang der 70er Jahre die Gemüter der Kniggeverehrer und -interpreten gleichermaßen bewegt hatte:

Damals kam sowohl in der Bundesrepublik als auch (noch stärker) in der DDR eine Richtung der Kniggeforschung zur Konjunktur, die Knigge und seine Schriften fast ausschließlich im Kontext des »deutschen Jakobinismus« und seiner Erforschung sah. Die ersten Editionen einzelner seiner Schriften bezog sich nahezu nur auf solche Texte, die Knigge nach Ausbruch der Französischen Revolution als Vertreter einer radikalen politischen Aufklärung gegen die reaktionären Verhältnisse in den deutschen Territorialstaaten geschrieben hatte und die ihn als »Jakobiner« vereinnahmen ließen.

Gegen diese deutlich einseitige und auch voreingenommene Forschung und Vereinnahmung Knigges für den »deutschen Jakobinismus« (was immer man darunter konkret verstehen wollte) gab es dann bald eine Gegenrichtung, die diese Einordnung Knigges zu falsifizieren und Knigge in die eher gemäßigt-republikanische Aufklärungsliteratur der Epoche einzuordnen suchte.

Auch hier gab es – nach dem Modell des zurückschwingenden Pendels – ebenfalls erhebliche anders gerichtete Einseitigkeiten und vorurteilshafte Blindheiten. Aus Zeitgründen kann ich hier weder Details noch Namen ausbreiten.

Der (letztlich positive) Effekt dieses Forschungsstreits ist auf jeden Fall (wie meist) kein fauler Kompromiß zwischen diesen entgegengesetzten Positionen gewesen (was auch schwer vorstellbar wäre), sondern eine entscheidende Fördernis der Forschung zu Knigges Leben und Werk, die dadurch doch eine deutliche Konsolidierung und Differenzierung, eine sowohl quantitative wie qualitative Verbesserung erfahren hat.

Auf jeden Fall: wenn Inge Stephan 1976 in ihrem Buch *Literarischer Jakobinismus in Deutschland (1789–1806)* berechtigterweise noch von der »im übrigen außerordentlich unbefriedigenden Kniggeforschung« sprechen konnte, so trifft das heute – 20 Jahre später – gewiß nicht mehr zu. Eher im Gegenteil! Die sowohl literatur- als auch ideengeschichtliche Forschung zu Knigge und seiner Zeit hat sich wesentlich intensiviert, differenziert und auch vom Niveau her wesentlich gesteigert; dabei hat sie (aufgrund neuer biographischer Studien) auch die Entwicklungsstufen oder -etappen in Knigges Leben und Werk voll in die literatur- und ideengeschichtlichen Fragestellungen integriert und in diesem Kontext bearbeiten können.

3. Damit sind Voraussetzungen, Möglichkeiten und auch die Zielvorstellungen des folgenden Vortrags genauer umrissen: die nachstehenden Ausführungen gliedern sich wie folgt:

I. Zunächst soll ein knapper Vorblick auf das Buch *Über den Umgang mit Menschen* von Knigge gegeben werden; im Umriß soll in vorläufigen Hinweisen und Andeutungen der allgemeine Charakter dieses Werkes, seine literarische Struktur sowie seine Intention und Stellung im Rahmen von Knigges umfangreichem Gesamtwerk aufgezeigt werden.

II. Sodann wollen wir uns – ebenfalls skizzen- und umrißhaft – mit Leben und Wirken des Adolph Freiherr Knigge in seiner Zeit befassen und seine Lebensstationen, seine verschiedenen beruflichen, gesellschaftlichen, schriftstellerischen und (nicht zuletzt) politischen Ambitionen und Engagements, zugleich verbunden auch mit seinen persönlichen Katastrophen und seinen wiederholten Mißerfolgen und Rückschlägen – kurz mit seinem »Schicksal« befassen.

III. Von dieser Einschätzung und Deutung von Persönlichkeit und Leben Knigges soll dann der Bogen zurück zu seinem Buch *Über den Umgang mit Menschen* gespannt werden, um es durch genauere Lektüre und entsprechende Textinterpretationen vorzustellen.

Dies soll (als Hauptthema des Vortrags) in mehreren Schritten geschehen: unter produktions-, rezeptions- und wirkungsgeschichtlichen Aspekten:

1) Zunächst werden wir Aufbau und Inhalt des Werkes in seiner Anlage und in seiner Argumentationssystematik darzustellen haben.

2) Sodann geht es um die literarische und geistesgeschichtliche Einordnung des Werkes: einmal in den Kontext der deutschen Aufklärung im 18. Jh. Knigges Verhältnis zu den wichtigsten Strömungen der Aufklärungsepoche sowie sein Verhältnis zur Französischen Revolution wird uns wenigsten kurz beschäftigen müssen.

Zum anderen interessiert auch die Stellung des Werkes *Über den Umgang mit Menschen* in der europäischen Tradition und literarischen Gattungsgeschichte der politischen Klugheitslehre und der Moralistik. Dabei werden wir wenigstens mit knappen Hinweisen auf diese Traditionsgeschichte bis zum italienischen Renaissance-Humanismus (z.B. B. Castiglione, G. della Casa), die spanische Tradition bei B. Gracian und in Deutschland auf Chr. Thomasius und Chr. Wolff einzugehen haben.

Damit wird deutlich werden, daß Knigges Werk in einer ebenso breiten wie weit zurückreichenden europäischen geistesgeschichtlichen Tradition steht und keineswegs als ein oberflächliches, zeitgebundenes Machwerk eines depossidierten und nach schriftstellerischem Erwerb und Ruhm strebenden Adeligen anzusehen ist.

3) Eingangs war bereits von den massiven Übermalungen bis zur Entstellung und Verfälschung von Person und Werk vor allem im 19. Jh. die Rede; dieses Thema ist noch einmal aufzugreifen und unter zwei Gesichtspunkten auszuführen:

– einmal sei an einigen Textstellen demonstriert, wie weit diese Eingriffe gegangen sind und welche Sinnentstellungen sich daraus ergeben haben;

– zum anderen sei ferner nach den Motiven für diese Eingriffe gefragt, die bei den Herausgebern und Bearbeitern eine Rolle gespielt haben könnten.

IV. Zum Schluß kann dann – auf der Basis der ausgebreiteten Informationen und ausgeführten Interpretationen noch einmal die Frage nach der Bedeutung des Werks *Über den Umgang mit Menschen* und des Autors Knigge als Aufklärer in Deutschland gestellt werden, indem wir die Stellung seines Werkes *Über den Umgang mit Menschen* im Kontext aufklärerischer Praxis und Didaktik sehen, den Menschen aus seiner »selbstverschuldeten Unmündigkeit« (I. Kant) heraus und zur selbstbestimmten Existenz hinzuführen.

I. Vorblick auf Knigges *Über den Umgang mit Menschen*

Ernst Robert Curtius hat seinem großen Werk *Europäische Literatur und lateinisches Mittelalter* (1948) u.a. ein Motto vorangestellt, das »die paritätische Verbindung von Mikroskopie und Makroskopie« als »Ideal der wissenschaftlichen Arbeit« bezeichnet. Diesem Ideal nachstrebend, wollen wir entsprechend hier zunächst eine eher makroskopische Annäherung an den Text von Knigges *Über den Umgang mit Menschen* und seine erste vorläufige Einordnung versuchen, um so ein für die weiteren (mikroskopischen) Erörterungen förderliches Vorverständnis zu begründen.

Es war bereits erwähnt worden, daß Knigges Buch erstmals 1788, ein Jahr vor Ausbruch der Französischen Revolution erschienen ist.

In den folgenden Jahren bis zu Knigges Tod (1796) erschienen noch vier weitere, insgesamt also fünf Auflagen: 1. und 2. Auflage 1788; 3. Auflage 1790; 4. Auflage 1792 und 5. Auflage 1796.

Jede dieser Auflagen weist gegenüber der vorangehenden kleinere oder größere Textänderungen oder -erweiterungen auf, so daß sich Knigge entschloß, das Werk von der 3. Auflage (1790) an statt wie bisher in zwei nunmehr in drei Teile zu gliedern.

Auch die 4. und 5. Auflage enthalten erneut Korrekturen und Ergänzungen, so daß die »Ausgabe letzter Hand« (1796) zurecht mit dem Hinweis »fünfte verbesserte und vermehrte Auflage« erscheinen konnte.

Die meisten heutigen Editionen folgen entsprechend dieser 5. und letzten zu Knigges Lebzeiten veranstalteten Auflage.

Im Folgenden werden wir uns auf diese Auflage stützen und den Text nach Bd. 6 der neuen »Ausgewählten Werke« (Hannover 1993) zitieren. Soweit scheint die Textgeschichte übersichtlich und normal. Mehr und mehr problematisch, ja kriminell wird sie aber dann im 19. Jh..

Abgesehen davon, daß auch noch zu Knigges Lebzeiten zahlreiche unberechtigte Nachdrucke (Raubdrucke, wie damals durchaus üblich bei erfolgreichen Werken; der Autor hatte eigentlich keine Chance, etwas Wirksames dagegen zu unternehmen) gab, ferner zahlreiche Übersetzungen in nahezu alle europäischen Sprachen, erschien auf Deutsch erst wieder ab 1878 die Originalausgabe von 1796 zuerst bei Reclam. Alle anderen deutschen Ausgaben vom Anfang bis Ende des 19. Jh. waren ausnahmslos mehr oder weniger stark und massiv in den Text eingreifende, »zeitgemäße Bearbeitungen« wie es so schön und beschönigend hieß, an denen sich zunächst der Berliner Prediger Friedrich Philipp Wilmsen, ab 1844 der bekannte Germanist Karl Goedeke (und dies in Knigges Originalverlag, der die Autorenrechte besaß) maßgeblich beteiligten.

Entsprechendes, ja Schlimmeres geschah von anderen Herausgebern und Bearbeitern in anderen Verlagen, die das beim Publikum erfolgreiche und beliebte Buch in allen möglichen »Verschnitten« reproduzierten. Wir werden noch auf die entstellende und verfälschende Wirkung dieser Eingriffe zurückkommen müssen.

Versuchen wir jetzt, das Buch *Über den Umgang mit Menschen* in das literarische Gesamtwerk von Knigge zeitlich und bedeutungsmäßig einzuordnen:

Das umfangreiche literarische Gesamtwerk Knigges, wie es in der 24bändigen Ausgabe der *Sämtlichen Werke* repräsentiert ist, läßt sich relativ leicht in verschiedene Epochen und (parallel dazu auch) Werkgruppen aufteilen, die – wie wir nachher sehen werden – auch mit den verschiedenen Lebensphasen und ausgeübten Professionen Knigges zu tun haben.

Bemerkenswert ist, wie früh Knigges literarische Produktion bereits beginnt: Anfang der 70er Jahre, als er kaum eben die Zwanzig überschritten hatte. Ferner ist interessant, daß an diesem Anfang eine relativ rege und umfangreiche Produktion (teils Originale, teils Bearbeitungen und Übersetzungen) von Theaterstücken steht. Auch später hat Knigge an verschiedenen Aufenthaltsorten und Wirkungsstätten immer wieder intensiven Kontakt zur Theaterwelt gehabt und durch »Dramaturgische Blätter« wie Bearbeitungen und Übersetzungen daran aktiv teilgenommen.

In diesen Kontext kann man auch die Kompositionen und Libretti-Übersetzungen (z.B. zu Mozarts *Figaros Hochzeit*) rechnen, insofern es auch hier um die Partizipation und Mitarbeit am höfischen oder städtischen Theater- und Musikleben seiner Zeit ging.

Ein zweiter, größerer Komplex unter den Werken Knigges sind die Schriften zu den Geheimgesellschaften und zum Logensystem seiner Zeit, an dem er bereits von seiner Schülerzeit in Hannover und Studentenzeit in Göttingen als aktives Mitglied teilnahm und das für ihn seinen Höhepunkt und zugleich Abschluß in seiner führenden Mitarbeit am Illuminatenorden in den 80er Jahren haben sollte. Eine ganze Reihe von auch kritischen Schriften über Jesuiten, Freimaurer, Rosenkreuzer und Illuminaten und über Geheimgesellschaften der Aufklärung überhaupt gehören hierher.

So erschien z.B. 1781 ein Text *Über Jesuiten, Freymaurer und deutsche Rosenkreutzer*, dessen 1. Teil überschrieben ist: »Bemerkungen über die boshaften und gefährlichen Grundsätze der zerstörten (d.h. aufgehobenen) Gesellschaft Jesu«. Bis in die letzten Lebensjahre hinein begleitet oder verfolgt ihn diese Thematik, sie findet in seiner Rechtfertigungsschrift über seine Illuminaten-Mitgliedschaft *Philo's endliche Erklärung und Antwort auf verschiedene Anforderungen und Fragen, ..., seine Verbindung mit dem Orden der Illuminaten betreffend* ihren vorläufigen Abschluß (1788). Indes zieht sich das Thema der Geheimgesellschaften in seinen schriftstellerischen Arbeiten bis in sein vorletztes Lebensjahr (1795) durch; da veröffentlicht er noch ein Antigeheimgesellschaften-Papier mit dem Titel *Manifest einer nicht geheimen, sondern sehr öffentlichen Verbindung echter Freunde der Wahrheit, Rechtschaffenheit und bürgerlichen Ordnung, an ihre Zeitgenossen.*

Ebenfalls in die (frühen) 80er Jahre fällt eine rege Roman-Produktion. In rascher Folge wirft Knigge aus Gründen des Broterwerbs eine Reihe von Romanen auf den literarischen Markt, die in der Gesamtausgabe immerhin 8 Bände umfassen. Am wichtigsten davon ist vielleicht der (4teilige autobiographische) *Roman meines Lebens – in Briefen herausgegeben* (1781–83), der mehrere, revidierte Neuauflagen und auch Übersetzungen erfuhr. Des weiteren *Die Geschichte Peter Clausens* (3 Teile, 1783–85), dessen englische bzw. französische Übersetzung unter dem Titel *The German Gil Blas* bzw. *Le Gil Blas Allemand* herauskam.

Später hat Knigge in einer kleinen Extraschrift seine Neigung zur »Poligraphie« (Vielschreiberei) bekannt. Sicher gehören diese Romane eher in die Gattung der Unterhaltungs- bzw. Trivialliteratur. Man wird dem Verfasser indes mildernde Umstände nicht versagen wollen, wenn man seine wirklich prekären Lebensumstände, seine wirtschaftliche und berufliche Notlage sieht: Er war in diesen Jahren dazu gezwungen, nachdem alle Versuche, eine ertragreiche Stellung bei Hofe (wo auch immer!) zu finden, gescheitert waren, durch diese Romanschriftstellerei für den Lebensunterhalt von sich und seiner Familie zu sorgen. Daher sicher auch das sprunghafte Experimentieren mit den verschiedensten Künsten und literarischen Genres – so auch u.a. mit (literarischen) *Predigten* (1785) gegen Despotismus, Dumpfheit, Aberglauben, Ungerechtigkeit und Müßiggang, in denen sich auch bereits kritisch-politische Töne andeuten sowie eine gewisse aufklärerisch-pädagogische Tendenz, wie sie dann auch in seinem Werk *Über den Umgang mit Menschen* wichtig wird. Man könnte hier – gerade im Hinblick auf unseren Text – von einer »Präludierung« derartiger Themen sprechen, wie sie dann den Hauptinhalt des *Umgang mit Menschen* ausmachen.

Dies trifft noch stärker für Knigges Versuch zu, sich mit einer damals ziemlich gängigen literarischen Gattung, der Zeitschrift *Journal aus Urfstädt* (1786) zu etablieren, was aber mißlang.

Mit diesen literarischen Produktionen stehen wir bereits unmittelbar in der Epoche des *Umgangs mit Menschen*, der jetzt (1788) erstmals erscheint und dann eigentlich rasch zu dem Kniggeschen Erfolgsbuch wird. Es erlebt nicht nur Neuauflagen und Nachdrucke, sondern Übersetzungen in nahezu alle europäischen Sprachen – bis hin zum Russischen.

Bemerkenswert ist der Titel der englischen Übersetzung von 1799: *Practical Philosophy of Social Life – or the Art of Conversing with Men, after the German of Baron Knigge* (1805 kam unter demselben Titel eine erste amerikansiche Edition heraus). Die französische Übersetzung trägt den Titel: *Du Commerce avec les Hommes* (par Adolph de Knigge).

Sieht man von den *Dramaturgischen Blättern* (1789) und von der deutschen Textfassung *Figaros Heyrath, aus dem Italienischen von Freiherr von Knigge, in Musik gesetzt von Mozart* (1791) für das Schloßtheater in Hannover einmal ab, so folgen in den letzten Lebensjahren Knigges jetzt fast ausschließlich noch satirische und politische Schriften, die im Kontext der und in Reaktion auf die Französische Revolution (1789ff.) und deren rasch zunehmenden intellektuellen Einfluß auf Norddeutschland entstanden sind. Sie rechtfertigen für diese letzten Lebensjahre durchaus die (erstmals von Walter Grab gemachte) Zuordnung Knigges zum »Norddeutschen Jakobinismus«. Auch die Zeitgenossen haben Knigge bereits als Jakobiner angesehen, benannt – und bekämpft.

Hier seien nur noch die wichtigsten Titel aus Knigges politisch-satirischem Spätwerk aufgeführt:

Benjamin Noldmann's Geschichte der Aufklärung in Abyssinien (1791) mit dem etwas späteren Seitenstück: *Gedanken über den Patriotismus von einem Gerichtsschöffen in Abyssinien* (1796).

Ferner:

Das Zauberschloß oder die Geschichte der Grafen Tunger (1791) mit stark autobiographischen Elementen, sowie *Des seligen Etatrats Samuel Conrad Schaafskopf hinterlassene Papiere* (1792) und *Joseph von Wurmbrands ... politisches Glaubensbekenntnis mit Hinsicht auf die französische Revolution und deren Folgen* (1792).

Am Ende seines schriftstellerischen Werkes stehen – neben einem komischen Roman *Die Reise nach Braunschweig* (1792) und einem Reisetagebuch von einer Reise nach Lothringen (1793) – noch zwei wichtige literarisch-politische Abhandlungen oder Essays:

Einmal die interessante literatur-soziologische Studie *Über Schriftsteller und Schriftstellerey* (1793), die für die Erkenntnis des Selbstverständnisses des Schriftstellers Knigge wichtig und aufschlußreich ist und die öfter auch als Knigges »Poetik« angesprochen wird, sowie der Essay *Über Eigennutz und Undank*, eine kritische Auseinandersetzung mit der formalen Ethik Kants, zugleich von Knigge als »ein Gegenstück zu dem Buch *Über den Umgang mit Menschen*« (1796) bezeichnet.

Die Schrift *Über den Umgang mit Menschen* steht mithin in einem sichtlich weitläufigen und (nach literarischen Gattungen und Intentionen) vielfältigen Gesamtwerk, das durchaus nicht ohne Erfolg und Reputation war, später aber (im 19. Jh.) fast ganz in Vergessenheit geriet – wie der Autor auch.

In seiner Schrift *Aufrichtiges Geständnis meiner Poligraphie* hat Knigge sich einerseits zu seiner »Vielschreiberei« bekannt, andererseits darauf Wert gelegt festzustellen, daß er den »Umgang mit Menschen« demgegenüber aber erst nach eingehenden Recherchen und Studien sorgfältig komponiert und bearbeitet habe.

Entsprechend lesen wir in der Vorrede zur 1. und 2. Auflage:

> »Übrigens habe ich dies Buch nicht flüchtig hingeschrieben, wie wohl andre meiner Schriften, sondern lange an den Materialien gesammelt. Es enthält Resultate aus meinem ziemlich unruhigen Leben unter Menschen mancher Art.« (S. 402)

Diese Selbstcharakteristik ist – wie wir gleich sehen werden – nicht unwichtig für das Verständnis dieses Werkes.

II. Adolph Freiherr Knigges Leben im Umriß

Alles in allem ein respektables literarisches Werk, allein schon in diesem skizzenhaften Überblick!

Der Eindruck verstärkt sich noch, wenn man sich der Tatsache erinnert, daß Knigge 1796 im Alter von gerade erst 44 Jahren gestorben ist.

Seine gesamte literarische Produktion ist in gut zwei Jahrzehnte, sein Leben, dem wir uns jetzt zuwenden wollen mit all seinen Höhen und Tiefen, mit Erfolgen und Mißerfolgen, Anerkennung und Verwerfung, Hoffnungen und Enttäuschungen in etwas mehr als vier Jahrzehnte zusammengedrängt. Mehr Zeit war ihm nicht bestimmt.

Wir haben bereits eingangs des Umstandes gedacht, daß Person und Leben Knigges dialektischer- oder paradoxerweise weit hinter der heutigen Popularität und (scheinbaren) Bekanntheit des »Knigge« (als Buch) zurückbleibt, ja eigentlich einer ziemlich vollständigen Vergessenheit oder Verbergung anheimgefallen ist.

Deswegen ist jetzt zu fragen: Wer war dieser Adolph Freiherr von Knigge, der das Adelsprädikat »von« wegließ und sich lieber als »freier Herr Knigge« bezeichnete?

Die Lebensdaten wurden bereits genannt: 1752–1796. Damit ist Knigge etwas jünger als Goethe, ein paar Jahre älter als Schiller. Mit beiden Klassikern wurde er – wenn auch nur flüchtig – bekannt: mit Schiller in Mannheim bei der Uraufführung von *Kabale und Liebe*, mit Goethe in Weimar bei Verhandlungen über den Illuminatenorden während Goethes erstem Weimarer Jahrzehnt. Er war auch kaum älter als Mozart, dessen Libretto zu *Figaros Hochzeit* er später übersetzt hat.

Sein Werk *Über den Umgang mit Menschen* erschien 1788, als Goethe eben von der Italienischen Reise nach Weimar zurückkehrte und I. Kant gerade seine zweite Kritik, die *Kritik der praktischen Vernunft*, publizierte.

Ein Jahr später brach die Französische Revolution aus, jenes weltgeschichtliche Ereignis, das auch für Knigges Leben eine »Revolution« bedeutete und Leben, literarische Produktion nachhaltig beeinflußte und ihn für viele ängstliche Zeitgenossen zu einem gefährlichen Parteigänger und Jakobiner machte, vor dem man sich so sehr in Acht zu nehmen hatte, daß eine erzkonservative Zeitschrift in Wien mißtrauisch anfragte, als Knigges Tod gemeldet wurde, ob er nun auch wirklich tot sei. Die Überschrift des Artikels lautete: »Ob Baron Knigge auch wirklich todt ist?« Man vermutete, er sei untergetaucht, um im Untergrund seine revolutionäre Agitation fortzusetzen! Verschwörer und Verschwörungstheorien standen damals bekanntlich in Blüte.

Dabei hatte alles ganz anders angefangen! Und das Leben des kleinen Adolph von Knigge hatte unter einem gänzlich anderen Stern gestanden, als es 1752 auf Gut Bredenbeck bei Hannover begann. Knigges Vater, Philipp Carl Freiherr von Knigge, war ein reichbegüterter, lebensfroher und verschwenderischer Herr des Ancien Regime, promovierter Jurist (für einen hohen Adeligen damals eher ein seltener Fall!) und Hofgerichtsrat in Hannover, wo er somit zur »herrschenden Klasse« gehörte. Als er aber bereits 1766 überraschend starb, hinterließ er seinem eben erst 14jährigen Sohn Adolph, seinem einzigen Kind, einen riesigen Schuldenberg von 130.000 Reichstalern, zu deren Begleichung die Gläubiger mit dem Segen der Landesregierung die Kniggeschen Güter (praktisch zur Ausbeutung) für Jahrzehnte übereignet bekamen.

Zu Knigges Ausbildung und Studium wurde jährlich nur ein recht bescheidener Betrag (500 Taler) bereitgestellt. Zu Lebzeiten konnte Knigge nicht darauf hoffen, daß durch die hinhaltende Taktik der Gläubiger die Schulden seines Vaters je abgetragen werden könnten und er den Besitz zurückbekommen würde.

Als Kind, noch zu Lebzeiten des Vaters, war Knigge von verschiedenen Hofmeistern – wie damals bei Adeligen üblich – zuhause unterrichtet und auf ein Leben bei Hofe im Sinne des Ancien Regimes vorbereitet worden. Den Musikunterricht soll er (wenigstens eine zeitlang) übrigens von einem der Söhne Johann Sebastian Bachs erhalten haben.

Über seine Erziehung hat Knigge sich später so geäußert: »Ich war in der ersten Erziehung ein wenig verzärtelt und durch große Aufmerksamkeit, deren man meine kleine Person früh gewürdigt hatte, gewöhnt worden, sehr viel Rücksichten von anderen Leuten zu fordern.« (*Über den Umgang ...*) Die schulische Ausbildung wurde seit 1765 in Hannover fortgesetzt, wo er vom Vater der Gebrüder Schlegel, Johann Adolf Schlegel, unterrichtet und auch konfirmiert wurde.

Als der Vater 1766 starb, kam der junge Knigge unter die Vormundschaft von zwei hannoveranischen Geheimräten, die ihn in ein Erziehungsinstitut steckten, um ihn hier mit geringst möglichen finanziellen Aufwendungen auf das Universitätsstudium vorzubereiten; vier Jahre lang dauerte diese Ausbildung, bis Knigge 1769, mit 17 Jahren, sein Jurastudium an der 1737 gegründeten Universität Göttingen beginnen konnte. Übrigens wohnte er im selben Haus wie der Physikprofessor Georg Christoph Lichtenberg, ohne daß sich indes ein näherer Kontakt zwischen ihnen ergab.

Göttingen war damals bereits für seine Staatswissenschaften allgemein bekannt. Herausragende Professoren wie Böhmer und Pütter, aber auch der Philosoph Feder (ein Wolff-Schüler), schließlich Schlözer waren vermutlich seine Lehrer und prägten ihn im Geiste der (deutschen) Aufklärung; genaues weiß man nicht, obwohl Knigge manche Episode aus seinem Studentenleben in seinem Roman *Das Zauberschloß oder die Geschichte des Grafen Tunger* (1791) stofflich verarbeitet hat.

Wichtiger als dies war für die nachfolgende Lebensepoche, daß Knigge bereits in der Schulzeit, dann als Student erneut Kontakte zur Freimaurerei anknüpfte, Mitglied einer Loge wurde und so erste Erfahrungen mit dieser typischen Organisationsform der Aufklärung machen konnte. Etliche Jahre pflegt er diese Kontakte und versucht sie auch für seine Karriere nutzbar zu machen, letztlich ohne Erfolg.

Noch bevor er sein Jurastudium abschloß, erhielt er die Chance, am Kassler Hof 1772 ein (wenn auch bescheidenes) Hofamt als Einstieg in eine geplante Karriere zu bekommen, gerade 20 Jahre alt. Es beginnt jetzt eine angespannte, unruhige und leidvolle Phase in Knigges Leben – gekennzeichnet vor allem durch sein letztlich vergebliches Bemühen, eine Karriere an einem der zahlreichen kleineren Höfe in Deutschland zu begründen. Knigge scheut sich nicht, verschiedenste, auch untergeordnete Tätigkeiten auszuüben: So ist er in Kassel zeitweilig für den Tabak- und den Zichorienanbau zuständig. Seine prekäre finanzielle Situation zwingt ihn dazu, sich allenthalben – u.a. auch in Weimar und in Berlin – zu bewerben. 1773 hatte Knigge zwar ziemlich überstürzt, aber standesgemäß geheiratet, 1775 wird seine einzige Tochter Philippine, zu der er stets ein enges Verhältnis hat, geboren. Umso dringender wird eine sichere und langfristige Existenzgrundlage. Knigge muß eine Reihe von Rückschlägen und negativen Erfahrungen hinnehmen. Wiederholt wird er mit Versprechungen hingehalten, die sich nachher als leer erweisen; berufliches und finanziell abgesichertes Einkommen werden in Aussicht gestellt, ohne daß sich seine Erwartungen erfüllen. Mit nichts als unprofitablen Titeln und funktionslosen Ehrenämtern wird er abgespeist – so wird er 1776 zum weimarischen Kammerherren ernannt (im gleichen Jahr als Goethe in Weimar seine politische Karriere beginnt.) All diese Erfahrungen müssen ihn stark enttäuscht haben.

Allerdings: in zweierlei Hinsichten ist diese Zeit der Rückschläge und Mißerfolge an den deutschen Höfen in Kassel und Hanau doch von Wichtigkeit für ihn: einmal hat er so Gelegenheit, einen Großteil der Erfahrungen im konkreten Umgang mit Menschen zu sammeln, die er dann in seinem Werk von 1788 verarbeitet. Zum anderen wächst in ihm die Einsicht in die dringende Notwendigkeit politischer und administrativer Reformen in Deutschland.

Da die Freimaurer-Verbindungen zwar darüber diskutieren und raisonnieren, aber es an der praktischen Umsetzung fehlen lassen, läßt sich Knigge von dem viel stärker praxisorientierten Illuminatenorden begeistern. Er wird spontan Mitglied dieser von dem Ingolstädter Kirchenrechtler Adam Weishaupt begründeten Orden, der den »Marsch durch die Institutionen« in Bayern probt, und ist bald der zweite Mann nach Weishaupt, vorzüglich für die Ausbreitung und Mitgliederwerbung in Mittel- und Norddeutschland unermüdlich und sehr erfolgreich tätig: zahlreiche bedeutende Persönlichkeiten schließen sich durch seine propagandistische Arbeit den Illuminaten an – darunter auch in Weimar der Herzog Carl August und sein Geheimer Rat Goethe und viele andere mehr. In diesem Zusammenhang ist Knigge auch zumindest einmal mit Goethe in Kontakt getreten, was aber alle, auch die neuesten Goethebiographien verschweigen.

Es ist bekannt, daß in den frühen 80er Jahren in Bayern die sog. »Verschwörung« der Illuminaten aufgedeckt und der Prozeß gemacht wurde; der Orden wurde in Bayern verboten, bald danach zerfiel er, nachdem Knigge sich schon vorher (1784) nach Zerwürfnissen mit Weishaupt von der Verbindung distanziert hatte. Knigge mußte erfahren, daß auf dem Wege der Geheimbünde eine Reform von Politik und Verwaltung in Deutschland nicht zu erwarten war. So zieht er sich, erneut enttäuscht, mehr und mehr ins Private einer bürgerlichen und schriftstellerischen Existenz zurück, lebt in Heidelberg und Frankfurt, schreibt an seinen Romanen, zieht dann später (1787) nach Hannover, wo er den *Umgang mit Menschen* vollendet und erscheinen läßt, von hier betreibt er die Rückerstattung seiner väterlichen Güter, zieht für kurze Zeit nach Hamburg, wo er 1790 den ersten Jahrestag des Ausbruchs der Französischen Revolution (den 14. Juli) im Havestehuder Gartenhaus des Hamburger Kaufmanns und Revolutionssympathisanten Sieveking in Anwesenheit auch des Dichters Klopstock mitfeiert. In einem Brief vom 15. 7. 90 berichtet Knigge davon seiner Tochter Philippine:

»Es war ein Freiheitsfest, zu Ehren der Französischen Revolution. Es wurde außer der Stadt gefeyert. Alles, was von rechtlichen, für Freiheit warmen Leuten in Hamburg lebt, war zugegen, kein Edelmann, außer mir, dem Grafen Dohna und Ramdohr aus Zelle, und kein Fürstenknecht war dazu eingeladen. Alle Frauenzimmer waren weiß gekleidet und trugen weiße Strohhüte mit dem National-Bande, ... wir blieben von 10 Uhr des Morgens an, den ganzen Tagen zusammen ... Klopstock las zwei neue Oden. Bei Abfeuerung der Kanonen, Musik und lautem Jubel wurden Gesundheiten getrunken, unter anderm: auf baldige Nachfolge in Deutschland, Abschaffung des Fürsten-Despotismus p.p.« (Bd. 10, S. 79)

Ebenfalls noch 1790 wird er doch noch mit einem öffentlichen Amt betraut: er wird zum hannoveranischen Oberhauptmann in der Reichs- und Hansestadt Bremen bestellt, wo er – nur von wenigen kürzeren, meist Badereisen unterbrochen – zuletzt krank und bettlägerig lebt und 1796 stirbt. Sein Grab ist bis heute im Bremer Dom zu sehen.

In diesen letzten Jahren in Bremen setzt er hinsichtlich der Durchsetzung und Verwirklichung der notwendigen und dringlichen Reformen in Deutschland seine Hoffnung auf ein Übergreifen der Ideen und Praxis der Französischen Revolution nach Deutschland. Seine schriftstellerisch-publizistische Arbeit stellt er in den Dienst dieser Sache. So gerät er in die Schußlinie der ultrakonservativen und antirevolutionären Publizistik; vor allem die reaktionäre *Wiener Zeitschrift* macht ihn zum Revolutionär und damit zu einer Gefahr für Ruhe und Ordnung in Deutschland und verfolgt ihn mit Diffamierungskampagnen und Angriffen bis über den Tod.

III. Knigges *Über den Umgang mit Menschen*

1. Interpretationen und Erläuterungen zum Text

1. Auf die mehr makroskopische Perspektive (im Sinne von E. R. Curtius) soll jetzt die Mikroskopie des Textes folgen. Indes: ohne Realien und ohne Empirie auch der biographischen und werkgeschichtlichen Hintergründe ist ein Verständnis oder gar eine Deutung eines literarischen Werkes von Rang der Vergangenheit schwerlich möglich. Verarbeitet es doch stets konkrete (individuelle wie epochale) Erfahrungen aus einer konkretgeschichtlichen Situation und spricht es doch als »Botschaft« wieder in eine konkrete Lebenssituation hinein – steht mithin in einer komplexen Diskurssituation. Und es kommt bei der nachvollziehenden Lektüre und Deutung entscheidend mit darauf an, diese Einbettung aufzuzeigen, zugleich aber auch herauszufinden, ob und inwieweit es dem Autor eines literarischen Werkes gelingt, einen originalen Beitrag zu diesem öffentlichen Diskurs zu leisten, vielleicht sogar für einen historischen Moment bestimmenden Einfluß auf diesen sozialen Diskurs zu gewinnen und so die epochalen sozialen und politischen Wissensbestände mit zu prägen.

Ob und wieweit das auch von Knigge *Über den Umgang mit Menschen* zu sagen ist, wollen wir jetzt untersuchen. Knigge hat selbst in seinem großen Essay über *Schriftsteller und Schriftstellerey* ein entsprechend angemessenes Literaturverständnis entwickelt. Dort heißt es u.a.:

»Schriftstellerey ist in jetzigen Zeiten nicht viel mehr als Gespräch mit der Lesewelt.« (Bd. 6, S. 402).

Wir wollen versuchen zu rekonstruieren, in welchen Formen und Verfahren und mit welchen Themen und Inhalten, schließlich mit welchen Absichten und Zielsetzungen dieses »Gespräch mit der Lesewelt« von Knigge beabsichtigt, inszeniert und durchgeführt wird.

Dazu ist vorab zu klären, wen Knigge meint, wenn er von »Lesewelt« spricht; wer das intendierte Publikum konstituiert; wer der Adressat der Botschaft ist, die das Buch *Über den Umgang mit Menschen* enthält.

Diese Fragen sind für die Gesamteinschätzung und -bewertung des Textes von ziemlicher Bedeutung; führen sie doch über sich hinaus ins Zentrum der wichtigeren Frage nach der Eigentümlichkeit und literarischen Funktionalität des gesamten Kniggeschen »Aufschreibsystems« (Fr. Kittler), wie es hier vorliegt.

In der Einleitung zur Ausgabe letzter Hand (von 1796) gibt Knigge ausführlich Auskunft auf diese Fragen; es geht ihm, dem (verarmten, um berufliche Karriere bemühten) Adeligen nicht um den Hofmann oder den Landedelmann, sondern um »den Menschen im bürgerlichen Leben« (S. 16). Diesen Menschen charakterisiert er so: »Meine Bemerkung (= Aufmerksamkeit) trifft Personen, die wahrlich allen guten Willen und treue Rechtschaffenheit mit mannigfaltigen, recht vorzüglichen Eigenschaften und dem eifrigen Bestreben, in der Welt fortzukommen, eignes und fremdes Glück zu bauen, verbinden, und die dennoch mit diesem Allem verkannt, übersehen werden, zu gar nichts gelangen.« (S. 16)

An diesen Personenkreis richtet sich die Botschaft dieses Werkes. Soziologisch ist dieser Kreis fraglos dem damals in Deutschland erst in der frühen Entstehung und Entfaltung begriffenen Bürgerstand zuzurechnen, dessen Selbstverständnis und Selbstsicherheit in einer von höfischem und adeligem Leben bestimmten Gesellschaft noch ungefestigt war und insofern befestigt werden müßte.

Daher fragt Knigge an der zitierten Stelle auch gleich nach den Gründen dieser Unsicherheit und kommt damit gleich auf das zentrale Thema seines Werks zu sprechen:

> »Woher kömmt das? Was ist es, das Diesen fehlt und Andre haben, die bey dem Mangel wahrer Vorzüge, alle Stufen menschlicher, irdischer Glückseligkeit ersteigen? – Was die Franzosen den *esprit de conduite* nennen, das fehlt ihnen: die Kunst des Umgangs mit Menschen.« (S. 16)

Damit ist der Titel des Buches in die Beschreibung des Ziels und der Aufgabenstellung hineingenommen: »Umgang mit Menschen«. Diese Formel ist grundsätzlich und durchgehend auf zweifache Weise zu lesen:

1) einmal deskriptiv-empirisch als Beschreibung dessen, was die Menschen untereinander an Verhalten zeigen: der beobachtbaren Mores, Sitten, Gebräuche etc. – noch ohne jede kritische Bewertung.

2) zum anderen didaktisch-pädagogisch-normativ als eine erlernbare Kunst des Sozialen, als eine Sitten-Lehre (den Begriff verwendet Knigge selbst dafür).

In der Literatur hat man diese Doppelheit der Bedeutung von »Umgang« gelegentlich als Widerspruch in Knigges Werk ankreiden wollen – unzutreffend, wie mir scheint; denn gerade in dieser Doppelheit von empirisch und normativ kommt das Knigge leitende Erkenntnisinteresse zum Ausdruck: Es geht ihm einerseits um die Wahrnehmung und Deskription der sozialen Verhältnisse seiner Zeit, um eine zeitkritische Gegenwartsanalyse; dabei geht er in der Regel aus (auch in jedem der Kapitel erkennbar) von dem konkreten gesellschaftlichen Verhalten der Menschen und von dem Gesellschaftsverständnis, das sich in diesem Verhalten spiegelt und es bestimmt. Dies mit einem »beobachtenden Blick«, wie ihn die Anthropologie der Aufklärung sowohl in der Moralistik als auch in der Ethnologie entwickelt hat. Voraussetzung für diese Erfahrung sozialer Realität ist eine gewisse Distanz (kritische Distanz) zu den konkreten sozialen Verhältnissen. Diese Distanz entstand bei Knigge aufgrund schlechter persönlicher Erfahrungen, die ihm durch den sozialen Abstieg, den er durchmachen mußte, aufgenötigt worden waren. Insofern ist Knigge (wie Hans Mayer in seinem Buch *Außenseiter*, 1984, gezeigt hat) ein »Außenseiter«.

Aus dieser Außenseiter- und kritischen Beobachterposition ergibt sich mit einer gewissen Konsequenz die zweite Bedeutungsdimension von »Umgang«: die didaktisch-normative, der ihrerseits wieder die aus der Außenseiterposition entstandene Gesellschaftsutopie (die Hoffnung auf eine durch erzieherische Veränderungen mögliche Verbesserung der Gesellschaft) zugrundeliegt. Ich möchte daher Hans Mayer recht geben, wenn er schreibt: »Es gibt kaum ein Buch, das umfassender dies Programm (die emotionalen Vorurteile gegen Menschen anderer Rassen und Religion, Sitte und Sittlichkeit durch vernünftige Argumentation auszurotten) angestrebt hätte, als »der Knigge«, nämlich der im Jahre 1788 zuerst erschienene Traktat *Über den Umgang mit Menschen* von Adolph Freyherr Knigge. Man hat in der späteren Bürgerzeit den Hannoverschen Baron als Präzeptor guter Umgangsformen für seinesgleichen und für ein bürgerliches Honoratiorentum mißverstanden. Knigge strebte umgekehrt eine gleichartige Menschenfreundlichkeit an, die gesellschaftliche Unterschiede nivellieren wollte im Dienst allgemeiner Rationalität.« (Hans Mayer: Außenseiter, S. 28)

Dies – scheint mir – ist in der Tat das zentrale Anliegen von Knigges *Umgang mit Menschen*: normativ-didaktisch gesehen ist dieser »Umgang« eine »Kunst«, die erlernbar ist, zu der es aber einer entsprechenden »Klugheit« und Klugheitslehre bedarf. Und diese Klugheitslehre für den Umgang mit Menschen, die herauswächst aus der kritischen Ordnungsreflexion über die eigene Zeit, macht die Intention, das Programm von Knigges Werk aus. Insofern kann man in doppelter Weise auch von einem politischen Werk sprechen: Aufgrund seiner kritischen Gesellschaftsanalyse am Vorabend der Französischen Revolution; und aufgrund seiner politisch-pädagogischen Programmatik.

Mit seinen eigenen Worten:

> »Indem ich aber von einem *esprit de conduite* rede, der uns leiten muß bey unserm Umgange mit Menschen aller Gattung, will ich nicht etwa ein Complimentier-Buch schreiben, sondern einige Resultate aus den Erfahrungen ziehn, die ich gesammelt habe während einer nicht kurzen Reihe von Jahren, in welchen ich mich unter Menschen aller Art und Stände umhertreiben lassen und oft in der Stille beobachtet habe. – Kein vollständiges System, aber Bruchstücke, vielleicht nicht zu verwerfende Materialien, Stoff zu weiterm Nachdenken.« (S. 16/17)

Bruchstücke, Materialien, Stoff, um die Kunst des Umgangs mit Menschen zu lernen und zu lehren: anderen zu vermitteln.

Für »Umgang« könnte auch »Geselligkeit« stehen, jener Begriff des Sozialen, der in der deutschen klassischen Literatur und Philosophie zu eben dieser Zeit eine zunehmende Verbreitung und Anerkennung fand und der vorzüglich durch Friedrich Schleiermachers *Versuch einer Theorie des geselligen Betragens* (1799) zu philosophischer Geltung und Dignität kam. Knigge braucht meist »Umgang«, gelegentlich aber auch »Geselligkeit«, und das Erziehungsziel seiner »Kunst des Umgangs mit Menschen« ist:

> »Der, welchen nicht die Natur schon mit dieser glücklichen Anlage hat geboren werden lassen, erwerbe sich Studium der Menschen, eine gewisse Geschmeidigkeit, Geselligkeit, Nachgiebigkeit, Duldung, zu rechter Zeit Verleugnung, Gewalt über heftige Leidenschaften, Wachsamkeit auf sich selber und Heiterkeit des immer gleich gestimmten Gemüts, und er wird sich jene Kunst (des Umgangs) zu eigen machen.« (S. 16)

Es versteht sich, daß das Wissen, das eine umfassende Kompetenz in dieser »Kunst des Umgangs« begründet, nicht abschließbar ist (in einem wie immer gearteten Gedanken- oder Regelsystem), sondern notwendig offen gegen neue Erfahrungen, mithin beständig erweiterungsfähig und erweiterungsbedürftig. Das ist auch der Hauptgrund dafür, daß Knigge die fünf Auflagen zu Lebzeiten immer wieder verändert und ergänzt hat. Daß sich auch spätere Herausgeber die Lizenz nahmen, den Text zunehmend schwerwiegenderen Eingriffen auszusetzen, steht allerdings auf einem anderen Blatt.

Insofern muß der Charakter des Werks zwischen Empirie und Norm etwas schwankend bleiben: Aber diese Spannung ist kein Widerspruch, sondern aus der Anlage des Werkes zwingend und eigentlich auch typisch für politisch-theoretische Texte aus allen Epochen.

Gegen kritische Vorwürfe aus dieser Richtung hat sich Knigge bereits in der »Vorrede zur dritten Auflage« (1790) verteidigt:

> »Man hat *gegen* den Titel dieses Werks die Erinnerung gemacht, daß er nur Regeln des Umgangs ankündigte, da hingegen das Buch selbst fast über alle Teile der *Sittenlehre* sich ausdehnte. Billige Richter haben indessen eingesehn, wie schwer dies zu vermeiden war. Wenn die *Regeln des Umgangs* nicht bloß Vorschriften einer konventionellen Höflichkeit oder gar einer gefährlichen Politic seyn sollen, so müssen sie auf die Lehre von Pflichten begründet seyn, die wir allen Arten von Menschen schuldig sind und wiederum von ihnen fordern können – das heißt: ein System, dessen Grundpfeiler Moral und Weltklugheit sind, muß dabei zum Grunde liegen.« (S. 404/5)

Das ist eine wichtige Selbstbestimmung des Charakters des Werkes: eine offene Zahl von Regeln des Umgangs zu geben, die ihrerseits auf einem System beruhen, dessen Grundpfeiler Moral (Sittlichkeit) und Weltklugheit bilden.

2. Diese Werkintention ist nun aber nicht abstrakt, sondern konkret in eine räumlich-zeitlich (geschichtlich) genau bestimmte und umrissene Situation als »Botschaft« hineingesprochen.

Und wenn – wie Knigge sagt – Schriftstellerey nichts als ein »Gespräch mit der Lesewelt« ist, dann bedarf es auch der Erwägung der konkreten Rahmenbedingungen (sozial-politisch-kulturell) eben dieser Lesewelt.

Darauf geht Knigges nächste Reflexion in der »Einleitung«ein: Hier geht er auf die spezifischen Bedingungen, sprich: Hindernisse ein, die dem bürgerlichen Menschen im »Umfang mit Menschen« im damaligen Deutschland entgegenstehen. Diese Textpassage erinnert über weite Strecken an die bekannten kritischen Analysen von Goethe und Hölderlin über die miserablen Zustände im politisch und kulturell zerrissenen Deutschland (vgl. Goethe: *Über literarischen Sansculottismus* oder Hölderlin: *Hyperion* oder *Das Werden im Vergehen*, wo vom »untergehenden Vaterland« die Rede ist).

Bei Knigge heißt es entsprechend:

> »In keinem Lande in Europa ist es vielleicht so schwer, im Umgang mit Menschen aus allen Classen, Gegenden und Ständen allgemeinen Beyfall einzuernten in jedem dieser Kreise zu Hause zu seyn; ohne Zwang, ohne Falschheit, ohne sich verdächtig zu machen und ohne selbst dabey zu leiden, auf den Fürsten wie auf den Edelmann und Bürger, auf den Kaufmann wie auf den Geistlichen noch Gefallen zu wirken, wie in unserem teutschen Vaterlande; denn nirgend vielleicht herrscht zu gleicher Zeit eine so große Mannigfaltigkeit des Conversationstons, der Erziehungsart, der Religions- und anderer Meinungen, eine so große Verschiedenheit der Gegenstände ... Dies rührt her von der Mannigfaltigkeit der Interessen der teutschen Staaten gegeneinander und gegen auswärtige ... und von dem sehr merkwürdigen Abstande

der Classen in Teutschland voneinander, zwischen denen verjährtes Vorurteil, Erziehung und zum Teil auch Staats-Verfassung eine viel bestimmtere Grenzlinie gezogen haben als in andern Ländern... Daß im Ganzen unsere teutsche Verfassung, so zusammengesetzt sie auch sei, sehr große wesentliche Vorzüge gewährt,« das unterliegt (für Knigge zwar) keinem Zweifel. Aber aus dieser Vielfalt und Zersplitterung »kömmt es, daß es so schwer ist, mit Menschen aus allen Ständen und Gegenden in Teutschland umzugehen und bey Allen gleich wohlgelitten zu seyn, auf Alle gleich vorteilhaft zu wirken« (S. 18/19).

Als besonders nachteilig wird vermerkt, daß diese Vielfalt und Zerrissenheit der Zustände »nicht etwa auf irgendeinen dem ganzen Volke merkbaren Punct zusammentreffen, auf allgemeine National-Bedürfnisse, Volks-Angelegenheiten, Vaterlands-Nutzen, wie in England, wo Aufrechterhaltung der Constitution, Freiheit und Glück der Nation, Flor des Vaterlandes der Punct ist, in welchem sich das Streben, Dichten und Trachten so mancher originellen Charaktere vereinigt.« (S. 18)

Ich habe diese Passage aus der »Einleitung« ausführlich zitiert und dargestellt, weil sie besonders deutlich den politischen Aspekt (man könnte auch sagen: politisch-pädagogischen Aspekt) von Knigges *Umgang mit Menschen* sichtbar werden läßt. Denn die »Kunst des Umgang mit Menschen«, die hier, von Knigge vermittelt, gelernt werden soll, hat auch ein eminent politisches Ziel: »Sich nun also nach Ort, Zeit und Umständen umzuformen und von verjährten Gewohnheiten sich loszumachen«. Dies »erfordere Studium und Kunst«. (S. 19)

Es ist sicher keine Frage, daß der aus dem höheren Adel stammende Freyherr von Knigge sich hier die emanzipatorischen Ziele der bürgerlichen Bewegung des ausgehenden 18. Jh., bezogen auf die deutschen Zustände und ihre mögliche Veränderung (»Revolutionierung«), voll zu eigen gemacht hat und insofern – auch gerade nach Ausbruch der Französischen Revolution – zu den progressiven Figuren des deutschen Geisteslebens – wie etwa Georg Forster – gerechnet werden muß.

3. Soviel zu dem zentralen Gesichtspunkt, von dem her der Inhalt und das Anliegen des Buches *Über den Umgang mit Menschen* zu sehen ist; damit sind zugleich auch die Fluchtlinien markiert, von denen her die von Knigge aufgehäuften Bruchstücke, Materialien und Stoffmassen gedanklich zu integrieren und zu verstehen sind: letztlich auch als eine politisch gezielte Erziehungslehre für das in dieser Zeit sich auch allmählich in Deutschland emanzipierende Bürgertum. Die Geltung und Relevanz dieses Programms wird an den vielen Entsprechungen und Parallelen zu ähnlichen Programmen in der zeitgenössischen deutschen Literatur und Philosophie unmittelbar greifbar.

4. Mit dieser Perspektive ausgestattet, können wir jetzt auch daran gehen, noch einen Blick auf Inhalt und Aufbau der drei Teile des Werkes zu werfen. Wie schon mehrmals erwähnt, hat Knigge von der dritten Auflage an das anwachsende Material an Beobachtungen und Regeln in drei Bücher eingeteilt: Diese Bücher tragen zwar keinen eigenen Titel oder Überschriften, ihr Hauptinhalt ist indes aus den ausführlichen Angaben zu den einzelnen Kapiteln leicht erschließbar.

Ausgegangen wird von Allgemeinen Bemerkungen und Vorschriften über den Umgang (Kap. 1), in denen so etwas wie die philosophisch-anthropologischen Grundlagen des Unternehmens gelegt werden. Ohne daß Knigge darauf eigens eingeht oder hinweist, wird implizit deutlich, daß er dabei einem verhaltenstheoretischen Konzept folgt, wie es bereits

Cicero in seiner Ethik *De Officiis* (›Von den Pflichten‹; auf der Basis griechischer Philosophie natürlich) und in seiner Rhetorik entwickelt hat. Der entscheidende Punkt ist der, daß nach Cicero derjenige, der tugendhaft ist, der *vir bonus*, auch zeigen soll, daß er es ist, daß er auch das entsprechende ›decorum‹ haben soll. ›Decorum‹ kann man mit »das Geziemende, das Schickliche« übersetzen, auch mit »Anstand«. Später wird daraus »Höflichkeit«, die den Bezug der Moral und Ethik nicht selten verliert und zur bloßen Höflichkeit oder zum Schein, auch wohl (wie bei Gracian) zur Verschlagenheit, Privatpolitik oder Weltklugheit und Verstellung ziemlich entarten kann. (Wir werden auf diese Traditionsbezüge noch zu sprechen kommen.)

Bei Knigge klingt diese Tradition deutlich nach, wenn es im 1. Satz des 1. Kapitels des 1. Buches heißt:

> »Jeder Mensch gilt in dieser Welt nur so viel, als er sich selbst gelten macht. Das ist der goldene Spruch, ein reiches Thema zu einem Folianten über den *esprit de conduite* und über die Mittel, in der Welt seinen Zweck zu erlangen; ein Satz, dessen Wahrheit auf die Erfahrung aller Zeitalter gestützt ist.« (S. 30)

»Sich selbst gelten machen« – das bedeutet eine Aufforderung zur Selbstinszenierung, wobei Knigge die Ambivalenz einer solchen Empfehlung nicht übersieht: »Der Satz, daß jedermann nicht mehr und nicht weniger gelte, als er sich selbst gelten macht, ist die große Panacäe für Abenteurer, Prahler, Windbeutel und seichte Köpfe, um fortzukommen auf diesem Erdballe ...« Daher seine praktische Einschränkung des Rates: »Zeige dich also mit einem gewissen bescheidenen Bewußtseyn innerer Würde, und vor allen Dingen mit dem auf Deiner Stirne strahlenden Bewußtsein der Wahrheit und Redlichkeit! Zeige Vernunft und Kenntnisse, wo Du Veranlassung dazu hast! Nicht so viel, um Neid zu erregen und Forderungen anzukündigen, nicht so wenig, um übersehn und überschrien zu werden! Mache Dich rar, ohne daß man Dich weder für einen Sonderling noch für scheu, noch für hochmütig halte!« (S. 32)

Diese etwas bieder-treuherzig anmutende Aussage Knigges ist von der Tradition, in der sein Unternehmen steht, her gesehen, außerordentlich wichtig und aufschlußreich: Wird doch hier deutlich gemacht, daß das anempfohlene Sich-Gelten-Machen bei Knigge (wieder) der Wahrheit und Redlichkeit verpflichtet ist. Die ebenfalls empfohlene Weltklugheit, die ein gewisses Maß von Schein und Verstellung situationsbedingt erlauben oder zugestehen mag, kann in Knigges Konzept nie bis zur Empfehlung von systematischer Verstellung und Verschlagenheit à la Gracian gehen, dessen 13. Aphorismus im *Handorakel* bekanntlich aus einer abgrundtief pessimistischen Anthropologie herausformuliert: »Ein Krieg ist das Leben des Menschen gegen die Bosheit des Menschen« (wobei selbst die klassische Übersetzung von Arthur Schopenhauer natürlich das spanische Wortspiel ›militia‹ – ›malicia‹ nicht wiederzugeben vermag). Eine solche Position liegt dem aufgeklärten Baron Knigge aus Hannover weltenfern!

So bewegen sich seine Empfehlungen, Ratschläge, Regeln, Vorschriften, Warnungen (wie immer er sie nennt) letztlich doch im Bereich des klugen Abwägens und Ermitteln der goldenen Regel des mittleren Wegs: Vermeide die Extreme in jeglicher Hinsicht! Und dies bezogen auf das gesamte horizontale und vertikale, soziale und politische Gliederungsschema der damaligen Gesellschaft bezogen. Im ersten Teil allerdings noch mehr im Allgemeinen: »Der erste Teil dieses Buches enthält Bemerkungen über den Umgang mit Menschen von allerley Art, ohne Rücksicht auf ihre besonderen Verhältnisse untereinander«. Im zweiten Teil werden dann die mannigfaltigen Differenzierungen des Sozialen der Bezugspunkt der Bemerkungen, Analysen und Regelempfehlungen gemacht. »Die mannigfaltigen natürlichen, häuslichen und bürgerlichen Verbindungen ... erfordern eine verschiedene Anwendung der Regeln des Umgangs und neue Vorschriften für einzelne Fälle.« Insofern geht er im zweiten Teil auf das ein, »was wir in der menschlichen Gesellschaft zu beobachten haben, insofern wir auf Verschiedenheit des Alters und des Geschlechts, auf Blutsfreundschaft, auf die ersten Bande des häuslichen Lebens und der Freundschaft, Liebe, Dankbarkeit, Wohlwollen, endlich auf Lagen mancher Art, in welche Menschen aus allen Ständen geraten können, unser Augenmerk richten«.

Dieses alles so, daß der Adressat der Empfehlungen, Regeln, aber auch Warnungen und Verbote durchgängig der jugendliche Mann ist, der vor dem eigentlichen Eintritt in das gesellschaftliche Leben steht; nicht die (junge) Frau! Der Umgang mit Frauen wird zwar durchaus thematisiert, aber allein aus der Handlungsperspektive des Mannes. Das ist bemerkenswert und zeittypisch. Daß Knigge indes auch frühe Ansätze zur Emanzipation der Frauen nicht fremd gewesen sind, geht aus einem kleinen Werk seiner Tochter Philippine hervor, dessen Inhalt (nach der Titelangabe) auf Gespräche zwischen Tochter und Vater über diese weibliche Dimension des Umgangs mit Menschen zurückgeht. Der Titel lautet: *Versuch einer Logic für Frauenzimmer*, herausgegeben von Philippine, Freyinn von Knigge (1789).

Der dritte und abschließende Teil des Werks ist dann dem wichtigen Thema gewidmet, »die Pflichten (zu) entwickeln, die uns Stand, bürgerliche Verbindung, Übereinkunft und alle übrigen zusammengesetztere Verhältnisse auflegen«. (S. 137) Man könnte auch sagen: Teil II behandelt stärker die privaten und gesellschaftlichen Verhältnisse und darauf bezogenen Umgangsformen; Teil III dagegen mehr die öffentlichen und politischen.

5. Zur Illustration werden jetzt abschließend zu diesem Teil noch einige kleine Beispiele aus diesem dritten Teil mit Bezug auf öffentliche und politische Verhältnisse und Umgangsformen angeführt.

In der Vorbemerkung zu diesem Teil sagt Knigge, daß sein Plan ihn nun führe »zu Entwicklung der Vorschriften für den Umgang mit Personen von verschiednen Ständen und Verhältnissen im bürgerlichen Leben, da ich dann, wie billig, mit den Großen der Erde den Anfang mache«. (S. 283) Entsprechend ist das 1. Kapitel dann auch »Über den Umgang mit den Großen der Erde, Fürsten, Vornehmen und Reichen« überschrieben. Aufgrund seiner Intimkenntnisse, an verschiedenen kleinen Höfen gewonnen, hat er keine besonders hohe Meinung von den »Großen«. Zwar scheint es ihm zu krass, »alle Fürsten ... (für) ungesellig, kalt, unfähig zum echten Freundschaftsbande und schwer zu behandeln im Umgang« zu halten. Fest steht aber für ihn: »Sie (die Fürsten) werden in der Erziehung verwahrlost, von Jugend auf durch Schmeicheley verderbt, durch Andre und sich selbst verzärtelt ... Sie lernen sich selbst nicht kennen, weil man sie, aus Furcht oder Hoffnung, die widrigen Eindrücke, welche ihre Fehler und Gebrechen wirken, nicht empfinden läßt.« (S. 285) Entsprechend ist der Umgang mit ihnen prekär: »Der Umgang mit Großen und Reichen muß aber sehr verschieden seyn, je nachdem man Ihrer bedarf oder nicht, von ihnen abhängig oder frey ist«.

Dies verweist auf taktisches Verhalten. Aber nur in begrenztem Umfang: »Ein allgemeiner Satz für alle Fälle ist der: Dringe Dich den Vornehmen und Reichen nicht auf, wenn Du von ihnen nicht verachtet werden willst!« (S. 286) »Suche nicht, Dir das Ansehen zu geben, als gehörtest Du zu der Classe der Vornehmen oder lebtest wenigstens mit ihnen in engster

Vertraulichkeit.« (S. 287) Und: »Überschreite nicht bey Deiner Gefälligkeit gegen die großen der Erde, in deren Händen Dein bürgerliches Glück ist, die Grenzen der wahren Ehre!« (S. 289) Das Kapitel enthält eine Fülle von Warnungen (»Hüte Dich:« »Man hüte sich ...« etc.) und Hinweise auf alle möglichen Gefahren im Umgang mit Fürsten und Herren: »In den Herzen der mehrsten Großen wohnt Mißtrauen.« (S. 294). »Wenn Du das glänzende Unglück hast, der Liebling eines schwachen Erden-Götzen zu seyn, so bereite Dich nicht nur selbst dazu vor, daß diese Freude nicht lange dauern, daß ein Schmeichler Dich aus Deinem Posten verdrängen werde ...« (S. 299) Stattdessen die Ermunterung: »Nütze aber die Zeit ihrer Gunst, um sie zu Gerechtigkeit, Treue, Wahrheit und Menschliebe zu ermuntern.«

Knigge ist sich natürlich darüber im Klaren, daß diese Haltung Mut und Selbständigkeit verlangt; er möchte sie so stark sehen, daß man die Herrscher darauf aufmerksam machen kann, daß sie ihre Herrschaft »nur durch Übereinkunft des Volkes« haben und dieses Volk sie ihnen wieder wegnehmen kann, »wenn sie Mißbrauch davon machen«. (S. 300) Dieser konstitutionelle Republikanismus soll letztlich das Verhältnis Bürger/Herrscher auszeichnen. An dieser, allerdings erst in die 3. Auflage von 1790 (also nach Ausbruch der Französischen Revolution) eingefügten Stelle, kommt Knigges republikanische Gesinnung seiner letzten Lebensjahre deutlich und konsequent zum Ausdruck. Sie liegt aber durchaus auf der Linie seiner früheren Haltung des »aufrechten Ganges«.

Die nächsten beiden Kapitel des III. Buches sind den Gelehrten (und Künstlern) sowie dem Umgang mit Juristen gewidmet. Weil diese Professionen (zumal die Wissenschaftler) uns hier in der Universität näher sind, daraus noch ein paar charakteristische Proben. Im Lebenslauf war berichtet worden, daß Knigge an der Universität Göttingen Rechts- und Staatswissenschaften studiert hatte; insofern wußte er (wohl), von wem und was er hier spricht. Auch im *Umgang mit Menschen* ist seine Sicht der Gelehrtenwelt und Wissenschaft sehr kritisch:

> »Wenn der Titel eines Gelehrten nicht heute so gemein würde wie der eines *Gentleman* in England; wenn man sich unter einem Gelehrten immer nur einen Mann denken dürfte, der seinen Geist durch wahrhaftig nützliche Kenntisse ausgebildet und diese Kenntnisse zur Veredelung seines Herzens angewendet hätte – kurz! einen Mann, den Wissenschaften und Künste zu einem weisern, bessern und für das Wohl seiner Mitbürger tätigern Menschen gemacht hätten, dann bräuchte ich hier kein Capitel über den Umgang mit solchen Menschen zu schreiben.« (S. 331)

Aber offensichtlich war dem damals nicht so. Daher Knigge, zur Vorsicht mahnend: »Beurteil nicht den moralischen Charakter des Gelehrten nach dem Inhalt seiner Schriften! Auf dem Papiere sieht der Mann oft ganz anders aus als *in natura*.« (S. 3312) Oder (ebenfalls zur Vorsicht mahnend):

> »Haben die Gelehrten weniger Vorurteile als andere Menschen, so hängen sie dagegen um desto fester an denjenigen, welche ihnen einmal eigen sind. Man muß daher sehr behutsam mit ihnen umgehen. (Denn:) Nichts wird leichter gekränkt als die Eitelkeit eines Gelehrten; man muß sogar alle Zweideutigkeiten in den Lobeserhebungen vermeiden, die man an sie ausspendet.« (S. 335)

Knigge kannte seine Pappenheimer (sprich: Professoren) ganz offensichtlich genau, wenn er feststellt:

> »Lustig anzusehen aber ist es, wenn zwei (Gelehrte) sich einander mündlich oder schriftlich loben und preisen, vorteilhafte Rezensionen gegenseitig erschleichen, sich bei lebendigem

> Leibe einbalsamieren und eine glänzende Ewigkeit zusichern ... Nicht so lustig aber ist der Anblick des Unwesens, das man so oft unter Gelehrten wahrnimmt, die entweder wegen der Verschiedenheit ihrer Meinungen und Systeme sich vor dem ehrsamen Volke wie Bettelbuben herumzanken oder ... einander verfolgen, hassen, sich gegenseitig auch nicht die mindeste Gerechtigkeit widerfahren lassen, wie Einer den Andern zu verkleinern und bei dem Publlico herabzusetzen sucht. – Pfui! der Niederträchtigkeit!

Da helfe nur, »einen Vorhang vor solche gelehrte Prostitution zu ziehn, die leider! in unsern Zeiten nicht selten gesehn werden.« (S. 337)

»In unsern Zeiten« das sind natürlich – um kein Mißverständnis aufkommen zu lassen: Knigges Zeiten!

Nachdem wir Knigge über den Umgang, mit »hohen Tieren aus Politik und Wissenschaft« gehört haben, abschließend noch aus dem 9. Kapitel, das den Titel trägt: »Über die Art, mit Tieren umzugehen.« Ein solches Kapitel mag überraschen, daher Knigge gleich eingangs:

> »In einem Buch über den Umgang mit Menschen scheint wohl freilich ein Capitel über die Art, mit Tieren umzugehen, nicht an seinem Platz. Allein was ich hierüber zu sagen habe, ist so wenig und hat doch im Ganzen so viel Bezug auf das gesellschaftliche Leben überhaupt, daß ich hoffen darf, man wird mir diese kleine Ausschweifung gütigst verzeihen.« (S. 387)

Trotz seiner Kürze ist dieses Kapitel in mehreren Hinsichten bemerkenswert – das hat schon Heinrich Heine gesehen, als er in seinen *Briefen aus Berlin* festhält, daß der Baron Knigge sich gleichermaßen mit Menschen und Bestien gut auskenne.

Bemerkenswert ist das Kapitel einmal von der Sache her: gipfelt es doch in der Aussage, »daß keine Creatur das Recht haben könne (auch der Mensch nicht), mit dem Leben einer andern Creatur, der Gott einen Othem eingeblasen hat, sein *Spielwerk zu treiben*, daß dies eine Versündigung an dem Vater aller lebendigen Wesen ist; daß ein Tier ebenso schmerzhafte Mißhandlung, barbarischen Mißbrauch größerer Stärke und Wehe fühlt wie wir, und vielleicht noch lebhafter, da seine ganze Existenz auf sinnliche Empfindungen beruht; daß diese Existenz vielleicht seine erste Stufe ist, um auf der Leiter der Schöpfung dahinauf zu steigen, wo *wir* itzt stehen; daß Grausamkeit gegen unvernünftige Wesen unmerklich zur Härte und Grausamkeit gegen unsere vernünftigen Nebengeschöpfe führt.« (S. 388)

Bemerkenswert ist das Kapitel zum andern wegen der darin aufscheinenden impliziten Selbstcharakteristik des Verfassers, wenn er fortfährt:

> »Ich habe immer nicht begreifen können, welche Freude man daran haben kann, Tiere in Käfigen und Kästen einzusperren. Der Anblick eines der lebendigen Wesen, das außer Stand gesetzt ist, seine natürlichen Kräfte anzuwenden und zu entwickeln, darf keinem verständigen Manne Freude gewähren.« (S. 389)

Dies ist eine bemerkenswerte Feststellung, in der sich ohne Umschweife ein ganz natürlicher, fundamentaler Freiheitsbegriff (Freiheit als Bewegungsfreiheit genommen) ausspricht, der natürlich auch auf menschliche Verhältnisse abzielt.

Dies soll genügen, um einen Ein- und Überblick über die Mannigfaltigkeit der Themen von Knigges *Umgang mit Menschen* zu gewinnen.

Es mag daraus hervorgegangen sein, daß wir es hier mit keinen revolutionären Verhaltensanweisungen zu tun haben, wie nicht selten durch die Einordnung Knigges unter die deutschen »Jakobiner« suggeriert worden ist. Gleichwohl ist aber festzuhalten, daß Knigge gerade in den Passagen, die das öffentliche und politische Leben betreffen, deutlich republikanische Überzeugungen zeigt – durchaus von ähnlicher Eindeutigkeit und Klarheit, wie wir sie bei Kant finden, und daß er (Knigge) sich für öffentliche Aufklärung und Verbreitung aufklärerischer Vorstellungen und Werte engagiert: z.B. für fundamentale Freiheits- und Entfaltungsrechte des Individuums.

Das anzuerkennen, darf nicht dazu führen, an anderen Themen und Problemen die Zeitgebundenheit, ja partielle Rückständigkeit Knigges im Vergleich zu fortgeschritteneren zeitgenössischem Denkern zu übersehen oder zu unterschlagen. Z.B. in seiner Einschätzung von Stellung und Rolle der Juden im damaligen Wirtschafts- und Sozialgefüge in Deutschland. Oder in seiner zurückhaltenden Einstellung zur Bauernschaft, ihrer Bildung und Befreiung. Von seiner noch unentschlossenen Einstellung zur Frauenemanzipation war schon kurz die Rede.

Solche Ungleichzeitigkeiten des Bewußtseins selbst in einer einzelnen Person ist nicht selten anzutreffen, und es ist wohl nicht billig, diese inhaltlichen Differenzen gegeneinander aufzurechnen oder gar zu denunziatorischen Zwecken gegen den Autor einzusetzen. Das gilt auch bei Knigge. Die aktuelle Knigge-Literatur ist nicht frei davon.

2. Traditionslinien

»Der Gegenstand dieses Buches« – so schreibt Knigge im Vorwort zur 1. Auflage – »kömmt mir groß und wichtig vor, und irre ich mich nicht, so ist der Gedanke in einem eigenen Werke Vorschriften für den Umgang mit allen Classen von Menschen zu geben, noch neu. Eben dieser Umstand aber, und daß mir in Teutschland, soviel ich weiß, niemand vorgearbeitet hat, muß einen Theil der Unvollkommenheiten meiner Arbeit entschuldigen« (S. 401).

Vielleicht braucht irgendwie jeder Autor einen Glauben an die Neuartigkeit und Originalität seines Unternehmens, um es in Angriff zu nehmen; so auch Knigge, und man wird so diesen Satz cum grano salis nehmen und doch zugleich es erlaubt finden, nach den Traditionszusammenhängen im Rahmen der deutschen und europäischen Literatur- und Kulturgeschichte zu fragen, in die auch Knigges »neuartige« Unternehmung einzuordnen ist.

Dies soll hier jetzt versucht werden. Einmal soll nach den deutschen Traditionen gefragt werden, die Knigge aufnimmt, verwertet und fortsetzt, zum anderen nach den Bezügen zur gesamteuropäischen Tradition von der Frühen Neuzeit bis ins 18. Jh. hinein.

Genauer besehen ist es keine Frage, daß das Kniggesche Thema vom *Umgang mit Menschen* in den Geisteswissenschaften des ausgehenden 18. Jh. in Deutschland besonders virulent war und entsprechend oft bearbeitet wurde – allerdings in der Regel unter einem anderen Titelbegriff: dem der »Geselligkeit«.

Dafür muß man sicher die tiefgreifenden epochalen Strukturveränderungen und Wandlungsprozesse in Gesellschaft, Kultur, Politik und Ökonomie verantwortlich machen: Die Epoche der Revolutionen (in Amerika und Frankreich) ist in mehr als einer Hinsicht eine Umbruchsphase, die das Problem der Neuorientierung von Wissen und Leben individuell wie kollektiv unerbittlich stellt und neue Antworten verlangt. »Irgendwie« steht die gesamte deutsche klassische Philosophie und Literatur des ausgehenden 18. Jh. vor dieser epochalen Herausforderung. So auch Knigge mit seinem Versuch *Über den Umgang mit Menschen.* Ganz offensichtlich genügten die in den tradierten Wissensbeständen überlieferten Antworten nicht mehr und mußten durch neue Antworten ersetzt werden. Insofern besteht die Kniggesche Behauptung, sein Unternehmen sei »neu«, doch nicht ganz zu unrecht, wenn auch in einem etwas anderen Sinn.

Weniger zutreffend ist aber die zweite Behauptung, niemand habe ihm vorgearbeitet. Hier seien nur zwei besonders wichtige und einflußreiche Namen genannt, die auch in diesem Kontext in Deutschland von Bedeutung sind: die Philosophen Christian Thomasius und Christian Wolff.

Sie beide resümieren und rezipieren ihrerseits umfangreiche Wissensbestände, die ihrer Herkunft nach Frankreich, Spanien, Italien und England weisen.

Wenn wir mit diesen Wissenstraditionen, die von Knigge letztlich implizit oder explizit aufgenommen und verarbeitet werden, von vorne anfangen wollen, so werden wir wohl zunächst auf einige einflußreiche Autoren des italienischen Renaissance-Humanismus hinweisen müssen: Auf Baldasar Castiglione, der in seinem *Libro del Cortigiano* (1528; ›Das Buch vom Hofmann‹) einen einflußreichen Prototypen der Renaissance-Hofmanntraktatistik aufgestellt hatte, dem unser Kollege Manfred Hinz seine Habilitationsarbeit *Rhetorische Strategien des Hofmanns* (1992) gewidmet hat, aber auch auf Giovanni della Casas volkstümlicher *Galateo* (1588), der bereits am Ende des 16. Jh. (1597) von Nathan Chytraeus unter dem Titel *Das Büchlein von erbarn / höflichen und holdseligen Sitten, in welchem unter der Person eines alten wolerfahrenen Hofmannes ein Edler Jüngling / wie er sich in seinen Sitten / Geberden / Kleydung / Reden / Schweigen / Thun / Lassen und gantzen Leben also fürsichtiglich verhalten sollte / daß er bey jedermenniglich möge lieb und werth gehalten werden* ins Barockdeutsche übersetzt worden ist.

Obwohl diese beiden Texte zeitlich dicht beieinander liegen, gibt es doch zwischen ihnen eine bedeutsame qualitative gesellschaftspolitische und zugleich kulturgeschichtliche Differenz, fast könnte man von einem »Graben« sprechen; eine Differenz, die für alle Werke ähnlicher Art bis hin zu Knigges *Umgang mit Menschen* charakteristisch ist. Diese Differenz hat unlängst Peter Burke in seinem neuen Buch *Die Geschichte des ›Hofmanns‹. Zur Wirkung eines Renaissance-Breviers über angemessenes Verhalten* (1996) deutlich herausgearbeitet. Diese Differenz betrifft das politisch-theoretische wie – praktische »Sozialmodell«, das diesen beiden Werken zugrunde liegt; und entsprechend eine deutlich differente Rollenverteilung zwischen Fürst und Hofmann zeigt.

Auf eine knappe Formel gebracht: Im *Cortegiano* dienen die (vor allem im letzten (4.) Buch gegebenen) Anweisungen zur politischen Klugheit durchaus (noch) der freien Entfaltung von Persönlichkeit und Bedeutung des Hofmanns gegenüber dem (noch nicht absolutistisch, sondern mit gewissen republikanischen Formen) regierenden Fürsten: der Hofmann ist – mit gewissen Einschränkungen – Partner des Fürsten.

Damit ist es von della Casa und seinem *Galateo* an für die nächsten 200 Jahre getan: die politische Klugheitslehre wird jetzt (zunehmend) eine Instruktion für die möglichst geschickte Anpassung an die Verhältnisse bei Hof mit dem Ziel, die Chancen der eigenen Macht und Machtsteigerung zu maximieren: Dabei spielt der Einsatz von Schmeichelei und Verstellung eine besondere Rolle. Es liegt ganz auf dieser Linie, wenn 1641 der Italiener Torquato Acceto seinen Traktat *Von der ehrenwerten Verhehlung* erscheinen ließ – mit dem folgenden Untertitel, der eigentlich keines Kommentars mehr bedarf: »Wie schön ist die Wahrheit, wie notwendig die Verheimlichung und warum ist der Zorn ihr Feind? Wie man Schmähungen mißachtet, wie es die Kunst des Verbergens zwischen Liebenden geben kann und warum die Verhehlung eine Arznei ist« (deutsche Ausgabe 1995).

Damit ist eine Tradition des Politischen und Rhetorischen begründet, die offensichtlich durch die Schule Machiavellis gegangen ist, in der politische Handlung und Sprache ganz funktionalisiert und instrumentalisiert wird für die Zwecke der Macht und zugleich den eindeutigen Bezug zu Wahrheit und Vernunft verloren hat. Damit wird die politische Klugheit zur »Privatklugheit«, d.h. zu einer Klugheit zur Beförderung des privaten, egoistischen Nutzens in der Politik; ihr Zusammenhang mit der Ethik verschwindet, und auch die Rhetorik wird entsprechend zu einer reinen, funktionalen Verstellungskunst – eine Einschätzung, die noch in Kants *Kritik der Urteilskraft* deutlich nachwirkt und seine Einschätzung der Rhetorik bestimmt. Der »Politicus«, wie er in manchen Traktaten des 17. und 18. Jh. thematisiert wird, stellt die Verwirklichung oder Inszenierung eines von diesen Eigenschaften und Verhaltensweisen vorrangig geprägten Typus dar.

Besonders prägend und einflußreich für diese in ganz Europa und damit auch in Deutschland sich durchsetzende Tendenz sind die Schriften des spanischen Jesuiten Baltasar Gracian, der vor allem in seinen berühmten, von Arthur Schopenhauer vorbildlich ins Deutsche übertragene *Handorakel und Kunst der Weltklugheit* (1647), aber auch in seinen anderen Schriften *Il Discreto* (›Der kluge Weltmann‹; 1646), *El Heroe* (›Der Held‹; 1636) und seinen Roman *El Criticón* (›Über die allgemeinen Laster des Menschen‹; 1651–57) den Bezug zur Wahrheit und Vernunft aus dem Blick verliert.

Die extreme Zuspitzung dieses Klugheitsdenkens kommt in dem bekannten und oft zitierten 13. Aphorismus des *Handorakels* besonders zur Geltung. Dieser Aphorismus lautet in der Schopenhauerschen Übersetzung: »Ein Krieg ist das Leben des Menschen gegen die Bosheit des Menschen« (S. 13), wobei im Deutschen das im Romanischen so charakteristische Wortspiel zwischen ›militia‹ (Kampf) und ›malicia‹ (Bosheit) leider verloren geht. Was hier von Baldasar Gracian propagiert wird (als die einzig vernünftige Verhaltensweise in einer von militia und malicia geprägten und dadurch undurchsichtigen und tötlich gefährlichen Welt ist eine »Verhaltenslehre der Kälte« (Helmut Lethen), wie sie im 20. Jh. z.B. in dem am Freund-Feind-Gegensatz entwickelten »Begriff des Politischen« von Carl Schmitt erneuert worden ist. In ihrer Untersuchung *Die Sprache der Verstellung* (1992) hat Ursula Geitner die Rezeptions- und Wirkungsgeschichte dieses Denkens in der politischen Rhetorik und Anthropologie des 17. und 18. Jahrhunderts untersucht.

In der deutschen Philosophie des frühen 18. Jh. ist noch Christian Thomasius in seiner politischen Klugheitslehre stark von Gracian bestimmt, über dessen Schriften er in Halle ein Kolleg hielt. Davon zeugt vor allem sein *Kurzer Entwurf der politischen Klugheit, sich selbst und andere in allen menschlichen Gesellschaften wohl zu raten und zu einer gescheiten conduite zu gelangen – Allen Menschen, die sich klug zu sein dünken oder die noch klug werden wollen zu höchstnötiger Bedürfnis und ungemeinen Nutzen* (1710).

Erst Christian Wolff, der große Philosoph der Frühaufklärung in Deutschland, hat dann etwas später (1733) in seinem Werk *Vernünftige Gedanken von der Menschen Tun und Lassen zu Beförderung ihrer Glückseligkeit den Liebhabern der Wahrheit mitgeteilt* den alten, klassischen Zusammenhang zwischen Klugheit, Politik und Ethik wiederhergestellt, der – wie wir zu zeigen suchten – in der Frühen Neuzeit im Zeitalter des Absolutismus überall in Europa verloren gegangen war.

Wolffs philosophisches und praktisch-ethisches Werk war im 18. Jh. an den meisten Universitäten in Deutschland so wirkungsvoll und bedeutend, daß es einen kaum zu überschätzenden Einfluß gewann. Man kann sicher annehmen, daß von seinem Denken auch Knigge bei der Abfassung seines *Umgangs mit Menschen* beeinflußt und daß seine Rückgewinnung der Beziehung von Klugheitslehre und Ethik dadurch begünstigt worden ist. Hinzukommen natürlich in der zweiten Hälfte des 18. Jh. die politischen Ideen des (an der Autonomie des menschlichen Individuums orientierten) Republikanismus, wie ihn auch Kant in seinen *Kleinen Schriften* vertreten hat, die auf Knigge wirken.

Insofern trifft es also nicht zu, daß niemand Knigge »vorgearbeitet« habe; im Gegenteil: Sein Buch *Über den Umgang mit Menschen* steht ganz ohne Zweifel bei seiner Konzeptionierung und Entstehung in einer ebenso reichen wie lebendigen europäischen Bildungstradition, die bis in seine Lebenszeit hineinreicht und von der Knigge zehrt.

3. Zur Rezeptions- und Wirkungsgeschichte

Wir hatten bereits eingangs auf die äußerst problematische und durch Entstellungen und Verfälschungen charakterisierte Rezeptions- und Wirkungsgeschichte von Knigges *Umgang mit Menschen* hingewiesen. Es gibt wenig parallele Beispiele von ähnlichem Ausmaß.

Auf dieses Thema müssen wir jetzt, nachdem wir durch die genauere Lektüre und Interpretation des Textes sowie durch seine geistes- und kulturgeschichtliche Einordnung in die deutsche und europäische Tradition ein kompletteres Bild von Werk und Werkintention gewonnen haben, noch abschließend kurz eingehen.

Zwei Gesichtspunkte sollen uns dabei leiten: Zum einen soll an einem besonders markanten Beispiel das heute schwer zurechtfertigende Verfahren verfälschender Texteingriffe demonstriert werden; zum anderen soll nach den Motiven gefragt werden, aus denen heraus selbst so renommierte Wissenschaftler wie Karl Goedeke sich zu solchen Textmanipulationen bereitfanden.

(1) Im III. Teil des Werkes *Über den Umgang mit Menschen*, in dem Knigge allgemein zur »Entwicklung der Vorschriften für den Umgang mit Personen von verschiedenen Ständen und Verhältnissen im bürgerlichen Leben« fortschreitet und »wie billig, mit den Großen der Erde den Anfang« macht, trägt das erste Kapitel entsprechend den Titel »Über den Umgang mit den Größen der Erde, Fürsten, Vornehmen und Reichen« (S. 285ff.).

Im Kontext dieser ziemlich weitläufigen Ausführungen gibt es folgenden inhaltlich bemerkenswerten Passus, den Knigge erst in der 3. Auflage (1790), also nach Ausbruch der Revolution in Frankreich und sichtlich in Reaktion auf deren grundlegende Idee, eingefügt hatte:

> »Nütze aber die Zeit ihrer Gunst, um sie (= die Fürsten) zur Gerechtigkeit, Treue, Wahrheit und Menschenliebe zu ermuntern! Stimme ihnen nicht bey, wenn sie je vergessen wollen: daß sie, was sie sind und was sie haben, nur durch Übereinkunft des Volks sind und haben; daß man ihnen diese Vorrechte wieder nehmen kann, wenn sie Mißbrauch davon machen; daß unsere Güter und unsere Existenz nicht ihr Eigenthum, sondern daß alles, was sie besitzen, unser Eigenthum ist, weil wir dafür alle ihre und der Ihrigen Bedürfnisse befriedigen und ihnen noch obendrein Rang und Ehre und Sicherheit geben ... endlich, daß in diesen Zeiten der Aufklärung bald kein Mensch mehr daran glauben wird, daß ein Einziger, vielleicht der Schwächste der ganzen Nation, ein angeerbtes Recht haben könne, hunderttausend weisen und besseren Menschen das Fell über die Ohren zu ziehn; daß sie aber ohne Trabanten und Wachen ruhig schlafen können, wenn das dankbare Volk, dessen treue Diener sie sind, sie liebt und für das Wohl der Edeln Segen vom Himmel erfleht.«

Und dann noch der erfahrungsreiche Nachsatz:

> »Es versteht sich, daß diese Wahrheiten einiger Einkleidung bedürfen, wenn sie den verwöhnten Ohren der Großen harmonisch klingen sollen.« (S. 300).

Diese Wahrheiten sind politische Wahrheiten, genauer republikanische Wahrheiten; hier wird klar und deutlich Bezug genommen auf einige grundlegende Axiome und Theoreme der politischen Philosophie von John Locke bis Jean Jacques Rousseau und Immanuel Kant: auf die Lehre vom Contrat Social (Gesellschaftsvertrag), auf die Lehre von der Volkssouveränität als Legitimationstheorie moderner Herrschaft, auf die Widerstands- und Revolutionstheorie, wie sie John Locke formuliert hatte und wie sie der amerikanischen Unabhängigkeit und der französischen Revolution ideengeschichtlich zugrunde lag, ebenso noch die bürgerliche Eigentumstheorie der frühbürgerlichen Gesellschaft des 17. und 18. Jahrhunderts.

Diese Stelle lautet in der deutschen Ausgabe von 1888 (also exakt 100 Jahre nach der Erstausgabe) folgendermaßen:

> »Nütze aber die Zeit ihrer Gunst, um sie zur Gerechtigkeit, Treue, Wahrheit und Menschenliebe zu ermuntern: Stimme ihnen nicht bei, wenn sie je vergessen wollen, daß sie, was sie sind und was sie haben, nur durch die Gnade Gottes sind und haben ...
> (Zitat nach I. Fetscher, Nachwort zu Schaafskopf hinterlassene Papiere, S. 93)

An die Stelle der »Übereinkunft des Volks« ist die »Gnade Gottes« getreten und damit ist ein republikanisch-demokratisches Modell politischer Herrschaftslegitimation gegen ein antirepublikanisches Modell monarchischer Herrschaftslegitimation mit Hilfe des Gottesgnadentum ausgewechselt worden. Das Prinzip der Volkssouveränität als modernes Prinzip der Herrschaftslegitimierung ist durch das monarchische Prinzip, wie es auch nach dem Intermezzo der 48er Revolution in den deutschen Staaten weiter dominierte, im Text ersetzt worden.

Weiter und tiefgreifender konnte der politiktheoretische Paradigmawechsel anhand einer relativ begrenzten Textstelle kaum vorangetrieben werden. Die Verfälschung des Textes impliziert die Verfälschung des Autors, der aus einem überzeugten Republikaner zu einem Monarchisten und Anhänger des monarchischen Prinzips »von Gottes Gnaden« gemacht wird! Man könnte von politischer Amputation, noch genauer: von politischer Kastration des Autors sprechen.

(2) Damit stellt sich die Frage nach den Motiven der »Täter«; 1888 stehen wir an der Schwelle des Wilhelminismus in Deutschland; die bürgerliche Saturiertheit hatte sich in die realpolitische Akzeptanz des neudeutsch-preußischen Kaisertums ergeben.

Die Tilgung republikanischer Elemente aus Knigges *Umgang mit Menschen* kann somit wohl zweifelsfrei und eindeutig auf eine politische Motivation der damaligen Epoche zurückgeführt werden.

Zwei Aspekte sind dabei zu unterscheiden: Einmal bedeutet diese textliche Tilgung des Republikanismus eine eindeutige Reduktion und Entpolitisierung des Menschen- und Bürgerbildes von Knigges »Umgang mit Menschen«, eine Reduktion vom an politischer Partizipation und Verantwortung interessierten Citoyen auf einen unpolitischen Bourgeois, der zufrieden ist, wenn er (ohne Beteiligung) gut verwaltet und regiert wird.

Mit dieser charakteristischen Umpolung des Bürgerideals auf den »Untertanen«-Typus ist natürlich auch der Weg frei, Knigges *Umgang mit Menschen* im Ganzen zu einem politisch und auch gesellschaftlich unerheblichen Anstands- und Benimmbuch, das es im Original überhaupt nicht ist, umzudeuten und (durch Textänderungen und Texterweiterungen) wo nötig umzuschreiben.

Damit einhergeht konsequenterweise die Verdrängung des wahren Autorenbildes aus dem literarisch-politischen Bewußtsein der Deutschen – ein Verdrängungsprozeß, der trotz der eingangs geschilderten Quellen-, Editions- und Forschungssituation – im Grunde bis zur Stunde anhält.

Das hat indes noch einen anderen wichtigen Grund, der in der Person Knigges und in seinem politischen Engagement in seinen letzten Lebensjahren liegt: daß sich Knigge ab 1790 etwa zunehmend stärker und engagierter für die Sache und Ideen der Französischen Revolution einsetzt. Das hat ihm bereits – wie oben genauer gezeigt – den Vorwurf des »Jakobinismus« und damit des politischen Extremismus eingebracht – bis hin zu den infamen Nachstellungen und Verunglimpfungen durch die ultrakonservative *Wiener Zeitschrift* von Alois Zimmermann.

Daß dies in Deutschland im 19. Jh. ein tödlicher Vorwurf war, dem in der Regel absolutes Vergessen und Gestrichensein aus dem nationalen Bewußtsein zur Folge hatte, läßt sich anhand paralleler Schicksale leicht bestätigen. Ich erwähne hier nur die Namen von drei Autoren, die es eigentlich verdient gehabt hätten, unter die klassischen deutschen Autoren aufgenommen und anerkannt zu werden, denen dies aber aus ähnlichen politischen Gründen wie Knigge verwehrt wurde: Carl Gustav Jochmann, Johann Gottfried Seume und (in besonderer Weise) Georg Forster. Sie alle sind – wie Knigge – einem politisch motivierten Verdrängungsmechanismus zum Opfer gefallen; eine versuchte Rehabilitation im 20. Jh. ist bei allen nur partiell erfolgreich gewesen.

Das trifft besonders extrem für Georg Forster zu, der als junger Mann bei der (zweiten) Weltumseglung von Captain Cook dabei war, sich dann später in der Mainzer Revolution und Republik engagierte, als deren Vertreter nach Paris ging und dort 1794 in den Wirren der Jakobinerzeit umkam.

Ein ähnliches Schicksal wurde Knigge nach seinem frühen Tod zuteil: sein Schicksal ist ein Beispiel dafür, wie ein an Aufklärung und Republikanismus interessierter und engagierter Autor, der sich nachdrücklich mit den Ideen der Französischen Revolution identifizierte, in Deutschland auch »in effigie«, d.h. literarisch in seinen Schriften keine seiner Bedeutung angemessene Überlebenschance – es sei denn als lächerliche Figur – fand, sondern mit seinen durchaus reformerisch (keineswegs revolutionär!) auf Zukunft gerichteten Gedanken wirkungsvoll für anderthalb Jahrhunderte aus dem öffentlichen Diskurs ausgeschlossen und verbannt wurde. Bis heute!

IV. Schluß

Was ist nun aus unseren Ausführungen und Erörterungen über Knigges *Umgang mit Menschen* als Quintessenz schwarz auf weiß (oder wenigstens im Gedächtnis) nach Hause zu tragen? – Ich meine Negatives und Positives zugleich.

Zunächst das Negative in zwei Punkten zusammengefaßt:

– Knigges Werk *Über den Umgang mit Menschen* hat hinsichtlich seines produktiven Ideengehalts und seiner politisch-pädagogischen Intentionen nichts, aber auch gar nichts mit unserer meist vagen und vorurteilsvollen Vorstellung von »Dem Knigge« zu tun. Es ist auf jeden Fall kein Benimm- oder Anstandsbuch, im trivialen Verständnis, zu dem es auch heute noch immer wieder gemacht wird.

Es liegt hier kein zufälliges (und damit mögliches) Mißverständnis über Knigges Buch und die Absichten des Autors vor, sondern seine heutige falsche Einschätzung und Einordnung ist Resultat eines intendierten Entstellungs- und Verfälschungsprozesses.

– Knigges Person ist auch keineswegs jener harmlose Typ oder jene komische und überaus lächerliche Witzfigur, die man im 19. Jh. aus ihr gemacht hat und die sie bis heute in unserem kollektiven Gedächtnis mehr oder weniger geblieben ist.

Und nun das Positive:

– Knigges *Umgang mit Menschen* gehört zweifellos – etwa neben Kants berühmtem Aufsatz *Was ist Aufklärung?* und Schillers *Briefe über ästhetische Erziehung* – in die im letzten Drittel des 18. Jh. entstandene Tradition und in das Vermächtnis der deutschen bürgerlichen Aufklärung.

Ähnlich wie Kant geht es auch Knigge – wenngleich mit deutlich verschiedenen literarischen Verfahrensweisen – um die »Heraufkunft des (bürgerlichen) Menschen aus seiner selbstverschuldeten Unmündigkeit« und um die Gewinnung einer selbstbestimmten, autonomen Existenz im Rahmen einer bürgerlichen Gesellschaft und Kultur, wie sie nicht zuletzt durch die Ideen der Französischen Revolution, für die sich Knigge politisch und literarisch engagierte, nächdrücklich auch in Deutschland geprägt worden ist. Als ein Werk mit dieser aufklärerischen und republikanischen Intention verdient *Über den Umgang mit Menschen* auch heute noch Interesse, Aufmerksamkeit und intensive Lektüre!

– Knigge selbst als Person verdient entsprechend unsere Achtung als literarischer Autor und politisch engagierter Bürger und überzeugter Republikaner, der er (trotz seiner adeligen Herkunft!) war.

Die politische Kultur in Deutschland ist auch gerade nach der Wiedervereinigung – das wird uns tagtäglich an vielen Beispielen vor Augen gestellt – noch keineswegs so gefestigt, daß sie nicht der Anschauung vorbildlicher Lebensläufe und Lebenswerke zu didaktischen Zwecken bedürfte. Und da gibt es an Leben und Werk Adolph Freiherr Knigge für uns – am Ende des 20. Jh., 200 Jahre nach seinem Tode – noch einiges zu beobachten, zu lernen und (auch) mit Erstaunen und Hochachtung zu bewundern.

Immanuel Kant: »Kritik der reinen Vernunft«

Severin Müller

Einleitung

1781 erscheint im Verlag Johann Friedrich Hartknoch zu Riga Immanuel Kants *Kritik der reinen Vernunft.* Sechs Jahre später, 1787, kommt es zur zweiten, »hin und wieder verbesserte(n) Auflage«. In der »Vorrede« zur zweiten Auflage vom April 1787 läßt Kant wissen, er sei nun »schon ziemlich tief ins Alter vorgerückt ... (in diesem Monat ins vierundsechzigste Jahr)« (Kritik der reinen Vernunft – im Folgenden: KrV – B XLIV). Ein Spätwerk also, abschließend und abrundend? Keineswegs. Ein spätes Werk jedoch, und also Frucht langen Nachdenkens, langwieriger und vielfältiger Arbeit. Ein Werk, in dessen Brennspiegel nicht allein Locke und Leibniz, Descartes und Hume in neuer Weise begegnen, maßgebliche und weiträumige Traditionen europäischer Philosophie in neuem Fokus aufleuchten. Gewiß – der Verfasser zählte schon vorher zu den bekannten Größen der zeitgenössischen Philosophie. Mit der *Kritik der reinen Vernunft* aber trägt Kant sich endgültig ein in die Annalen europäischen Denkens. Mehr noch: Sein Eintrag verwandelt diese Annalen in das Journal einer Revolution.

Ein spätes Werk auf dem Lebensgang seines Autors, seinem unauffälligen, zugleich mühevollen Weg. Immanuel Kant, Sohn des Sattlers Johann Georg Kant, ist 1724 in Königsberg geboren. Er studiert ab 1740 an der dortigen Universität Philosophie, Mathematik und Theologie, übt dann eine der Tätigkeiten aus, wie sie damals mittellosen Absolventen solcher Studien offenstanden: Kant wird Hauslehrer. Es ist dies der einzige Lebensabschnitt, worin er seine Vaterstadt verläßt. Er kehrt 1755 zurück nach Königsberg und erwirbt den Magister. Noch im selben Jahr wird er mit der Abhandlung »Principiorum primorum cognitionis metaphysicae nova dilucidatio« Privatdozent für Philosophie. Dabei bleibt es lange: 15 mühsame, weil ökonomisch kärgliche Jahre. 1766 erhält er – wie es in einem einschlägigen Schreiben heißt – (nachzulesen in: Kants gesammelte Schriften. Akademieausgabe – im Folgenden: AA – Bd. 10, 48) – »zur Erleichterung« seiner »sehr mißlichen Subsistenz« die »Stelle eines Subbibliothecari bey der hiesigen Schlos-Bibliothek«. Endlich, 1770, erfüllt sich sein Berufsziel: Kant erlangt (so der Text der Ernennungsurkunde) die »Bestallung als Professor Ordinarius der Logic und Metaphysic bey der Universität zu Königsberg in Preußen«, mit der Mahnung, »die studierende Jugend publice und privatim, docendo et disputando ohnermüdet zu unterrichten und davon tüchtige und geschickte Subjecta zu machen ... übrigens auch in allen Stücken sich so betragen und verhalten wie einem treuen, redlichen und geschickten königlichen Diener und Professori ... wohl anstehet ...« (AA Bd. 10, 94). Bis 1796 bleibt Kant in diesem Amt, in widrigen politischen Umständen, zugleich in Jahren anwachsender Berühmtheit. Er stirbt 1804.

Jenes Werk, mit dem er Epoche machte, hat eine lange Entstehungsgeschichte. Es sei – so Kants eigene Aussage – Ergebnis eines »mindestens zwölfjährigen Nachdenkens« (Ziegenfuß, Bd. 1, 615). Schon in einem Brief an Marcus Herz vom 24. November 1776 entwickelt Kant den Bauplan der *Kritik der reinen Vernunft*, um dann hinzuzufügen: »Mit dieser Arbeit denke ich vor Ostern nicht fertig zu werden, sondern dazu einen Teil des Sommers zu verwenden« (AA Bd. 10, 199). Als es 1781 schließlich soweit ist, startet sogleich auch, mit der ersten Aufnahme des Werks, jene Geschichte, die es fortan begleiten wird – die Geschichte einer zäh andauernden Empörung. Wütend und bitter klagen bereits die ersten Rezensionen und Kommentare in der Tonlage überforderter Examenskandidaten über »unüberwindliche Dunkelheit und Unverständlichkeit« – es sei diese Schrift »ein versiegeltes Buch ... das niemand öffnen« könne, unerschließbar, »als ob es aus lauter Hieroglyphen bestände« (K. Vorländer, VIII). Und nicht allein unverständlich. Kant selbst ist ungeniert genug, im Vorwort von 1781 eigens und ausdrücklich auf den »trockenen, bloß scholastischen Vortrag(e)« (KrV A XVIII) seines Werks hinzuweisen.

Ein Werk der Welt-Literatur? Trocken und scholastisch, im labyrinthischen Bau seiner Satzfolgen – bietet die *Kritik der reinen Vernunft* denn, was Welt-Literatur erwarten läßt? Sprache, welche in sich, in ihrer Imagination »Welt« entstehen läßt, mit dieser Imagination und ihrer Sprache das Tatsächliche aufschließt, zur Welt öffnet? Die *Kritik der reinen Vernunft* erzählt nichts, zumindest keine Geschehnisse – und wenn doch: Dann nicht Begebenheiten, die gängig als Ereignisse genossen werden können. Wenn die *Kritik der reinen Vernunft* gleichwohl von Begebenheiten und Vorgängen handeln wollte – welche wären es denn? Freilich: Was die *Kritik der reinen Vernunft* vorträgt, wie sie das Berichtete in ihrer Sprache sichtet – eben dies macht Epoche, wirkt fortan verpflichtend. Eben darin bietet die *Kritik der reinen Vernunft*, scheinbar verschlossen und versiegelt, in ihrem Feld, was Welt-Literatur unternimmt: In ihrem Text eine Klärung dessen zu versuchen, was wir als Menschen sind, Verständigung darüber, wie wir in der Welt sind, Verständigung darüber und Erhellung dessen, was »Welt« sei. Nicht nur dies. Die *Kritik der reinen Vernunft* bietet ein eigenes Nachdenken über das Unternehmen solcher Verständigung selbst, die *Kritik der reinen Vernunft* sucht die Möglichkeit solcher Klärung und Erhellung eigens zu erkunden.

I. Die Unverzichtbarkeit von Vernunft: Ausgangsbedingungen eines philosophischen Projekts

1. »Insel« und »Ozean«: Topographie einer Lage

»Wir haben jetzt« – so läßt Kant an vorangeschrittener Stelle der *Kritik der reinen Vernunft* wissen – »das Land des reinen Verstandes ... durchreist, und jeden Teil davon sorgfältig in Augenschein genommen ... Dieses Land aber ist eine Insel, und durch die Natur selbst in unveränderliche Grenzen eingeschlossen ... umgeben von einem weiten und stürmischen Ozeane, dem eigentlichen Sitze des Scheins, wo manche Nebelbank, und manches bald wegschmelzende Eis neue Länder lügt«. Im »Blick auf die Karte« des insular begrenzten »Landes« aber sei »zu fragen, ob wir mit dem was es in sich enthält, nicht allenfalls zufrieden sein könnten, oder auch aus Not zufrieden sein müssen, wenn es sonst überall keinen Boden gibt, auf dem wir uns anbauen könnten« (KrV A 235f./B 294f.). Kants Rede gibt eine bildhafte Veranschaulichung. Wie manches Bild, welches Kant verwendet, präsentiert auch das Bild der »Insel« eine genaue, folgerichtige und beziehungsreiche Demonstration. Was dieses Bild allerdings mitteilt und in seinem Sinne liniert – dies zeigt sich in seiner vollen Spannweite erst im Gesamtzusammenhang der *Kritik der reinen Vernunft*. Und umgekehrt: In »Meer« und »Insel« bringt Kant in eigenen Konturen zur Sprache, was die *Kritik der reinen Vernunft* im ganzen zu unternehmen sucht. Mit »Insel« und »Meer« gibt Kant Orts- und Positionsbestimmungen, verbunden mit dem Hinweis auf einen Gesamtraum und eine Gesamtsituation, eben jenem umgreifenden, »weiten und stürmischen Ozeane«. Mit beidem teilt Kant mit, worin sein Unternehmen einer »Kritik der Vernunft« siedelt, worin diese Vernunft selbst als »Vernunft« erkenntnisbedürftiger und erkenntnisinteressierter Menschen sich befindet. Im Blick auf die Gesamtsituation und den Gesamtraum läßt Kant wissen, woraus sein Unternehmen erwächst – aus der Notwendigkeit nämlich, in der mobilen Weite dieser ozeanischen Welt den einzigen »Boden« zu finden und zu bereiten, »auf dem wir uns anbauen können«. Mit jenem »Ozean« und seinem Gesamtraum aber stehen zudem Bedingungen zur Debatte, welche die Gestalt des einzigen »Bodens« bestimmen, Vorgaben und Voraussetzungen, welche also jene »Vernunft« bedingen, ihren inneren Bau strukturieren. Das volle Gewicht dieser Orts- und Positionsbestimmungen gelangt freilich dann zum Aufschein, wird näher bestimmt, um welchen »Ozean« es sich da handelt in der Kantischen Rede. Das Bild des »Meeres« verweist auf die Wirklichkeit, welche die Kantisch angezielte »Vernunft« umgibt, das Bild zielt auf die Welt, worauf jene »Vernunft« sich bezieht, womit sie sich auseinanderzusetzen hat. Für diesen generellen Verweis wird jedoch entscheidend: Das Bild des »Meeres« umschließt zumindest drei Problemkreise und Bedingungsfelder. Alle drei sind unverzichtbar für das volle Verständnis dessen, was Kant unternimmt und auslotet, alle drei sind unabdingbar für den Einblick in die wahre Radikalität dessen, was Kants »trockener, bloß scholastischer Vortrag ausführt.«

2. Problemkreise: Kopernikanische Wendung – Metaphysik – Naturwissenschaft

2.1 *Kopernikanisches Universum und Notwendigkeit der Vernunft*

Was es mit jenem »Ozean« auf sich haben mag, verrät ein Abschnitt aus einer frühen Schrift Kants. In seiner *Allgemeinen Naturgeschichte und Theorie des Himmels* von 1754 wird erklärt:

> »Wenn die Größe eines planetarischen Weltbaus [gemeint ist hier: Eines einzelnen Planetensystems, S. M.], darin die Erde als ein Sandkorn kaum bemerkt wird, den Verstand in Verwunderung setzt, mit welchem Erstaunen wird man entzückt, wenn man die unendliche Menge Welten und Systeme ansieht ... Es ist hier kein Ende, sondern ein Abgrund, worin alle Fähigkeit der menschlichen Begriffe sinkt ...« (AA Bd. 1, 256).

Die Erklärung vergegenwärtigt die Kopernikanische Revolution in ihren entschiedenen Konsequenzen. Kant ruft die Kopernikanische Verabschiedung des geozentrischen und mehr noch des heliozentrischen Welt-Bilds vors Auge: Nicht länger bildet die Erde den Mittelpunkt des Kosmos. Mit der Kopernikanischen Entdeckung wird die Erde zum »Sandkorn« im Weltall, der nunmehr gesichteten Unermeßlichkeit des Weltalls, der Unendlichkeit seiner einzelnen Planeten- und Sternenwelten. Kants Erklärung ist unübersehbar zwiespältig. Sie spricht angesichts jener Unendlichkeiten wie einst schon Giordano Bruno von »Verwunderung«, »Erstaunen«, »Entzücken«; zugleich aber ist von einem »Abgrund« die Rede. Diese Rede läßt anderes einfließen – eine Erfahrung, welche schon Pascal formuliert hatte: Wir Menschen seien nun, im Kopernikanisch aufgetanen Weltall (so heißt es in Fragment 205 der *Pensées*), »verschlungen von der unendlichen Weite der Räume« (Pascal, 115). Eben diese Verlorenheit des Menschen klingt bei Kant an. Mehr noch: Dieses Weltall – für Kant »ein Abgrund, worin alle Fähigkeit der menschlichen Begriffe sinkt«. Was da versinkt mit den »menschlichen Begriffe[n]«, sind nicht nur »Begriffe«, sondern die in ihnen gegebene Möglichkeit des Erkennens. Was zu entschwinden droht, ist nichts weniger denn die rationale Erschließung von Wirklichkeit überhaupt, was am Ende also verloren zu gehen droht, sind Aufgabe und Fähigkeit der »Vernunft«. Sie, die »Vernunft«, steht mit ihrer Aufgabe und Möglichkeit in der Gefahr, von den aufgetanen Unfaßbarkeiten verschlungen zu werden.

Mit den Erläuterungen ist klar, wovon in Kants Rede vom »Ozean« gesprochen wird: Kein begrenztes Gewässer nur, sondern die abgründige Ausspannung des Weltraums – in dessen Nahbereich (wie die *Allgemeine Naturgeschichte und Theorie des Himmels* in einer imaginierten Weltraumreise ausmalt) schon die »brennende Sonne ... weite Feuerseen, die ihre Flammen gen Himmel erheben, rasende Stürme ... ausgebrannte Felsen, die aus den flammenden Schlünden ihre fürchterlichen Spitzen herausstrecken ... das Krachen der Elemente ... Schutt ausgebrannter Materien ...« (AA Bd. 1, 327f.). Angesichts solcher Charakteristika zeigt sich die unersetzbare Bedeutung jener »Insel«: Sie, diese »Insel«, die mit ihr bezeichnete »Vernunft« bilden den menschlichen Ort im Weltall, jenen einzig erlangbaren »Boden«, der Stand und Halt verleihen kann. Indessen: Diese »Insel« ist nicht fraglos vorhanden, jene »Vernunft« also keineswegs schon unzweifelhaft gegeben, ihr »Boden« keinesfalls bereits sicher begehbar. Weshalb nicht? Weshalb muß jene »Vernunft« als Grund und »Boden« erst eigens erkundet und bereitet werden? Die Fragen umreißen das wahre Ausmaß der angesprochenen Bodenlosigkeiten. Die Antwort begegnet im zweiten Problemkreis und Bedingungsfeld des Kantischen Unternehmens.

2.2 *»Kampfplatz der Metaphysik«: Verborgenheit der Vernunft*

An später Stelle der *Kritik der reinen Vernunft*, im Abschnitt über die sogenannten »Antinomien«, widmet Kant sich dem Problem, ob die »Welt ... einen Anfang in der Zeit« habe, ob sie räumlich begrenzt sei – oder ob sie demgegenüber »keinen Anfang, und keine Grenzen im Raume« (KrV A 426/B 454) besitze. In Frage stehen »Endlichkeit« oder »Unendlichkeit« der Welt; im Problem des »Anfangs« geht es zugleich darum, ob ihr ein »erster Grund« vorausliege oder ob sie unentstanden seit Ewigkeit wirklich sei. Alte Fragen, die hier zur Verhandlung stehen. Fragen der klassischen Tradition der Philosophie, die Kant wiederholt, in kritischer Erinnerung ihres ursprünglichen Anspruchs: Wirklichkeit im ganzen und überhaupt bedenken und erschließen zu können. Mit diesen Fragen aber verband die klassische Tradition ein Anliegen, das auch und vor allem für Kant, mehr noch für die Gesamtsituation seines Unternehmens wegweisend wird. Die klassische Tradition zielte in der Frage nach »Endlichkeit« und »Unendlichkeit«, »Grund« oder »Grundlosigkeit« auf das Problem der »Ordnung« – jener »Ordnung« nämlich, welche alle Dinge in ihrer Gestalt, ihrer Bedeutung und ihrem Sinn bestimmt, worauf Welt im ganzen beruht und gründet, jene Ordnung am Ende, welche auch dem Menschen den Stand im ganzen verleiht, seinen Ort im Kosmos vorzeichnet, verbindliche Orientierung im Totum alles Wirklichen, seiner Zwecke und Ziele ermöglicht. Im Blick auf diese Ordnung des Kosmos war die klassische Tradition überzeugt, die Frage nach »Endlichkeit« oder »Unendlichkeit«, »Grund« oder »Grundlosigkeit« abschließend entscheiden zu können. Die Überzeugung wurzelte in einer gewichtigen Annahme: Der Annahme, es sei die prinzipiellste Ordnung der menschlich vernünftigen Einsicht unvermindert zugänglich. Die Annahme beinhaltete eine bestimmte Auffassung dessen, was die »Vernunft« – das Vermögen solcher Einsicht – sei und könne. Sie lautete: Die menschliche Vernunft ist in ihrer Rationalität im Stande, jene grundlegende und umfassende Ordnung gültig zu erkennen.

Wie stellen die Annahmen sich dar in der Optik des Kantischen Unternehmens? Entgegen dem Anspruch, die Frage nach »Endlichkeit« oder »Unendlichkeit«, nach »Grund« und »Ordnung« bündig entscheiden zu können, enthüllt sich für Kant bereits die zurückliegende Geschichte der versuchten Antworten als »Kampfplatz« von »endlosen Streitigkeiten« (KrV A VIII), auf ihm biete die klassische Tradition »nichts weiter als ein bloßes Herumtappen« (KrV B XIV). Mit dem diagnostischen Befund ist es für Kant nicht getan. Er unterzieht die angesprochenen Fragen einer näheren Analyse. Ihr Ergebnis erweitert den diagnostizierten Befund zum Skandal. Seine Analyse – so in bezug auf die Alternative »Endlichkeit« oder »Unendlichkeit« – nämlich zeigt: Beide Möglichkeiten bilden einander ausschließende Gegensätze – für beide Möglichkeiten scheinen indessen, in aller ihrer Widersprüchlichkeit, jeweils plausible Beweisgänge möglich. Genau dies stellt einen Skandal widerspruchsfreien Denkens dar, einen Skandal also von Rationalität. Maßgebender noch ist die Folgerung, welche Kant hieraus zieht. Die Folgerung findet sich bereits in den einleitenden Sätzen zur »Vorrede« der *Kritik der reinen Vernunft* von 1781. »Die menschliche Vernunft«, heißt es da, »hat das besondere Schicksal ... durch Fragen belästigt« zu werden, »die ... ihr durch die Natur der Vernunft selbst aufgegeben« seien, »die sie aber auch nicht beantworten« könne, »denn sie überst[ie]gen alles Vermögen der menschlichen Vernunft« (KrV A VII). Der aufgewiesene Skandal entspringt einer Überforderung der Vernunft. Was in dem Vorgang freilich zur Debatte steht, ist entschieden schwerwiegender. Wodurch nämlich wird diese Vernunft, grundsätzlicher betrachtet, überfordert? Überfordert in der Antwort auf jene Fragen, also dem Anspruch jener klassischen Tradition, und das heißt – um die Bezeichnung anzuführen, womit auch Kant diese Tradition benennt –: Dem Anspruch der »Metaphysik« (KrV A VIII). Überfordert durch den Anspruch der »Metaphysik« aber beinhaltet: Überfordert durch deren zentrale Absicht, die grundlegendste Ordnung des Kosmos erkennen und bestimmen zu können. Mit der Unmöglichkeit (welche schon vor Kant im Umkreis metaphysikkritischen Philosophierens zur Debatte stand) sind zwei Gesichtspunkte verbunden, an beiden enthüllt sich die Schärfe der nachkopernikanischen Situation. Zum ersten: Gegenüber der Unermeßlichkeit des aufgetanen Weltalls und der Verlorenheit des Menschen in solchen Räumen ist der menschlichen Vernunft die haltgebende und orientierende, metaphysisch angezielte Ordnung nicht zugänglich. Bedrängender noch scheint der zweite Gesichtspunkt. Er besagt: Wo die menschliche Vernunft gleichwohl beanspruchen sollte, diese prinzipielle Ordnung erschlossen zu haben, hat sie verkannt und verfehlt, was ihr selbst in Wahrheit erlangbar ist. Der Anspruch bekundet die Selbstverkennung der Vernunft, er bezeugt, daß diese Vernunft sich selbst unbekannt, dunkel und verschlossen geblieben ist in ihren Vermögen und ihren Fähigkeiten. Aus der Unkenntnis der Vernunft, was sie selbst ist und kann, erwachsen Mißbrauch und Fehllauf. Nicht allein dies. In Fehllauf und Mißbrauch verstrickt diese Vernunft sich in Illusionen, verfällt sie wirklichkeitslosen Fiktionen, erzeugt sie selbst wirklichkeitslosen Schein – so eben die Illusion, zur metaphysischen Ordnung des Kosmos vorgestoßen zu sein.

Mit den Möglichkeiten ist die fragile Lage jener »Insel« aufgewiesen, zeigt sich deren doppelte Gefährdung: Zum einen ausgesetzt in die Unendlichkeit jenes »Ozeans«, zum anderen bedrängt von der Möglichkeit, im Ausgriff auf dieses Ganze aus sich wirklichkeitsflüchtige Illusionen hervorzubringen und in diesen sich zu verfangen. Deshalb muß diese »Insel« eigens erkundet werden: Erkundung als kritische Klärung, als kritische Freilegung und Entdeckung dessen, was auf diesem »Boden« möglich, auf und mit ihm überhaupt erreichbar ist – Kritik der Vernunft. Wie aber soll dies unternommen werden können – welche Wege sind noch gangbar in der Gesamtsituation der Kopernikanischen Wende, welche sind noch offen angesichts der unerreichbar gewordenen metaphysischen Ordnung von Welt? Die Frage führt zum dritten Problemkreis und Bedingungsfeld der *Kritik der reinen Vernunft.*

2.3 *Rückwendung und Reflexion: Programm einer Erschließung*

Gegenüber dem »Kampfplatz« jener »endlosen Streitigkeiten«, der »Metaphysik«, ihren Verstrickungen und Ausweglosigkeiten sichtet Kant in der zeitgenössischen »Mathematik und Naturwissenschaft« (KrV B XV) gediegenes Wissen und gewisse Erkenntnis. Diesen Erkenntnisweisen eignet, was die »Metaphysik« vermissen läßt: Stetiger Zuwachs an Wissen, kontinuierlicher Fortschritt der Erkenntnis. Gegenüber der »Metaphysik« wirken »Mathematik und Naturwissenschaft« vorbildhaft. Sie stellen Musterbeispiele und Modelle dafür dar, daß wahre Erkenntnis möglich und erlangbar ist. Mit dem Befund aber bleibt für Kant eine maßgebende Frage offen: Wie und woraus sind diese Erkenntnisse möglich? In ihrem erfolgreichen Prozeß bleibt, so Kants entscheidende Feststellung, durchaus unbedacht, worin sie gründen. In allem Erfolg bedürfen diese Erkenntnisweisen ihrerseits einer prinzipiellen »Aufklärung«. Gesellt sich also zur Unbekanntheit der Vernunft die herkunftsmäßige Ungeklärtheit jener Erkenntnisarten, beinhaltet dies eine weitere Zuspitzung der Problemlage? Eine Verschärfung gewiß – mit ihr aber öffnet sich für Kant zugleich der Königsweg, worauf die Gesamtsituation in eigener Wendung und auf neuer Bahn durchmessen werden kann. Kant charakterisiert die Wendung zunächst mit bezeichnenden Verweisen auf Kopernikus: »Es ist hiemit ebenso als mit den ersten Gedanken des *Kopernikus* bewandt, der, nachdem es mit der Erklärung der Himmelsbewegungen nicht gut fortwollte, wenn er annahm, das ganze Sternenheer drehe sich um den Zuschauer [auf der Erde als Zentralgestirn, S. M.], versuchte, ob es nicht besser gelingen möchte, wenn er den Zuschauer sich drehen, und dagegen die Sterne in Ruhe ließ« (KrV B XVI). Die neue Bahn eröffnet sich mit bestimmten Fragen. Sie lauten schlicht und einfach: Wie und wodurch waren diese Erkenntnisleistungen möglich? Die Frage nach dem Wie und Wodurch zielt auf deren Möglichkeit, also auf ihre Voraussetzungen und Bedingungen. Präziser gefaßt: Die Frage richtet sich auf die und eben die Möglichkeiten, Voraussetzungen und Bedingungen, welche unverzichtbar und unerläßlich gegeben sein mußten, sollten die Leistungen überhaupt erbracht werden können. In der Kantischen Formulierung: Was sind die »Bedingungen ihrer Möglichkeit«? Um welche und um wessen »Bedingungen der Möglichkeit« soll es gehen? Die Fragen und ihre Antwort kennzeichnen das philosophische Programm der *Kritik der reinen Vernunft*, sie umzirkeln den alles entscheidenden Umschwung, den Kant darin vollzieht. Wenn »es überall sonst keinen Boden gibt, auf dem wir uns anbauen können«, nämlich in der Gesamtsituation der Kopernikanischen Revolution und der Unerreichbarkeit metaphysischer Ordnung: Dann und eben dann haben wir uns diesem und nur diesem Grund zuzuwenden, müssen wir uns, im strikten Verzicht auf metaphysische Erkenntnis, darauf und einzig darauf beschränken – auf die »Insel« der »Vernunft« als menschlicher »Vernunft«.

Kant vollzieht den Umschwung im Gefolge des Cartesischen Denkens, des dort schon gebahnten Wegs zum »ego«, in der Leitbahn jener von Descartes entwickelten Kriterien gültiger Erkenntnis, nämlich von »Gewißheit und Deutlichkeit«, welche die *Kritik der reinen Vernunft* als »wesentliche Forderungen« übernimmt (KrV A XV). Die Rückwendung fordert die Innenwendung in die Vernunft, damit »das beschwerlichste aller ... Geschäfte, das der Selbsterkenntnis« (KrV A XI). Die Rück- und Innenwendung gilt einer Vernunft, die bislang dunkel und verschlossen war. Die »Reflexion« aber vermag allein eine Bedingung zu erfüllen, welche – erwachsen aus Cartesischem Zweifel und Cartesischer Methode – den gesamten Gang der *Kritik der reinen Vernunft* durchzieht und leitet: Angesichts der Verstrickungen der Metaphysik, ihren Widersprüchlichkeiten und Illusionen allein auf das zu gehen und einzig auf solches zurückzugreifen, was illusionsfrei zugänglich, wahrhaft erreichbar, nämlich zweifelsfrei und sicher erlangbar ist, erschließbar als selbsteigene Gegebenheit dieser Vernunft – um sodann ein »Inventarium aller unserer Besitze durch reine Vernunft, systematisch geordnet« (KrV A XX) zu erstellen. Die Rückwendung auf diese dem Menschen innewohnende Vernunft aber hat im Ausgang von Leistungen dieser Vernunft zu geschehen, welche ihrerseits zweifelsfrei und sicher gegeben sind: Den Erkenntnis- und Wissensleistungen von »Mathematik und Naturwissenschaften«. Rückgang und Rückstieg in Vernunft, gezielt unternommen in der Leitbahn der Frage, wie diese Leistungen möglich waren, welche Bedingungen und Voraussetzungen ihnen zugrunde liegen müssen, als selbsteigenen Bedingungen und Voraussetzungen humaner »Vernunft«. Freilich: Diese »Reflexion« auf »Vernunft« gilt nicht allein nur der Möglichkeit und den Bedingungen von »Mathematik und Naturwissenschaft«. In der Rückwendung geht es um die Erkundung dieser »Vernunft« im ganzen, im ganzen nämlich ihres wirklichkeitserschließenden Erkenntnisvermögens. Erst in der Erkundung wird im einzelnen einsehbar, weshalb der Anspruch metaphysischen Denkens sie überfordert. Mehr noch: Die kritisch geklärte Vernunft vermag diesen Anspruch zurückzuweisen – sie erlangt in jener Selbsterschließung die Position »eines bestallten Richters, der die Zeugen nötigt, auf die Fragen zu antworten, die er ihnen vorlegt« (KrV B XIII). Zum weiteren aber enthüllt Kant in dieser Erkundung, worin die Ordnung des Wirklichen besteht, welche Ordnung (im Gegensatz zur metaphysischen Ordnung allen Wirklichseins) diese Vernunft auftun, begründet und legitim bedenken kann.

II. Transzendentale Vernunft: Apriorizität und Prozeßgefüge

3. »Eindrücke«: Sinnlichkeit als unüberschreitbare Vordergrenze

Der eigentümliche Ansatz und die eigentümliche Sichtweise der *Kritik der reinen Vernunft* erwachsen – so zeigt der Blick auf die drei Problemkreise – einer differenzierten philosophischen Vorgeschichte, mit ihr einem weitgespannten Geflecht von Bedingungen. Was diese Sichtweise näherhin in sich trägt, entfaltet Kant schon in der Eröffnungspassage der »Vorrede« von 1787:

> »Daß alle unsere Erkenntnis mit der Erfahrung anfange, daran ist gar kein Zweifel; denn wodurch sollte das Erkenntnisvermögen sonst zur Ausübung erweckt werden, geschähe es nicht durch Gegenstände, die unsere Sinne rühren ... Vorstellungen bewirken ... unsere Verstandestätigkeit in Bewegung bringen, diese zu vergleichen ... zu verknüpfen, und so den rohen Stoff sinnlicher Eindrücke zu einer Erkenntnis der Gegenstände zu verarbeiten, die Erfahrung heißt?« (KrV B 1).

Eine Eingangserklärung, darin auch mißverständlich und widersprüchlich. Eine Erklärung zugleich, die exemplarisch demonstriert, was ›Erreichbarkeit‹ und ›Zugänglichkeit‹ im einzelnen bedeuten. Erkenntnis beginne mit »Erfahrung«, sagt Kant zu Beginn, um am Schluß dieser Erklärung festzustellen, »Erfahrung« sei das Endprodukt. Endprodukt nämlich von Leistungen, worin wir, dies die entscheidende Formulierung »den rohen Stoff sinnlicher Eindrücke ... verarbeiten«. Den »rohen Stoff sinnlicher Eindrücke«: Mit der Formulierung benennt Kant, was dem philosophisch erschließenden Blick, in der strikten Rückwendung auf uns selbst erreichbar, weil unzweifelbar gegeben ist – und zwar so gegeben, daß darüber gewiß und sicher, also philosophisch ausweisbar zu sprechen ist, jenseits bloß alltäglicher Auffassungen, Vermutungen, Annahmen, Gewohnheiten. »Eindrücke«, »sinnliche Empfindungen« bilden den Ausgang aller »Erfahrung« und »Erkenntnis«, sie stellen zugleich dar, was der Analyse von »Erfahrung« und »Erkenntnis« illusionsfrei zugänglich ist. Indessen: Der Passus spricht durchaus von »Gegenständen«, welche »unsere Sinne rühren«. Die Aussage bietet eine Erklärung von Herkunft und Ursprung der »Empfindungen«. Sie entstammen einer Berührung der menschlichen »Sinne« durch weltliche Dinge, »sinnliche Eindrücke« sind Ergebnis einer ›Einwirkung‹. Indessen: Die Rede von ›einwirkenden‹ »Gegenständen« besitzt nur eine vorläufige Bedeutung. Sehr bald schon im Gang der *Kritik der reinen Vernunft* wird Kant diese Aussage präzisieren. Dürfen wir denn – so lautet die Kantische Erwägung – unter der Bedingung zweifelsfreier Zugänglichkeit überhaupt von solchen »Gegenständen« im Sinne für sich gegebener »Gegenstände« philosophisch sprechen, also darüber aussagen und urteilen, wie sie unabhängig von uns, als »Dinge an sich« gegeben sind? Keinesfalls. Was der philosophischen, also der begründ- und rational ausweisbaren Rede einzig erlaubt sein darf, ist die Rede darüber, wie die sogenannten »Gegenstände« *uns* gegeben sind. Was ist uns gegeben? Zunächst und anfänglich sind »Empfindungen« gegeben, nichts sonst, nichts anderes, zunächst und anfänglich sind »Eindrücke« entstanden. Die dem folgende Aussage ist die letztmöglich legitime: Die Eindrücke sind entstanden durch »Berührung«. Was da jedoch die »Sinne« »rührte«, die humane »Sinnlichkeit« berührte, mag zwar die alltägliche Rede jederzeit verhandeln (verhandeln nämlich in ihrem Kontext, darin in einem Feld selbstverständlicher, undurchschauter, ungeklärter und unbegründbarer, lebenspraktisch dienlicher Auffassungen) – für die philosophische Aussage, ihren Erkenntnisanspruch, ihre Normen der Gewißheit und begründbarer Zugänglichkeit aber muß es striktissime offenbleiben. Das wohlfundierte Verbot solchen philosophischen Aussagens markiert die Radikalität des Kantischen Ansatzes, zugleich liniert das Verbot eine alles entscheidende Grenze – eine Grenze, worin der spezifische Charakter jener Kantischen Rückwendung scharfe Konturen gewinnt.

Die Tatsache entstandener »sinnlicher Empfindung« bildet die unüberschreitbare Vordergrenze dessen, was der Erkundung der »Vernunft« noch zweifelsfrei zugänglich ist: Zweifelsfrei erreichbar, weil es sich bei diesen »Empfindungen« um »bloße(.) Modificationen unserer selbst«, der humanen »Sinnlichkeit« handelt (so die prägnante Formulierung in der ersten Rezension der *Kritik der reinen Vernunft* von Ch. Garve, in O. Fambach, 310). So bildet die »Sinnlichkeit« die Vordergrenze der Vernunft zur Welt – an deren Küstenrändern laufen die Wellen aus jenem »Ozean« und seiner Weite an, wirken ein auf die »Insel«, transformiert durch die insulare Tektonik, verwandelt in deren Gefüge. Sinnlichkeit ist Vordergrenze zur Welt und Verbindung mit der Welt: Als Instanz möglichen Berührtwerdenkönnens, als Stätte uneinholbarer Begegnung, als Instanz humaner Umsetzung solcher Einwirkung. Mehr bleibt philosophisch in diesem Feld nicht zu sagen. Freilich: Von dieser

Begegnung ›erzählt‹ die *Kritik der reinen Vernunft.* Eine Erzählung von absurder Ärmlichkeit? Ist denn nicht mehr gegeben denn »Empfindungen«, nämlich ein Universum von »Dingen«, die wir wahrnehmen, mit denen wir alltäglich und praktisch umgehen? Selbstverständlich – dies steht auch für Kant gänzlich außer Frage. Deshalb auch handelt der Kantische Bericht keineswegs nur von dieser Begegnung – deren Geschehen bildet allein den Anstoß und Ausgangspunkt dessen, was zur Sprache gelangen soll. Entscheidend für das Kantische Anliegen aber wird: Was ist philosophisch legitim, über die Gegebenheit dieser »Dinge« zu sagen? Und dies beinhaltet: Wie sind sie für die humane »Vernunft« gegeben und gegenwärtig? Angesichts der »Sinnlichkeit« als unüberschreitbarer Vordergrenze erlangt diese Frage eine distinkte Richtung. Sie ist einzig als Rückfrage erlaubt – als Rückfrage in diese Vernunft. So lautet die Rückwendung: Dem Menschen sind nicht allein »Empfindungen«, sondern »Gegenstände« und »Dinge«, Verhältnisse und Zusammenhänge gegeben – in humaner Wahrnehmung, in Erfahrung, in Erkenntnis. Bedingt sich dies am Ende durch die Eigenart jener Vernunft, ihre Prozesse und Leistungen? Eben dies und genau dies ist zu erkunden, weil eben dies und einzig dies philosophisch erkundet werden kann. Die Kantische Forderung, der in ihr gewiesene Weg des Rückgangs auf und in die »Vernunft« trägt freilich keineswegs die Annahme in sich, es seien die alltäglich begegnenden Dinge und Gegenstände in ihrer faktischen Wirklichkeit nichts anders denn vom Menschen und in seinen Vorstellungen erzeugt, ein imaginäres Produkt also einer »inneren« Vorstellungswelt. Um gerade dieses Mißverständnis auszuschließen, sei ein Diktum Kants zitiert, eine knappe, doch prägnante Bemerkung in einem Brief vom 20. Juni 1797 an Jacob Sigismund Beck: »Nie in den Sinn ist es mir gekommen, zu sagen, daß der Verstand das Ding macht; ein baarer Unsinn!« (AA Bd. 12, 168). So beinhaltet der Rückstieg: Die Prozesse und die Leistungen aufzudecken, welche von der Seite des Menschen her, der Seite der »Vernunft« die Gegebenheit von Wirklichem für die menschliche Sicht bestimmen, in deren human erfahrener Präsenz, in ihrer human sich darbietenden Bedeutung. Von der Seite der »Vernunft« aber beinhaltet: In ausschließlicher Konzentration der Reflexion auf den Anteil, den diese »Vernunft« an dieser Gegebenheit leistet, in diese Gegebenheit einbringt – ein Anteil allerdings, der das Einzige darstellt, was in der Gegebenheit von Wirklichem human erschlossen werden kann, ein Anteil zugleich, worin aufgedeckt werden wird, in welchem Maße und Umfang die »Vernunft« von sich her die »Gegenstände« bedingt und bestimmt.

4. »Raum« und »Zeit« als Ordnungsformen: Der Schritt zu den Aprioris

Welche Prozesse, welche Leistungen sind es, womit und wodurch die »Vernunft« von sich her die humane Gegebenheit von Wirklichem bedingt und ermöglicht, als Gegebenheit durch jene Vernunft? Für deren Erkundung wird maßgebend: Was Kant aufweist, wie er diesen Aufweis durchführt – beides begründet den unverwechselbaren Charakter der *Kritik der reinen Vernunft.* Gegeben sind »sinnliche Eindrücke«. Was indessen die Analyse in diesen »Eindrücken« erschlossen hat – daß diese Eindrücke den anfänglichen Stoff für alle Erfahrung und Erkenntnis darstellen – wurde immer schon vermöge der »Einbildungskraft, einer blinden, obgleich unentbehrlichen Funktion der Seele« (KrV A 78/B 103) in »Vorstellungen« verwandelt, sichtet die »sinnliche Wahrnehmung« von Anfang an als räumliche und zeitliche Gegebenheit, steht je schon in einer bestimmten Lage im Raum und an einem bestimmten Ort in der Zeit vor dem Blick. Mehr noch – und die Erwägung wird zum Angelpunkt der Kantischen Argumentation: Etwas räumlich und zeitlich zu lokalisieren, ist kein Vorgang, den der Mensch erst in der Begegnung mit Wirklichem, mit dessen Räumlichkeit und Zeitlichkeit, lernen würde. In der Optik Kants: Räumlich und zeitlich vorzustellen ist nicht nachträglich angeeignet und übernommen. Der Mensch vollzieht diese Vorstellungsweisen immer schon, von Anfang an: Sie sind ihm ursprünglich zu eigen. Nicht nur dies: Es ist Menschen überhaupt nicht möglich, sinnliche Gegebenheiten anders denn räumlich und zeitlich, in den Dimensionen von Länge, Breite, Höhe, Vorher, Jetzt, Nachher vorzustellen. Räumlichkeit und Zeitlichkeit des Vorstellens sind mit diesen ihren Dimensionen der humanen Sinnlichkeit unaufhebbar und unausweichlich eingegeben: Alles Sinnliche wird im humanen Wahrnehmen ausnahmslos und mit Notwendigkeit in Raum und Zeit vergegenwärtigt, darin in der Struktur jener Dreidimensionalität vorgestellt. Was bedeutet dies für Kant? Seine weitere Entschlüsselung dieser seiner Bestimmung von »Raum« und »Zeit« hat Modellcharakter für den Erörterungsweg der *Kritik der reinen Vernunft* im ganzen. Die Entschlüsselung lautet: Ob und wie die Welt selbst und in sich räumlich und zeitlich beschaffen sein mag, bleibt der humanen Vernunft unerschließbar. Für die menschliche Vorstellung von »Raum« und »Zeit« (wie deren dimensionale Struktur) aber gilt: Sie ist der menschlichen Sinnlichkeit »von vornherein«, zu eigen. Von »vornherein«: »A priori«; »a priori« aber zudem, weil allgemein – für alles sinnliche Vorstellen gültig; »a priori« jedoch auch, weil notwendig – alles sinnliche Vorstellen erfolgt unausweichlich als räumliches und zeitliches Vorstellen. Was beinhaltet diese Bestimmung von »Raum« und »Zeit« als »a priori« für Kant? Mit der Antwort ist exemplarisch erreicht, was die *Kritik der reinen Vernunft* insgesamt zu entdecken sucht. Die Bestimmung einer Form, eines Ordnungsmusters, eines »Begriffs« oder einer Gesetzmäßigkeit humaner Wahrnehmung und humanen Erkennens als »a priori« beinhaltet: Es stellt dies, in seiner Vorgängigkeit, seiner Allgemeinheit, seiner Notwendigkeit ein Ordnungsmuster dar, welches der »Vernunft«, vor aller sinnlichen Berührung an ihr selbst, als »reiner Vernunft« überindividuell, weil strukturell zu eigen ist. Die entsprechende Bezeichnung Kants für diese Strukturen lautet: »Transzendental«. In diesem Sinne verfolgt die *Kritik der reinen Vernunft* im ganzen das Ziel, die »transzendentalen« Formen der Vernunft, also alle deren Aprioris aufzudecken. In analogem Sinne trägt auch das entsprechende Aufweisverfahren die Bezeichnung ›transzendental‹: »Ich nenne alle Erkenntnis transzendental, die sich nicht [...] mit Gegenständen, sondern mit unseren Begriffen a priori von Gegenständen überhaupt beschäftigt« (KrV A 11f.). Bislang sind freilich allein »Raum« und »Zeit«, Räumlichkeit und Zeitlichkeit humanen Vorstellens als Aprioris aufgewiesen. Mit beiden Aprioris aber sind erste Ordnungs-Möglichkeiten gegeben: Einzelnes in räumlichen Verhältnissen und in der Abfolge der Zeit anordnen zu können. Indessen: Eine einfache und schlichte Ordnung. Verstehen wir denn – so lautet die weiterleitende Frage – »Gegenstände« nur in ihrem räumlichen Nebeneinander und ihrem zeitlichen Nacheinander?

5. Apriorische Einheitsformen und »Synthesis«: Die Ordnungsleistung des »Verstandes«

Die Frage wird in einem mehrfachen Sinne wichtig. Zunächst dafür, daß Kant die Aprioris von »Raum« und »Zeit« und deren Ordnung in eigenem Sinne lokalisiert: Es sind dies Aprioris humaner Sinnlichkeit, Formen also, worin die Sinnlichkeit die in ihr entstandenen »Eindrücke« und in ihr gegebenen Vorstellungen arrangiert. Genau in diesen Aprioris und dieser

Ordnungsart bildet die Sinnlichkeit eine eigene Dimension – sie stellt ein eigenes und spezifisches »Vermögen« der »Vernunft« im ganzen dar. Die Sinnlichkeit stellt ein Vermögen dar, eines nämlich im Gesamtbestand mehrer Vermögen, welche das Ganze der »Vernunft« ausmachen. Die Sinnlichkeit stellt deshalb nur ein Vermögen dar, weil ihre apriorische Ordnungsweise ihrerseits nur eine, schlichte und anfängliche Ordnungsmöglichkeit darbietet. Menschen aber erfahren Gegenstände nicht allein in räumlicher und zeitlicher Ordnung, sondern in weiteren Verhältnissen und Zusammenhängen. Diese weitergehenden Ordnungen übersteigen die Sinnlichkeit, sie entstammen anderen Vermögen – und das heißt zugleich: Anderen Aprioris als den bislang gesichteten. Welche sind es? Der entscheidende Hinweis findet sich schon in dem vorhin zitierten Passus. »Vorstellungen ... zu verknüpfen«, hieß es. Verknüpfen wozu? »Gegenstände« werden nicht allein in räumlichen und zeitlichen Bestimmungen erfaßt, sondern darüber hinaus in spezifischen Beziehungen zueinander, verbunden in unterschiedlichen Verhältnissen. Wir begreifen sie in spezifischen Zusammenhängen und Einheiten. So etwa in der Aussage: »Die Gegebenheit A ist die Ursache für B« – beide stehen in einem Kausalzusammenhang. Wir begreifen beide in ihrem Verhältnis von »Ursache und Wirkung«, darin in der Einheit, welche die Begriffe »Ursache«, »Wirkung« in ihrer Verbindung darstellen. Dies aber beinhaltet in der Blickbahn Kants: Der genannte Zusammenhang von »Ursache und Wirkung« darf nicht als Verhältnis und Gesetzlichkeit gedacht werden, welche der Wirklichkeit selbst innewohnt – darüber steht menschlicher Einsicht kein Urteil zu. In Kantischer Perspektive gilt vielmehr: Daß die angesprochene Sequenz von A und B über ihr bloße (sinnlich sichtbare) Abfolge hinaus als kausale Abfolge aufgefaßt wird – dies resultiert aus humaner Optik. Es entstammt einer vom Menschen selbst unternommenen Verknüpfung, nämlich: Die Abfolge von A und B als spezifische Einheit, als Einheit eines Kausalzusammenhangs zu verstehen und zu begreifen. Genereller gesagt: Zur Debatte stehen hier aktiv vollzogene Verknüpfungen, welche jenseits der Sinnlichkeit von einem eigenen Vermögen unternommen werden – dem Vermögen des »Verstandes«. Entscheidend wird für Kant: Diese Verbindungen folgen bestimmten Formen, spezifischen Grundbedeutungen und Bedeutungseinheiten – das der »Kausalität«, das Muster von »Ursache – Wirkung« ist eines von ihnen. In Kants analytischem Rückgang auf den »Verstand« werden diese Muster ihrerseits als apriorische Formen und Grundbedeutungen lokalisiert. Die Muster solcher Verknüpfung stellen Strukturen dar (so läßt Kant wissen), Formen und Grundbedeutungen, die dem »Verstand« von vornherein zu eigen sind, unbeliebig und also notwendig, damit allgemein gegeben, allgemein wirkend: Apriorisch.

Kant sichtet die Apriorizität der Formen und Grundbedeutungen in einem eigenen Aufweis: Der »Analytik der Begriffe«. In dem Verfahren aber geht es nicht um »die Analysis derselben«. Die Prozedur, welche Kant als »das eigentümliche Geschäft einer Transzendental-Philosophie« bezeichnet, folgt einem fundamentaleren Ziel. Dessen Kantische Erläuterung umreißt (analog zur Positionsbestimmung von »Raum« und »Zeit« als apriorischer Formen) ein Modell transzendental-philosophischer Erkundung und Reflexion. Zugleich tritt in der Erläuterung einer der Brennpunkte der *Kritik der reinen Vernunft* entgegen. In jener »Analytik« nämlich geht es um »die noch wenig versuchte *Zergliederung des Verstandesvermögens selbst*, um die Möglichkeit der Begriffe a priori dadurch zu erforschen, daß wir sie im Verstande allein, als ihrem Geburtsorte aufsuchen und dessen reinen Gebrauch überhaupt analysieren [...]« (KrV A65/B90). Die Kantischen Aussagen demonstrieren, was im Aufweis solcher »Begriffe«, jener apriorischen Grundbedeutungen und Bedeutungseinheiten, zur Debatte steht: In der Herkunftsbestimmung der »Begriffe« deren vermögensspezifischen Ort aufzudecken, also ihre vermögensspezifische Apriorizität freizulegen, am Ende die Eigenart des jeweiligen Vermögens im ganzen ins Bewußtsein zu fördern. Ins Bewußtsein zu fördern aber beinhaltet: Den »reinen Gebrauch« des »Vermögens« offenzulegen, darin die vermögenseigenen Vollzugsweisen ins Wissen zu heben, welche den jeweiligen Aprioris angemessen sind, ihrer Grundbedeutung, ihrer Form und Einheit korrekt entsprechen. Korrekter und angemessener, denn »reiner Gebrauch« des »Verstandes« besagt sodann: Das Wissen um dessen apriorische Formen und Grundbedeutungen leitet die adäquate, weil bewußt unternommene Verknüpfung von »Vorstellungen« zu einer jeweils spezifischen »synthetische Einheit« – Einheit, welche der »Verstand« in aktiver Leistung vollzieht. So Kants generelle Charakteristik: »Ich verstehe aber unter *Synthesis* in der allgemeinen Bedeutung die Handlung, verschiedene Vorstellungen zueinander hinzutun, und ihre Mannigfaltigkeit in einer Erkenntnis zu begreifen« (KrV A77/B103). Was die »Synthesis« als Grundprozeß des »Verstandes« daher in korrekter, weil distinkt geleiteter und distinkt strukturierter Leistung erbringt, beinhaltet: Eine »Mannigfaltigkeit« von »Vorstellungen« in einem Bedeutungszusammenhang zu vereinigen, in dessen Einheitsform zu versammeln, dem jeweiligen Grundbegriff – der »*Kategorie*« – zusammenzufassen, damit in deren Gesamtbedeutung einzusehen.

6. Ordnung der Rationalität und Vernunft der »Ideen«

Im »Verstand«, dem Vermögen solcher Formen und Grundbegriffe, wird vorgängig gewußt, was z.B. »Ursache«, was »Wirkung«, was das Zueinander beider Größen besagt – die Gesamtbedeutung dieser »Kategorien, ihre »synthetische Einheit« sind (nach deren »transzendentaler« Reflexion) a priori einsichtig und begreifbar: Begreifbar in ihrer *Rationalität* als apriorisch gefaßter, transzendental begründeter Rationalität. Die in den »Kategorien« und der »Zergliederung des Verstandesvermögens« gebotene Bestimmung von Rationalität (fortgesetzt und ausgefaltet in weiteren Analysen der *Kritik der reinen Vernunft*) bildet einen der Brennpunkte dieses Kantischen Unternehmens. In sachlicher Hinsicht betrachtet, tritt mit der Bestimmung die entscheidende Eigenart des »Verstandes« vor das Auge: Vermöge seiner »Kategorien« kann der »Verstand« sinnliche Vorstellungen in jeweils spezifischen Bedeutungseinheiten gruppieren, damit jene Mannigfaltigkeiten apriorisch begründet und apriorisch verstehbar, also *rational* gliedern. Zugleich stellt die Aufgabe solcher Gliederung sinnlicher Mannigfaltigkeit die dem »Verstand« unersetzbar zueigne und gleichermaßen unüberschreitbar einzige Aufgabe dar – der Leistungsbezug zur Sinnlichkeit ist das ihm einzig legitime, weil allein korrekt mögliche Leistungsverhältnis. Im Feld der »Sinnlichkeit« aber erbringt der »Verstand« eine eigene und weitere Ordnung – die Ordnung kategorialer Bedeutungshaftigkeit und Rationalität. Mit dem Sachverhalt ist ein wegweisendes Ergebnis der *Kritik der reinen Vernunft* erreicht: Wird im humanen Erkennen eine Vielfalt von »Gegenständen« und »Vorstellungen« in ihren nichtsinnlich rationalen Beziehungen und Zusammenhängen begriffen – so muß diese Ordnung in ihrem Bedeutungsgeflecht und ihrer Rationalität als ausschließlich vom menschlichen »Verstand« begründete und bestimmte Ordnung gedacht werden. Alle erkennbar bedeutungshafte und rationale Ordnung ist, insofern sie erkannt zu werden vermag, einzig und allein human vernünftig erzeugt: Weil – so lautet Kants zusammenfassende Formulierung – »die Vernunft nur das einsieht, was sie selbst nach ihrem Entwurfe hervorbringt ...« (KrV B XIII).

Was der »Verstand« in seinen Aprioris verbindet, sind nur begrenzte Zusammenhänge, beschränkte Bedeutungs-Einheiten. Sie alle aber siedeln ihrerseits in letztumspannenden Horizonten; Horizonte, die die »Vernunft« selbst entwirft und ausspannt, in ihren »Ideen«: Der »Idee der Seele« als Vorstellung von der Totalität alles Psychischen, der »Idee der Welt« als Vorstellung von der Totalität aller Gegenstände, der »Idee Gottes« als Vorstellung einer letztumfassenden Einheit von »Seele« und »Welt«. Diese »Ideen« wurzeln im dritten »Vermögen«, sie sind Aprioris der »Vernunft« in engerem Sinne. Als Aprioris sind diese »Ideen« unbeliebig gegeben, sie stellen notwendige und bindende Gesamtentwürfe dar, Projektionen letztumschließender Ganzheiten, welche als uneinholbare Horizonte den Erkenntnisprozeß mobilisieren, »zur größtmöglichen Fortsetzung [...] der Erfahrung, nach welchem keine empirische Grenze für absolute Grenze gelten muß [...]« (KrV A 509/B 537). Von diesen »Ideen« aber ist zu wissen, daß es humane »Ideen« sind, daß diese indessen niemals eingeholt, im einzelnen erkannt, in der Bedeutungseinheit einer Kategorie begriffen werden dürfen. Sie dürfen nicht mit einzelnen Vorstellungen und spezifischen Einheiten identifiziert werden – »Ideen« »[...] übersteigen die Grenzen aller Erfahrung, in welcher also niemals ein Gegenstand vorkommen kann, der der transzendentalen Idee adäquat wäre« (KrV A 327/B384). So vermag das Wissen um diese Ideen davor bewahren, Einzelnes schon für das Ganze zu halten, am Ende die »Idee der Seele« mit dieser selbst, die »Idee der Welt« mit Welt, die »Idee Gottes« mit Gott zu verwechseln.

7. Vernunft als Leistungszusammenhang: Arbeit, Information, Übersetzung

Der Weg führte von der Sinnlichkeit zum Verstand, vom Verstand zur Vernunft in engerem Sinne. Alle drei Vermögen bilden das Ganze der »Vernunft«, sie formen deren beeindruckende Architektur. Architektur welcher Art? Handelt es sich um ein Gefüge statisch und hierarchisch angeordneter »Schichten«? Keineswegs. Jedes dieser »Vermögen« bestimmt sich aus seinen Aprioris, seinen »transzendentalen« Strukturen, damit aus dem, was es mit diesen Strukturen aktiv zu erbringen und zu vollziehen hat. Jedes der »Vermögen« bestimmt sich daher aus der Aufgabe und Funktion, die ihm im ganzen der »Vernunft«, und d.h. zugleich in Beziehung zu den anderen Vermögen, jeweils unverwechselbar und unersetzbar zukommt. So bildet die »Vernunft« im ganzen einen Prozeß- und Kooperationszusammenhang – sie ist von Kant erschlossen als Vernunft der *Leistung*. Der Befund eröffnet spezifische Durchsichten durch das Prozeßgefüge dieser »Vernunft«, er erschließt eigene Verzweigungen und Fernblicke. Wie nämlich sind diese Leistungen näherhin, in ihrer Eigenart und ihrer Ausrichtung, zu bestimmen? Die Kantisch gefaßte »Vernunft« definiert sich – so ist zum ersten festzuhalten – durch Prozesse und Leistungen, welche auf nichts anderes denn darauf gehen dürfen, den »rohen Stoff sinnlicher Eindrücke zu bearbeiten«. In der Tat: Die Kantisch bestimmte »Vernunft« ist Vernunft der Arbeit. Welcher Arbeit? Für die Frage ist zum zweiten zu notieren: Mit der Antwort tritt ein paradigmatisches Modell von Arbeit überhaupt entgegen, eingelagert in die Kernzone jener »Vernunft«. Um welche Arbeit nämlich handelt es sich, worin bestehen deren Leistungsstrukturen? Arbeit, welche den »rohen Stoff sinnlicher Eindrücke« formiert, insofern ihr Prozeß eine Mannigfaltigkeit gliedert, in der Gliederung verbindet, in der Verbindung ordnet. Die Arbeit der Vernunft installiert im Sinnlichen eine Ordnung rationaler Strukturierung und rationaler Bedeutung. So geschieht der Erkenntnisprozeß der Vernunft als Arbeit, welche Sinnliches bedeutungshaft darbietet, rational präsentiert – in der Präsentation Sinnliches formiert, rational und bedeutungsmäßig informiert. Bietet die Kantisch bestimmte »Vernunft« in eben den Prozeßmerkmalen, am Ende in der Leistung solcher »Information« ein Musterbild dessen, was »Arbeit« besagt? Für deren Modell aber wird zum dritten bezeichnend: Verläßt die Arbeit solcher »Information« ihren Bezug zum Sinnlichen, so erzeugt ihre Leistung Schein, produziert ihr Prozeß illusionäre Realität, mündet ihre Anstrengung in »Wahn und Blendwerke« (KrV A 238/B 297). Im verlassenen Bezug zur »Sinnlichkeit« nämlich wird die Verwiesenheit des »Verstandes« auf dieses andere »Vermögen« vergessen, darin der Funktionszusammenhang beider Prozeßdimensionen mißachtet. »Wahn und Blendwerke« entstehen aus Prozeßweisen, welche den Kooperationszusammenhang des gesamten Leistungsgefüges außer Geltung setzen, »Vernunft« im ganzen in Dysfunktionalität münden lassen – Dysfunktionalität, worin die Arbeit rationaler Ordnung und rationaler Präsentation umschwingt in Arbeit des Fiktiven. Die Arbeit der Vernunft aber muß zum vierten und letzten als Antwort gesehen werden: Als Antwort auf jene uneinholbare Einwirkung, welche der Sinnlichkeit aus der Welt widerfährt – Antwort auf eine uneinholbare Begegnung. In ihrer Antwort *übersetzt* jene Arbeit, was der Vernunft zukommt aus der selbsteigenen Stummheit dieser Welt. Die Kantische »Vernunft« wirkt als Vernunft der *Übersetzung,* dies aber in einem radikalen Sinne solchen Übersetzens. Übersetzung nämlich, welche ihren Text überhaupt erst erstellt als einzig möglichen Text – als Text der Vernunft: »Erscheinungen nach synthetischer Einheit zu buchstabieren, um sie als Erfahrungen lesen zu können« (KrV A 314/B 370f.).

Ausblick

Dies also die Kantische »Insel«: Begrenzt, ungemein mächtig doch zugleich. 100 Jahre nach dem ersten Erscheinen der *Kritik der reinen Vernunft,* 1881, wird wieder von einer »Insel« die Rede sein, einer durchaus Kantisch situierten Insel, in vorangetriebener Sicht und in heiterer Resignation betrachtet. So Nietzsche in Abschnitt 314 der *Morgenröte*:

»*Aus der Gesellschaft der Denker.* Inmitten des Ozeans des Werdens wachen wir auf einem Inselchen, das nicht größer als ein Nachen ist, auf, wir Abenteurer und Wandervögel, und sehen uns hier eine kleine Weile um: so eilig und neugierig wie möglich, denn wie schnell kann uns ein Wind verwehen oder eine Welle über das Inselchen hinwegtragen, so daß nichts mehr von uns da ist! Aber hier, auf diesem kleinen Raume, finden wir andere Wandervögel und hören von früheren – und so leben wir eine köstliche Minute der Erkenntnis und des Erratens ... und abenteuern im Geiste hinaus auf den Ozean, nicht weniger stolz als er selbst.« (Nietzsche I, 1193).

Textausgaben und Literatur

Der Text von **I. Kant:** *Kritik der reinen Vernunft* ist in verschiedenen Ausgaben zugänglich (so: I. Kant: *Kritik der reinen Vernunft.* Hg. von J. Heidemann. Reclam Universalbibliothek 6461–70/70a). Sie wird hier zitiert nach der Paginierung der beiden Originalausgaben 1781 (=A) und 1787 (=B).

Kants gesammelte Schriften. Hg. v. d. Kgl. Preuß. Akademie der Wissenschaften. Bd. I Berlin 1910; Bd. 10 u. 12, Berlin u. Leipzig 1922.

Friedrich Nietzsche: *Werke in drei Bänden.* Hg. v. K. Schlechta. Bd. I. München 1966.

B. Pascal: *Über die Religion und einige andere Gegenstände.* Hg. u. übersetzt v. E. Wasmuth. Heidelberg 1954. Frz.: B. Pascal: *Pensées.* Edition Garnier Frères: Paris 1961.

H.-M. Baumgartner: *Kants ›Kritik der reinen Vernunft‹.* Anleitung zur Lektüre. Freiburg/München ²1988

O. Fambach: *Ein Jahrhundert deutscher Literaturkritik (1750–1850).* Bd. III. Berlin 1959.

W. Goetschel: *Kant als Schriftsteller.* Wien 1989.

M. Hossenfelder: *Kants Konstitutionstheorie und die transzendentale Deduktion.* Berlin–New York 1978.

S. Müller: *Phänomenologie und philosophische Theorie der Arbeit.* Bd. II: *Rationalität – Welt – Vernunft.* Freiburg/München 1994, S. 505–627.

Claus-Artur Scheier: *Die Zeit der Spontaneität. Zu Kants Lehre von der transzendentalen Funktion der Einbildungskraft.* In: E.G. Valdés/R. Zimmerling (Hg.) Facetten der Wahrheit. FS f. M. Wewel. Freiburg/München 1995, 423–455.

K. Vorländer: *Einleitung des Herausgebers.* In: I. Kant, Prolegomena. Hamburg 1957.

W. Ziegenfuß: *Philosophen-Lexikon.* Bd. 1. Berlin 1949.

John Keats: »Die großen Oden«

Walter Pache

Deutsche und englische Romantik

Noch im hohen Alter hat Johann Wolfgang von Goethe mit Begeisterung jenen englischen Poeten gerühmt, dessen Werke er zum ersten Mal im Mai 1816 kennengelernt hatte. »Ich konnte«, so äußert sich der alte Goethe im Rückblick, wie Eckermann verzeichnet, im Jahre 1827, »als Repräsentanten der neuesten poetischen Zeit [...] niemand gebrauchen als ihn, der ohne Frage als das größte poetische Talent des Jahrhunderts anzusehen ist. Und dann, [er] ist nicht antik und nicht romantisch, sondern er ist wie der gegenwärtige Tag selbst.«

Ich habe den Namen des so Gerühmten ausgespart. Das überschwengliche Lob gilt – Sie haben es gewiß bemerkt – natürlich nicht John Keats, sondern einem Zeitgenossen – George Gordon Lord Byron. Goethes Byron-Verehrung, die in der Gestalt des Euphorion im zweiten Teil der Faust-Dichtung ihren wohl eindringlichsten Ausdruck fand, war so groß und ausschließlich, daß alle anderen Vertreter der englischen Literatur neben ihm verblaßten. Henry Crabb Robinson, eine der großen Vermittlergestalten jener Zeit zwischen England und Deutschland, wagte es im August 1829 während eines mehrtägigen Besuches in Weimar nicht, Goethe gegenüber die Namen anderer englischer Romantiker auch nur zu erwähnen, nicht einmal den des von ihm vergötterten William Wordsworth. Goethes durchaus einseitige und auch einseitigen Kenntnissen entspringende Vorliebe war gleichwohl gewissermaßen ein Politikum von großer Tragweite. Sie hat nicht nur den geistigen und literarischen Austausch zwischen deutscher und englischer Romantik geprägt, sondern auch daran mitgewirkt, daß John Keats dem deutschen Publikum ein Unbekannter geblieben ist – unbekannter noch als die meisten seiner Zeitgenossen, neben Wordsworth und Byron vor allem Samuel Taylor Coleridge und Percy Bysshe Shelley. Wie also nähert man sich einem Autor, mit dem das heimische Publikum kaum vertraut ist, während er in seinem eigenen Land als Inbegriff des Poeten ebenbürtig neben William Shakespeare steht, ja, gleich Shakespeare zum Bestandteil eines britischen Nationalmythos geworden ist? Bekanntlich gibt es einen »deutschen Shakespeare«, aber keinen deutschen Keats. Wie also sollen wir heute über Keats sprechen – zumal in Deutschland?

Verfehlt wäre es übrigens, Goethe allein die Schuld an diesem Mißverhältnis zuzuschreiben. Man könnte sogar mit gewissem Recht behaupten, daß sich in Goethes zugespitzter Haltung tiefgreifende Differenzen zwischen deutscher und englischer Romantik, in theoretischem Anspruch, philosophischer Reichweite und künstlerischer Gestaltung spiegeln. Um es ganz verkürzt anzudeuten: Zwar nehmen beide romantische Bewegungen den Kampf gegen eine rein mechanistische, rationalistische Weltsicht auf – im Zeichen der individuellen schöpferischen Imagination, einer Sensibilität und Subjektivität, als deren

Sprachrohr der Poet als Vertreter göttlicher Kreativität, als Revolutionär oder als Seher gilt. Während sich jedoch in Deutschland die Romantik zu einer der großen, alle Gattungen einbeziehenden Reform- und Erneuerungsbewegung entwickelte – einer Bewegung, die nicht nur Lebensgestaltung und gesellschaftliche Kultur zu erfassen suchte, sondern über die Dichtung hinaus auf einen großen philosophischen Weltentwurf abzielte, ist der Aktionsradius der englischen Romantik bescheidener, auch traditionsgebundener und theoretisch weniger reflektiert. Dem kühnen Wort Friedrich Schlegels von der »romantischen Poesie als progressiver Universalpoesie« (16. Athenäumsfragment), als deren Ziel nicht nur eine Verschmelzung aller poetischen Gattungen, sondern auch aller Künste und Wissenschaften überhaupt im Dienste einer Erneuerung des Lebens ins Auge gefaßt wurde – diesem programmatischen Anspruch hat die englische Romantik (ohne daß damit ein Werturteil gefällt werden soll) wenig entgegenzusetzen. Es ist kein Zufall, daß der Begriff *romantisch*, in Deutschland theoretisches Schlüsselkonzept, in England erst retrospektiv für eine bestimmte Gruppe von Autoren um die Wende des 18. zum 19. Jahrhundert verwendet wurde. Auch die Emanzipation von bürgerlichen Moralvorstellungen, das im weitesten Sinne Anstoßerregende, das für die deutschen Romantiker, aber auch für Goethe, selbstverständliche Voraussetzung ihres Schaffens war, blieb der englischen Romantik – vielleicht mit Ausnahme Byrons und des frühen Shelley – fremd und verursachte eher Unbehagen.

So ist denn das englische Bild der deutschen Romantik, die nach englischem Verständnis auch die Klassik einschließt, von einer eigenartigen Mischung aus Faszination und Vorbehalt gefärbt – selbst bei den wenigen Autoren, die die Gelegenheit suchten, sich einen eigenen Eindruck zu verschaffen. Samuel Taylor Coleridge – gemeinsam mit William Wordsworth Verfasser des Gedichtbandes *Lyrical Ballads*, des für die englische romantische Poesie maßstabsetzenden und durch das der zweiten Ausgabe von 1800 vorangestellte Vorwort auch theoriebildenden Textes – Coleridge also verbrachte 1798/99 fast ein Jahr in Deutschland, in der Absicht, die deutsche Philosophie kennenzulernen. Das Ergebnis war indes mager. Sein Standquartier Göttingen war wenig geeignet für Begegnungen mit der zeitgenössischen deutschen Literatur. Aus welchen Gründen auch immer schaffte Coleridge es nicht, nach Weimar oder – als begeisterter Leser von Schillers *Räubern* – nach Jena vorzudringen. Eine Begegnung mit dem damals 74jährigen Klopstock war der Höhepunkt seiner literarischen Kontakte. Andere resignierten noch früher. William Wordsworth, der gemeinsam mit seiner Schwester Dorothy zunächst Coleridge nach Göttingen begleitet hatte, kehrte bereits im Herbst 1798 deprimiert und unglücklich nach England zurück und schrieb die berühmten Zeilen:

I travelled among unknown men,
  In lands beyond the sea;
Nor, England! Did I know till then
  What love I bore to thee.

›Tis past, that melancholy dream!
  Nor will I quit thy shore
A second time; still I seem
  To love thee more and more [...]

Statt fruchtbarem Austausch eher Bestärkung in der eigenen Besonderheit – die wechselseitigen Kenntnisse und Kontakte der Romantiker blieben dürftig und lückenhaft. Auch der Hintergrund der deutschen Keats-Rezeption (oder vielmehr ihres Ausbleibens) ist damit umrissen. Keats selbst – dessen kurze Lebensspanne sich übrigens ziemlich genau mit der von Franz Schubert und seines Textdichters Wilhelm Müller deckt – nahm kaum Notiz von der deutschen Kultur, von der deutschen Romantik ganz zu schweigen. In diesem gegenseitigen Sichverfehlen liegt eine gewisse Ironie, denn in mancher Hinsicht kommt John Keats dem Urbild des romantischen Dichters im deutschen Sinne von allen Zeitgenossen am nächsten – als frühvollendete Persönlichkeit, vor allem aber auch in der Bereitschaft, das eigene Ich als scheinbar sichere Wahrnehmungsinstanz in Frage zu stellen, sich immer neu den wechselnden Eindrücken anzuverwandeln. »Das Individuum ist ein beständiges Werden« – diese lapidare Formel Friedrich Schlegels scheint gut auf Keats' Poetik zu passen. Wir werden darauf zurückkommen.

John Keats – ein kurzer Lebenslauf

Lord Byron und John Keats – die Gegensätze könnten schärfer nicht sein. Unter den englischen Romantikern, vor allem unter jenen der jüngeren Generation, stehen beide auf entgegengesetzten Flügeln – als Menschen, als Poeten, als Vertreter verschiedener Klassen in einer zwar nicht revolutionären, aber doch politisch unruhigen Situation. Zwar war England von den Verheerungen der französischen Revolution und der napoleonischen Kriege verschont geblieben, doch provozierte auch hier eine konservative Politik nicht nur den Widerstand liberaler Intellektueller, sondern auch gefährliche soziale Spannungen. Die Unzufriedenheit der englischen Massen mit Schutzzollpolitik und Wahlrechtsrestriktionen verschaffte sich 1819 in der sogenannten »Peterloo«-Demonstration in Manchester Luft, die von der Regierung brutal (12 Tote) niedergeschlagen wurde. Klassengegensätze prägten auch das Verhältnis von Byron und Keats. So sprach der aristokratische Exzentriker Byron in kaum verhohlener Verachtung für den sozial tiefer Stehenden gelegentlich von »Johnny Keats« und seiner »p-ss a bed poetry«, seiner Bettnässerpoesie. Aber auch in der Mißbilligung, mit der der an sich friedfertige Keats Byrons Poetik behandelt, schwingt seine Ablehnung von dessen zynischer Überheblichkeit mit. So schreibt er im September 1819 an seinen Bruder George und dessen Frau Georgiana: »You speak of Lord Byron and me – there is this great difference between us. *He* describes what he sees – I describe what I *imagine*. Mine is the hardest task. Do you see the immense difference?«

Ungeheuer groß ist auch der Unterschied der Biographien. Byron stilisierte sein Leben zum öffentlichen Kunstwerk. Keats' Leben verlief ereignisarm und glanzlos. Geboren am 29. (31.?) Oktober 1795 im Londoner Vorort Finsbury, entstammte er einfachen Verhältnissen: sein Vater Thomas Keats betrieb einen *livery stable*, also einen Pferde- und Kutschenverleih. Als er sich 1809 bei einem Sturz vom Pferd das Genick brach, vernichtete sein früher Tod die Lebensgrundlage der Hinterbliebenen: der Witwe Frances, der Söhne John, George und Tom, der Tochter Fanny. Keats' Mutter, die bald wieder heiratete, aber schon sechs Jahre später starb, übergab die Kinder in die Obhut der Großeltern. Sie bestimmten, gemeinsam mit einem Vormund, John als den ältesten Sohn für die medizinische Laufbahn, die er ohne allzu große Begeisterung einschlug. Nach einer kurzen Lehrzeit bei dem Arzt Thomas Hammond (mit dem er sich schon bald – Ende 1813 – überwarf) schrieb er sich im Oktober 1815 an den *United Hospitals of Guy's and St. Thomas's* ein, einer noch heute bestehenden renommierten Institution. Obwohl er dort (am 25. Juli 1816) sein Examen als

Arzt, Apotheker und Chirurg ablegte, übte Keats den erlernten Beruf sehr zum Verdruß des Vormunds nie aus.

Der Entschluß des angehenden Mediziners, stattdessen Poet zu werden, kam nicht von ungefähr. Für die antike Mythologie wie für die englischen Klassiker, die Elisabethaner Edmund Spenser und William Shakespeare, aber auch für John Milton, den Meister des puritanischen Epos, hatte er sich schon früh begeistert. *An Imitation of Spenser* ist auch Keats' erstes Gedicht betitelt, das 1814 entstand, das Werk eines 19jährigen. Daß Shakespeare, stärker noch als Milton und Spenser, für Keats selbst göttliches Vorbild, ein »good Genius presiding over [me]«, wie er einmal selbst bemerkt hat, war, äußerte sich in liebenswerten Eigenarten: So hat er Briefe häufig mit einer Shakespeare-Büste gesiegelt. Auch das bekannte postume Bild von Joseph Severn zeigt den Dichter lesend, die Linke an den Kopf gelegt, unter einem Shakespeare-Portrait. Zum ersten Mal an die Öffentlichkeit trat der unbekannte Medizinstudent ein Jahr später, und zwar mit dem im Oktober/November 1815 verfaßten Gedicht *O Solitude!*. Es erschien im Mai 1816 in der Zeitschrift *The Examiner* des Intellektuellen und liberalen Schriftstellers Leigh Hunt, der Keats lebenslang freundschaftlich verbunden bleiben sollte. Bereits im Oktober 1815 entstand das berühmte Sonett *On First Looking Into Chapman's Homer*. Hier, wo Keats sich programmatisch in Bezug zur großen Tradition setzt, ist er bereits ganz er selbst: die Begegnung mit George Chapmans berühmter Homer-Übersetzung aus dem frühen 17. Jahrhundert läßt ihn selbstbewußt neue Räume der Poesie erschließen.

Keats war, wie wir sahen, keineswegs ein frühreifes Wunderkind, aber doch ein Dichter, dessen Genie gewissermaßen explodierte. Kurz hintereinander versucht er sich an anspruchsvollen Versepen – *Endymion* (1817/18) und *Hyperion. Ein Fragment* (1818/19); zweite Fassung unter dem Titel *The Fall of Hyperion* (1819; erst 1856 postum veröffentlicht) und Balladen wie *La Belle Dame Sans Merci* (1819; veröffentlicht 1820) – Werke, die ihm ein gewisses Maß an Bekanntheit verschafften. Im übrigen gewann Keats, von Gestalt unscheinbar und zierlich (er war kaum 1,60 m groß), durch sein bescheidenes Wesen und seine Herzlichkeit schnell Sympathien, ohne allzuviel Aufsehen zu erregen. Während Byron und Shelley durch ihr genialisches Auftreten und die entschiedene Mißachtung bürgerlicher Maßstäbe ihr Leben zum romantischen Kunstwerk stilisierten, verliefen die wenigen Jahre, die Keats zu leben hatte, arm an äußeren Ereignissen. Der enorme kreative Aufschwung, der seine kurze Schaffenszeit zwischen 1816 und 1820 kennzeichnet, ist nicht zuletzt Resultat einer unerhörten Sensibilität für scheinbar trivial Alltägliches, das die Einbildungskraft des Dichters – stets bereit zur Reaktion, zur Anverwandlung an neue Eindrücke – stimuliert. Dabei ist diese Sensibilität des *camelion poet*, wie er sich selbst einmal in einem Brief (an Richard Woodhouse; 27. Okt. 1818) genannt hat, allerdings nicht zu verstehen als realistisches Reagieren auf äußere Reize. Keats' poetische Meisterwerke verraten kaum etwas von seiner immer prekären, sich stetig verschärfenden Lebenssituation. Auch und gerade das Oden-Jahr 1819, Keats' *annus mirabilis*, war keine glückliche Zeit. Im Gegenteil: der Tod des jüngeren Bruders Tom als böses Omen für das eigene Schicksal, die unglückliche Liebe zu Fanny Brawne, die ersten Anzeichen der eigenen Krankheit zum Tode bilden einen düsteren Hintergrund jener Phase einer aufs höchste gesteigerten Produktivität, der die Oden entstammen.

Die Großen Oden – Form und Thematik

Der Sammelbegriff *The Great Odes* hat sich eingebürgert für eine Gruppe von fünf Texten, die im Verlauf des einzigartigen Schaffensjahres 1819 in kurzen Abständen entstanden. Obwohl die Reihenfolge der Entstehung nicht ganz unumstritten ist, ist sich die Keats-Forschung doch darin einig, daß *Ode to Psyche* (Ode an Psyche) als frühester Text (entstanden Ende April 1819), *Ode on a Grecian Urn* (Ode auf eine griechische Urne) und *To Autumn* (An den Herbst, Ende 1819) als Abschluß zu betrachten sind. Dazwischen liegen die Entstehungsdaten von *Ode to a Nightingale* (Ode an eine Nachtigall) und *Ode on Melancholy* (Ode auf die Melancholie, Mai 1819). Gelegentlich wird auch die *Ode on Indolence* (Ode auf die Lässigkeit/Trägheit, Mai/Juni 1819) der Gruppe der großen Oden zugerechnet. Ich sage vorsichtig »Gruppe«, denn keinesfalls haben wir einen in sich geschlossenen Gedichtzyklus vor uns, in dem ein Thema umkreist oder, wie etwa in Shakespeares großen Sonetten, eine poetische Biographie entfaltet würde.

Was diese subtilen Gebilde zusammenhält – von dem übrigens nicht in allen Titeln vorkommenden Gattungsbegriff »Ode« einmal abgesehen –, ist nicht leicht zu formulieren, ohne ihre schwebende Offenheit, das Ineinander von Bild und Sinn, vorschnell auf einen Begriff zu reduzieren. Die deutsche Distanz zu Keats ist keineswegs die einzige, ja nicht einmal die höchste Hürde, die wir auf unserem Weg zu den Oden nehmen müssen. Schwieriger zu bewältigen ist die Komplexität der Texte selbst, oftmals eher gesteigert als gemildert durch die schier unübersehbare kritische Literatur, die sie im Laufe der Zeit hervorgebracht haben. Ich kann daher im folgenden nur versuchen, mich Keats' Meisterwerken zu nähern, ohne ihnen dabei zu nahe zu treten, einige Schwierigkeiten der großen Oden zu erläutern, ohne die Schönheit aus dem Auge zu verlieren, in die diese Schwierigkeit sich hüllt. Dabei sollen nicht zuletzt auch die Texte selbst sprechen.

Die Oden greifen Grundfragen im Verhältnis von Mensch, Natur und Kunst in einer neuartigen Form auf, die komplexe Gedanklichkeit in sinnliche Gestalt faßt. »Man should not dispute or assert but whisper results to his neighbour«, schreibt Keats dazu einmal an seinen Freund J.H. Reynolds. Auf dem Höhepunkt seines Schaffens befreit er sich von manchem mythologischen und literaturgeschichtlichen Ballast, der seine früheren Gedichte und umfänglichen Versepen mitunter beschwert. Der Verzicht auf traditionelle Form zugunsten kühner Bildlichkeit und experimenteller Offenheit sind bei Keats jedoch keineswegs gleichbedeutend mit Formlosigkeit. Im Gegenteil: mehr als andere romantische Lyriker ist er bereit, sich an einer großen Tradition – von der Antike über Spenser bis Milton – zu messen und sich ihren Anforderungen zu stellen. Wordsworths revolutionäres Bekenntnis: »A poet is a man speaking to men« ist Keats' Sache nicht. Seine Schlichtheit ist hochartifiziell.

Dieses in höchstem Maße originelle Sichmessen an der Tradition mutet um so erstaunlicher an, als John Keats' Bildung recht lückenhaft war. Ein Universitätsstudium in Oxford oder Cambridge, wie es eigentlich alle zeitgenössischen Romantiker selbstverständlich genossen – selbst wenn diese akademische Karriere wie bei Shelley mit dem unrühmlichen Hinauswurf endete – war für Keats unerreichbar. Nahezu einzige Quelle seiner klassischen Bildung war neben Reproduktionen von Kunstwerken die 1788 erschienene *Bibliotheca Classica* von Lemprière, ein mythologisches Lexikon, das ihm seit seinem fünfzehnten Lebensjahr zum ständigen Begleiter wurde und das er im Laufe seines kurzen Lebens offenbar fast auswendig lernte. Es wäre dennoch falsch, Keats als halbgebildeten Autodidakten gering zu schätzen. Trotz oder vielleicht auch wegen seiner eingeschränkten Kenntnisse schuf er aus traditionellen Vorlagen neue Formen für das, was er selbst zu sagen hatte.

So ist die Odenform selbst ein erstes Merkmal von Keats' Größe. Als normativ besonders stark festgelegtes lyrisches Modell besteht die Ode in ihrer z.B. durch den griechischen Lyriker Pindar geprägten Struktur aus drei Teilen. Sie beginnt mit der *Apostrophe* (*Invocatio*), also der Anrufung der Gottheit, setzt sich in einem episch-erzählenden Mittelteil, der Taten und Tugenden des Angerufenen, dem sogenannten *Mythos* (*Pars Epica*), fort und mündet schließlich in die *Preces*, die an die Gottheit gerichtete Bitte um Hilfe und Beistand. Daß Keats diese Vorgabe mit ihrem quasi-religiösen hohen Ton zwar nicht sklavisch befolgt, aber doch sehr virtuos als Orientierungspunkt anvisiert und ihre charakteristischen Topoi aufnimmt, lassen seine Großen Oden immer wieder deutlich erkennen. So setzt *Ode to Psyche* ein mit der Anrufung »O Goddess / hear these tuneless numbers ...«; sie wendet sich dann (Zeile 7) dem Mythos zu (»I wandered in a forest thoughtlessly ...«) und schließt mit der Bitte des Sprechers um Aufnahme in den innersten Kreis der Göttin (»So let me be thy choir ...«).

Diese traditionelle Grundstruktur scheint auch in den übrigen Oden in höchst differenzierter Weise immer wieder auf – Ausdruck der im Vergleich zur deutschen Romantik stärkeren Bindung der englischen Romantiker an überkommene Formen. Der hymnische Schwung der klassischen Ode, ihre Tendenz, wie es Karl Viëtor einst formuliert hat, durch »Tiefe der dichterischen Perspektive und durch kühne Höhe des Gedankens zu überraschen und hinzureißen«, dient Keats einerseits als hoher, eigentlich unerreichbarer Maßstab; in der freien Variation dokumentiert sich andererseits der nicht weniger hochgegriffene Anspruch, aus dem Geist der Antike etwas gänzlich Neues zu schaffen. Die Klassik erscheint Keats anders als den Dichtern des englischen Klassizismus und der Vorromantik nicht mehr als überzeitliches Vorbild vollkommener Harmonie, sondern als zugleich ferne und lebensnahe Kunstwelt, in der sich Idyllisches und Ekstatisches, apollinischer und dionysischer Geist durchdringen. Von hier aus entwickelt sich die Spannung zwischen den beiden Polen von klassischer Formenstrenge und wagemutigem Vorstoß in das unbetretene Land nicht vorgedachter Gedanken und nie gesehener Bilder.

Bildliche Sinnstiftung und Offenheit der Daseinsdeutung

Chronologisch gesehen steht die *Ode to Indolence* am Beginn. Keats umreißt in diesem besonders stark autobiographisch geprägten Text die Trägheit als zwiespältigen Zustand zwischen tatenloser Lethargie und beglückender, sorgloser Freiheit von alltäglichen Verpflichtungen. Als eine Art Vorspiel markiert die Ode eine Phase der schöpferischen Pause, auch in Keats' Leben, die der großen kreativen Anspannung der folgenden Monate voranging. Ebenfalls im April 1819 folgt dann die *Ode to Psyche*, jene Ode, in der, wie wir bereits sahen, das klassische Modell am deutlichsten erkennbar ist. Keats beginnt mit einer kühnen Umdeutung des spätantiken Mythos von Amor und Psyche: das sterbliche Mädchen Psyche wird als Geliebte Cupidos unter die Götter versetzt. Man kann, ohne den Zyklus-Zusammenhang allzu stark zu betonen, den Text als Einführung in das große Projekt lesen, das Keats mit seinen Oden verfolgt – sehr bewußt, wie sich aus seinen Äußerungen gerade zu dieser Ode ergibt: »The first and the only one with which I have taken even moderate pains ...«, hat er selbst dazu bemerkt. Sorgfältig wird ein allegorischer Rahmen erstellt: da Psyche erst in der spätantiken Mythologie auftaucht, also gleichsam zu kurz gekommen ist, verhilft ihr der Poet nachträglich zu ihrem Recht. Mittlerweile ist allerdings der antike Götterhimmel verblaßt. Daher stiftet der Poet einen neuen Kult der Psyche. Seine Imagination will der Tempel sein, in der die Vereinigung der Seele mit dem Liebesgott gefeiert wird – als Inbegriff zeitloser Glückserfüllung, in der alles menschliche Leid, alle Vorläufigkeit überwunden ist. Daß diese neue Vereinigung mit einem poetischen Bild formuliert wird, ist bezeichnend für Keats' Verfahren:

And there shall be for thee all soft delight
That shadowy thought can win,
a bright torch, and a casement ope at night,
To let the warm love in.

Die für das Göttliche offene Kunst ist also fortan der Raum, in dem Körper und Geist eine neue Einheit bilden, in der Vernunft und Sinnlichkeit einander nicht feindlich gegenüberstehen. Rückzug aus der schnöden Welt – oder Vorstoß in neue Erkenntnisräume? Keats' visionäres Bekenntnis zu einer neuen Poesie stellt neue Fragen, verzichtet aber auf abschließende Antworten.

Was diese neue Poesie leisten kann, steht im Mittelpunkt von Keats' längster Ode, der *Ode to a Nightingale.* In ihr findet der Dichter seinen eigenen Ton, der Generationen von Lesern bezaubert hat. Der Gesang der Nachtigall erweckt im Sprecher, der sich in das widerspruchsvolle Leiden am Leben und in das lähmende Bewußtsein sinnlosen Dahinschwindens verstrickt sieht, die betörende Vision des Eingehens in eine leidensfreie Sphäre der Schönheit, wie sie allein die Poesie vermitteln kann:

Away! Away! for I will fly to thee,
    Not charioted by Bacchus and his pards
But on the viewless wings of Poesy,
    Though the dull brain perplexes and retards.
Already with thee! tender is the night
    And haply the Queen-Moon is on her throne,
Clustered around by all her starry Fays;
    But here there is no light,
Save what from heaven is with the breezes blown
    Through verdurous glooms and winding mossy ways.

Die ekstatische Vision wird als rauschhaft intensive Bilderfolge erlebbar; unvermittelt folgt ihr allerdings die ernüchternde Einsicht, daß die durch die Imagination vermittelte Annäherung den Gegensatz zwischen den Sphären von Lebenswelt und Transzendenz der Kunst nicht aufheben kann. Die Nachtigall entschwindet in der Dunkelheit; ratlos bleibt der Sprecher zurück.

Schönheit und Schwierigkeit – wir sagten es bereits – liegen bei Keats immer eng beieinander. So vollkommen der Text als romantisches Stimmungsbild nächtlichen Lauschens wirkt, so rätselhaft bleibt die ihn durchdringende Denkfigur: denn die Spannung von Erlösungshoffnung und Desillusionierung geht ja weit hinaus über den Verweis auf die autobiographische Situation (Keats hatte kurz zuvor erschüttert den Tod seines tuberkulosekranken Bruders Tom miterlebt), hinaus auch über die kritischen Hinweise auf lebensweltliche Aspekte (»where youth grows pale, and spectre-thin and dies«, Strophe 3). Und ferner: Welcher Gegensatz zwischen Sprecher und Nachtigall ist eigentlich im Spiel? Geht es um die Kluft zwischen menschlicher Sterblichkeit und Unsterblichkeit der Kunst? Zwischen dem Leiden am Leben und einem leidensfreien Jenseits, das nur durch den Tod betreten werden kann? Zwischen dem »wirklichen« Leben der Entfremdung und einem natürlichen, unentfremdeten Leben, wie es sein könnte? Bei aller konkreten Anschaulichkeit ist die Nachtigall eine höchst vielschichtige, ja paradoxe Chiffre: Kunst und Natur, Sinnlichkeit und Körperlosigkeit, gesteigerte Emotionalität und bewußtlose Freiheit von Gefühl.

In der Offenheit und Antwortverweigerung ruft Keats Grundwidersprüche der menschlichen Existenz bildlich auf. Der Text macht deutlich, daß dieser Existenz die Schönheit der Poesie unangreifbar gegenübersteht, ohne sie verschwinden zu lassen. In dieser Aufdeckung der Vorläufigkeit aller Versuche eindeutiger Sinnstiftung liegt – darauf hat kürzlich Christoph Bode in seinem bemerkenswerten Keats-Buch hingewiesen – »der romantisch-ironische Triumph« der Oden. Gerade die *Ode an die Nachtigall*, die sich wie die Nachtigall selbst letztlich dem eindeutigen Zugriff entzieht, inszeniert auf höchst raffinierte Weise das Scheitern poetischer Daseinsdeutung und verweist auf ein fundamentales Paradoxon: der erlebte Augenblick in seiner schmerzlichen Schönheit und Vergänglichkeit ist das einzig Überdauernde.

Anders gefaßt begegnet uns der »oxymorische Charakter allen irdischen Glücks«, wie es Hermann Fischer so schön formuliert hat, in der *Ode on Melancholy* – die schmerzliche Gewißheit der Vergänglichkeit, die auf paradoxe Weise die Lebensfreude zu steigern vermag. Nicht der schwermütige Todeswunsch, der die Seele betäubt oder vernichtet, bildet hier den Kern der Melancholie, sondern die aufs Äußerste gesteigerte Empfänglichkeit für das Schöne. Dieses Ineinander von Degeneration und Regeneration wird nun aber nicht in dürren Begriffen erläutert, sondern in überstürzenden Bildkaskaden:

But when the melancholy fit shall fall
    Sudden from heaven like a weeping cloud,
That fosters the droop-headed flowers all,
    And hides the green hill in an April shroud;
Then glut thy sorrow on a morning rose,
    Or on the rainbow of the salt sand-wave
Or on the wealth of globed peonies;
    Or if thy mistress some rich anger shows,
Emprison her soft hand, and let her rave,
    And feed deep, deep upon her peerless eyes.

Nicht immer gänzlich neu, gewinnen diese Bilder gleichwohl in ihrer synästhetischen Verquickung unerhörte neue Kraft, alle Sinne ansprechend, weit Entferntes schwebend und doch eindringlich miteinander verbindend. Das Unsagbare wird sichtbar, hörbar, nachempfindbar gemacht. Es ist diese üppige Bildlichkeit, die geradezu zum Signum der Lyrik von John Keats geworden ist und ganze Generationen von Lesern berauscht hat. Daß nicht alle Leser davon restlos begeistert waren, sei nicht verschwiegen. So bekennt Ernest Hemingway freimütig seine Vorbehalte: »I could never read Swinburne, Keats or Shelley. I tried it when I was a kid and simply felt embarrassed by their elaborate falseness« – ein wohl in mehr als einer Hinsicht aufschlußreiches Bekenntnis.

Daß es im übrigen nicht allein die Bilder sind, die der eindeutigen Sinnzuweisung widerstehen, zeigt das wohl berühmteste aller Oden-Zitate: »Beauty is truth, truth beauty – that is all / Ye know on earth, and all ye need to know«, jenes ebenso lapidar wie rätselhaft wirkende Epigramm, in dem Keats' *Ode auf eine griechische Urne* gipfelt. Eine »Summe seiner Kunst-Anschauung«, wie man gesagt hat, zugleich eine knappe Poetik der Romantik – gewiß. Doch erweist sich die Aussage bei näherem Zusehen als vieldeutig gebrochen, da die unterschiedliche Zeichensetzung in frühen Drucken – das Manuskript hat sich leider nicht erhalten – verschiedene Deutungen erlaubt. Ist es die Urne selbst, die die gesamte Botschaft an die Leser richtet – oder nur die erste Zeile? Ist die zweite Zeile als Antwort des Dichters an die Urne zu lesen oder als eine an den Leser adressierte Erläuterung? Sind gar beide Zeilen vom Dichter an die Urne gerichtet oder nur an ihre Figuren? Die kritischen Ansichten hierzu gehen weit auseinander – und damit schwankt das Gewicht, das man der Botschaft beimißt: gültige Aussage über das Wesen der Kunst, bewußt als fragwürdig markierte Übertreibung oder gar nichtssagender Unsinn: »Beauty ain't truth and truth ain't beauty and you've got to know a helluva lot more than that on earth«, wie der Literaturkritiker Leo Spitzer einst respektlos bemerkt hat.

Geht es in der *Ode on Melancholy* um die Schönheit der Natur, so hier um die Kunstschönheit. Die Urne steht jenseits der sinnlichen Sphäre von Vergänglichkeit und Zeitlichkeit, sie ist alterslos, vollkommen und der Wirklichkeit entrückt. Als Kunstgegenstand, genauer gesagt als Gegenstand der bildenden Kunst, tritt sie uns vor Augen. In der Beschreibung der figürlichen Darstellungen durch den Sprecher – ein dionysisches Tanzspiel, flötenspielende Musikanten, ein Liebespaar, eine Tieropferszene, alles umrahmt durch Ranken- und Blattmuster – lehnte sich Keats wohl zum Teil an ihm bekannte Werke der Antike an, vor allem an Abbildungen der sogenannten Sosibios-Vase im Louvre. Auch der Parthenon-Fries und mythologische Landschaftsbilder von Claude Lorrain kommen als Vorbilder in Betracht. »Thou, silent form, dost tease us out of thought/as doth eternity: cold pastoral!« Der Text verweist uns nicht auf ein individuelles Kunsterlebnis, sondern auf den merkwürdigen Zustand bewegungsloser Starre, in dem sich die Figuren dem Sprecher darbieten und ihn, der sie gleichsam von außen betrachtet, zu dem Ausruf »cold pastoral« veranlaßt – »Du kaltes Hirtenspiel«, wie der Reclam-Übersetzer formuliert oder, wie es in Horst Pionteks freier Übertragung heißt: »Du Lied der Hirten, kühl und unverwandt«. (Die Keats-Übersetzung bietet ihre eigenen Probleme.)

Die Kunst hat Dauer. Ihr Frühling vergeht nicht; das Flötenlied endet nie; nie gelingt der Kuß der Liebenden; nie erreicht der Priesterzug sein Ziel. Der Preis, den die Kunst für ihre zeitlose Dauer entrichtet, ist die Verweigerung lebendiger Erfüllung. Nun ist der gebannte Augenblick aber auch gerade ein Merkmal der bildenden Kunst. Keats weist (wohl unbewußt im Einklang mit Lessings *Laokoon*-Schrift) der bildenden Kunst die Darstellungsform einer statischen Idealität zu: sie ist zeitlos und unveränderlich, aber auch erstarrt und leblos. Die stumme Form vermittelt dem Betrachter eine Ahnung der Ewigkeit als Gegenwelt. Erst durch die Imagination des Dichters wird sie in erzählten Verlauf, in zeitliche Abfolge übersetzt und damit zum Leben erweckt. Eben das geschieht im Text. »Beauty is truth, truth beauty« – so betrachtet, beschränkt sich die Botschaft der Urnen-Ode und das kryptische Epigramm, in das sie mündet, (und das im übrigen wieder ein von Keats dem zeitgenössischen ästhetischen Diskurs entnommener Topos ist) nicht auf einen hemmungslosen Schönheitskult oder auf eine im Schlußkommentar relativierte, bedenkliche Kunstwahrheit. Keats' Ode beschränkt sich nicht darauf, die Selbstgenügsamkeit der Kunst zu konstatieren – Mörikes »Was aber schön ist, selig scheint es in ihm selbst« (*Auf eine Lampe*). Das Bild, das die Ode entwirft, sagt uns vielmehr etwas über das fundamentale Anderssein der Kunst, die unaufhebbare Kluft zwischen Kunst und Leben. Die Wahrheit der Kunst, der schöne Schein der Illusion, vermag auf das Leben auszustrahlen, nicht aber sich mit ihm zu vermengen.

Als *eine* Aussage vermittelt der Text diese Positionsbestimmung einer zeitlosen künstlerischen Wahrheit, aber auch ihre Opposition zur zeitverhafteten Erfahrungswelt – makellos schön, jedoch entrückt. Zugleich demonstriert der Text dieser wie auch der übrigen Oden gerade durch den Verzicht auf Schlüssigkeit, »daß die Bedeutung eines Kunstwerkes [...] nichts Gegebenes ist, sondern erst vom Rezipienten per deutender Interpretation selbst verfertigt wird«. Die Zeit- und leidensfreie Sphäre der Kunst und das leidvolle flüchtige Leben als getrennte Welten, die dennoch aufeinander bezogen bleiben – das ist ein Thema der englischen Dichtung bis in die frühe Moderne und darüber hinaus. William Butler Yeats – mit Keats nicht nur durch die Namensähnlichkeit verbunden – hat es in seinem Gedicht *Sailing to Byzantium* (1927) erneut aufgegriffen und abgewandelt.

Man hat die großen Oden von John Keats zu Recht als »Nachdenken in Bildern« bezeichnet. Gerade die Urnen-Ode präsentiert sich besonders klar als Text, der über sich selbst nachdenkt – allerdings gewissermaßen in Bruchstücken. Keats hat denn auch keine systematische Poetik hinterlassen, sondern das, was er zu sagen hat – und das war nicht wenig – seiner Korrespondenz mit der Familie und den Freunden anvertraut, in verstreut hingeworfenen Beobachtungen, in denen sich Sätze kühnster und verwegenster Spekulation mit alltäglichen Mitteilungen, mitunter auch trivialen Scherzen mischen. Wie kein zweiter englischer Romantiker hat Keats den Brief zum Medium eines differenzierten, oft genug auch widersprüchlichen Prozesses der radikalen Selbstbefragung gemacht – über die Rolle des Dichters, über den poetischen Schaffensvorgang, über das Verhältnis des Künstlers zur Lebenswirklichkeit. Keats' Briefe, selbst von einem so kritischen Leser wie T.S. Eliot als »certainly the most notable and most important ever written by any English poet« gerühmt, gewähren uns faszinierende Einblicke in sein Leben und Denken, aber auch in die Art seiner Wahrnehmung.

Als Gegner jeder systematischen Theorie nähert sich Keats den Grundfragen subjektiv-aphoristisch, oft in origineller metaphorischer Sprache, die der Begrifflichkeit vorauszueilen scheint. Diese intuitive Erkenntnisform entspricht seinem Weltbild: die Welt als zufällige Verkettung (»concatenation«) von einzelnen Fragmenten. Auch die Vorläufigkeit von Keats' poetologischen Überlegungen ist nicht so sehr Folge unsystematischen oder gar unreifen Interesses, sondern Ausdruck der Überzeugung, daß rationales, systematisches Denken keine endgültigen Antworten liefern kann. Früher als die meisten seiner Zeitgenossen überschritt Keats eine wichtige Schwelle: aus dem scheinbar ideal geordneten Kosmos der Aufklärung trat er hinaus in eine geheimnisvoll dunkle und leere Welt, in der nicht mehr Wissen und Norm, sondern die Ahnung des Geheimnisvollen zählt, in der jeder Einzelne mit sich und seiner Vorstellungskraft allein ist. Wie es in einem bekannten Sonett heißt:

Why did I laugh tonight? No voice will tell:
No God, no Demon of severe response,
Deigns to reply from Heaven or from Hell.
Then to my human heart I turn at once [...]

Für tastende Vorstöße in diese leere, dunkle Welt eignet sich die Briefform besonders gut. Keats' Briefe stehen im Grunde ebenbürtig neben seinem poetischen Werk – nicht nur, weil sie bei aller Konzilianz im Ton recht schonungslos mit dem dogmatischen Regelsystem des Klassizismus abrechnen, sondern auch, weil sie spekulativ vorwegnehmen, was dann in den Oden zur Anschauung gebracht wird: eine Welt der Diesseitigkeit, die vom Menschen sowohl die Einsicht in seine Endlichkeit fordert wie auch ihre Überwindung durch die aufnahmebereite Kraft der Imagination. Hier liegt auch eine Wurzel von Keats' erstaunlicher Kraft der Aneignung und Anverwandlung, für seine Forderung nach Distanz und Aushalten der Widersprüche, für die Bereitschaft, den poetischen Geist, wie er es einmal formuliert hat, zur »Durchgangsstraße für alle Gedanken« werden zu lassen. (»To let the mind be a thoroughfare for all thoughts«; Brief an George and Georgiana Keats, 24. Sept. 1819.) Für diesen Verzicht auf ordnende, zugleich aber verfälschende Zugriffe prägt Keats den befremdlichen, oft mißverstandenen Begriff der *negative capability*, der Fähigkeit zum Negativen, zum Aushalten von Brüchen und Widersprüchen (Brief an George und Thomas Keats, 21. [27.] Dez. 1817). Der Poet, so heißt es an anderer Stelle (Brief an Richard Woodhouse, 22. Okt. 1818), muß gleichsam seine eigene Person aufgeben: »As to the poetical character [...] it has no self – it is every thing and nothing – it has no character – it enjoys light and shade; it lives in gusto, be it foul or fair, high or low, rich or poor, mean or elevated«. Das Aufgehen des Dichters in den Dingen, die Poesie als Schlüssel zur Welt – natürlich verraten uns die Briefe einiges von der brodelnden Gedankenwelt des jungen Dichters, seinem Schwanken zwischen Selbstgewißheit und Selbstzweifel. Zugleich aber bieten sie, durchaus im Sinne Schlegels, dessen Formel »Das Individuum ist ein beständiges Werden«, wie wir eingangs zitierten – Bruchstücke einer radikal-romantischen Poetik, wie sie in der englischen Dichtung der Zeit sonst kaum zu finden ist, und die sich scharf vom systematischen Vorgehen der deutschen Romantik abhebt.

To Autumn – die Sprache des Schweigens

Ich möchte zum Abschluß *To Autumn* betrachten, jene Ode, in der die Grundspannung aller Oden, der schmerzliche, doch unentrinnbare Widerspruch zwischen dem Erlebnis der Vergänglichkeit und der Ahnung von Ewigkeit besonders intensiv hervortritt. Natürlich entzieht sich auch die Herbst-Ode, wie alle anderen Oden, dem schnellen Verständnis, oder besser gesagt: der Text präsentiert sich so sehr als vollkommener Ausdruck herbstlicher Stimmung, daß alle Deutungen abzuprallen scheinen.

Es gibt einen biographischen Ausgangspunkt. Am 21. September 1819 schreibt Keats aus Winchester, wo er sich gerade aufhält: »How beautiful the season is now – How fine the air. A temperate sharpness about it [...]. Dian skies [...] This struck me so much in my sunday's walk that I composed upon it«. Durchaus auf den erlebbaren teils englischen, teils südländischen Herbst bezogen sind die Farben, Geräusche, Düfte und Bewegungen, die in einer fast impressionistischen Bilderfolge an uns vorbeiziehen. Die prallen Weintrauben, die reifen Äpfel und Nüsse, die späten Blumen (Strophe 1); der Herbst als schläfriger Schnitter, der gelassen auf seine Stunde wartet (Strophe 2); Tiere in abendlicher Landschaft (Strophe 3). Ein scheinbar zeitloses Tableau, eine fast paradiesische Idylle – und doch wird sehr subtil ein doppelter Zeitablauf suggeriert: der neblige Morgen (Strophe 1) wandelt sich zur warmen Mittagstunde (Strophe 2) und mündet in den kühlen Spätnachmittag (Strophe 3). Auch die drei Herbstphasen werden unauffällig eingeflochten: auf den Frühherbst als Zeit letzter Reifung (Strophe 1) folgt die Erntezeit (Strophe 2) und der Spätherbst mit Stoppelfeldern (Strophe 3).

Zugleich aber erscheint der Herbst unter einem eigentümlich verschobenen Blickpunkt: in der ersten Strophe überwiegen Bilder des Reifens, die einen dynamischen Prozeß andeuten; die zweite Strophe kreist um die Erntezeit, visiert aber nicht die Ernte selbst an, sondern das Ende, den Augenblick der Ruhe nach der Ernte; in der dritten Strophe erklingt die Musik des Herbstes so harmonisch, daß die einleitende Frage nach den Frühlingsliedern (»Where are the songs of Spring? Ay, where are they?«) fast belustigt-ironisch wirkt, ja als unnötig abgetan wird. Alles bleibt in der Schwebe, auch die Frage, wer sich hinter der Gestalt des Herbstes, mit der der Sprecher auf so vertrautem Fuß zu stehen scheint, eigentlich verbirgt. Anders als in den übrigen Oden wird, wie Geoffrey Hartman bemerkt hat, die sonst übliche Wendung von der Illusion zur Desillusionierung nicht offen vollzogen. Der sonst charakteristische »strong, clearly marked moment of disenchantment« bleibt aus. Stattdessen stehen drei Bilder am Strophenende, die scheinbar auf Dauer verweisen:

Until they think warm days will never cease (Zeile 10)

... with patient look,
Thou watchest the last oozings hours by hours (Zeile 21f.)

And gathering swallows twitter in the skies (Zeile 33).

Ein ruhiges Innehalten wird hier greifbare Gegenwart, das sich übrigens auch in der auf zehn Zeilen verkürzten Odenstrophe spiegelt. Durch die »Verdoppelung« der vorletzten Zeile macht die metrische Form gewissermaßen das letzte Innehalten, den geschenkten Augenblick vor dem Ende hörbar.

Ruhe und fast heitere Gelassenheit also – nicht unbedingt die übliche Stimmung des Herbstes. Natürlich ist uns das Ende immer bewußt – um so eindringlicher, als es unausgesprochen bleibt. Das Ich als Sprecher, das in den übrigen Oden bedeutsam hervortritt und wichtige Folgerungen zieht, bleibt hier ebenso im Hintergrund wie der mythologische Bezug. Es entsteht der Eindruck, gleichsam den Herbst »pur« und unvermittelt zu erleben. Keats' Meisterschaft des Weglassens wird besonders offenkundig, wenn man *To Autumn* mit jenem anderen großen Herbstgedicht der englischen Romantik vergleicht, Percy B. Shelleys *Ode to the West Wind*, entstanden übrigens im gleichen Herbst wie Keats' Ode. Shelley preist den Herbst in ekstatischer Vehemenz als Jahreszeit des Vergehens und der Erneuerung, ernennt den Westwind zur Kraft des Umbruchs und stimmt einen Hymnus an, der in dem Wunsch des Sprechers nach Vereinigung des eigenen poetischen Genius mit dem elementaren Sturm einen grandiosen Höhepunkt erreicht:

Be through my lips to unawakened Earth
The trumpet of a prophecy! O wind
If Winter comes, can Spring be far behind?

Derart zum Zerreißen gespannte Rhetorik liegt Keats völlig fern, nicht nur weil ihm die offen revolutionäre Perspektive fehlt. (Die umstrittene Frage der politischen Dimension von Keats' Oden muß ich hier beiseitelassen. Daß Keats hier etwa in einer Art pastoraler Tarnsprache die spontane Fruchtbarkeit der unentfremdeten Natur preist, um verdeckt die Klassenpolitik seiner Zeit mit ihrer repressiven Getreidezollpolitik anzugreifen – auch diese Ansicht findet sich in der kritischen Literatur. Ich bin da skeptisch.) Der Herbst bleibt Herbst, aber alles ist denkbar.

Denkbar ist vor allem das Ende. Inmitten aller Lebensfülle kündigt sich der Tod unaufdringlich, aber unüberhörbar an. Ist in der ersten Strophe nur von den Bienen die Rede, die glauben, »warm days will never cease« (Zeile 10), so werden in der zweiten Strophe die Hinweise schon deutlicher, wenn die Sichel aufblitzt (Zeile 17) und die letzten Tropfen des Apfelmosts ausgepreßt werden (Zeile 22). Noch unmißverständlicher klingt das Ende in der dritten Strophe an: »soft-dying day« (Zeile 25); »in a wailful choir the small gnats mourn« (Zeile 27); »the light wind lives or dies« (Zeile 29). Der Winter kommt, das Leben endet, auch die Schönheit stirbt – wir alle wissen das, es braucht nicht ausdrücklich gesagt zu werden. Der zentrale Punkt, auf den alles zuläuft, bleibt sorgfältig ausgespart und wirkt dadurch um so eindringlicher. Über das unausgesprochene, untrügliche Bewußtsein des bevorstehenden Endes setzt sich der Text mit unerschütterlicher Gelassenheit hinweg, nimmt die Endlichkeit der Zeit hin – mehr noch, er bejaht und genießt sie.

Then in a wailful choir the small gnats mourn
  Among the river sallows, borne aloft
    Or sinking as the light wind lives or dies;
And full-grown lambs loud bleat from hilly bourn;
  Hedge-crickets sing; and now with treble soft
  The red-breast whistles from a garden-croft;
    And gathering swallows twitter in the skies.

Keats beschwört den Augenblick des Stillstands vor dem Ende, den später Gottfried Benn in seinem berühmten motivverwandten Herbstgedicht »Astern, schwälende Tage« benennen sollte: »Noch einmal ein Vermuten, wo längst Gewißheit wacht«. Nur daß Keats eben gar nichts benennt, sondern in subtilster Weise ins Bild setzt. Natürlich kommt uns auch Rilke in den Sinn: »Befiehl den letzten Früchten voll zu sein,/gieb ihnen noch zwei südlichere Tage«. Rilke ist hier Keats nicht nur im Thema, sondern auch in der Klanggestalt und in der Art, Dinge selbst sprechen zu lassen, ganz nahe. Und doch auch wieder ganz fern: Keats kennt kein »Herr: es ist Zeit« und kein »wachen, lesen, lange Briefe schreiben«. Was immer die Zukunft bringen mag, es wird nicht ausgesprochen. Dennoch verstehen wir seine Sprache des Schweigens.

Der Tod in vielerlei Gestalt

Nicht nur in der Herbst-Ode wird das Leben in seiner bewußt erlebten Flüchtigkeit, ja im Einverständnis mit dem Tod gefeiert. Der Tod ist eine Konstante der Bild- und Denkwelt der Oden, ja er wird zum Schlüssel zu deren Verständnis überhaupt zu sehen. Recht schattenhaft noch erkennen wir ihn in der *Ode to Psyche*, wo Psyche als spätgeborenes Mitglied »of all Olympus' faded hierarchy« beschworen wird, als abgestorbener Mythos schöpferischer Kraft, der durch den poetischen Sprecher neu belebt wird. Scharf profiliert und in paradoxer Verdoppelung später dann in *Ode to a Grecian Urn*: die Leblosigkeit als Merkmal künstlerischer Vollkommenheit wird hier subtil mit der Todestendenz menschlichen Lebens konfrontiert. Eine Wendung ins Persönliche nimmt das Todesmotiv in *Ode to a Nightingale* mit dem betörenden, geradezu todessüchtigen Zeilen »[...] and, for many a time I have been half in love with easeful Death«; und später: »Now« [nämlich im Augenblick der Erfüllung] »more than ever seems it rich to die«. In der Bereitschaft, den Tod als Preis für einen ekstatischen Augenblick der Vereinigung mit dem Vollkommenen zu zahlen, verbirgt sich eine spezifisch romantische Sehnsucht nach dem Tode als Erlösung vom Leiden am Leben und seiner engen Beschränktheit. In gedämpfter Form wird die Sehnsucht auch in der *Ode on Melancholy* spürbar, wo Schwermut nicht als Weg zur Vernichtung des Lebens, sondern zur Vermeidung des Todes erscheint, als Möglichkeit, durch Todesahnung und Todesbereitschaft die Schönheit des Diesseits um so intensiver zu genießen. Und schließlich die Herbst-Ode: auch der Tod verbirgt sich in der prächtigen Gestalt des Herbstes, als Vorbote des Endes und der höchsten Reife, der seine tödliche Sichel noch einen Augenblick ruhen läßt:

> Drowsed with the fume of poppies, while thy hook
> Spares the next swath and all its twinèd flowers.

Dem Tod also begegnen wir bei Keats auf Schritt und Tritt. Er ist Vernichter der menschlichen Existenz, er bringt aber auch die erlösende Befreiung von der Last des Daseins; er ist Inbegriff höchster Intensität des Seins, aber auch Voraussetzung für neues Leben, und insofern Inbegriff des Kreislaufs der Natur. Hier berührt sich Keats mit Novalis und der deutschen Romantik. Die »Sympathie mit dem Tode« hat Thomas Mann in den *Betrachtungen eines Unpolitischen* als »Formel und Grundbestimmung aller Romantik« bezeichnet.

John Keats' Oden erschöpfen sich nicht im Autobiographischen und spiegeln doch zweifellos seine eigene vielfältige Todeserfahrung. Der frühe Tod seines Vaters im April 1804 – Keats war damals neun Jahre alt – und der seines jüngeren Bruders Tom, der im Dezember 1818 als Neunzehnjähriger der Tuberkulose erlag, ließen den jungen Dichter wohl schon bald ahnen, daß auch ihm selbst nicht viel Zeit bleiben würde, die Werke zu schaffen, zu denen er sich berufen fühlte. Nur ein knappes Jahr nach Beginn der großen Oden-Periode bricht dann die eigene Todeskrankheit offen aus. »I know the colour of that blood; – it is arterial blood; – I cannot be deceived in that colour; – that drop of blood is my death-warrant; – I must die«, bemerkt er lakonisch nach dem ersten schweren Blutsturz am 3. Februar 1820. Da die Medizin der Zeit hilflos ist, soll das südliche Klima Linderung, wenn nicht Heilung bringen.

Keats' letzte Reise ist oft beschrieben worden. Bereits todkrank bricht er am 18. September 1820 nach Italien auf. Nach langwieriger Passage in einer Nußschale von Schiff, unter widrigsten Umständen, zuletzt wochenlang vor Neapel in Quarantäne festgehalten, trifft er schließlich Mitte November in Rom ein und bezieht Quartier am Fuße der Spanischen Treppe, schlecht und recht versorgt von seinem treuen Freund, dem jungen Maler Joseph Severn. Aber es gibt keine Hilfe mehr, und er weiß es längst. »I have an habitual feeling«, schreibt er am 30. November an seinen alten Schulfreund Charles Brown, »of my real life having past, and that I am leading a posthumous existence.«

Knapp drei Monate später, am 23. Februar 1821, gegen elf Uhr nachts, stirbt John Keats. Er ist 25 Jahre alt. Man begräbt ihn vor den Toren der Stadt auf dem *Cimitero Acattolico*, dem protestantischen Friedhof, nahe der Pyramide des Cestius. Seine selbstgewählte Grabinschrift ist ein letztes, vieldeutiges Bild: »Here lies One/Whose Name was writ in Water« (Hier ruht einer, dessen Name auf Wasser geschrieben wurde). Der Text verrät die quälenden Zweifel des jungen Dichters an der dauernden Gültigkeit des schmalen Werkes, das er hinterließ; er drückt zugleich aber die Sehnsucht aus, eins zu werden mit dem Elementaren. In den Großen Oden ist Keats diese Verschmelzung in einzigartiger Weise gelungen.

Epilog: Keats' Nachruhm

Ich sprach zu Beginn über John Keats in Deutschland als nahezu unbekannte Größe. Der Unterschied zur Bekanntheit und Beliebtheit des Dichters in seiner englischen Heimat könnte nicht tiefer sein. Keats' bis heute kaum geminderter Nachruhm setzte gleich nach seinem frühen Tod ein und ließ die mißgünstige Kritik an seinem angeblichen Cockney-Tum rasch verstummen. Es war kein Geringerer als Shelley – ein Poet, dessen anarchisches Pathos Keats eigentlich fernstand –, der den Ton angab. Shelleys Elegie *Adonais. An Elegy on the Death of John Keats, Author of Endymion, Hyperion, etc.*, wenige Monate nach Keats' Tod veröffentlicht, ist ein erstes bewegendes Zeugnis des Keats-Kultes, der schon bald einsetzen sollte. Die erste Strophe lautet:

> I weep for Adonais – he is dead!
> O, weep for Adonais! though our tears
> Thaw not the frost which binds so dear a head!
> And thou, sad Hour, selected from all years
> To mourn our loss, rouse thy obscure compeers,
> And teach them thine own sorrow, say: with me
> Died Adonais; till the Future dares
> Forget the Past, his fate and fame shall be
> An echo and a light unto eternity!

Shelley feiert den bewunderten Freund in der Gestalt des Adonis, jenes Lieblings der Venus, der nach seinem Tod von Proserpina ins Leben zurückgerufen wurde: sein Tod bedeutet nicht Auslöschung, sondern das Aufgehen in der elementaren Natur. Shelley starb knapp eineinhalb Jahre nach Keats, als sein Segelboot im Golf von La Spezia kenterte. Er wurde später unweit von Keats begraben. In der klassisch stilisierten Klage, die gleichwohl ihre Erschütterung nicht verbirgt, schwingt die Ahnung des nahen eigenen Todes mit: »Why linger, why turn back, why shrink, my heart.«

Zumindest im angelsächsischen Kulturkreis hat John Keats den hohen Rang, den Shelley ihm zuspricht, beim *common reader* wie im Urteil der Literaturkritik, seither fast unangefochten behaupten können. (Die Feiern zum 200. Geburtstag 1995 haben dies eindrucksvoll belegt.) Dabei haben sich freilich die Gründe, welche die Nachwelt für die Außerordentlichkeit von Keats' poetischem Werk fand, immer wieder gewandelt. Keats' Werk konnte Vorbild für viele spätere Autoren werden, weil in ihm so vieles angelegt war. »Keats schrieb«, wie Rudolf Kassner, um die Jahrhundertwende wohl der beste deutsche Kenner der englischen Literatur, sagte, »seine Gedanken für viele voraus.«

Die Viktorianer, allen voran der einflußreiche Kulturkritiker und Lyriker Matthew Arnold, verehrten Keats als Inbegriff des »reinen« Poeten und als Vertreter einer idealen Kunstwelt. Unter den Lyrikern der zweiten Hälfte des 19. Jahrhunderts – Robert Browning, Dante Gabriel Rossetti, Alfred Lord Tennyson – war kaum einer, der nicht im Zeichen von Keats zu schreiben begann. Später machte das europäische *fin-de-siècle* – von Swinburne in England zu Hofmannsthal und Rilke in Deutschland, André Gide in Frankreich – die frühvollendete Dichtergestalt zum Mittelpunkt eines ästhetizistischen Schönheitskultes. *Keats and Shakespeare* lautete der Titel einer 1925 erschienenen Studie, in der John Middleton Murry (der spätere Ehemann von Katherine Mansfield) – gestützt auf Matthew Arnold – beide Poeten zu gleichbedeutenden charismatischen Genies und Verkündern einer prophetischen Kunstreligion ernannte – eine zwar einseitige, aber nicht ganz unberechtigte Zwillingsapotheose, wenn man die beiden Dichtern eigene scheinbar mühelose Bild-Erfindung im Zeichen einer undogmatischen Offenheit auch für extrem Widersprüchliches in Betracht zieht.

Auch zahlreiche Autoren der Moderne beriefen sich auf Keats als formal bewußt schaffenden Autor, der einen autonomen Literaturbegriff vertrat und zudem den spannungsvollen Zwiespalt von Endlichkeit und Unendlichkeit illusionslos aushielt. Auf William Butler Yeats habe ich bereits hingewiesen. Ezra Pound hat ihn wegen seines radikalen Verzichts auf alles Absichtsvoll-Belehrende zum Vertreter des Imagismus *avant la lettre* ernannt. Auch der im Ersten Weltkrieg gefallene Lyriker Wilfred Owen – um nur einen weiteren Namen zu nennen – gehörte zu den glühenden Verehrern von Keats. T.S. Eliot, selten um ein maßstabsetzendes Urteil verlegen, stellt den Menschen Keats über sein Werk und zählt ihn, gemeinsam mit Baudelaire und Goethe übrigens, zu jenen Männern, »who are important first because they are human prototypes of new experience, and only second because they are poets«.

Und wie sehen wir Keats und seine Oden heute? Als Bestandteil des nationalen britischen Kanons sind sie Allgemeingut geworden; gleichwohl bleiben sie rätselhaft wie eh und je. Ein Fortschritt in unserem Verständnis könnte vielleicht darin liegen, daß die Fruchtlosigkeit der Suche nach dem, was Kenneth Muir »the plain and elementary statement of what the odes are about« genannt hat, der Einsicht Platz zu machen beginnt, daß die Fragen, die diese Texte aufgeben, konstitutiv für ihren Sinn und seine nicht aufhebbare Ambiguität sind. Mit anderen Worten: auch wir als Leser müssen die Kunst der *negative capability* erlernen. Die Schönheit der Vergänglichkeit und die Vergänglichkeit der Schönheit – sie bleiben letztlich Keats' Geheimnis.

Textausgaben

John Keats: *The Complete Poems.* Ed. John Barnard. Harmondsworth: Penguin 1988.

John Keats: *Werke und Briefe.* Ausgewählt und übertragen von Mirko Bonné unter Verwendung der Briefübersetzungen von Christa Schuenke. Ed. Hermann Fischer. Stuttgart: Reclam 1995.

Literaturhinweise

Bate, Walter Jackson: *John Keats* [1963]. London: Chatto & Windus 1979.

Bloom, Harold (ed.): *The Odes of Keats.* New York: Chelsea House Publishers 1987.

Bode, Christoph: *John Keats: Play On.* Heidelberg: Winter 1996.

Bonarius, Gerhard: *Zum Magischen Realismus bei Keats und Novalis* [1950]. Amsterdam: Swets & Zeitlinger 1974.

Coote, Stephen: *John Keats: A Life.* London: Hodder & Stoughton 1995.

Fraser, G.S. (ed.): *John Keats: Odes. A Casebook.* London/Basingstoke: Macmillan 1971.

Hoffmann, Ulrich: *Die erdichtete Identität. Subjekt des Autors und auktoriales Subjekt in den Briefen und einigen Gedichten von John Keats.* Tübingen: Niemeyer 1984.

Keller, Ulrich: *Der Augenblick als dichterische Form in der Lyrik von William Wordsworth und John Keats.* Bad Homburg: Gehlen 1970.

Mason, Eudo C: *Deutsche und englische Romantik. Eine Gegenüberstellung.* Göttingen: Vandenhoeck & Ruprecht 1970.

Muir, Kenneth (ed.): *John Keats: A Reassessment* [1958]. Liverpool: Univ. Press 1969.

Ricks, Christopher: *Keats and Embarrassment.* London: Oxford UP 1974.

Schlüter, Kurt: *Die englische Ode. Studien zu ihrer Entwicklung unter dem Einfluß der antiken Hymne.* Bonn: Bouvier 1964.

Stillinger, Jack: *The Hoodwinking of Madeline and Other Essays on Keats's Poems.* Urbana: University of Illinois Press 1971.

Vendler, Helen: *The Odes of John Keats.* Cambridge, Mass.: Belknap Press 1983.

Viebrock, Helmut: *John Keats.* Darmstadt: Wiss. Buchgesellschaft 1977.

Viëtor, Karl: *Geschichte der deutschen Ode.* Hildesheim: Olms 1961.

Wolpers, Theodor: »Zur Struktur der Bildlichkeit bei Keats«. *Anglia* 80 (1962), 89–110.

Georg Büchner: »Lenz«

Kaspar H. Spinner

Als im Februar 1837 der Mediziner, Privatdozent, Dramatiker Georg Büchner in seinem Züricher Exil dreiundzwanzigjährig starb, fand sich in seinem Nachlaß ein unvollendetes Prosastück über den Dichter Jakob Michael Reinhold Lenz. Diese Erzählung, 1839 erstmals publiziert, ist zu einem Text geworden, den viele für einen Höhe- und Wendepunkt der deutschen Prosa halten. Walter Jens nennt *Lenz* einmal »die erste moderne Erzählung«, Hans Mayer spricht von der »größten Erzählung in unserer Sprache«, Elias Canetti vom »wunderbarsten Stück deutscher Prosa« (Zitate nach Schaub 1987, 89). Im folgenden soll das Besondere dieses Textes aufgezeigt werden. Dabei werde ich mich im wesentlichen auf zwei Ausschnitte stützen. Besonders ausführlich widme ich mich dem berühmten Anfang der Erzählung, der nach unseren heutigen textkritischen Erkenntnissen entstehungsgeschichtlich einem fortgeschrittenen Stadium von Büchners Arbeit am Text entspricht und in besonderem Maße literaturgeschichtlich wirksam geworden ist.

> Den 20. ging Lenz durch's Gebirg. Die Gipfel und hohen Bergflächen im Schnee, die Täler hinunter graues Gestein, grüne Flächen, Felsen und Tannen. Es war naßkalt, das Wasser rieselte die Felsen hinunter und sprang über den Weg. Die Äste der Tannen hingen schwer herab in die feuchte Luft. Am Himmel zogen graue Wolken, aber Alles so dicht, und dann dampfte der Nebel herauf und strich schwer und feucht durch das Gesträuch, so träg, so plump. Er ging gleichgültig weiter, es lag ihm nicht's am Weg, bald auf- bald abwärts.

Lenz geht durchs Gebirg. Es ist ein seltsames Gehen, das hier beschrieben ist; es ist ziellos, der Gehende wirkt wie verloren im Landschaftsraum, er ist bedrängt und bedrückt von der Feuchtigkeit und innerlich gleichgültig.

Wenn wir uns als Leser die Landschaftsszenerie vorstellen wollen, dann merken wir, daß vor unserem inneren Auge kein klar konturiertes Bild entstehen will; es ist von Gipfeln die Rede, von Bergflächen usw., von Ästen, von Wolken; es sind fast alles Pluralformulierungen oder Kollektiva wie »Gebirg«, »Gestein«, »Gesträuch«, überwiegend mit Bewegungsverben kombiniert, so daß unsere Vorstellung trotz aller evozierten Intensität merkwürdig unbestimmt bleibt. Zum Vergleich zitiere ich den Anfang von Tiecks Erzählung *Runenberg*, bei dem ebenfalls die Hauptfigur im Gebirge gezeigt wird. Tieck war ein Lieblingsdichter von Büchner.

> Ein junger Jäger saß im innersten Gebirge nachdenkend bei einem Vogelherde, indem das Rauschen der Gewässer und des Waldes in der Einsamkeit tönte. Er bedachte sein Schicksal, wie er so jung sei und Vater und Mutter, die wohlbekannte Heimat und alle Befreundeten seines Dorfes verlassen hatte, um eine fremde Umgebung zu suchen, um sich aus dem Kreise der wiederkehrenden Gewöhnlichkeit zu entfernen, und er blickte mit einer Art von Verwunderung auf, daß er sich nun in diesem Thale in dieser Beschäftigung wiederfand. Große Wolken zogen durch den Himmel und verloren sich hinter den Bergen, Vögel sangen aus den

> Gebüschen, und ein Wiederschall antwortete ihnen. Er stieg langsam den Berg hinunter und setzte sich an den Rand eines Baches nieder, der über vorragendes Gestein schäumend murmelte. Er hörte auf die wechselnde Melodie des Wassers, und es schien, als wenn ihm die Wogen in unverständlichen Worten tausend Dinge sagten, die ihm so wichtig waren, und er mußte sich innig betrüben, daß er ihre Reden nicht verstehen konnte.

Hier bei Tieck kann man sich die Landschaft wie ein Bühnenbild vorstellen und die Figur an bestimmter Stelle verorten. Obschon in romantischer Weise der Raum von Tönen, der geheimnisvollen Sprache der Natur, erfüllt ist und so über das Sichtbare hinausweist, bleibt die räumliche Struktur im Gegensatz zu Büchner klar. Das läßt sich an Einzelheiten festmachen: Tiecks Jäger steigt langsam den Berg hinunter, Büchners Lenz aber geht bald auf-, bald abwärts. Bei Tieck ist von einem Bach die Rede, der über vorragendes Gestein schäumend murmelt, bei Büchner ganz allgemein vom Wasser, das über die Felsen hinunterrieselt und über den Weg springt. Bei Tieck können wir wie Zuschauer in einem Theater die Szene vor uns sehen; bei Büchner nehmen wir die Landschaft mit den Augen von Lenz wahr und sind seiner räumlichen Desorientierung ausgeliefert. Die Raumgestaltung, so zeigt sich hier, ist eng verknüpft mit der Perspektive, in der uns die Erzählung vermittelt wird.

Mit diesen Beobachtungen zur Raumgestaltung und Erzählperspektive ist bereits ein wesentlicher Aspekt erfaßt, der Büchners Text ungewöhnlich macht und auf die Literatur des 20. Jahrhunderts vorausweist. Nicht nur der Protagonist ist orientierungslos, sondern auch wir als Leser sind es; hier ist kein Erzähler, der vor unseren Augen die Bühne aufbaut, vielmehr werden wir unmittelbar mit der Perspektive der Hauptfigur konfrontiert. Formulierungen wie »dann dampfte der Nebel herauf und strich schwer und feucht durch das Gesträuch, so träg, so plump« machen das besonders deutlich; es liegt, erzähltechnisch gesprochen, eine radikalisierte personale, d.h. an der Hauptperson oder -figur der Erzählung ausgerichtete Erzählperspektive vor.

Schauen wir uns vor diesem Hintergrund die Landschaftsschilderung noch genauer an. Statt festgefügter Tektonik finden wir Bewegung, und zwar überwiegend Bewegung nach unten; schon im zweiten Satz geht die Beschreibung von den Gipfeln zu den Tälern. Das Wasser rieselt die Felsen »hinunter«, die Tannenäste hängen »herab«. Dann freilich ist vom heraufdampfenden Nebel die Rede, aber gleich wird die Bewegung des Nebels als schwer, träg und plump gekennzeichnet, so daß keine wirkliche Aufwärtsbewegung entsteht. Es ist, als drücke alles hinunter und als entgleite die Landschaft; Lenz scheint keinen festen Boden unter seinen Füßen zu haben.

Typisch für Büchners Gestaltung ist der Satz »Er ging gleichgültig weiter«. Wenn man das Adjektiv »gleichgültig« weglassen und einen Leser fragen würde, was hier wohl stehen könne, würde man vermutlich eher Adjektive wie »bedrückt«, »deprimiert« als Antwort erhalten. Aber Büchner wählt gerade nicht ein Wort, das einen intensiven Gefühlszustand wiedergibt; Lenz ist »gleichgültig«, es liegt ihm nichts am Weg und offenbar auch nichts an der Landschaft. Das widerspricht unseren Erwartungen an die Funktion von Landschaftsschilderungen; wir kennen in der Erzählliteratur Natur als Spiegel von Gemütszuständen wie Freude, Glück, Trauer, Verzweiflung usw. In der Empfindsamkeit und in der Romantik sind insbesondere auch Schilderungen von düsteren Landschaften als Ausdruck von Melancholie und Schwermut beliebt. Es findet dabei eine Art Verschmelzung von Gemütszustand und Landschaftsschilderung statt. Büchner verstärkt durch die personale Perspektive einerseits die Subjektivität der Darstellung, andererseits macht er zugleich einen Bruch zwischen der inneren Verfassung des Protagonisten und der ihn umgebenden Welt deutlich. Später in der Erzählung heißt es: »die Welt [...] hatte einen ungeheuern Riß, er hatte keinen Haß, keine Liebe, keine Hoffnung, eine schreckliche Leere und doch eine folternde Unruhe, sie auszufüllen. Er hatte *Nichts.*«

Vor dem Hintergrund der aufgezeigten Raumerfahrung erscheint nun auch der Satz, mit dem die Erzählung weitergeht und der in anderem Zusammenhang abstrus wirken könnte, konsequent:

> Müdigkeit spürte er keine, nur war es ihm manchmal unangenehm, daß er nicht auf dem Kopf gehn konnte.

Hier wird endgültig offenbar, daß für die Figur Lenz die gewohnte Raumwahrnehmung außer Kraft gesetzt ist.

Dieser Satz »nur war es ihm manchmal unangenehm, daß er nicht auf dem Kopf gehn konnte« wird immer wieder zitiert als Ausdruck für die geistige Verwirrung von Lenz. Büchners *Lenz* handelt, den biographischen Tatsachen folgend, von der zunehmenden psychischen Erkrankung von Lenz, von seinen Depressionen, seinen Wahnvorstellungen und seinem verstörten Verhalten. Büchners *Lenz* gilt in der Psychiatrie als eine frühe Schizophreniestudie, und noch heute sieht die Forschung in diesem Text eine außergewöhnlich differenzierte und genaue Schilderung psychischer Erkrankung. Büchner hatte sich anhand von schriftlichen und mündlichen Informationen genau über den historischen Lenz informiert; es war sein Interesse, die geistige Verfassung dieses Menschen darzustellen. Als Rahmen wählte er dessen Aufenthalt beim Pfarrer Johann Friedrich Oberlin im Elsaß. Allerdings ist es kennzeichnend, daß Büchner insbesondere am Anfang der Erzählung nicht ausdrücklich auf den Aspekt der Krankheit Bezug nimmt; wenn er als Erzähler dem Leser gleich anzeigen würde, daß es sich um die Darstellung eines Wahnsinnigen handelte, würden wir den Text wohl von vornherein in einer gewissen Distanz lesen. Büchner präsentiert uns aber die Erlebnisperspektive der Hauptfigur so, daß wir mit ihr wahrnehmen und empfinden; was man mit psychiatrischen Begriffen wie Derealisation und Depersonalisation bezeichnen und gleichsam distanziert verorten könnte, erfahren wir in der Lektüre als eine nachvollziehbare Erlebnismöglichkeit. Darin liegt die besondere literarische Qualität des Textes, durch die er sich von einem psychiatrischen Krankheitsbericht unterscheidet. Deshalb soll hier die psychiatrische Diskussion um den Text nicht weiter verfolgt werden.

Die auf den zitierten Anfang folgende Satzperiode zeigt noch einmal die Bewegung von intensiver Naturwahrnehmung hin zur Feststellung innerer Leere:

> Anfangs drängte es ihm in der Brust, wenn das Gestein so wegsprang, der graue Wald sich unter ihm schüttelte, und der Nebel die Formen bald verschlang, bald die gewaltigen Glieder halb enthüllte; es drängte in ihm, er suchte nach etwas, wie nach verlornen Träumen, aber er fand nichts.

Die Ernüchterung und Desillusionierung kommt selbst in der Syntax und Textrhythmik zum Ausdruck: Ein knapper, lapidarer Satz mit drei einsilbigen Wörtern, »er fand nichts«, schließt die Satzreihe ab. Die Landschaft wird metaphorisch mit Ausdrücken, die normalerweise in Bezug auf Tiere verwendet werden, beschrieben: Das Gestein »springt« weg, der Wald »schüttelt« sich, der Nebel »verschlingt« die Formen und »enthüllt« die Glieder. Es ist eine körperorientierte Ausdrucksweise, die weiter oben schon in Wörtern wie »träg« und »plump« angeklungen ist. Diese Körperlichkeit, die wir mit Vitalität konnotieren, kontrastiert mit der inneren Leere von Lenz. Es wird sich zeigen, daß Büchner diesen Leiblichkeitsdiskurs in seinem Text noch weiter entfaltet.

Mit dem nun folgenden Satz wird deutlich, daß nicht nur die Raumorientierung fehlt, sondern auch das Zeitgefühl durcheinandergerät:

> Es war ihm alles so klein, so nahe, so naß, er hätte die Erde hinter den Ofen setzen mögen, er begriff nicht, daß er soviel Zeit brauchte, um einen Abhang hinunter zu klimmen, einen fernen Punkt zu erreichen; er meinte, er müsse Alles mit ein Paar Schritten ausmessen können.

Im weiteren Fortgang erfolgt ein überraschender stilistischer Wechsel. Während der Text bis hierher syntaktisch wenig Hypotaxe enthält, also vor allem aus kurzen Hauptsätzen besteht, kommt nun ein Satzgefüge, das sich über viele Zeilen hinzieht und in eine eng angeschlossene Satzreihe übergeht:

> Nur manchmal, wenn der Sturm das Gewölk in die Täler warf, und es den Wald herauf dampfte, und die Stimmen an den Felsen wach wurden, bald wie fern verhallende Donner, und dann gewaltig heran brausten, in Tönen, als wollten sie in ihrem wilden Jubel die Erde besingen, und die Wolken wie wilde wiehernde Rosse heransprengten, und der Sonnenschein dazwischen durchging und kam und sein blitzendes Schwert an den Schneeflächen zog, so daß ein helles, blendendes Licht über die Gipfel in die Täler schnitt; oder wenn der Sturm das Gewölk abwärts trieb und einen lichtblauen See hineinriß, und dann der Wind verhallte und tief unten aus den Schluchten, aus den Wipfeln der Tannen wie ein Wiegenlied und Glockengeläute heraufsummte, und am tiefen Blau ein leises Rot hinaufklomm, und kleine Wölkchen auf silbernen Flügeln durchzogen und alle Berggipfel scharf und fest, weit über das Land hin glänzten und blitzten, riß es ihm in der Brust, er stand, keuchend, den Leib vorwärts gebogen, Augen und Mund weit offen, er meinte, er müsse den Sturm in sich ziehen, Alles in sich fassen, er dehnte sich aus und lag über der Erde, er wühlte sich in das All hinein, es war eine Lust, die ihm wehe tat;

Welche Funktion hat der Stilwechsel, den diese Stelle vom Vorhergehenden unterscheidet? Büchner greift hier die Ausdrucksweise des Sturm und Drang auf, jener literarischen Strömung, der man den historischen Dichter Lenz zuordnet; dieser war befreundet mit dem jungen Goethe, folgte auf dessen Spuren, indem er z.B. dessen Jugendgeliebte Friederike Brion aufsuchte und sich in sie verliebte. Es ist insbesondere die Sprache und auch die Motivik von Goethes Jugendroman *Die Leiden des jungen Werthers,* die sich Büchner hier aneignet. Ich zitiere den Wertherbief vom 10. Mai, der als ein Vorbild für die syntaktische Struktur der Büchnerstelle gelten kann und in dem die für den Sturm und Drang typische und in Büchners *Lenz* aufgegriffene Lust, sich mit der Natur zu vereinigen, zum Ausdruck kommt:

> Wenn das liebe Tal um mich dampft, und die hohe Sonne an der Oberfläche der undurchdringlichen Finsternis meines Waldes ruht, und nur einzelne Strahlen sich in das innere Heiligtum stehlen, ich dann im hohen Grase am fallenden Bache liege, und näher an der Erde tausend mannigfaltige Gräschen mir merkwürdig werden; wenn ich das Wimmeln der kleinen Welt zwischen Halmen, die unzähligen, unergründlichen Gestalten der Würmchen, der Mückchen näher an meinem Herzen fühle, und fühle die Gegenwart des Allmächtigen der uns nach seinem Bilde schuf, das Wehen des Alliebenden, der uns in ewiger Wonne schwebend trägt und erhält; mein Freund! wenn's dann um meine Augen dämmert, und die Welt um mich her und der Himmel ganz in meiner Seele ruhn wie die Gestalt einer Geliebten; dann sehne ich mich oft und denke: ach, könntest du das wieder ausdrücken, könntest dem Papiere das einhauchen, was so voll, so warm in dir lebt, daß es würde der Spiegel deiner Seele, wie deine Seele ist der Spiegel des unendlichen Gottes!

Die Parallelen gehen bis in die Wortwahl hinein, man beachte z.B. das Verb »dampft« bzw. »dampfte«. Es gibt motivische Entsprechungen, z.B. die Sonne, die durch die Bäume bzw. durch die Wolken dringt, oder die Rede vom Allmächtigen, Alliebenden bei Goethe und dem All bei Büchner. Aber zugleich sind Unterschiede vorhanden. Goethes Text spricht davon, wie Werther die Gegenwart des Allmächtigen spürt und die eigene Seele als Spiegel des unendlichen Gottes erfährt. In Büchners *Lenz* dagegen ist nur noch vom »All« die Rede, nicht mehr von Gott, und es geht genau genommen weniger um eine Erfahrung des Einsseins als um die Lust, alles in sich zu fassen; von dieser Lust heißt es, daß sie »wehe tat«. Hier findet sich wieder die oben schon aufgezeigte Gegenbewegung am Ende einer Satzsequenz. Sie ist hier vorbereitet durch die Beschreibung der Haltung von Lenz: »riß es ihm in der Brust, er stand, keuchend, den Leib vorwärts gebogen, Augen und Mund weit offen«. Wenn man sich diese gequälte Haltung anschaulich vorstellt, wird einem bewußt, wie weit man hier von dem ruhenden Einssein, von dem Goethe spricht, entfernt ist. Aufmerksam geworden, entdeckt man nun, daß dieser Widerruf der Goetheschen Konzeption auch in Büchners Landschaftsschilderung schon vorbereitet ist: Der »Sonnenschein« zieht »sein blitzendes Schwert an den Schneeflächen«, die »Berggipfel« glänzen und blitzen »scharf und fest«.

Man sieht also, daß Büchner in seinem *Lenz* die pantheistische Naturauffassung des frühen Goethe, die eine Erfahrung des Unendlichen in der Natur erlaubt, zitiert und zugleich widerruft. Nun wird in einem tieferen Sinne verständlich, warum Büchner in seiner Naturschilderung immer wieder eine Vereinigung von Landschaft und Seele des Protagonisten anbahnt, aber dann diese Vereinigung abrupt ins Gegenteil verkehrt, in die Fremdheit des Ich in dem es umgebenden Raum: In Büchners *Lenz* wird der pantheistischen Natur- und Weltauffassung, die für den Sturm und Drang, die deutsche Klassik und die Romantik weitgehend gültig war, die Absage erteilt. Büchners Lenz findet nicht mehr sich selbst und das Unendliche in der Landschaft, er ist von ihr getrennt. Deshalb bleibt er ziellos in seinem Gehen und findet keinen Grund unter seinen Füßen. Was zunächst vielleicht nur als eine äußere Situationsschilderung erschien, enthüllt sich so in seiner philosophischen Dimension.

Nun könnte man zu diesem *Werther-Lenz*-Vergleich freilich einwenden, daß im 2. Teil des *Werther* auch ganz andere, düstere Landschaftsschilderungen vorkämen, die sehr viel engere Parallelen zum *Lenz* enthielten. In der Tat ergibt sich auch eine ziemlich direkte Beziehung der *Lenz*-Stelle zum *Werther*-Brief vom 12. Dezember aus dem 2. Teil des Romans. Im Roman Goethes heißt es:

> Nachts nach eilfe rannte ich hinaus. Ein fürchterliches Schauspiel, vom Fels herunter die wühlenden Fluten in dem Mondlichte wirbeln zu sehen, über Äcker und Wiesen und Hecken und alles, und das weite Tal hinauf und hinab Eine stürmende See im Sausen des Windes! Und wenn denn der Mond wieder hervortrat und über der schwarzen Wolke ruhte und vor mir hinaus die Flut in fürchterlich-herrlichem Widerschein rollte und klang: da überfiel mich ein Schauer und wieder ein Sehnen! Ach mit offnen Armen stand ich gegen den Abgrund und atmete hinab! hinab! und verlor mich in der Wonne, meine Qualen, meine Leiden da hinab zu stürzen! dahin zu brausen wie die Wellen.

Haben wir hier die Vorwegnahme von Büchners Gestaltung? Die »Lust, die ihm wehe tat« bei Büchner entspricht der Verbindung von »Wonne« und »Qualen« bei Goethe. In beiden Fällen haben wir eine ausgesprochen dramatische Naturszenerie. Und doch gibt es einen entscheidenden Unterschied, den man am augenfälligsten an der äußeren Haltung des Protagonisten erkennt: Werther steht mit offenen Armen da und verströmt sich in der Sehnsucht, sich in den Abgrund hinabzustürzen, um sich mit der bewegten Natur zu vereinigen. Das ist immer noch das pantheistische Naturgefühl, auch wenn die Vereinigung nur noch um den Preis des Lebens möglich erscheint; konsequenterweise endet der Roman dann im Selbstmord Werthers. Bei Büchner wird das Bestreben, sich zu vereinigen, von vornherein ad absurdum geführt. Lenz will sich nicht der unendlichen Natur hingeben, sondern meint, »er müsse den Sturm in sich ziehen« und öffnet deshalb Augen und Mund – ein geradezu groteskes Verhalten. Die Natur ist nicht mehr das Umfassende, in dem das Ich aufgehen möchte. Das Ich ist auf sich selbst zurückgeworfen, und es versucht in maßloser Selbstüberschätzung, den Sturm in sich hineinzuziehen, und verfällt dann in Gleichgültigkeit; entsprechend endet Büchners Erzählung mit den Worten: »So lebte er hin.« Büchners Gestaltung kann als kritische Auseinandersetzung mit dem Solipsismus der Romantik, die den Pantheismus zu einer Absolutsetzung des Ich weiterentwickelt hat, gesehen werden.

Die Eingangsszene von Büchners Erzählung endet mit einer Passage, die in einem kühnen Bild noch einmal das Entgleiten des Raums zeigt und zur Empfindungslosigkeit des Lenz führt:

> oder er stand still und legte das Haupt in's Moos und schloß die Augen halb, und dann zog es weit von ihm, die Erde wich unter ihm, sie wurde klein wie ein wandelnder Stern und tauchte sich in einen brausenden Strom, der seine klare Flut unter ihm zog. Aber es waren nur Augenblicke, und dann erhob er sich nüchtern, fest, ruhig als wäre ein Schattenspiel vor ihm vorübergezogen, er wußte von nichts mehr.

*

Ich greife nun noch eine zweite Szene aus Büchners *Lenz* heraus, und zwar die ebenfalls viel zitierte Erweckungs- oder Apostasieszene, die oft als Höhepunkt der Erzählung bezeichnet wird. Hier ist es reizvoll, einen Vergleich mit berichtenden Zeugnissen vom Geschehen anzustellen; dadurch tritt das spezifisch Literarische des Büchnerschen Textes noch deutlicher in Erscheinung. Die Hauptquelle, die Büchner benutzte, war ein Bericht, den Oberlin über den dreiwöchigen Aufenthalt von Lenz in seinem Haus verfaßt hat. Die beiden Texte werden oft herangezogen, um exemplarisch den Unterschied zwischen Bericht und literarischer Erzählung zu verdeutlichen.

Büchners Erweckungsszene ist eine ausführliche Entfaltung einer recht kurzen Angabe bei Oberlin. Dieser schreibt (Büchner 1992, 969):

> Ich erfuhr ferner daß Hr. L., nach vorhergegangenen eintägigen Fasten, Bestreichung des Gesichtes mit Asche, Begehrung eines alten Sackes, den 3. Hornung ein zu Fouday so eben verstorbenes Kind, das Friederike hieß, aufwecken wollte, welches ihm aber fehlgeschlagen.

Ferner ist ein weiterer Bericht über das Ereignis überliefert, nämlich ein Brief von Gottlieb Konrad Pfeffel aus dem Jahr 1778. Da lesen wir (Büchner 1992, 852f.):

> Indem dieser wackere Geistliche bei uns war, besuchte Lenz [....] ein todtkrankes Kind zu Bellefosse, eine halbe Stunde vom Pfarrdorfe Waldersbach. Ungeachtet keine Hoffnung zum Aufkommen war, weissagte doch Lenz in einer Art von Begeisterung, das Kind würde nicht sterben. Des anderen Tags ging er vom Schulmeister Scheidecker von Waldersbach begleitet wieder nach Bellefosse. Unter Weges gerieth er in eine heftige Gemüthsbewegung, verdoppelte seine Schritte und kam wenige Augenblicke nach dem Hinschiede des Kindes bei der

> Mutter an. Er weinte laut, hieß aber gleich darauf Alles hinausgehen. Er ward unbemerkt beobachtet. Er that ein lautes brünstiges Gebet, warf sich auf den Leichnam und versuchte es eine ganze Stunde lang, ihn von den Todten aufzuwecken. Neue Gebete unterbrachen die Versuche und als er endlich ihre Eitelkeit einsah, ging er zur Mutter. Es ist geschehen, sprach er, es ist umsonst. Hierauf beschuldigte er die Mutter sehr bitter, ihr Unglaube sei schuld an der Fruchtlosigkeit des Unternehmens, ging zurück und sagte zum Schulmeister, der ihn begleitete, er, Lenz, habe das Kind vergiftet.

Wie gestaltet Büchner diese Szene? Büchner beginnt in berichtender, auktorialer Erzählhaltung. Von dem Augenblick an jedoch, wo Lenz ins Zimmer des toten Mädchens kommt, wird die Erzählhaltung personal; man sieht als Leser das Geschehen nun sozusagen mit den Augen von Lenz:

> Am dritten Hornung hörte er, ein Kind in Fouday sei gestorben, er faßte es auf, wie eine fixe Idee. Er zog sich in sein Zimmer und fastete einen Tag. Am vierten trat er plötzlich in's Zimmer zu Madame Oberlin, er hatte sich das Gesicht mit Asche beschmiert, und forderte einen alten Sack; sie erschrak, man gab ihm, was er verlangte. Er wickelte den Sack um sich, wie ein Büßender, und schlug den Weg nach Fouday ein. Die Leute im Tale waren ihn schon gewohnt; man erzählte sich allerlei Seltsames von ihm. Er kam in's Haus, wo das Kind lag. Die Leute gingen gleichgültig ihrem Geschäfte nach; man wies ihm eine Kammer, das Kind lag im Hemde auf Stroh, auf einem Holztisch.
> Lenz schauderte, wie er die kalten Glieder berührte und die halbgeöffneten gläsernen Augen sah. Das Kind kam ihm so verlassen vor, und er sich so allein und einsam; er warf sich über die Leiche nieder; der Tod erschreckte ihn, ein heftiger Schmerz faßte ihn an, diese Züge, dieses stille Gesicht sollte verwesen, er warf sich nieder, er betete mit allem Jammer der Verzweiflung, daß Gott ein Zeichen an ihm tue, und das Kind beleben möge, wie er schwach und unglücklich sei; dann sank er ganz in sich und wühlte all seinen Willen auf einen Punkt, so saß er lange starr. Dann erhob er sich und faßte die Hände des Kindes und sprach laut und fest: Stehe auf und wandle! Aber die Wände hallten ihm nüchtern den Ton nach, daß es zu spotten schien, und die Leiche blieb kalt. Da stürzte er halb wahnsinnig nieder, dann jagte es ihn auf, hinaus in's Gebirg. Wolken zogen rasch über den Mond; bald Alles im Finstern, bald zeigten sie die nebelhaft verschwindende Landschaft im Mondschein. Er rannte auf und ab. In seiner Brust war ein Triumph-Gesang der Hölle. Der Wind klang wie ein Titanenlied, es war ihm, als könne er eine ungeheure Faust hinauf in den Himmel ballen und Gott herbei reißen und zwischen seinen Wolken schleifen; als könnte er die Welt mit den Zähnen zermalmen und sie dem Schöpfer in's Gesicht speien; er schwur, er lästerte. So kam er auf die Höhe des Gebirges, und das ungewisse Licht dehnte sich hinunter, wo die weißen Steinmassen, und der Himmel war ein dummes blaues Aug, und der Mond stand ganz lächerlich drin, einfältig. Lenz mußte laut lachen, und mit dem Lachen griff der Atheismus in ihn und faßte ihn ganz sicher und ruhig und fest. Er wußte nicht mehr, was ihn vorhin so bewegt hatte, es fror ihn, er dachte, er wolle jetzt zu Bette gehn, und er ging kalt und unerschütterlich durch das unheimliche Dunkel – es war ihm Alles leer und hohl, er mußte laufen und ging zu Bette.

Wir haben im Gesamtablauf dieser Stelle wieder die uns nun schon bekannte Entwicklung von der Erregung zum Erkalten. Auch ist man versucht, an den frühen Goethe zu denken, und zwar an die Prometheushymne. Aber während Prometheus' Auflehnung gegen den höchsten Gott zur Selbstgewißheit führt, endet sie bei Lenz im Lachen und dann im Gefühl der Leere. Auch sonst sind in diese Szene Bezüge zu damals geläufigen Vorstellungen eingeschrieben und negiert; ausgerechnet auf der »Höhe des Gebirges«, wo traditionell die Nähe Gottes erfahren wird, der Mensch sich über das Irdische erhebt und die Welt als Schöpfung erfährt (man denke z.B. an die romantischen Gebirgslandschaften von Caspar

David Friedrich), erscheint Lenz der Himmel als »dummes blaues Aug« und der Mond »lächerlich« und »einfältig«. Die Desillusionierung könnte nicht größer sein. Und ähnlich wie in der Eingangsszene, wo Lenz versucht, den Sturm in sich selbst hineinzusaugen, meint er hier, die Welt mit den Zähnen zermalmen und dem Schöpfer ins Gesicht speien zu können; an die Stelle z.B. romantischer Vorstellungen von der Entgrenzung des Leiblichen wird hier das Bild des Verschlingens gesetzt; Vereinigung von Ich und unendlicher Landschaft wird dadurch zur Groteske, sie scheitert an der Leiblichkeit. Auch für die folgenden Sätze ist der Leiblichkeitsdiskurs ausschlaggebend: metaphorisch in der Aussage, daß der Atheismus in Lenz »griff« und ihn »faßte«, dann in der Kälteempfindung von Lenz (»es fror ihn«). Diese Kälte verweist zurück auf die Situation am Bett des toten Kindes, wo Lenz die Hände des Kindes faßt und dann nach seinem Erweckungswort merkt, daß die Leiche kalt bleibt. Auch hier scheitert, so könnte man sagen, Lenz an der Körperlichkeit: Er will in seiner Jesusimitation die Auferstehung des Leibes, aber diese erweist sich ihm als unmöglich. Büchners psychologische Erzählung ist, wie sich hier zeigt, materialistisch.

Das Unerhörte in der Gestaltung besteht auch in der Apostasieszene wieder darin, daß wir als Leser die vom Wahn gezeichnete Tat miterleben, ja, fast nachvollziehen können. Entscheidenden Anteil daran haben die Mittel des personalen Erzählens. Wenn es z.B. heißt »Das Kind kam ihm so verlassen vor, und er sich so allein und einsam; er warf sich über die Leiche nieder; der Tod erschreckte ihn, ein heftiger Schmerz faßte ihn an, diese Züge, dieses stille Gesicht sollte verwesen«, dann erfahren wir unmittelbar, was Lenz fühlt und denkt. Die Formulierung »diese Züge, dieses stille Gesicht sollte verwesen« ist erlebte Rede, Wiedergabe der Gedanken von Lenz, die ein Außenstehender eigentlich gar nicht kennen kann und die in einem Bericht so nicht wiedergegeben werden könnten. Es ist die Möglichkeit der Literatur, der Fiktion, in dieser Weise die Grenzen zum Bewußtsein eines anderen Menschen zu überschreiten.

Es sei hier auf die epochenübergreifende Entwicklung hingewiesen, in die die Erzählung von Büchner eingebettet ist. Die Literatur hat im Verlauf der Jahrhunderte, der Jahrtausende möchte man sagen, immer stärker Möglichkeiten entwickelt, das Denken, Fühlen und Empfinden von Figuren nacherlebbar zu machen. Ich sehe darin eine grundlegende anthropologische Funktion der Literatur: Sie ist das vielleicht wichtigste Medium, das zum Verstehen des Fremdpsychischen anhält. Büchner stellt in diesem über die Jahrhunderte immer weiter fortschreitenden Prozeß der Erschließung psychischer Innenwelten eine wichtige Etappe dar; sie manifestiert sich ebenso in seiner Erzähltechnik wie in seinem vorbehaltlosen Ernstnehmen einer Welterfahrung, die im Licht des normalen Wirklichkeitsverständnisses allzu schnell als krankhaft abgestempelt wird. Daß Büchner damit bewußt eine weltanschauliche und künstlerische Position vertritt, zeigen die Worte, die er seinem Lenz in den Mund legt und mit denen er sein eigenes poetisches Programm formuliert: »Man muß die Menschheit lieben, um in das eigenthümliche Wesen jedes einzudringen, es darf einem keiner zu gering, keiner zu häßlich seyn, erst dann kann man sie verstehen«. Büchner will auch den Geringen, den Häßlichen verstehen, im *Lenz* ist es der psychisch Kranke. Zwar ist die Darstellung von Wahnsinnigen nichts Neues in der Literatur. Aber neu ist bei Büchner die Nähe, die er zur Erfahrungsweise des psychisch Kranken herstellt.

Was Büchner damit leistet, wird besonders deutlich, wenn man seine Erzählung mit dem zweiten berühmten Zeugnis über Lenz vergleicht, den Äußerungen Goethes über seinen früheren Jugendfreund, die er in Dichtung und Wahrheit niedergelegt hat. Goethe schreibt:

> Er [=Lenz] hatte nämlich einen entschiedenen Hang zur Intrigue, und zwar zur Intrigue an sich, ohne daß er eigentliche Zwecke, verständige, selbstische, erreichbare Zwecke dabei gehabt hätte; vielmehr pflegte er sich immer etwas Fratzenhaftes vorzusetzen, und eben deswegen diente es ihm zur beständigen Unterhaltung. Auf diese Weise war er Zeitlebens ein Schelm in der Einbildung, seine Liebe wie sein Haß waren imaginär, mit seinen Vorstellungen und Gefühlen verfuhr er willkürlich, damit er immer fort etwas zu tun haben möchte. Durch die verkehrtesten Mittel suchte er seinen Neigungen und Abneigungen Realität zu geben, und vernichtete sein Werk immer wieder selbst; und so hat er Niemanden den er liebte, jemals genützt, Niemanden den er haßte, jemals geschadet, und im Ganzen schien er nur zu sündigen, um sich strafen, nur zu intriguieren, um eine neue Fabel auf eine alte pfropfen zu können. (*Dichtung und Wahrheit,* 14. Buch)

Der Büchnersche Text stellt den größtmöglichen Kontrast zu dieser distanzierten Charakterisierung dar, die das Fremdartige abwehrt und abwertet. Büchner macht das Befremdliche verstehbar.

Zur Kindserweckungsszene sei noch ein weiterer Vergleichstext herangezogen. Das Apostasiemotiv, also den Abfall vom Gottesglauben, kennen wir auch aus der romantischen Literatur. In Tiecks Novelle *Der Aufruhr in den Cevennen*, die Büchner während seiner Beschäftigung mit dem Lenz-Stoff gelesen hatte, finden wir eine Szene, die derjenigen von Büchner besonders nahesteht und diese offensichtlich beeinflußt hat. Edmund, die Hauptfigur und auch ein Wanderer im Gebirge, erzählt seinem Vater von seiner religiösen Entwicklung. Die Parallelen zu Büchner sind auffallend – z.B. in der Gestaltung der Naturszenerie bis in wörtliche Anklänge hinein, im Wahnsinnsmotiv, im Motiv des Lachens, im Nihilismus:

> »Bald ruhend, bald wandelnd kam ich mit der Dämmerung der Frühe in die Gegend von Sauve hinüber, im innern Gebirge. Sie kennen, mein Vater, die hohe Lage der dortigen traurigen Landschaft, kein Baum, kein Strauch weit umher, kaum einzelne Grashalme auf dem dürren weißen Kalkboden, und so weit das Auge reicht, Blöcke, Gruppen, Massen von Kalksteinen in allen Formen, wie Menschen, Tiere, Häuser, blendend und ermüdend, umhergestreut, und dazwischen Kiesgerülle und etwas tiefer das finstre, einsame Städtchen. Hier warf ich mich wieder nieder und schaute in die wüste Zerstörung hinaus und über mir in den dunkelblauen Himmel hinein. Sonderbar, wie sich hier mein Gemüt verwirrte. Ich kann es in keinen menschlichen Worten wiedergeben, wie mir plötzlich hier jedes glaubende Gefühl, jeder edle Gedanke untersank, wie mir die Schöpfung, die Natur und das seltsamste Rätsel, der Mensch, mit seinen wunderbaren Kräften und seiner gemeinen Abhängigkeit vom Element, wie toll, widersinnig und lächerlich mir alles dies erschien. Ich konnte mich nicht zähmen, ich mußte unaufhaltsam dem Triebe folgen und mich durch lautes Lachen erleichtern. Da war kein Gott, kein Geist mehr, da war nur Albernheit, Wahnwitz und Fratze in allem, das kreucht, schwimmt und fliegt, am meisten in dieser Kugel, die denkt, sinnt und weint und unterhalb frißt und käut. O lassen Sie mich verschweigen und nicht wieder finden, welche rasende Gebilde meinen Sinn bemeisterten. Vernichtung, totes kaltes Nichtsein schienen mir einzig wünschenswert und edel. Ich war ganz zerstört, und schwer ward mir der Rückweg zum Leben, aber ich fand ihn endlich mit Hülfe des Erbarmenden.«

Bei aller Verwandtschaft mit der Büchnerschen Szene gibt es auch hier wieder wichtige Unterschiede; der entscheidendste besteht darin, daß bei Tieck das Apostasieerlebnis aus dem Rückblick erzählt wird. Dadurch entsteht eine Distanz dazu, der Erzählende selbst teilt das Gefühl, das ihn damals ergriff, nicht mehr. Seine Ausführungen enden auch nicht mit dem »toten kalten Nichtsein«, das die Büchnersche Gestaltung vorwegnimmt, sondern mit der »Hülfe des Erbarmenden«. Der Abfall von Gott, die Versuchung des Nichts erweist sich nur als eine vorübergehende Verirrung und verstärkt die Glaubensgewißheit. Genau so ist auch die wohl grandioseste Apostasiegestaltung, die *Rede des toten Christus vom Weltgebäude herab, daß kein Gott sei* im *Siebenkäs* von Jean Paul gestaltet. Diese Rede ist nur ein Traum, und mit dem Erwachen, dem Blick in die Natur, ist die Gewißheit vom »unendlichen Vater« wieder hergestellt. Das Interessante ist allerdings, daß in den einleitenden Worten zur *Rede des toten Christus* der Erzähler eine Charakterisierung des Atheismus gibt, die wie eine Beschreibung der Erfahrung von Büchners Lenz erscheint:

> das ganze geistige Universum wird durch die Hand des Atheismus zersprengt und zerschlagen in zahlenlose quecksilberne Punkte von Ichs, welche blinken, rinnen, irren, zusammen- und auseinanderfliehen, ohne Einheit und Bestand. Niemand ist im All so sehr allein als ein Gottesleugner – er trauert mit einem verwaiseten Herzen, das den größten Vater verloren, neben dem unermeßlichen Leichnam der Natur, den kein Weltgeist regt und zusammenhält, und der im Grabe wächset; und er trauert so lange, bis er sich selber abbröckelt von der Leiche. Die ganze Welt ruht vor ihm wie die große, halb im Sande liegende ägyptische Sphinx aus Stein; und das All ist die kalte eiserne Maske der gestaltlosen Ewigkeit

Die Apostasie- und Nihilismusthematik ist also nicht neu in der Zeit von Büchner. Neu aber ist, daß Büchner sich jeden Kommentars enthält, daß kein Erzähler in seinem Text einen gültigen Sinnzusammenhang herstellt. Darin liegt die unerhörte Modernität von Büchners Prosa.

Dies sei zum Schluß noch in einem größeren Zusammenhang beleuchtet. Ich gehe dabei von einem erzähltechnischen Merkmal aus, das zunächst nur äußerlich erscheinen mag. Sowohl bei Tieck als auch bei Jean Paul ist die Erzählung in eine kommunikative Situation eingebettet: Bei Tieck erzählt Edmund seinem Vater sein Nihilismuserlebnis, bei Jean Paul kommentiert der Erzähler das Kapitel; er kommuniziert also sozusagen mit dem Leser. Bei Büchner ist keine solche Vermittlerfigur mehr greifbar, wir sind unmittelbar mit dem Text und mit der Sichtweise der Hauptfigur Lenz konfrontiert. Wir sind, so könnte man sagen, einsame Leser. Die Literatur hat sich hier völlig von der Simulation einer mündlichen Erzählsituation gelöst, sie hat zur Schriftlichkeit gefunden und damit der Geselligkeit des Erzählens den Abschied gegeben. Man kann die Probe aufs Exempel machen: Man versuche den Anfang von Büchners *Lenz* mündlich nachzuerzählen. Das geht nicht ohne erhebliche Änderung und verändert sofort die Perspektive. Dieser Text ist als ein radikal schriftlicher konzipiert. Nur dadurch ist die extreme personale Erzählweise möglich, in der wir uns nicht mehr als Hörer oder Leser einem Erzähler gegenübersehen, sondern in die Sichtweise des Protagonisten hineingezogen werden.

Vielleicht erlaubt es wirklich erst eine auf den vermittelnden Erzähler verzichtende Literatur, die innere Erlebnisweise eines anderen Menschen so intensiv nachvollziehbar zu machen. Es ist ein doppeltes Abenteuer, auf das wir uns bei der Lektüre des *Lenz* einlassen: Wir sehen uns nicht nur mit der Schilderung eines Menschen konfrontiert, dem die Orientierung in Raum und Zeit und das Aufgehobensein in einer Sinngewißheit abhanden kommt, sondern uns selbst wird die Orientierung versagt, indem wir in eine fremde Erlebnisperspektive hineingezogen werden, uns sozusagen an das Andere, Fremde verlieren, ohne daß ein Sinnrahmen, z.B. durch einen Erzähler, gestiftet wäre. Der Text handelt nicht nur von der Verlorenheit, sondern er bringt uns als Leser selbst in diese Situation hinein.

Ist also Orientierungs- und Sinnlosigkeit das Fazit des Textes? Ja, und doch nein. Denn der Text bringt die Fremdheit und die Sprachlosigkeit deshalb zur Sprache, weil Büchner uns zum Verstehen des anderen Menschen hinführen will.

> Man muß die Menschheit lieben, um in das eigenthümliche Wesen jedes einzudringen, es darf einem keiner zu gering, keiner zu häßlich seyn, erst dann kann man sie verstehen.

Literaturhinweise

Textausgaben:

Georg Büchner: *Dichtungen.* Hg. von H. Poschmann. Frankfurt a. M. 1992 (die Zitate folgen dieser Ausgabe).

Georg Büchner: *Lenz.* Studienausgabe. Hg. von H. Gersch. Stuttgart 1984.

Wissenschaftliche Literatur:

Die Literatur zu Büchners *Lenz* findet man in den beiden folgenden Publikationen verzeichnet:

Gerhard Schaub (Hg.): *Georg Büchner. Lenz. Erläuterungen und Dokumente.* Stuttgart 1987.

Harald Schmidt: *Melancholie und Landschaft. Die psychotische und ästhetische Struktur der Naturschilderungen in Georg Büchners »Lenz«.* Opladen 1994.

Weder bei Schaub noch bei Schmidt sind angeführt:

Johannes Anderegg: »Das Problem des Erzählers (Büchner).« In: J. A.: *Leseübungen.* Göttingen 1970, S. 21–34.

Burghard Dedner: »Jakob Lenz und Georg Büchner.« In: U. Kaufmann u.a. (Hg.): *»Ich aber werde dunkel sein«.* Jena 1996, S. 117–126.

Inge Diersen: »Büchners *Lenz* im Kontext der Entwicklung von Erzählprosa im 19. Jahrhundert.« In: *Georg Büchner Jahrbuch* 7 (1988/89), S. 91–125.

Manfred Durzak: »Die Modernität Georg Büchners: ›Lenz‹ und die Folgen.« In: *L'80* Heft 45 (1988), S. 132–146.

Georg Büchner Jahrbuch 8 (1990–1994).

Gert Hofmann: »Der Anfang. Entwicklung von Erzählstrukturen.« In: *Freibord* Heft 61/62 (1987), S. 74–99.

Edgar Allan Poe: »Erzählungen«

Hubert Zapf

> In a dream I once had, I saw a vessel on the sea, at midnight in a storm ... flying uncontrolled with torn sails and broken spars through the wild sleet and winds and waves of the night. On the deck was a slender, slight, beautiful figure, a dim man, apparently enjoying all the terror, the murk, and the dislocation of which he was the centre and the victim.

So sah der amerikanische Dichter Walt Whitman in einem Traum seinen früh verstorbenen Zeitgenossen Edgar Allan Poe, und in dieser halb dämonischen, halb melodramatischen Phantomgestalt, diesem fliegenden Holländer der Literatur zwischen Schrecken und morbider Schönheit, entspricht Whitmans Traum einem typischen Bild dieses Autors, das für die Rezeption Poes bis in unsere Zeit wirksam geblieben ist.

Die Aura des romantischen Außenseiters an der Grenze zwischen Genie und Wahnsinn hat Poe von Anfang an begleitet, nicht zuletzt aufgrund seines skandalumwitterten Lebens, in dem Erfolg und Scheitern, Ruhm und Verrufenheit, Professionalität und Lebensuntüchtigkeit stets nahe beieinander lagen. Verschiedene Aspekte seiner Biographie haben zu diesem Mythos beigetragen: Der frühe Tod der Mutter Elizabeth Poe, einer verarmten Schauspielerin, die von ihrem Mann verlassen worden war; die Adoption als Waisenkind in die wohlhabende Familie der Allans, von der er seinen Mittelnamen behielt; der literarische und sportliche Ehrgeiz des jugendlichen Poe, der wie sein Vorbild Byron, der einst trotz seines Klumpfußes den Hellespont durchschwamm, ein ausgezeichneter Schwimmer war und u.a. ein Wettschwimmen auf dem Susquehanna River gewann; der Bruch mit dem Adoptivvater Allan und seine Enterbung aufgrund seines unbürgerlichen Lebenswandels, der zu Spielschulden, Studienabbruch und zur Entlassung aus der Militärakademie West Point führte; die Heirat mit der kaum 14jährigen Cousine Virginia Clemm und deren lange Krankheit und früher Tod; die vielen späteren, idealisierten und doch immer wieder scheiternden Frauenbeziehungen; die wirtschaftliche Not und der ständige Überlebenskampf als Autor und Herausgeber im hart umkämpften Zeitschriftenmarkt; die heftigen Fehden mit dem literarischen Establishment seiner Zeit; und nicht zuletzt sein ungeklärter, einsamer Tod im Hospital, nachdem er ausgeraubt und im Delirium in den Straßen Baltimores gefunden wurde.

Endgültig ruiniert wurde Poes Ruf bei vielen amerikanischen Zeitgenossen durch die erste Biographie, die von seinem vermeintlichen Freund Rufus Griswold kurz nach seinem Tod verfaßt wurde und in der Poe nicht nur als moralisch verworfene Persönlichkeit, sondern auch als minderwertiger Schriftsteller präsentiert wurde. Diese Abwehrhaltung gegenüber Poe, wenn auch nicht immer in einer solch diffamierenden Weise, war charakteristisch für das immer noch stark puritanisch geprägte Amerika des 19. Jahrhunderts. Poes Leben war für dieses ebenso ein Skandalon wie sein Werk, das sich in seinen bizarren Phantasiewelten den Erwartungen der Realitätstreue und der moralischen Belehrung der Nation auf provozierende Weise entzog. Eben diese Merkmale aber waren es, die Poe für andere, insbesondere seine französischen Bewunderer, so faszinierend machten und mit denen er das Rollenmodell des Dichters für den Symbolismus und Ästhetizismus des späteren 19. Jahrhunderts vorzeichnete. Gerade die Freisetzung der poetischen Imagination aus der Norm äußerer Wirklichkeitsabbildung, die radikale Erkundung der Nachtseiten des Lebens und die Nutzung einer magisch-symbolischen Traumsprache des Unbewußten, die Poe im viktorianisch geprägten kulturellen Klima der USA zur umstrittenen Randfigur machten, wurde in Europa als zukunftsweisend für eine literarische Ästhetik empfunden, die sich als Gegeninstanz zur philisterhaften, moralisch domestizierten Kunstauffassung der bürgerlichen Gesellschaft empfand.

Poe galt nicht umsonst als der ›europäischste‹ der amerikanischen Dichter seiner Generation. Er war stark von Vorbildern der englischen Romantik wie Blake, Shelley, Keats und Byron beeinflußt, ebenso vom Schauerroman und der phantastisch-grotesken Literatur eines E.T.A Hoffmann. Darüber hinaus betrachtete er Shakespeare und Alexander Pope als seine komplementären Stilideale, wobei der eine sozusagen für die ›Wildheit‹ und ungezähmte Imaginationskraft der Renaissance, der andere für klassizistische Klarheit und Formenstrenge steht, die die beiden Pole von Poes Dichtung bilden.

Manche von Poes Texten haben zweifellos etwas Konstruiertes, Überladenes. Die Rhetorik überlagert mitunter die Substanz, der sensationelle Effekt kann zum Selbstzweck werden. Während er einerseits stärker als andere auf hochliterarische Traditionen Europas zurückgriff, näherte er sich andererseits in manchem den Tendenzen der zeitgenössischen Populär- und Unterhaltungsliteratur an. Dennoch war Poe als Begründer verschiedener Neuentwicklungen der amerikanischen Literatur so richtungsweisend, daß deren weitere Geschichte ohne ihn nicht denkbar wäre, und seine Statur als eine der innovativsten und einflußreichsten Figuren der Weltliteratur bestreiten heute nicht einmal mehr seine schärfsten Kritiker. Selbst Harold Bloom, der Poes Negativität und Melancholie verurteilt und in ihm die »Hysterie Amerikas« verkörpert sieht, spricht von der »inevitability«, der »Unvermeidlichkeit« Poes, an dem kein moderner Schriftsteller vorbeikomme.

Ich möchte mich in meinem Vortrag dem Phänomen Poe in zwei Hauptschritten annähern: Im ersten Teil werde ich einige charakteristische Merkmale und Gestaltungsformen seiner Werke benennen und in einem kurzen Durchgang durch sein Schaffen ein allgemeineres Profil des Autors umreißen. Im zweiten Teil werde ich auf einige Texte etwas näher eingehen, um an ihnen verschiedene Grundaspekte von Poes literarischer Technik und Thematik zu illustrieren.

1. Allgemeine Profilskizze des Autors

Zunächst zum ersten Teil, dem Versuch einer allgemeineren Profilskizze des Autors und seiner literarischen Eigenart und Statur. Zu den literaturgeschichtlich innovativen Merkmalen seines Schaffens gehört sicher zuallererst die konsequente Umsetzung der schauerromantischen Tradition in ein Medium *psychologischer Selbsterforschung*, in die radikale Selbsterkundung der modernen, aus traditionalen Bindungen herausgelösten Individualität. Insbesondere machen sich Poes Texte die Quellen menschlicher *Angst* in einer bis dahin kaum gekannten Intensität zum Gegenstand, indem sie sie in der Innenwelt des Subjekts selbst lokalisieren. Die Motive des Doppelgängertums, des Lebendig-Begraben-Werdens, der Wiederkehr Verstorbener, des Abstürzens in Abgründe und Aufgesogenwerdens von tödlichen Strudeln, die seine Texte durchziehen, werden zu Metaphern der Krise der modernen Subjektivität gerade an dem Punkt, an dem diese erstmals in ihrer vollen Souveränität hervorzutreten meint. Die menschliche Identität entzieht sich umso hartnäckiger der Festlegung, je mehr sie sich authentisch nur noch auf sich selbst beziehen will. So führt in der Kurzgeschichte »William Wilson« (1840) der im Titel anklingende ›Wille‹ zur absoluten Selbstbestimmung – »the son of his will« – zu Verfolgungsängsten durch eine alter ego-Figur, die dem eigenen Identitätsanspruch auf sinistre Weise entgegenwirkt und, als sie vom Icherzähler in blutigem Duell getötet wird, ihm als Spiegelbild seiner selbst entgegentritt und damit die Ungreifbarkeit des Ichs auf unheimliche Weise bestätigt.

> A large mirror, – so at first it seemed to me in my confusion – now stood where none had been perceptible before; and as I stepped up to it in extremity of terror, mine own image, but with features all pale and dabbled in blood, advanced to meet me with a feeble and tottering gait. (60)

In diesen Motiven der Ich-Spaltung und der beunruhigenden Unverfügbarkeit der psychischen Kräfte, aus denen sich das Selbst speist, dementiert Poe die optimistische Annahme einer Transparenz des Subjekts für das Bewußtsein und die Vernunft, wie sie etwa von seinem einflußreichen Zeitgenossen Ralph Waldo Emerson vertreten wurde, und wird zum Vorläufer von Studien des gespaltenen Ichs wie R.L. Stevensons *Dr. Jeckyll and Mr. Hyde* oder Oscar Wildes *The Picture of Dorian Gray*.

Die schauerromantische Darstellung einer hochdifferenzierten Subjektivität, die zwischen triumphaler Selbstbehauptung und unkontrollierbarer Selbstauflösung schwankt, wird dabei von einer *Differenzierung der Erzählerrolle* begleitet, die die Relativität und innere Vielgestaltigkeit einer radikal subjektiven Weltsicht narrativ umsetzt. Sie reicht von kühler, rationaler Beobachtung über eine emotionale Dramatisierung der Darstellung bis hin zu einem dem Bewußtseinsstrom ähnlichen inneren Monolog, wie zu Beginn von »The Tell-Tale Heart« (1843):

> True – nervous – very, very dreadfully nervous I had been and am; but why *will* you say that I am mad? The disease had sharpened my senses-not destroyed-not dulled them. Above all was the sense of hearing acute. I heard all things in the heaven and in the earth. I heard many things in hell. How, then, am I mad? Hearken! and observe how healthily-how calmly I can tell you the whole story.

Der Anspruch rationaler Selbst- und Situationskontrolle, der hier erhoben wird, wird durch die heftige Erregung des Sprechers unterlaufen, die die syntaktische Ordnung zu sprengen droht; der geleugnete Wahnsinn wird in der halluzinatorischen Wahrnehmung und paranoiden Selbstübersteigerung des Erzählers nur allzu deutlich. Diese Gegenläufigkeit kennzeichnet auch die weitere Entwicklung der Geschichte, die von scheinbarer Befreiung aus einengender väterlicher Autorität – symbolisiert im sorgfältig geplanten Mord an einem alten Mann – hin zur zwanghaft erfahrenen Unentrinnbarkeit der eigenen Schuldverstrickung und zum vollständigen Zusammenbruch subjektiver Selbstkontrolle führt. Diese Doppelbödigkeit schlägt sich auch in der *Interaktion zwischen Text und Leser* nieder, was am Motiv des Auges illustrierbar ist. Der Erzähler fürchtet das »evil eye« des alten Mannes, sein böses Auge, das er in nächtlichen Besuchen in dessen Schlafzimmer mit dem Strahl einer Lampe beobachtet; doch wird bei näherem Zusehen klar, daß dieser böse Blick, den der Erzähler dem alten Mann zuschreibt, in Wahrheit sein eigener, durch künstlichen Lichtstrahl verstärkter Blick ist, mit dem er den Alten blendet. Das Erzählerauge präsentiert die eigene

Projektion als Realität, und es ist Aufgabe des Lesers, dieser perspektivischen Selbsttäuschung entgegenzuarbeiten. Erst das überdimensionierte Schlagen des Herzens am Schluß, das zur Stimme einer höheren Wahrheit wird, läßt das *Gehör* als Organ des Klangs und der Musik zum Medium der Aufhebung der durch die Tyrannei des Auges gestörten Verhältnisse werden.

Ein weiteres, hieran bereits sichtbares Merkmal von Poes Texten, das viel zu ihrer ambivalenten Faszination beiträgt ist, daß sie die *Widersprüche und Paradoxien* menschlichen Denkens und Handelns, seien sie psychologischer, moralischer oder philosophischer Art, nicht harmonisierend zu glätten oder auszugleichen versuchen, sondern sie unmittelbar zum Gegenstand ihres Erzählens machen. Die Zwanghaftigkeit von selbsterfüllenden Prophezeiungen, die sich gegen die bewußte Absicht der Beteiligten ausspielen; das Wirken undurchschaubarer Kräfte innerhalb und außerhalb des Ichs, die dessen Sinn- und Handlungsabsichten pervertieren; die hochgradige Ambivalenz von emotionalen Grenzzuständen, in denen Liebe und Aggression eigentümliche Synthesen eingehen – dies sind charakteristische Konstellationen seiner Geschichten. Gewohnte Dualismen des Denkens werden aufgebrochen, die in ›normalmenschlicher‹ Sicht bestehenden Gegensätze zwischen Gut und Böse, Geist und Körper, Ordnung und Chaos, Materiellem und Spirituellem werden einerseits mit äußerster Intensität spürbar gemacht, gleichzeitig aber auf eine zutiefst beunruhigende Weise als miteinander zusammenhängend dargestellt. Die Grenze zwischen Leben und Tod selbst, an der viele von Poes Texten gewissermaßen entlangschreiben, wird unscharf, wie in »Tell-Tale Heart« gesehen, wie aber beispielsweise auch eine Frauengeschichte wie »Ligeia« (1838) zeigt, in der der Lebenswille der verstorbenen Ehefrau des Erzählers so starke geistige Präsenz gewinnt, daß sie sich über den Körper ihrer Nachfolgerin – wenn auch nur für kurze Zeit – wieder den Weg ins Leben zurück erzwingt.

Zusammengehalten aber werden die extremen inneren Spannungen durch die *formale Meisterschaft*, mit der Poe sie in künstlerische Gestalt zu überführen vermag, durch eine bis ins kleinste Detail getriebene Strukturierungskraft, mit der er das Pandämonium des Schreckens und der Deformation, das er entwirft, zugleich ästhetisch bewältigt. Während er wie kaum ein anderer die abgründigen Seiten des Menschen zum Thema macht, erklärt er gleichzeitig die Schönheit zum höchsten Zweck des Kunstwerks. Die psychologische Seite von Poe verbindet sich unauflöslich mit seiner poetologischen und gewissermaßen ›konstruktivistischen‹ Seite, die die Texte über den Status von pathologischen Fallstudien oder von schauerromantischen Sensationsgeschichten hinaushebt und sie zum Experimentierfeld der Imagination, zu Modellen menschlicher Erfahrung, Kultur und Kreativität unter den Bedingungen ihrer größten Gefährdung werden läßt.

Im Blick auf Poes Werk als ganzes ist zu sagen, daß es breiter und vielgestaltiger ist als oft angenommen wird. Zu erwähnen sind neben den vielen Rezensionen, die er schreiben mußte, um überleben zu können, seine literarästhetischen Essays, vor allem »The Philosophy of Composition« (1846) und »The Poetic Principle« (1849), in denen er seine Auffassung über die Musik als höchste Kunstform und über die Lyrik als die ihr nahestehendste Literaturgattung darlegte, welche nicht zuletzt auch eine eigene *Technik*, eine Kompositionsweise mit besonderen, immanenten Regeln erfordere. Zu erwähnen ist hier auch der einzige Roman Poes, *The Narrative of Arthur Gordon Pym* (1838), eine bizarre, wissenschaftliche und schauerromantische Motive verbindende Entdeckungsreise zum Südpol, die in manchen Zügen Melvilles *Moby-Dick* vorwegnimmt. Poe hat in vielen Erzählungen und Essays sein ausgeprägtes Interesse an wissenschaftlichen Phänomenen demonstriert, das ihn von anderen Romantikern wie etwa John Keats, mit dem er das ästhetische Schönheitsideal teilt, unterscheidet.

Der Wissenschaftsbegriff Poes ist allerdings ein weiter, spekulativer. Er umfaßt neben naturwissenschaftlichen Erkenntnissen im engeren Sinn auch esoterische und parawissenschaftliche Ansätze seiner Zeit wie den Mesmerismus, die Phrenologie oder den Spiritualismus eines Emanuel Swedenborg. In seinem kosmologischen Gedicht *Eureka* (1848) legte Poe eine Synthese seiner poetisch-philosophischen Weltanschauung vor, wobei er unter Heranziehung mathematischer Beweisführung nichts weniger als die spirituelle Grundstruktur des Kosmos zu beschreiben unternimmt. Die Vielfalt der Erscheinungen und Individuen ist demnach das Ergebnis der inneren Ausdifferenzierung einer ursprünglich einheitlichen göttlichen Kraft, die sich in einem globalen Prozeß der Anziehung und Abstoßung, der Ausdehnung und anschließenden Zusammenziehung befindet, von dem alles Bestehende und alles Bewußtsein erfaßt sind und der, im Kleinen wie im Großen, nach jeder Phase der Differenzierung wieder zur ursprünglichen Einheit zurückstrebt. Im Rhythmus dieser Ausdehnung und Zusammenziehung sieht Poe das Schlagen des »Divine Heart« als der stets sich selbst entäußernden und wieder zu sich zurückkehrenden, sowohl kreativen als auch destruktiven Kraft des Kosmos, die zugleich das innerste Lebenszentrum des einzelnen Menschen darstellt: »And now – this Heart Divine – what is it? *It is our own.*« (587) Das menschliche Schicksal wird zum Brennpunkt eines kosmischen Geschehens, das es sowohl spiegelt als auch aktiv mitvollzieht. Es ist unschwer erkennbar, daß in diesem Gegeneinander von Differenzierung und Entdifferenzierung, von Individualisierung und Verschmelzen mit einer kosmischen Einheit zugleich ein Strukturprinzip vieler von Poes Texten liegt. Der Herzschlag etwa, den der Erzähler in »The Tell-Tale Heart« immer lauter pochen hört und der ihn schließlich dazu führt, sich der Polizei als Täter zu bekennen, mag eine Manifestation dieses kosmischen Prinzips sein, das die gewaltsame Schein-Lösung der gespaltenen Vaterbeziehung des Erzählers aus der Verdrängung zurückholt und damit symbolisch aufhebt.

Eureka ist ein heute seltsam sperrig anmutender Text, der in seinem universalen Erklärungsgestus überspannt und in seiner parawissenschaftlichen Spekulation verstiegen wirkt. Poe hielt ihn für sein bedeutendstes poetisches Werk, und immerhin ist die Konsequenz beeindruckend, mit der er diesen kosmologischen Entwurf, allen selbstaufgestellten Kriterien der Kürze zum Trotz, über mehr als 100 Seiten ausbreitet.

Eine innovative Hauptleistung Poes liegt indessen zweifellos auf dem Gebiet, in dem er am bekanntesten geworden ist, nämlich dem des kurzen Erzählens oder der *short story*, wie sie später genannt wurde und zu deren Theorie und Praxis er grundlegende Beiträge geliefert hat. Deren berühmteste Ausprägungen sind zum einen die psychologischen Schauergeschichten, zum anderen die Detektivgeschichten wie »The Purloined Letter« (1844) oder »The Murders in the Rue Morgue« (1841), mit denen Poe das Grundmuster der Kriminalerzählung für die Zukunft vorgab. Doch auch im Bereich der Kurzgeschichten ist Poes Produktion vielgestaltiger als oft angenommen. Relativ unbekannt ist, daß er eine Reihe satirischer, burlesker und humoristischer Erzählungen geschrieben hat, etwa den berühmten »Balloon Hoax« (1844), in dem er so überzeugend die erste Atlantiküberquerung in einem Ballon beschrieb, daß die Veröffentlichung in der *New York Sun* eine Sensation auslöste und die Büros der Zeitung von Scharen von Schaulustigen belagert wurden.

Hier wird ein weiterer, oft unterschätzter Zug von Poes Schaffen deutlich, nämlich das starke Element des *Spielerischen* in seinen Texten, der Zug zur ironischen Dementierung der letzten Ernsthaftigkeit des entworfenen Weltmodells, zur parodistischen Infragestellung der Muster, auf denen seine Fiktionen aufbauen. Darin manifestiert sich nicht nur ein hochentwickeltes Bewußtsein der Mittel, die er einsetzt und des Schreibprozesses selbst, sondern auch ein Spiel der Täuschung und Selbsttäuschung, in das er den Leser und sein Publikum immer wieder verstrickt. »The Balloon Hoax« ist nur ein offenkundiges Beispiel, doch ist ein solcher Zug zur Ironie und zur parodistischen Selbstübersteigerung auch in vielen von Poes ›ernsten‹ Geschichten zu erkennen, die nicht zuletzt durch die Doppelstruktur von Terror und Spiel, von schicksalhafter Zwangsläufigkeit und selbstaufhebender Reflexivität ihre charakteristische Form und Aussage erhalten. Nicht alle seiner Texte sind übrigens so extrem oder spektakulär angelegt wie die bekanntesten: Er hat auch kafkaesk anmutende Geschichten von Einsamkeit und Verlust der Individualität geschrieben wie »The Man of the Crowd« (1840), in der der Erzähler in London Tag und Nacht einem fremden Mann folgt, den er in der Menge der Großstadtmenschen gesehen hat, nur um am Ende erschöpft und ohne Ergebnis die Kontaktsuche aufzugeben, als er merkt, daß der Fremde nur solange lebendig bleibt, wie er sich in der Masse befindet, aber sofort zu einem unwirklichen Schattenwesen wird, wenn er für sich allein sein muß.

Es gibt also, so dürfte klar geworden sein, nicht einen, sondern viele Poes. Das Werk des Autors, das einst auf wenige Klischees reduziert war, ist denn auch im Lauf seiner Wirkungsgeschichte in immer neuen Aspekten entfaltet und kreativ umgesetzt worden – so, um nur einige wenige zu nennen, in der Dichtung der französischen Symbolisten und der englischen Präraffaeliten; im modernen psychologischen Roman von Joseph Conrad über William Faulkner bis zu Vladimir Nabokov; in der surrealistischen Malerei eines René Magritte, der einmal sagte, daß sein Werk ohne Poe nicht denkbar gewesen wäre; in den Kriminalerzählungen von Arthur Conan Doyle bis zu ihren postmodernen Varianten bei Paul Auster; und nicht zuletzt in der poststrukturalistischen Literaturtheorie, für die Poe in der Betonung des Mediums gegenüber der Botschaft, des Signifikanten gegenüber dem Signifikat, als einer der Kronzeugen diente.

2. Textbeispiele

Ich komme zum zweiten Teil des Vortrags, in dem ich einige bekannte Texte Poes herausgreifen und versuchen möchte, an ihnen verschiedene Aspekte seiner literarischen Technik und Thematik näher zu beleuchten. Meine Hauptbeispiele sind die allegorische Parabel »The Masque of the Red Death« und die Schauergeschichte »The Fall of the House of Usher«; im Anschluß werde ich noch kurz auf die Detektivgeschichte »The Murders in the Rue Morgue« und das Gedicht »Annabel Lee« eingehen.

2.1 *Poes Kurzgeschichtentheorie und -praxis am Beispiel von »The Masque of the Red Death«*

Zunächst zu »The Masque of the Red Death«, veröffentlicht im *Graham's Magazine* 1842, die ich unter dem Aspekt von Poes Theorie der Kurzgeschichte und deren Umsetzung in die Praxis betrachten möchte. Die wichtigsten Elemente dieser Theorie sind bekanntlich Stringenz des Aufbaus, Funktionalität der Teile, Konstruktion vom Ende her, Anlage der

Erzählung auf einen *single and unique effect*, auf ein zentrales einheitsstiftendes Wirkkalkül hin, das durch die symbolische Bedeutungsaufladung der einzelnen Details, den »symbolic undercurrent of meaning«, suggestiv verstärkt wird. Erst die Berücksichtigung dieser Elemente gewährleistet zusammen mit dem Kriterium der Kürze selbst, d.h. der Lektüre des Textes in einem Zug ohne störende äußere Unterbrechungen, die Einheit der ästhetischen Erfahrung und ermöglicht, daß, wie Poe es formuliert, die Seele des Lesers in der Kontrolle des Autors ist, »that the soul of the reader is at the writer's control«. Die Technik des Schreibens dient also bei Poe dazu, eine Intensität und Magie des Erzählens zu erreichen, die die Modernität ihrer Mittel zugleich an eine gewissermaßen archaisch-mythische Dimension der ästhetischen Erfahrung zurückbindet.

Der Inhalt der Geschichte ist kurz folgender: Prinz Prospero zieht sich mit seinem Gefolge vor dem ›Roten Tod‹, einer besonders heimtückischen Form der Pest, die im Land wütet, auf eine seiner entlegenen Klosterburgen zurück, in der er sich vollständig gegen die Außenwelt abriegelt. Während draußen die Seuche die Menschen dahinrafft, leben die Bewohner von Prosperos Burg in Saus und Braus. Es werden fröhliche Feste gefeiert, die ihren Höhepunkt in einem Maskenball von großer Prachtentfaltung und mit phantastisch ausgefallenen Masken finden. Zu jeder vollen Stunde des Abends unterbricht der Schlag der Uhr den Rhythmus der Tanzenden, der anschließend umso fieberhafter wieder aufgenommen wird. Als die Stunde Mitternacht schlägt, hat sich eine fremde Maske, die als der Rote Tod selbst verkleidet ist, unter die Gesellschaft gemischt. Prinz Prospero will den Fremden, vor dem alle zurückweichen, zum Kampf fordern, doch als er ihn durch die sieben verschiedenfarbigen Zimmer, in denen der Maskenball stattfindet, verfolgt und ihn im letzten, schwarz verhängten Zimmer konfrontiert, stellt sich zum Schrecken aller heraus, daß die Maske leer ist, daß sich hinter ihr keine reale Person verbirgt. Der Prinz und sein Gefolge fallen tot zu Boden, die Lichter gehen aus, der Rote Tod hat die Herrschaft über das ganze Land angetreten.

In der Zusammenfassung wird bereits klar, daß es sich hier um eine für Poes Verhältnisse relativ einfach angelegte und in ihrer Bedeutung vermeintlich leicht zugängliche Erzählung handelt, um eine Parabel von allgemeinmenschlicher Relevanz, die im Stoff wie im auktorialen Erzählgestus eher traditionell anmutet. Im Thema der *Superbia* erinnert sie an mittelalterliche moralische Lehrstücke und an *Vanitas*-Erzählungen von Hochmut und Fall, von Stolz und gerechter Strafe. Im Motiv der Pest knüpft sie an die traditionelle Vorstellung des Schwarzen Todes als Geißel Gottes an, als apokalyptisches *Memento Mori*, das die Menschen an ihre Sterblichkeit erinnert und aus der illusionären Weltverfallenheit reißt, von der sie verblendet waren. Im Motiv des *Theatrum Mundi*, das die dargestellte Welt prägt und das ihre innere Substanzlosigkeit, ihren phantasmagorischen Charakter unterstreicht, greift die Geschichte ebenfalls ein altehrwürdiges Motiv der Literatur auf, das nicht zuletzt bei dem von Poe verehrten Shakespeare, aus dessen Drama *The Tempest* der Name Prospero entnommen sein dürfte, eine zentrale Rolle spielt.

Bei näherem Zusehen zeigt sich indessen, daß die täuschend einfache Oberfläche der Erzählung einen Grad an Komplexität verbirgt, die sie auf ihre Art als ebenso vielschichtig und ›modern‹ erweist wie andere Texte Poes. Die scheinbar anachronistische Anlage als mittelalterliche Allegorie ist wie eine stilistische ›Maske‹ der Erzählung, hinter der sich dem genaueren Blick immer neue, miteinander zusammenhängende Darstellungs- und Bedeutungsebenen eröffnen. Die Geschichte kann zunächst in einem konventionellen Sinn als spannende Geister- und Schauererzählung gelesen werden mit deren typischen Ingredienzien der abgeschiedenen Burg, der unheimlichen Räume, der gespenstischen Masken der Bewohner, des Erscheinens des Geistes pünktlich um Mitternacht und des Schreckens, den er verbreitet, und mit dem drastisch dargestellten Horror des Untergangs dieser zunächst so prachtvoll entworfenen Welt. Sie kann philosophisch als Erzählung über den Einbruch von Angst und Tod in einen vermeintlich abgeschirmten Sicherheitsbezirk der Gesellschaft gesehen werden, über die Zerstörung illusionärer Systeme kultureller Macht und Dauer durch deren eigene, innere Instabilität, durch die unaufhebbare Präsenz der Zeit in ihrem Streben nach Stabilität und überzeitlicher Substanz. Sie kann sozialkritisch gelesen werden als Dementierung des Versuchs einer Welt der Reichen, des Luxus und des Konsums, sich gegenüber der Welt der Armen hermetisch abzugrenzen und diese indifferent ihrem Schicksal zu überlassen. Sie kann kulturkritisch gelesen werden als verschlüsselte Stellungnahme Poes zum hektischen Glücksstreben in der amerikanischen Gesellschaft seiner Zeit, zum materialistisch gewendeten *pursuit of happiness*, dem sich die Menschen, unter Führung von Prinz Prospero (der Name ist hier Programm) verschrieben haben. Hierzu würde historisch passen, daß Poe Anregungen für die Erzählung durch seine Beobachtungen bei der großen Cholera-Epidemie von 1831 in Baltimore fand. Die Geschichte kann psychologisch gesehen werden als Begegnung mit den dem Reich der Vernunft und des bewußten Ichs sich entziehenden Mächten des Chaos und der Angst, als ein Drama entgegengesetzter Kräfte der Seele zwischen Selbsterhaltung und Selbstzerstörung, die von Prinz Prospero auf der einen und dem Roten Tod auf der anderen Seite personifiziert sind. Schließlich kann die Geschichte auch kosmologisch gelesen werden, als Illustration von Poes Theorie des Zusammenhangs von Mikrokosmos und Makrokosmos, der in *Eureka* dargelegten Lehre der Ausdifferenzierung von Individuen und Kulturen aus der ursprünglichen Einheit des Lebens, in die sie schließlich wieder zurückkehren müssen.

Aber sehen wir uns Form und Aufbau des Textes etwas näher an. Der Anfangsteil etabliert das Thema und die Situation. Im ersten Absatz wird das Wüten der eigentümlichen Pest beschrieben, deren besonderes Signum das Blut ist: »Blood was its Avatar and its seal – the redness and the horror of blood.« Poe verbindet also symbolisch von Anfang an das Todesmotiv mit *dem* Element des Lebens schlechthin, dem Blut, und wählt bezeichnenderweise nicht die gebräuchliche Form des *Schwarzen*, sondern die gewissermaßen oxymoronische Form des *Roten* Todes. Im zweiten Absatz werden der Rückzug Prosperos in seine Burg, die Verriegelung der Tore und die Errichtung der abgegrenzten Glückswelt geschildert, womit strukturell die Grundopposition zwischen Außen und Innen, zwischen Tod und Leben aufgebaut ist. Der Prozeß der Erzählung kennzeichnet sich nun dadurch, daß einerseits das Gegeneinander der Pole immer weiter zugespitzt wird, andererseits aber immer deutlicher ihre innere Affinität hervortritt, bis sie in der Katastrophe des Schlusses miteinander verschmelzen. Die Stufen dieser Eskalation werden dabei durch die verschiedensten Bereiche der entworfenen Welt entfaltet, die zugleich den Grundkategorien der literarischen Fiktion entsprechen.

Besonderes Augenmerk wird dabei zunächst auf die Beschreibung der *Räumlichkeiten* gelegt, in denen der Ball stattfindet. Die sieben Zimmer sind von Osten nach Westen angelegt, jedoch so unregelmäßig angeordnet, daß der Blick nicht weiter reicht als der Raum, in dem man sich gerade befindet. Jedes Zimmer ist in einer anderen Farbe gehalten, von Blau über Purpur, Grün, Orange, Weiß und Violett bis hin zu Schwarz im siebten, westlichsten Zimmer. Überall stimmt der Wandbehang der Räume mit der Farbe der gotischen Fenster überein, nur im siebten Zimmer kontrastiert das Schwarz der Wände mit der scharlachroten Farbe der Fenster – »a deep blood color«, wie es vielsagend heißt. Die Raumkomposition greift also den anfangs eingeführten Gegensatz von Leben und Tod auf, führt aber zugleich deren inneren Zusammenhang vor Augen. Sie spielt einerseits mit der Zahl 7 auf die sieben Tage der Schöpfungsgeschichte an und invertiert andererseits deren Sinnrichtung durch die Anordnung von Ost nach West, von der Farbigkeit zum Schwarz, womit die Schöpfung und deren Zerstörung, Anfang und Ende, Entstehung und Untergang aufeinander bezogen sind. Im letzten Zimmer ist darüber hinaus in der Verbindung von Schwarz und Scharlachrot das Thema der Geschichte unmittelbar symbolisch objektiviert und ihr Ende vorweggenommen. Der ›Rote Tod‹ als das Prinzip der untrennbaren Zusammengehörigkeit von Leben und Tod ist mithin bereits in die von Prospero selbst entworfene Architektur hineinkomponiert, die gerade die Trennung der beiden gewährleisten soll.

Auf den Aspekt des Raums folgt der Aspekt der Zeit, den Poe an der gewaltigen schwarzen Standuhr vorführt, die an der Westwand des letzten Zimmers steht und deren Stundenschläge so geisterhaft wirken, daß sie das Tanzen der Maskierten zum Erstarren bringen, ehe diese sich anschließend umso heftiger dem Lachen und der Fröhlichkeit hingeben. Im abwechselnden, vom Stundenschlag der Uhr diktierten Rhythmus von Erstarrung und Bewegung, von Paralyse und Wieder-Lebendig-Werden der Figuren ist somit ebenfalls der Gegensatz von Tod und Leben auf der Ebene der Temporalität gestaltet und mit der Annäherung an Mitternacht sowohl zugespitzt als auch als innerlich zusammenhängend präsentiert.

Im Anschluß rücken die *Figuren* selbst in den Vordergrund, zunächst die Masse der Maskierten, die als wandelnde Träume erscheinen, als Personifikationen einer deformierten Phantasie in einem grotesken Welttheater. Der Maskenball, in dem, wie es heißt, »beat feverishly the heart of life«, »in dem fieberhaft das Herz des Lebens schlug« und in dem somit die Selbstaffirmation des Lebensimpulses ihre höchste Intensität erreicht, bezieht also in seiner hektischen Übersteigerung und grotesken Irrealität wiederum seine Energie gerade aus den Kräften des Chaos und der Selbstauflösung, denen er entgegengerichtet ist. Und als dann mit den zwölf Schlägen der Uhr der Rote Tod selbst auftritt, ist es nur folgerichtig, daß er nicht eigentlich von außen in diese Welt einbricht, sondern gleichsam aus ihrem Inneren, aus der Menge der Masken selbst, hervorgeht.

> And thus, too, it happened, perhaps, that before the last echoes of the last chime had utterly sunk into silence, there were many individuals in the crowd who had found leisure to become aware of the presence of a masked figure which had arrested the attention of no single individual before. (128)

Die Maske des Roten Todes ist nicht länger nur äußerer Gegensatz, sondern symbolischer Ausdruck eines Prinzips, das dieser Welt selbst zugrundeliegt.

Sein Auftreten bedeutet gleichzeitig den Wendepunkt der *Handlung*, auf den die Konfrontation des Prinzen mit seinem Gegenspieler folgt. Der Konflikt wird wiederum einerseits im Sinn eines Kontrasts zugespitzt – der Prinz voll von Leidenschaft, Wut und heftiger Bewegung, der Rote Tod mechanisch und gemessen, seine Schritte wie der Pendelschlag eines Uhrwerks; andererseits aber wird eine innere Affinität deutlich – in der herausgehobenen Stellung der beiden, oder etwa auch in der Farbe Rot, die in Entsprechung zu seinem Gegenspieler auf den zorngeröteten Augenbrauen des Prinzen erscheint. Der Höhepunkt, auf den die Handlung zusteuert und der im schwarzen Zimmer mit der Ebenholzuhr stattfindet, führt im Zusammenprall der beiden schließlich zur Aufhebung aller Gegensätze und zum Untergang der dargestellten Welt.

Poe hat also im Lauf der Geschichte sein Thema nach dem Prinzip einer ständigen Steigerung in einer ungemein konsequenten und komplexen Weise entwickelt. Er demonstriert hier nicht nur eindrucksvoll den *single and unique effect*, den er von der *short prose tale* fordert, sondern führt über die Stufen Situation, Raum, Zeit, Figuren und Handlung nacheinander auch die grundlegenden Kategorien vor Augen, aus denen die Kurzgeschichte komponiert ist. Am Ende sind, mit dem konsequenten Durchspielen des apokalyptischen Themas, auch die literarischen Mittel verbraucht, die Poe dafür eingesetzt hat: Die Uhr bleibt von selbst stehen, die Kerzenleuchter erlöschen. Der Text wird, wie die dargestellte Welt, zum *self-consuming artefact*, zum sich selbst aufbrauchenden Artefakt, das sich im Prozeß seiner ästhetischen Hervorbringung zugleich selbst wieder dekonstruiert und dabei den Prozessen analog wird, die es zu vermitteln versucht.

2.2 *»The Fall of the House of Usher«: Psychologische, poetologische und chaostheoretische Aspekte*

Wenden wir uns nun einem stärker subjektiv-psychologischen Beispiel der Poeschen Kurzgeschichten zu, »The Fall of the House of Usher«, erstmals erschienen 1839 in *Burton's Gentleman's Magazine* und 1840 publiziert in der Sammlung *Tales of the Grotesque and Arabesque*. Entsprechend Poes Forderung, daß bereits der erste Satz einer gelungenen Erzählung expositionsartig auf deren Gesamtaussage vorausdeuten müsse, führt uns gleich der Anfangssatz in der scheinbaren Beschreibung äußerer Gegebenheiten in die sinistre Unterweltlandschaft der Psyche ein, in die der Icherzähler und mit ihm der Leser in der Geschichte verstrickt werden.

> During the whole of a dull, dark, and soundless day in the autumn of the year, when the clouds hung oppressively low in the heavens, I had been passing, alone, on horseback, through a singularly dreary tract of country, and at length found myself, as the shades of the evening drew on, within view of the melancholy house of Usher. (1)

Der Erzähler befindet sich auf einer Reise durch ein unwirtliches, dunkles, menschenleeres Land, das von einer bedrückenden Atmosphäre der Leblosigkeit beherrscht ist und in dem er sich, weniger als Ergebnis einer bewußten Suche denn einer schicksalhaften Bestimmung, dem von Melancholie umgebenen Haus Usher gegenüberfindet. Die Geschichte berichtet denn auch von der Begegnung des Erzählers mit dem melancholischen Besitzer dieses Hauses Roderick und seiner Schwester Madeleine, die im Untergang des Hauses Usher im doppelten Sinn, sowohl dieser beiden letzten Nachkommen der Familie wie des Hauses selbst, endet. Dieses Thema wird im Anfangssatz durch die Motivik des Herbstes, des Abends und der Schatten vorbereitet, die den Eintritt des Erzählers in die erzählte Welt als klassischen *descensus ad inferos* einer Initiationsgeschichte, als Abstieg in eine Unterwelt der Träume und des Unbewußten markiert.

Der Realitätsstatus des Erzählten ist damit von vornherein suspendiert, die Begegnung des Erzählers mit der dargestellten Welt ist zugleich als Selbstbegegnung des Erzählers eingeführt. In der Tat erscheint dieser einerseits als Beobachter der Ereignisse, steht aber andererseits in eigentümlich starker innerer Beziehung zu dem Geschehen: Roderick Usher war bezeichnenderweise einst sein engster Jugendfreund, der ihm zwar seitdem völlig fremd geworden ist, der ihn aber nun herbeigerufen hat, damit er ihm in der bedrohlichen Krise beistehe, die ihn befallen hat. Gleichzeitig leidet Rodericks Schwester an einer unerklärlichen Krankheit, die sie ausgerechnet von dem Abend an, an dem der Erzähler eintrifft, ans Bett fesselt und die nach wenigen Tagen zu ihrem Tod führt. Der Erzähler hilft Roderick beim provisorischen Begräbnis Madeleines in einem unterirdischen Verließ des Hauses, das, wie eigens betont wird, genau unter dem Zimmer und dem Bett liegt, in dem der Erzähler übernachtet. Er ist ständiger Begleiter Rodericks, als dessen Verfall sich beschleunigt fortsetzt, bis nach Ablauf einer Woche am späten Abend, an dem draußen ein Sturm anhebt und der Erzähler dem von Angstzuständen gequälten Roderick zur Ablenkung aus einer Ritterromanze vorliest, aus der Tiefe des Hauses seltsame, immer lauter werdende Geräusche zu hören sind. In Entsprechung zur wachsenden Heftigkeit des Sturms draußen, zum dramatischen Entscheidungskampf des Ritters gegen den Drachen, von dem der Erzähler vorliest, und zu den unheimlichen Geräuschen aus der Tiefe steigert sich auch die innere Erregung Rodericks, bis am nun wirklich schauerromantischen Höhepunkt der Geschichte die totgeglaubte Madeleine im weißen, blutbefleckten Kleid in der Tür steht, die in Wahrheit lebendig begraben war und sich mit übermenschlichen Kräften aus ihrem unterirdischen Gefängnis befreit hat, um ihren Bruder mit in den Tod zu holen. Gerade noch rechtzeitig kann der Erzähler dem Schreckensort entrinnen, ehe er zurückblickend sieht, wie das Haus, durch dessen auseinanderbrechende Teile der blutrote Mond die Dunkelheit erhellt, in sich zusammenstürzt und samt seinen früheren Bewohnern in den Fluten des angrenzenden Teichs versinkt.

Die Ereignisse werden also nicht einfach durch den Erzähler berichtet, sondern sind durchgängig auf ihn bezogen, ja werden indirekt durch seine Präsenz mit ausgelöst. Es handelt sich somit auf einer Ebene um die Konfrontation unbewußter, verdrängter Zonen der Psyche des Erzählers, die im Prozeß der Geschichte sowohl aktiviert als auch abreagiert werden. Roderick ist in diesem Sinn ein *alter ego* des Icherzählers, aber auch des Autors Poe, mit dessen Aussehen die Beschreibung Rodericks deutliche Ähnlichkeiten aufweist. Als Erklärungskontexte für die eigentümlichen Vorgänge sind in der Literaturkritik verschiedene Motive herangezogen worden: einmal das Vampirmotiv aus dem Repertoire der Schauergeschichte, nach dem Madeleine und Roderick Untote sind, die über das Leben hinaus in Haßliebe aneinander gefesselt bleiben; ferner das Liebes- und Inzestmotiv, nach dem es eine sexuelle Beziehung zwischen den Geschwistern gab und Roderick mit Madeleine seine Schuldgefühle begraben wollte, so daß Madeleines Ausbruch aus dem Grab gleichsam die ›Rückkehr des Verdrängten‹ bedeutet; oder das Motiv der ambivalenten Todesfurcht und Todessehnsucht Rodericks, wobei das Begraben der scheintoten Madeleine als der anderen Hälfte seines Ichs dem Impuls zur Selbstauslöschung und zur Rückkehr des überdifferenzierten Individuums in die undifferenzierte Ureinheit der Natur entspringt, wie sie sich am Ende mit dem Versinken des Hauses im unergründlichen Bergsee vollzieht.

Die Selbstbezüglichkeit dieser fiktionalen Welt ist aber nicht allein psychologisch zu sehen, sondern wiederum auch im poetologischen Sinn der Selbstbezüglichkeit der literarischen Mittel, die Poe verwendet. Einerseits werden durch den auf die Spitze getriebenen Einsatz schauerromantischer Mittel die Magie des Erzählens und der angestrebte Effekt des Schreckens und der »Angstlust« des Lesers aufs äußerste intensiviert; andererseits werden sie *als* Elemente eines künstlerischen Artefakts kenntlich gemacht, als Teile einer Welt der Imagination, die im Spiel der eigenen Selbstübersteigerung ihre extremen Möglichkeiten und Grenzen erkundet.

Erneut ist dabei die formale Ausgestaltung unmittelbar bedeutungstragend und von der Makrostruktur der Erzählung bis ins kleinste sprachliche Detail durchgeführt, was ich hier nur andeuten kann. Dies gilt wiederum zuallererst für das enge Wechselverhältnis von

Mensch und Raum, insofern das Haus mit seinen »vacant eye-like windows«, seinen leeren, augenähnlichen Fenstern und seinem dicht herabfallenden, an Haare erinnernden Pilzbewuchs einem riesigen menschlichen Gesicht ähnelt und damit ein Spiegel nicht nur der Innenwelt des Erzählers, sondern auch des Charakters von Roderick Usher ist, dessen innere Zerrissenheit zudem in dem feinen Riß zum Ausdruck kommt, der das äußerlich noch intakte Gebäude in Zickzackform von oben bis unten durchzieht und an dessen Bruchstelle am Schluß das Haus auseinanderbirst. Es gilt hier insbesondere auch für den expliziten Einbezug verschiedener Künste in den Text wie die symbolisch-labyrinthische Architektur des Hauses; die sonderbar abstrakten und klaustrophobischen Bilder, die Roderick malt; die verstreut herumliegenden Musikinstrumente, auf denen er gelegentlich groteske Weisen spielt; die Ballade mit dem Titel »The Haunted Palace«, die er verfaßt und in der das Thema der Geschichte vom Untergang der Ordnung und dem Sieg des Chaos noch einmal gespiegelt ist; die Bücher, über denen Roderick brütet und die um die Bereiche Tod, Jenseits und Okkultismus kreisen; und schließlich die Ritterromanze des *Mad Trist*, die der Erzähler ihm vorliest und deren Entfaltungsstufen genau der Eskalation des Geschehens in der erzählten Welt entsprechen. All diese•Elemente zeigen, daß die künstlerische Imagination hier zu ihrem eigenen Thema wird, die Kunst als Sprache der Zeichen, die auf immer andere Zeichen verweisen, aber niemals die letzte, authentische Bedeutungsebene einholen können, der sie auf der Spur sind.

Einige Grundkonfigurationen dieser Imagination sind für Poes Werk insgesamt charakteristisch und kehren in verschiedenen Variationen wieder: die Verdopplung und kontrastive Parallelisierung von Motiven und Charakteren; die damit zusammenhängende Spiegelung verschiedener Figuren, Räume und Handlungen in anderen, etwa des Hauses im angrenzenden See, des Menschen im Raum, der Erzählung in der Metaerzählung, des Bildes im Abbild. Es handelt sich hier um Bilder iterativer Prozesse, der infiniten Selbstähnlichkeit, des Spiegelkabinetts und des *mise en abyme* – also um Phänomene der Nichtlinearität, wie sie etwa markant die Architektur in »William Wilson« illustriert, die in ihren unendlichen rekursiven Verästelungen an die Graphiken von Maurits Cornelis Escher erinnert:

> But the house!...There was really no end to its windings – to its incomprehensible subdivisions. It was difficult, at any given time, to say with certainty upon which of its two stories one happened to be. From each room to every other there were sure to be found three or four steps either in ascent or descent. Then the lateral branches were innumerable – inconceivable – and so returning in upon themselves, that our most exact ideas in regard to the whole mansion were not very far different from those with which we pondered upon infinity. (42)

Damit zusammen hängen Bilder des Abgrunds, in dessen Sog die Figuren gezogen werden wie am Ende von »The Fall of the House of Usher«. Dieser Sog wird in anderen Geschichten wie »A Descent into the Maelstrom« (1841) zu einem gewaltigen Wirbel im Meer, in den der Icherzähler mit seinem Schiff gerät und aus dem er sich in fast wunderbarer Weise zu befreien vermag. Oder er wird im Roman *Arthur Gordon Pym* zu einem Katarakt am Rande des Südpols, in den – nach damaliger Vorstellung – die Wasser des Ozeans stürzen und auf den am Ende das Schiff des Erzählers steuerlos zutreibt. Poe wendet sich auffällig oft solchen Grenzphänomenen des Denkens und Erlebens zu, die man heute mit dem Vokabular der Chaostheorie beschreiben könnte: Wirbel, Turbulenzen, außer Kontrolle geratende Prozesse. Der Metaphorik von Abgrund und Vortex kommt dabei aber nicht nur negative Bedeutung im Sinn der drohenden Annihilation zu, sondern sie umschreibt bei Poe jene tieferen, dem Alltagsverstand unzugänglichen Geheimnisse der Schöpfung, denen die literarische Imagination nachspürt: »After a little while I became possessed with the keenest curiosity about the whirl itself. I positively felt a wish to explore its depths, even at the sacrifice I was going to make...« (143), so sagt der Erzähler in »A Descent into the Maelstrom«. Die Inszenierung der destruktiven Kräfte in Poes Texten findet also stets auch in der Absicht ihrer kreativen Bewältigung statt. Der drohenden Apokalypse werden Momente der Erkenntnis abgewonnen, der Furie des Verschwindens, von der Poes Welten erfaßt scheinen, entwachsen Zeichen einer freilich inhaltlich undefinierbaren Transzendenz. So erscheint am Rande des Katarakts, in dessen Sog der Erzähler in *Arthur Gordon Pym* geraten ist, eine überdimensionale weiße, menschenähnliche Gestalt, die ihn scheinbar dort erwartet:

> And now we rushed into the embraces of the cataract, where a chasm threw itself open to receive us. But there arose in our pathway a shrouded human figure, very far larger in its proportions than any dweller among men. And the hue of the skin of the figure was of the perfect whiteness of the snow. (334)

Ob von dieser Figur am Rande des Vortex die Rettung kommt, ob sie eine quasi-metaphysische Instanz der Hoffnung innerhalb des drohenden Chaos der Selbstauflösung verkörpert, ob sie eine bloße, aus der Verzweiflung geborene Schimäre der Phantasie ist, oder ob sie in ihrer weißen Farbe und gigantischen Statur das elementare, göttliche wie dämonische Prinzip der Schöpfung selbst verkörpert wie Melvilles weißer Wal in *Moby-Dick*, bleibt offen und ist erst aus dem jeweils herangezogenen Deutungskontext des Romans als ganzem explizierbar. Eine endgültige Auflösung des Bildes ist aber nicht möglich, die Unbestimmtheit dessen, was dieser enigmatische Signifikant des Erhabenen zwischen Abgrund und Transzendenz bezeichnet, bleibt erhalten, so daß dem Leser immer neue Möglichkeiten zuwachsen, die vom Text eröffneten Interpretationsspielräume zu nutzen. Die Auseinandersetzung mit den verschiedensten Erlebnisweisen und Konfigurationen des Chaos bei Poe geht somit einher mit einer zwar unbestimmten, aber zugleich unabweisbaren Sinnperspektive, deren immer neue Konstruktion, gerade angesichts der äußersten Bedrohung jeglicher Sinnerwartung, dem Leser aufgegeben ist.

2.3 *Detektivgeschichten*

Ich kann hier nur noch kurz auf zwei weitere wichtige Ausprägungen von Poes literarischem Schaffen eingehen, nämlich einmal die Detektivgeschichte und zum anderen sein lyrisches Werk.

Was die Detektivgeschichten anbelangt, so stellen diese *tales of ratiocination*, wie Poe sie nennt, einen entgegengesetzten Typus von Erzählungen dar zu den psychologischen Schauererzählungen, insofern in ihnen die Dominanz des Irrationalen über das Rationale, des Unbewußten über das Bewußte umgekehrt wird, die in jenen vorherrscht. Noch die zunächst scheinbar unerklärlichsten und mysteriösesten Aspekte eines Falles werden in allen minutiösen Details aufgeklärt. Es wird eine lückenlose Kausalkette rekonstruiert, die die anfänglich hohe Unbestimmtheit der Texterfahrung in Bestimmtheit und in ein vollständiges Erklärungsmodell auflöst. In Erzählungen wie »The Purloined Letter« oder »The Murders in the Rue Morgue« führt die brillante Kombinatorik des Intellekts, wie es scheint, den Triumph über die dunklen, unzugänglichen Bereiche des Bewußtseins und der menschlichen Realität vor Augen, die von dem mit überlegener Verstandesschärfe begabten Detektiv mit geradezu röntgenhaftem Blick durchleuchtet werden. Mit dem analytischen

Verfahren der Wahrheitsaufdeckung, der inkompetenten Überaktivität der Polizei, der Figur des Meisterdetektivs Dupin, der von der handlungsenthobenen Reflexionsposition seines häuslichen Zimmers aus die zunächst unübersichtlichen Informationen zu einem bestechend logischen Zusammenhang ordnet, und mit der Figur seines naiveren Freundes, der als Erzähler fungiert und so den unwissenden Leser im Text verkörpert, hat Poe das Muster der Gattung für die Zukunft etabliert.

Beim näheren Blick auf die Geschichten wird jedoch auch in diesen eine andere, vor- oder transrationale Dimension erkennbar. Dies zeigt zum einen die spezifische Methodik des Meisterdetektivs, deren Überlegenheit gegenüber der organisierten Rationalität des Polizeiapparats gerade darin besteht, daß sie nicht allein auf logisch-analytischen, sondern auch auf intuitiv-imaginativen Fähigkeiten beruht, insbesondere auf seiner Fähigkeit, sich in die Perspektive anderer hineinzuversetzen und von dort aus deren Handlungen und Gedankengänge nachzuvollziehen. In »The Murders in the Rue Morgue« demonstriert Dupin diese Fähigkeit in einem kleinen Experiment, in dem es ihm gelingt, die Gedanken des Erzählers zu lesen, dessen Innenwelt ihm auf eine geradezu unheimliche Weise transparent wird. Und erst diese Fähigkeit der empathetischen Imagination, die er später auch gegenüber dem Täter anwendet, bringt den Erfolg seiner Aufklärungsarbeit.

Die Infragestellung einer rein vernunftbezogenen Weltsicht zeigt sich zum andern aber auch in der Rahmensituation, in der der Erzähler erstmals die Bekanntschaft Dupins macht. Dabei zieht er mit dem Detektiv, der ihn durch die »wild fervor and the vivid freshness of his imagination« beeindruckt, in ein verlassenes, halb verfallenes Herrschaftshaus in Paris, und die geradezu besessene Vorliebe Dupins für die Nacht zeigt sich nicht nur darin, daß die beiden das Haus stets erst nach Einbruch der Dunkelheit verlassen, sondern auch daß sie bei der ersten Morgendämmerung die Fensterläden schließen und auch tagsüber ihre Gespräche in der Dunkelheit führen, die nur durch einen schwachen, geisterhaften Kerzenschein, »[the] ghastliest and feeblest of rays«, erhellt wird.

Die Geschichte entspringt also einer Ausgangssituation, die den erzählten und von Dupin scharfsinning analysierten Fall des gräßlichen Doppelmords an zwei Frauen in der Leichenhausstraße trotz aller Detailgenauigkeit der Beschreibung weniger als realistischen Fall denn als Produkt einer der ›schwarzen Romantik‹ zugehörigen Imagination erscheinen läßt. Der Anspruch totaler Vernunftkontrolle der Wirklichkeit, den die Geschichte suggeriert, wird darüber hinaus infragegestellt durch den Inhalt dessen, was er ans Licht bringt: Indem sich der Täter als ein Menschenaffe erweist, als entlaufener Orang-Utan, wird eine spannungsreiche Beziehung hergestellt zwischen dem Detektiv als verstandesscharfem Übermenschen und dem animalischen Triebwesen, dessen instinkthafte Aktionen er so sorgfältig rekonstruiert hat, also zwischen Über-Ich und Es, zwischen zivilisierter und ›wilder‹ Seite des Psyche. Dadurch wird auch in dieser Geschichte die scheinbare Bestimmtheit der erzählten Welt in Unbestimmtheit aufgelöst und der Alleingeltungsanspruch der Rationalität zurückgenommen. Auch bei den Kriminalerzählungen handelt es sich letztlich um selbstbezügliche Welten der Phantasie, die zwar anders strukturiert sind als die sonstigen Erzählungen Poes, aber doch einen ähnlichen, die Leseraktivität herausfordernden Unbestimmtheitsgrad aufweisen wie die offensichtlicher ›mysteriösen‹ Schauergeschichten.

2.4 *Lyrik*

Lassen Sie mich diesen Vortrag mit einigen kurzen Bemerkungen zum lyrischen Werk Poes schließen. Er selbst hat wie erwähnt die Lyrik aufgrund ihrer Nähe zur Musik als höchste

Literaturgattung betrachtet. Am berühmtesten ist zweifellos »The Raven« (1845), das fester Bestandteil amerikanischer Schulbücher ist und in unzähligen Varianten in Literatur, Malerei, Musik und Film bearbeitet wurde. Ob alle Gedichte Poes dem hohen Anspruch genügen, den er mit ihnen verband, sei dahingestellt. Einige von ihnen aber sind von magischer Schönheit und entsprechen jener »rhythmical creation of beauty«, die ihr Autor anstrebte. Sie sind oft dunkel und rätselhaft wie »The City in the Sea« (1831) oder »Dream-Land« (1844); sie beschwören, wie »Israfel« (1831) oder »Al Aaraaf« (1829), in Bildern orientalischer Mythologie den Widerstreit des Dichters zwischen Diesseitigkeit und Spiritualität, zwischen Leidenschaft und Kunstschönheit. Andere sind von bewußter, liedhafter Einfachheit und melancholischer Idealität, wie »To One in Paradise« (1834). Auch hier aber entsteht Schönheit nicht allein durch Symmetrie, sondern durch eine Beimischung asymmetrischer Elemente, durch die Verbindung von *symmetry and strangeness*, wie Poe in »Ligeia« sagt. Erst durch die Verfremdung des idealisierten Schönen, die dieses in den Horizont der Vergänglichkeit rückt, findet Dichtung ihre existentielle Beglaubigung.

Ein Beispiel ist die Ballade »Annabel Lee« (1849), in der in metrisch eingängigen und refrainartig durchkomponierten Versen der Geist der jung verstorbenen Geliebten beschworen wird. Die Grundbewegung des sechsstrophigen Gedichts besteht in der Überwindung der scheinbar endgültigen Trennung der Liebenden hin zu ihrer seelischen Wiedervereinigung in der höheren Einheit mit der Natur, die das persönliche Leid im kosmischen Rhythmus von Werden und Vergehen aufhebt:

For the moon never beams, without bringing me dreams
Of the beautiful Annabel Lee;
And the stars never rise, but I feel the bright eyes
Of the beautiful Annabel Lee:
And so, all the night tide, I lie down by the side
Of my darling – my darling – my life and my bride,
In her sepulchre there by the sea –
In her tomb by the sounding sea.

Über drei Jahre hat Poe immer wieder an dem Gedicht gefeilt, das an seinem Todestag veröffentlicht wurde. Trotz des suggestiven Klangzaubers, der von seiner fast kindlich-liedhaften Form ausgeht, wird das scheinbar regelmäßige metrische Muster der sechs Strophen immer wieder gestört und gerät vor allem in Strophe drei, am Punkt des Einbruchs des tödlichen Windes, ins Stocken: »A wind blew out of a cloud, chilling/My beautiful Annabel Lee...«. Erst in der letzten Strophe fügen sich die extremen unterschwelligen Spannungen zu einer neuen Einheit, die durch die Veränderung des zuvor unregelmäßigen Kreuzreims zum Paarreim unterstrichen wird, wobei das lange »i« des Titelnamens den dominanten Reimlaut und einheitsstiftenden Klangeffekt des Gedichts darstellt.

»Annabel Lee« zeigt Poes poetisches Schönheitsideal auf dem Höhepunkt, mit dem er den desintegrierenden Kräften entgegentrat, die von seinem Innern und von seiner amerikanischen Umwelt auf ihn einströmten. Künstlerische Schönheit konnte für ihn nur überzeugend erreicht werden, wenn sie diese Erfahrung des Chaos, für die er in ungewöhnlicher Weise empfänglich war, konsequent in sich aufnahm. Anders als viele amerikanische Schriftsteller seiner Zeit, die sich mit ihrem pragmatisch-realistischen Textbegriff letztlich affirmativ auf das Projekt der Neuen Welt bezogen, hielt Poe an einer autonomen Konzeption des Kunstwerks und der ästhetischen Erfahrung fest. Mit ihr setzte er dem Tagtraum

Amerikas einen dunkleren Traum entgegen, der in apokalyptischen Bildern zur Sprache brachte, was jener auf seiner historischen Erfolgsbahn unbewältigt hinter sich ließ.

Textausgaben

Edgar Allan Poe: *Collected Works.* Hg. T.O. Mabbot. 3 Bde. Cambridge, Mass. 1969–78.

Edgar Allan Poe: *Selected Prose, Poetry, and Eureka.* Hg. W.H. Auden. New York etc. 1950. (Zitiert wird nach dieser Ausgabe.)

Edgar Allen Poe: *Das gesamte Werk.* Hg. und Übs. K. Schumann und H.D. Müller. 10 Bde. 1966–73. TB-Ausgabe Olten etc. 1976.

Edgar Allan Poe: *Meistererzählungen.* Hg. M. Nänny, Übs. Arno Schmidt und Hans Wollschläger. Manesse: Zürich 1979.

Auswahlbibliographie

Critical Essays on Edgar Allan Poe. Hg. E.W. Carlson. Boston, Mass. 1987.

Kerlen, Diedrich: *Edgar Allan Poe. Elixiere der Moderne.* München & Zürich 1988.

Muller, John and Richardson, William J. (Hg.): *The Purloined Poe. Lacan, Derrida & Psychoanalytic Reading.* Baltimore & London 1988.

Warth, Eva-Maria: *The Haunted Palace. Edgar Allan Poe und der amerikanische Horrorfilm. (1909–1969).* Trier 1990.

Weissberg, Liliane: *Edgar Allan Poe.* Stuttgart 1991.

Zumbach, Fran T.: *Edgar Allan Poe. Eine Biographie.* München 1987.

Sigmund Freud: »Die Traumdeutung«

Thomas M. Scheerer

I

Es war in der Nacht von Dienstag, dem 23. auf Mittwoch, den 24. Juli 1895, da träumte der damals 39jährige Wiener Nervenarzt und Privatdozent Doktor Sigmund Freud etwas, das weder er noch die Wissenschaft unseres Jahrhunderts wieder vergessen würden. Kaum viereinhalb Jahre später hat er die Erklärung dieses Traums und die Folgerungen aus der Erklärung in einem ebenso gelehrten wie anstößigen, jedenfalls epochemachenden Werk veröffentlicht. Einige Monate nach Erscheinen des Buches schreibt er an den Freund Wilhelm Fließ in Berlin, er habe das Haus, in dem er den Traum geträumt und erklärt hatte, noch einmal aufgesucht:

> »Glaubst Du eigentlich, daß an dem Hause dereinst auf einer Marmortafel zu lesen sein wird: ›Hier enthüllte sich am 24. Juli 1895 dem Dr. Sigm. Freud das Geheimnis des Traumes.‹ Die Aussichten sind bis jetzt hiefür gering« (TD, 140).

Von der Marmortafel weiß ich nichts. Aber die Aussichten waren besser, als der Doktor Freud damals koketterweise schrieb. Und er wußte es: Eine »Spaziergangsphantasie« werde sein Buch werden, meldete er schon vor Ende der Niederschrift an den Freund:

> »Anfangs der dunkle Wald der Autoren (die die Bäume nicht sehen) aussichtslos, irrwegreich. Dann ein verdeckter Hohlweg, durch den ich den Leser führe – mein Traummuster mit seinen Sonderbarkeiten, Details, Indiskretionen, schlechten Witzen, – und dann plötzlich die Höhe und die Aussicht und die Anfrage: Bitte wohin wünschen Sie zu gehen?« (TD, 141).

Im veröffentlichten Werk dieselbe Phantasie:

> »Wenn man einen engen Hohlweg passiert hat und plötzlich auf einer Anhöhe angelangt ist, von welcher aus die Wege sich teilen und die reichste Aussicht nach verschiedensten Richtungen sich öffnet, darf man einen Moment lang verweilen (...). Ähnlich ergeht es uns, nachdem wir die erste Traumdeutung überwunden haben. Wir stehen in der Klarheit einer plötzlichen Erkenntnis« (TD, 141).

Hat schon jemand analysiert, welche Phantasien sich in der Schilderung dieses Traumes als Phantasien eines jungen Wissenschaftlers zugleich enthüllen und verbergen?

Ha! Versuchen wir es doch: Ein »verdeckter« [*Scham*], »enger« [*Anatomie*] »Hohlweg« [*Geburtskanal, Geburtstrauma*]. Der »dunkle Wald« [*Schambaar*], aber der »Wald der Autoren« [*Verschiebung von der Mutter auf die Männer*], »aussichtslos, irrwegreich« [*Ödipus –: töten werde ich ihn, sie alle*]. Und tatsächlich: Ich »(führe) den Leser« [*jetzt führe ich ihn, nicht er mich*], und zwar durch meine »Sonderbarkeiten« [*›sonder bar‹, ohne Geld, gratis tue ich das, weil gerne*]; durch meine »Details« [*Geschlechtsteile*], meine »Indiskretionen« [*was ich immer schon mal sagen, oder gar tun wollte; ich führe ihn ›in meine Sekretionen‹*], durch meine »schlechten Witze« [*Gegensinn: »schlicht« sind sie, aber sagt mir doch, das sie gut sind, nicht »Witze« sind es, sondern Wahrheiten*], »... und dann plötzlich die Höhe« [*›das ist doch die Höhe‹, aber das ist meine Erektion*], »... und die Aussicht« [*daß es länger dauert*], »... und die Anfrage: Wohin wünschen Sie zu gehen?« [*der Masochist, der*]. Oder: »... einen Moment lang verweilen« [*doppelte Determination: Angst vor der Ejaculatio praecox; zugleich Demonstration von Bildungspotenz: ›und sage ich zum Augenblick, verweile doch, du bist so schön‹*]. Und natürlich die Rückkehr ins Haus [*Regression: zur Mutter*], in der Hoffung, es werde dort eine »Marmortafel« [Projektion: *›monumentum aere perennius‹*] angebracht. Das Leben ist ein »Spaziergang«, nein, »eine Spaziergangsphantasie« [*denn so richtig traut man sich doch nicht, obwohl, man wünscht es sich so*]. Ein Spaziergang durch Hohlwege, über Höhen, zu Marmortafeln hin: Denken Sie sich Ihren Teil.

Das waren jetzt nur wenige Zeilen, meine Damen und Herren, und sie waren frech und ungerecht, aber wer weiß? Das sind nämlich die Probleme mit der Traumdeutung: Sie läßt sich auf alles anwenden, auf Träume, Bilder, Literatur, Alltagssprache, auch auf absichtvoll aus verschiedenen Kontexten zusammengestellte Zitate. Und sie ist auf alles angewandt worden, in guter und schlechter Art. Es ist ja ein Jahrhundert Zeit gewesen, für Präzisierungen wie für Mißverständnisse. Unsere heutige Praxis der Traumdeutung geht *von Freud aus*, aber nicht immer im Wortsinne *auf ihn zurück*, sondern entfernt sich auch von seinen ursprünglichen Gedanken, ohne damit schon in der Sache Recht oder Unrecht zu haben. Entfernung vom ersten Gedanken kann heißen, ihn zu falsifizieren oder zu verraten, kann aber auch bedeuten, ihn in neuer Gestalt zu bestätigen und zu vertiefen. Dieser Sachverhalt macht einerseits die Schwierigkeit meiner Aufgabe aus: Vor die Vielfalt des bis heute Weitergedachten zurück- und durch sie hindurchgehend einige Originalgedanken Freuds sichtbar zu machen. Andererseits gehört das zum Alltagsgeschäft des Geisteswissenschaftlers, denn es ist, wenn nicht die ganze hermeneutische Methode, so doch ein erster, wesentlicher Teil derselben: Im Bewußtsein des Vorverständnisses, dieses nutzend und doch von ihm abstrahierend, früher Gedachtes wiederdenken, nicht um es museal zu bewahren, sondern um es neu zur Verfügung zu stellen.

II

Nehmen wir also an, daß es richtig ist, sich den seelischen Apparat des Menschen so vorzustellen, wie Freud es mithilfe einer räumlichen Skizze und unter raumzeitlichen Erläuterungen vorgeschlagen hat. Solche Schaubilder bringen immer die Gefahr mit sich, für ein getreues Abbild der Sache selbst gehalten, also leichtfertig verdinglicht zu werden. Deswegen ist es wichtig, sich der Skizze unter jenen vorbehaltlichen Bestimmungen zu nähern, die Freud selber mitgegeben hat. Wenn er sagt, es seien »Hilfsvorstellungen zur ersten Annäherung an etwas Unbekanntes« (TD, 513), dann weist uns das auf einen wichtigen Aspekt seiner Selbsteinschätzung. Er ist sich der wagemutigen Vorläufigkeit seiner Entwürfe bewußt.

> »Ich meine, wir dürfen unseren Vermutungen freien Lauf lassen, wenn wir dabei nur unser kühles Urteil bewahren, das Gerüste nicht für den Bau halten« (ebd.).

Das »Gerüste« sieht so aus (TD, 517):

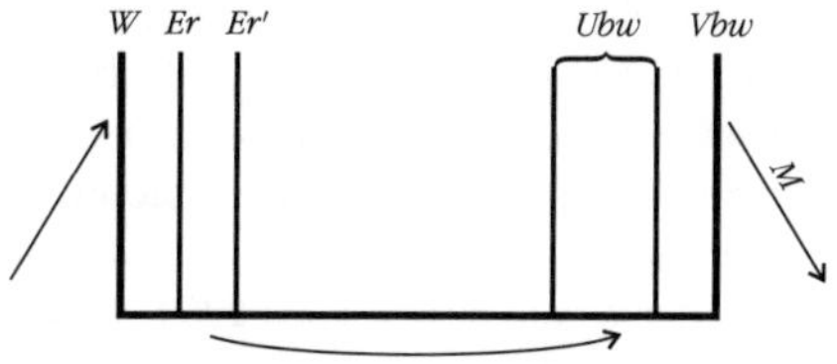

Der psychische Apparat des Menschen, so wird hier skizziert, besteht aus einzelnen Instanzen oder Systemen. Er hat ein Wahrnehmungssystem W (links) und ein motorisches System M (rechts). Die psychischen Vorgänge durchlaufen dieses System in einer von links nach rechts gedachten unaufhörlichen Bewegung. Die im Wahrnehmungssystem ankommenden Erregungen (Sinneseindrücke) lagern sich als Erinnerungen ab. Diese kann man sich wie Schichten unterschiedlichen Alters und unterschiedlicher Intensität denken, die vielfältig miteinander in Beziehung stehen. Vom Wahrnehmungssystem aufgenommene Erregungen gehen immer neu in die Erinnerungssysteme ein, wobei Gleichzeitigkeit oder Ähnlichkeit der Erregung bestimmen, welches Erinnerungssystem sozusagen getroffen wird, sich anreichert und verändert, oder ob sich ein neues bildet. Hier ist auch der Ort, um die Assoziation zu benennen: Assoziation ist der Vorgang des Aufeinandertreffens von Erregung und Erinnerung aufgrund von Gleichzeitigkeit oder Ähnlichkeit. Nicht alle Erregungen und Erinnerungen gelangen aber ans motorische Ende des psychischen Apparats: Manche, so kann man annehmen, *sind* bewußt und problemlos präsent, andere drängen dahin und *können* bewußt werden, wieder andere bleiben unbekannt, *sollen* oder *können* nicht bewußt sein, werden verdrängt oder vorgeblich vergessen. Um diese Unterscheidungen graphisch verdeutlichen zu können, nimmt Freud einen Bereich des Vorbewußten an, der dem motorischen System am nächsten liegt. In seinen Worten:

> »Das letzte der Systeme am motorischen Ende heißen wir das *Vorbewußte,* um anzudeuten, daß die Erregungsvorgänge in demselben ohne weitere Aufhaltung zum Bewußtsein gelangen können, falls noch gewisse Bedingungen erfüllt sind, z.B. die Erreichung einer gewissen Intensität, eine gewisse Verteilung jener Funktion, die man Aufmerksamkeit zu nennen hat« (TD 517).

Um einen Ort anzugeben, an dem er jene Erinnerungen fixieren kann, die nicht bewußt werden können oder sollen, nimmt Freud einen Bezirk des Unbewußten in seine Systemskizze auf:

> »Das System dahinter heißen wir das *Unbewußte,* weil es keinen Zugang zum Bewußtsein hat, *außer durch das Vorbewußte*, bei welchem Durchgang sein Erregungsvorgang sich Abänderungen gefallen lassen muß« (ebd.).

Ich habe die Einleitung absichtlich mit diesem Schema begonnen, das Freud erst gegen Ende seiner umfangreichen Untersuchung zeichnet und erläutert. Es erlaubt mir eine Bemerkung zum Status der Theorie und in einem zweiten Schritt den Übergang zur Traumlehre im Detail.

Erstens: Das Schema ist eine frühe Skizze, die noch nicht alles enthält, was wir heute unter den Freudschen Instanzen verstehen. Es fehlt noch die Unterscheidung von Ich, Über-Ich und Es, die erst mehr als zwanzig Jahre später hinzukommt (*Massenpsychologie und Ich-Analyse*, 1921), um dann nach und nach präzisiert zu werden (u.a. *Das Ich und des Es*, 1923; 31. Vorlesung in *Neue Folge der Vorlesungen*, 1933). Schon deswegen wird heute niemand mehr über Traumtheorie nachdenken oder gar Traumdeutung betreiben, indem er nur dieses Buch zur Hand nimmt. Freud hat sein frühes *opus magnum* unablässig präzisiert, ergänzt und variiert. Nach der ersten, im November 1899 mit Datum 1900 erschienenen Ausgabe erschienen bis 1930 acht jeweils vermehrte und revidierte Ausgaben; die erste Ausgabe der *Gesammelten Werke* (1942) enthält den Stand der Bearbeitungen bis zur Ausgabe letzter Hand, also der 8. Auflage. Erst seit 1950 verfügen wir über die Kenntnis einer wichtigen Vorstudie: Der 1895 entstandene *Entwurf einer Psychologie* wird im Anhang der nicht minder aufschlußreichen Briefe an den Freund Wilhelm Fließ abgedruckt. Die von Alexander Mitscherlich und anderen veranstaltete *Studienausgabe* von 1972 gibt die Stadien der Ergänzungen und Variationen jeweils an und verwendet die Vorstudie für Erläuterungen. Wenn ich also über *Die Traumdeutung* spreche, dann meine ich vorzüglich das Originalwerk von 1899 und nur zusätzlich jene Ergänzungen, die es von des Autors eigener Hand bis 1930 erfahren hat. Ich meine nicht die ganze Traumdeutungstheorie oder die weiterentwickelten Theorien der Persönlichkeit, des Witzes, der Fehlleistungen, der Sexualität, der Massenpsychologie oder der Kultur. Obwohl gilt, daß alle diese Theorien miteinander zusammenhängen, sei hier versucht, möglichst nahe an den ursprünglichen Gedanken zur Traumdeutung zu bleiben.

Zweitens: Die Beziehung zwischen Unbewußtem und Vorbewußtem, so geht aus schon zitierten Bestimmungen hervor, ist eine spannungsreiche, denn wo Unbewußtes zum Bewußtsein drängt, da widersteht, kontrolliert, zensiert das Vorbewußte als »kritisierende Instanz« (TD, 516), die »wie ein Schirm« (ebd.) zwischen Unbewußtem und Bewußtsein wirkt. Die angenommene Spannung folgt unmittelbar aus der praktischen Erfahrung mit der Deutung von Träumen (TD, 160).

III

Also jetzt, meine Damen und Herren, ganz schulmäßig, eine Zusammenfassung der Freudschen Traumdeutungstheorie. So etwas gibt es in unzähligen Lehrbüchern (z.B. Bally 1961, Arlow/Brenner 1976, Lohmann 1986, Köhler 1990, Hinrichs 1994), aber glauben Sie wirklich, daß man die Theorie einfach so zusammenfassen kann, ohne etwas auszulassen, unscharf zu sein, eigene Präferenzen zu betonen oder Seitenhiebe gegen falsche Propheten auszuteilen? Man kann nicht. Ich versuche es trotzdem, und teile gleich einen solchen Seitenhieb aus.

Vor einigen Jahren unternahm eine Gruppe von Psychiatern ein Experiment, um Freud zu widerlegen. Fünf Psychiater deuteten unanbhängig voneinander denselben Traum und kamen zu weit auseinanderliegenden, zum Teil einander widersprechenden Diagnosen (zit. Strunz 1995, 14). Wer die *Traumdeutung* kennt, kann einen solchen Versuch nur für tragikomisch halten, denn die Spezialisten konnten außer ihrer Inkompetenz gar nichts beweisen. Ihr Fehler bestand in der Trennung des Traums vom Träumenden und in der Herauslösung aus der notwendigen Deutungssituation. Freud erläutert das Problem im Zweiten Kapitel (*Die Methode der Traumdeutung*). Auf die Bedeutung der Träume sei er bei der Behandlung bestimmter psychopathologischer Störungen gekommen:

> »Die Patienten, die ich verpflichtet hatte, mir alle Einfälle und Gedanken mitzuteilen, die sich ihnen zu einem bestimmten Thema aufdrängten, erzählten mir ihre Träume und lehrten mich so, daß ein Traum in die psychische Verkettung eingeschoben sein kann« (TD, 121).

Der Traum kann also *ein* mögliches Element in einer reichhaltigen »psychischen Verkettung« sein; er *muß* aber nicht dazugehören; und schon gar nicht ist er das einzige Mittel, um die »psychischen Verkettung« zu erkennen. Obwohl in der ärztlichen Praxis mehr als tausend Traumdeutungen zustandekamen, wählt Freud nicht diese als Material, denn abgesehen von der Notwendigkeit, lange Krankheitsgeschichten voranzustellen, handle es sich um

> »die Träume von Neuropathen, die einen Rückschluß auf die Träume gesunder Menschen nicht gestatten« (TD, 124).

Auch »Träume, die mir gelegentlich von gesunden Personen meiner Bekanntschaft erzählt worden sind oder die ich als Beispiele in der Literatur über das Traumleben verzeichnet finde« (TD, 125) sind ungeeignet, denn: »Leider geht mir bei all diesen Träumen die Analyse ab, ohne welche ich den Sinn des Traumes nicht finden kann« (TD, 125). Mit »Analyse« ist nun keine fertige, schriftlich fixierte Interpretation gemeint, sondern eine genau definierte kommunikative Situation: Das Gespräch zwischen dem Träumenden und dem Arzt, die beide versuchen, Anhaltspunkte für die Bedeutung des Traums aus dessen Elementen und im Bezug auf den Alltag und die Lebensgeschichte des Träumenden zu ermitteln.

> »Mein Verfahren ist ja nicht so bequem wie das der populären Chiffriermethode, welche den gegebenen Trauminhalt nach einem fixierten Schlüssel übersetzt; ich bin vielmehr darauf gefaßt, daß derselbe Trauminhalt bei verschiedenen Personen und in verschiedenem Zusammenhang auch einen anderen Sinn verbergen mag« (TD, 125).

Freud wählt schließlich zum vorrangigen Material seine eigenen Träume; er tut das unter Bedenken (da er Intimes nicht gerne einer bezweifelbaren »Diskretion der Leser« anvertraut, ebd.) und nicht ohne Ironie, wenn er diese Träume »ein reichliches und bequemes Material« nennt, »das von einer ungefähr normalen Person herrührt« (ebd.).

Aber er kann sicher sein, daß bei der Selbstanalyse alle die eben genannten Voraussetzungen für den Deutungserfolg gegeben sind, vor allem, weil er die »mannigfachen Anlässe des täglichen Lebens« (ebd.) selber kennt, die den Traum jeweils beeinflußt oder veranlaßt haben können. So ist es auch der eingangs genannte eigene, auf den Tag genau datierte und klar auf eine Vorgeschichte bezogene Traum, der ihn zur grundlegenden Hypothese der gesamten Traumdeutungstheorie führt. Es ist die berühmt gewordene Selbstanalyse des Traums von *Irmas Injektion* (TD 126ff.). Die Behandlung der Patientin Irma wegen hysterischer Symptome war während der Sommerpause unter Mißstimmung ausgesetzt worden, weil Behandlungserfolge ausblieben. In den Sommerferien trifft Freud den Kollegen Otto, der berichtet, Irma gehe es schlecht. Freud schreibt die Krankengeschichte Irmas auf, um sie an einen weiteren Kollegen zu überweisen. In der Nacht darauf träumt er, Irma bei einem gesellschaftlichen Anlaß zu begegnen; sie ist sichtbar körperlich krank, und eine Untersuchung durch mehrere anwesende Ärzte ergibt, daß ihr Leiden wohl von einer durch den Kollegen Otto falsch gesetzten, unsauberen Injektion mit einem bedenklichen Mittel herrührt. Die detailreiche Selbstanalyse anhand des Traums führt Freud zu der Erkenntnis, daß die falsch gesetzte Injektion und andere, ähnliche Elemente Ausdruck unbewußter Wünsche sind: Otto hat ihn mit der Bemerkung über Irmas Leiden geärgert, »der Traum rächt mich an ihm, indem er den Vorwurf auf ihn selbst zurückwendet« (TD, 137). Irma leidet möglicherweise wegen einer falschen Diagnose Freuds, doch:

»Von der Verantwortung für Irmas Befinden spricht der Traum mich frei, indem er dasselbe auf andere Momente (...) zurückführt. Der Traum stellt einen gewissen Sachverhalt so dar, wie ich ihn wünschen möchte; *sein Inhalt ist also eine Wunscherfüllung, sein Motiv ein Wunsch*« (ebd.).

Dem Einwand, es gebe auch Träume, die keinerlei Wunscherfüllung erkennen lassen, begegnet Freud mit zwei weiteren grundlegenden Bestimmungen. »Man wolle bloß beachten«, schreibt er,

»daß unsere Lehre nicht auf der Würdigung des manifesten Trauminhalts beruht, sondern sich auf den Gedankeninhalt bezieht, welcher durch die Deutungsarbeit hinter dem Traume erkannt wird. Stellen wir *manifesten* und *latenten Trauminhalt* einander gegenüber« (TD, 152).

Die zweite, mit dieser Unterscheidung zusammenhängende Bestimmung lautet: Der Traum sagt nicht direkt, was er bedeutet. Der manifeste Trauminhalt entstellt den dahinter liegenden Wunsch. Die Frage nach dem Grund für die Traumentstellung führt Freud zu der Annahme zweier antagonistischer Kräfte: Dem Wunsch, der nach Erfüllung drängt, und einem Widerstand gegen die Erfüllung, den er Zensur nennt. Zur Veranschaulichung zieht er die politische Zensur gegen Schriftsteller und die Briefzensur heran:

»Je strenger die Zensur waltet, desto weitgehender wird die Verkleidung, desto witziger oft die Mittel, welche den Leser doch auf die Spur der eigentlichen Bedeutung leiten« (TD, 159).

Und:

»Die Briefzensur macht solche Stellen [i.e. die ihr anstößig erscheinen] durch Überstreichen unlesbar, die Traumzensur ersetzt sie durch ein unverständliches Gemurmel« (ebd.).

Nach der Diskussion einiger Beispiele, die seinen Festlegungen zu widerprechen scheinen, die er aber regelmäßig doch auf die Erfüllung verborgener Wünsche zurückführen kann, präzisiert Freud zusammenfassend, was Grundlage aller seiner weiteren Erörterungen sein wird:

»Der Traum ist die (verkleidete) Erfüllung eines (unterdrückten, verdrängten) Wunsches« (TD, 175).

Im Kapitel über die *Traumenstellung,* das mit diesem Merksatz endet, kann man die hartnäckige, detailversessene Konsequenz beobachten, mit der Freud seine Theorie zu bestätigen und Einwände zu neutralisieren versucht. So kann eine Peinlichkeit (im manifesten Trauminhalt) die Aufgabe haben, einen latenten Wunsch zu verkleiden; so kann Angst im manifesten Trauminhalt auf verdrängte sexuelle Wünsche hindeuten; so können Träume auch sehr alte Wünsche erfüllen, die der Träumende aktuell gar nicht mehr erfüllt sehen möchte; so kann sich hinter einem geträumten nichterfüllten Wunsch die Erfüllung eines anderen Wunsches verbergen; so kann das geträumte Versagen eines Wunsches zur Triebkraft haben, daß der Analytiker unrecht haben soll (TD, 172); so kann ein manifester Unlusttraum einen latenten masochistischen Wunsch des Träumenden erfüllen.

Ähnlich vielfältig und in variantenreicher Konsequenz handelt Freud danach die Frage nach dem Material und den Quellen des Traums ab (*V. Das Traummaterial und die Traumquellen*). Aus diesen Darlegungen seien hier nur wenige Merksätze wiedergegeben. Zunächst gilt, daß Träume ihre Materialien und ihre Anlässe überall herholen können – aus körperlichen Erfahrungen (Schmerz, Hunger) ebenso wie aus Alltagseindrücken oder fernen Kindheitserlebnissen. Freud beschreibt dabei als Tendenz, daß jüngere Erlebnisse (wie Tagesreste) im manifesten Trauminhalt, ältere (wie Kindheitserlebnisse) im latenten Traumgedanken aufzufinden seien. Insgesamt gilt aber, daß alle vorhandenen Traumreizquellen »zu einer Einheit« (TD, 192) zu verschmelzen pflegen. Woher auch immer ein Element kommt, das in den Traum eingeht, es ist nie

> »harmlos« (TD, 195). »Der Traum gibt sich nie mit Kleinigkeiten ab; um Geringes lassen wir uns im Schlaf nicht stören« (ebd.).

Bei der Suche nach den Traumquellen trifft Freud auch auf das Infantile und entwickelt jene Theorie, die seither unendlich viel diskutiert wurde, denn:

> »(es) gibt (...) keinen Wunsch, von dem wir uns ferner glauben; wir meinen, das zu wünschen, könnte ›uns auch im Traume nicht einfallen‹« (TD, 270).

Gemeint ist der kindliche Todeswunsch gegen den Vater und der Wunsch nach sexueller Vereinigung mit der Mutter. Wie Sie alle wissen, wird dies den Namen »Ödipus-Komplex« erhalten, denn Freud führt aus, »(d)aß die Sage von Ödipus einem uralten Traumstoff entsprossen ist« (TD, 268), daß es sich also bei besagtem Wunsch um eine menschheits- und individualgeschichtliche Konstante handle. Umstritten ist seither, ob dieser typische Traumwunsch nur sehr häufig ist (also vorkommen *kann*), oder ob das Träumen überhaupt »im ganzen ein Stück Regression zu den frühesten Verhältnissen des Träumers, ein Wiederbeleben seiner Kindheit« (TD, 524) ist, wobei dem ödipalen Wunsch allgemeine phylogenetische Geltung zukäme. Ich nenne das Problem, ohne weiter darauf eingehen zu können, und fahre in der Standardsystematik der *Traumdeutung* fort.

So antagonistisch die Instanzen Unbewußtes und Bewußtsein sich auch zueinander verhalten, so gleichwertig sind sie doch nach Freuds Auffassung. Dieses erkannt und immer wieder betont zu haben, ist eine der uns heute als selbstverständlich erscheinenden, damals aber neuen und revolutionären Leistungen Freuds. Die dem nicht bewußtgewordenen Denken zugehörigen Traumgedanken sind nach seiner Lehre »völlig korrekt und mit allem psychischen Aufwand, dessen wir fähig sind, gebildet« (TD 486).

Die Verwandlung der latenten Traumgedanken in einen manifesten Trauminhalt, die Traumbildung also

> »ist nicht etwa nachlässiger, inkorrekter, vergeßlicher, unvollständiger als das wache Denken; sie ist etwas davon völlig Verschiedenes und darum zunächst nicht mit ihm vergleichbar« (ebd.).

Fragt man sich nun unvoreingenommen, wie denn das wache Denken etwas so qualitativ Verschiedenes überhaupt begreifen und beschreiben kann, dann ist man auf dem Wege zum Verständnis des von Freud verwendeten Arbeitsbegriffs.

> »Den Vorgang der Verwandlung vom latenten zum manifesten Trauminhalt werde ich die *Traumarbeit* nennen. Das Gegenstück zu dieser Arbeit, welches die entgegengesetzte Umwandlung leistet, kenne ich bereits als *Analysenarbeit*« (*Über den Traum*, GW II/III, 554).

Auch in dieser definitorischen Wahl stecken Vorentscheidungen, die wir uns, da die Begriffe mehr oder weniger gängige Münze geworden sind, in ihrer Neuheit und Tragweite noch einmal vergegenwärtigen sollten. Verstehen wir »Arbeit«, jenseits aller speziellen Definitionsvarianten, als zielgerichtete, planmäßige Anwendung menschlicher Energie auf materielle oder ideele Gegenstände zum Zwecke der Überwindung von Widerständen und der Gewinnung von Vorteilen, so wird leichter deutlich, welche völlig natürliche und nützliche

Leistung Freud dem Traum zuspricht: Das Unbewußte wirkt zielgerichtet und planmäßig, es wendet Energie zur Überwindung von Widerständen und zur Gewinnung von Vorteilen für den Träumenden auf. Freud beschreibt fünf große Leistungen, aus denen die Traumarbeit besteht: Verdichtung, Verschiebung, szenische Darstellung, Symboldarstellung und sekundäre Bearbeitung.

Daß latente Gedanken im Traum verdichtet erscheinen, wird schon daran offensichtlich, daß der erzählte Traum meist wesentlich kürzer ist als die oft seitenlangen Erklärungen, die seine Deutung erfordert. Einzelne Elemente des manifesten Traums können mehrere Tagesreste wiedergeben und zugleich auf mehrere Traumgedanken verweisen. Aufgabe der Analysenarbeit ist es, die von solchen Elementen ausgehenden Assoziationen zu sammeln und von diesen ausgehend die zugrundeliegenden Traumgedanken zu entdecken. Einzelne Begriffe können also für mehrere Traumgedanken stehen, einzelne geträumte Personen erweisen sich als »Mischpersonen« oder »Sammelpersonen« aus mehreren realen Menschen, Wortneuschöpfungen können Verdichtungen aus vielen Wörtern sein, die ihrerseits auf eine Vielzahl von Geschichten führen. Die Beispiele sind so anschaulich, daß man kaum weiß, welchem man den Vorzug gegen soll. Vielleicht »Maistollmütz«: Eine Patientin hatte geträumt, eine Bauernfestlichkeit werde »in einen allgemeinen ›Maistollmütz‹ ausgehen« (TD, 297); die Analyse führt auf »Mais – toll – mannstoll – Olmütz« und von da zu so unterschiedlichen Erinnerungen wie das 50. Regierungsjubiläum von Kaiser Franz Joseph, eine Meißner Porzellanfigur, die Reise einer Engländerin nach Olmütz ...

> »und eine lange Kette von Gedanken und Anknüpfungen ging von jeder der Silben des Wortklumpens ab« (TD, 298).

»Wortklumpen«: Freud hat die Angewohnheit, offensichtliche Befunde emphatisch, übermütig, ja triumphal mitzuteilen und dann in Umgangssprache zu verfallen. In distanzierteren Passagen nennt er solche Elemente »Knotenpunkte«, die »mehrfach determiniert« sind (TD, 286).

So vertraut uns das Phänomen der Verdichtung erscheint, dem wir alltäglich in Sprachspielen, Witzen und vor allem auch in der Dichtung begegnen, so wenig offensichtlich ist der komplementäre Mechanismus der Verschiebung. Manches kann im manifesten Traum großen Raum einnehmen, ohne den latenten Gedanken zu treffen; anderes ist zunächst unscheinbar, führt aber zum eigentlich wirksamen Traumgedanken. Daß Freud kein eigenes Beispiel für Verschiebung gibt, sondern auf frühere Beispiele (vor allem für Verdichtung) hinweist, mag man der fehlenden Anschaulichkeit wegen bedauern, hat aber seinen Grund: Verdichtung und Verschiebung sind zusammengehörende Formen der Entstellung des unbewußten Wunsches im Traum, und sie haben beide zum Ziel, der Zensur des Traumwiderstandes entgegenzuwirken (TD, 308). Sie

> »sind die beiden Werkmeister, deren Tätigkeit wir die Gestaltung des Traumes hauptsächlich zuschreiben dürfen« (TD, 307).

Haben wir nun für die »Traumarbeit« schon zwei »Werkmeister«, dann dürften wir doch des planmäßigen Einsatzes von Energie zum Zwecke der Vorteilsgewinnung hinreichend sicher sein. Doch weit gefehlt, nun beginnen erst die eigentlichen Schwierigkeiten. Die Traumgedanken sind zumeist

> »ein Komplex von Gedanken und Erinnerungen vom allerverwickeltsten Aufbau mit allen Eigenschaften der uns aus dem Wachen bekannten Gedankengänge« (TD, 310).

Nur helfen diese normal-wachen Formen von Gedankengängen, also das »Wenn, weil, gleichwie, obgleich, entweder-oder« (ebd.) zunächst nicht zum Verständnis der Traumgedanken, denn die Traumarbeit hat diese Beziehungen, obwohl sie verbal vorhanden sein können, in ihrem logischen, dem bewußten Denken zugänglichen Sinne »vernichtet« (TD, 311).

> »... die ganze Masse der Traumgedanken (unterliegt) der Pressung der Traumarbeit (...), wobei die Stücke [i.e. Vorder- und Hintergrund, Abschweifungen und Erläuterungen, Bedingungen, Beweisgänge und Einsprüche] gedreht, zerbröckelt und zusammengeschoben werden, etwa wie treibendes Eis« (TD, 310).

Der Traum hat für die logischen Beziehungen unter den Traumgedanken keine Mittel zur Verfügung: Kausalität, Alternative, Gegensatz, Widerspruch, Vergleich, Identität, Ähnlichkeit, Übereinstimmung, Gemeinsamkeit – alles außer Kraft gesetzt oder doch nicht so verwendet wie im wachen logischen Denken. Es fehlt nicht an Vorschlägen Freuds, wie man bei der Analysearbeit der amorphen Masse Herr werden kann – man rechne außer mit Verdichtung und Verschiebung mit Mischbildungen (TD, 321), versuche die Umkehrung des Vorgefundenen (TD, 324), man widme dunklen Stellen und Unterbrechungen besondere Aufmerksamkeit (TD, 330) usw. – und doch ist kein über Tendenzen hinausgehendes Regelwerk zu erwarten, die Vielfalt der Erscheinungsformen indvidueller Traumbildungen ist potentiell unendlich. Nur ein Prinzip wird im Cursus durch die vielen Erscheinungsformen sichtbar. Neben Verdichtung und Verschiebung ist es für Freud das dritte allgemeingültige Moment bei der Traumarbeit:

> »*Die Rücksicht auf die Darstellbarkeit in dem eigentümlichen psychischen Material, dessen sich der Traum bedient*, also zumeist in visuellen Bildern« (TD, 339, kursiv im Orginal). »Das Bildliche ist für den Traum *darstellungsfähig*« (TD, 335).

– das Logische und Abstrakte nicht.

Aha, werden heutige Leserinnen und Leser denken, nun kommt endlich das Kernstück der Traumdeutung, nun kommen die Bilder und Symbole. Und der Referent gerät in Verlegenheit, denn ein großes Kapitel der *Traumdeutung* (VI.E: *Die Darstellung durch Symbole im Traume. Weitere typische Träume*) ist erst in späteren Jahren hinzugekommen und bedient sich ausführlich der von anderen zusammengetragenen Beobachtungen. Zwar ist in den eher knappen Ausführungen der Erstfassung alles schon da: Symbolik im Traum weist vor allem auf die »Phantasiebeschäftigung mit dem eigenen Körper« (TD, 342) und auf Sexualität im allgemeinen hin. Umgekehrt stellt Freud fest,

> »daß sich sexuelle Symbolik hinter dem Alltäglichen und Unauffälligen als seinem besten Versteck verbergen kann« (TD, 342).

Und er führt den berühmten *Blütentraum* einer Patientin an, in dem er alle sexuellen Symbole unterstreicht, wie z.B. »großer Ast«, »rote Blüten«, »Kirschblüten«, »Kamelien«, »Holz«, »Moos«, »Garten«, »Straße« usw. – nicht ohne spitzbübisch festzustellen:

> »Der schöne Traum wollte der Träumerin nach der Deutung gar nicht mehr gefallen« (ebd.).

Doch bei genauerem Hinsehen findet man Vorbehalte gegen die Symboldeutung und Einschränkungen ihres Erkenntniswerts. Gemeinsam ist ihnen die Behauptung, daß Symbolisierungen nichts dem Traum besonders Eigenes sind. Zu Symboldeutungen fühlt Freud sich erst genötigt, wenn, wie er an anderer Stelle einmal sagt, bei der Technik der freien

Assoziationen »alles Drängen nichts nützt« (GW XI, 151), wenn also bei der Suche nach dem latenten Traumgedanken nur die Annahme einer symbolischen Bedeutung weiterhilft. Fragt man nach Gründen für diese Zurückhaltung, so findet man leicht zwei Erklärungen. Zum einen betont Freud,

> »daß man keine besondere symbolisierende Tätigkeit der Seele bei der Traumarbeit anzunehmen braucht« (TD, 344),

d.h. Symbole haben keinen gegenüber allen anderen Erscheinungen bevorzugten Erkenntniswert. Zum anderen sieht Freud gerade einen Nachteil darin, daß Symbole häufig historisch und gesellschaftlich prädeterminiert sind. Wer über ein Symbol zum Traumgedanken vordringen will, muß immer gewahr sein, daß er einer durch Folklore, Mythen, Sagen, Redensarten vorgeprägten Deutung erliegt, die mit der Invidualität der jeweiligen Traumarbeit nichts zu tun hat. Die

> »Versuchung, ein neues Traumbuch nach der alten Chiffriermethode zu entwerfen« (TD, 346)

liege allzu nahe. Insofern wird

> »die Aufgabe einer Traumdeutung durch die Existenz der Symbole im Traume nicht nur erleichtert, sondern auch erschwert« (TD, 347).

Sagen wir es anschaulicher: Ein offenes Tor *kann auch* ein offenes Tor, eine Zigarre *auch* eine Zigarre bedeuten; *muß nicht* das symbolisieren, was wir uns landläufig vorstellen; kann auch etwas ganz anderes als Tor oder Zigarre oder deren Symbolik bedeuten, nämlich etwas, das sich nur aus der Individualität des jeweiligen Traumgedankens ergibt. Wohl wegen der skizzierten Problematik, wegen der tiefen populären Verwurzelung symbolischen Denkens und wegen des lebhaften wissenschaftlichen Echos wird Freud in den folgenden Jahren diesen Teil der *Traumdeutung* stets erweitern und überarbeiten – immer auf der Suche nach Träumen, die »wirklich jedesmal den gleichen Sinn haben« (TD, 377) und solchen, die trotz ähnlichen Inhalts doch immer verschieden gedeutet werden müssen. Wo immer wir, wie in jeder guten Ausgabe, Register der Symbole und des Symbolisierten finden, ist deswegen Vorsicht angeraten. Freud jedenfalls hat auch später noch darauf bestanden, daß die symbolische Deutung sich mit der assoziativen nicht messen kann:

> »Sie ist eine Ergänzung zu ihr und liefert nur in sie eingefügt brauchbare Resultate« (GW XI, 152).

Zuletzt unter den Leistungen der Traumarbeit noch die sekundäre Bearbeitung. Es gilt, gleich einem Mißverständnis vorzubeugen. Traumerzählungen sind ja immer nachträgliche Versprachlichungen des Geträumten, und bei der sprachlichen Fassung gehen gewiß ursprüngliche Elemente verloren, andere werden geklärt, geglättet oder geschönt. Dieser Vorgang ist mit »sekundärer Bearbeitung« nicht gemeint. Vielmehr geht Freud von zwei Beobachtungen aus: Erstens sieht er, daß die als Zensur wirkende psychische Instanz immer und notwendig an der Bildung der Traumgedanken beteiligt ist. Sie will zum Beispiel, daß der Trauminhalt nicht gelte, daß der Traum als Traum kritisiert wird, und sorgt dafür, daß man träumt, der Traum sei nur ein Traum. Oder sie sorgt dafür, daß der Traum vorgegebenen Mustern folgt (einer Tagesphantasie, einem literarischen Muster, einer mythischen Vorlage) und deswegen leicht als Wiederholung von Bekanntem, also Belanglosem mißdeutet werden kann. Zweitens aber sorgt die sekundäre Bearbeitung dafür, daß im Traum alte Wünsche, die sich im Unbewußten schon längst angelagert, in langen Phantasien und ganzen Romanen entsponnen haben, urplötzlich geweckt – Freud sagt »angespielt« (TD, 477) und »angetupft« (TD, 478) – werden können. So erklärt es sich, wenn ein meßbar sehr kurzer Traum umfangreiche Phantasien abspielt. Ein kurzer Reiz genügt, und die Traumarbeit erfüllt sich rasch einen alten Wunsch:

> »Jetzt ist die Gelegenheit, die Wunschphantasie wahrzumachen, die ich mir zu der und der Zeit bei der Lektüre gebildet habe« (TD, 477).

Ich breche hier ab und beende die schulmäßige Darstellung der Traumlehre, nicht ohne zuzugeben, daß dieses nur ihr Kern ist, an den sich zahlreiche weitere Überlegungen anlagern.

VI

›Jetzt ist die Gelegenheit, die Wunschphantasie wahrzumachen, die ich mir zu der und der Zeit bei der Lektüre gebildet habe‹ (s.o.). Ein kurzer Reiz genügt: nur die Einladung zum Vortrag in der Reihe Große Werke der Literatur, und schon hebt meine insgeheim gehegte sekundäre Bearbeitung von Freuds *Traumdeutung* an, sich einen alten Wunsch zu erfüllen. Zugleich sagt die Zensur: Das ist doch nur ein Traum, das hält doch wachem Denken gar nicht stand. Und weil es doch nicht geträumt ist, weil ich nur wünschte, es könnte sich mal eben schnell in Traumsekunden erledigen, muß ich wohl oder übel ein wenig ausholen.

Die vor beinahe einem Jahrhundert entworfene Lehre ist, wie gesagt, nicht ohne Widersprüche geblieben. Diese alle hier auflisten zu wollen, wäre zeitlich unmöglich und intellektuell vermessen (vgl. u.a. Wiesenhütter 1974, Köhler 1989). Aber wir können das Problem vorwissenschaftlich angehen: Wer oder was zwingt uns eigentlich, der horizontal aufgezeichneten Begriffstrias von Unbewußtem, Vorbewußtem und Bewußtsein Glauben zu schenken? Und warum sollen wir glauben, daß das Geträumte in zwei Ebenen zerfällt, in eine »oben« erscheinende manifeste Erzählung und in einen »darunter«liegenden latenten Gedanken? Oder, noch nicht in der Zeit der *Traumdeutung*, aber später hinzugefügt und in sie integriert, die wieder in Oben-und-Unten gliedernde Topik von Ich, Es und Über-Ich? Von Ordnungssystemen, die Instanzen horziontal oder vertikal verorten, sind wir so angetan, daß manche landläufig sagen, Freud habe das »Unter«bewußtsein entdeckt, obwohl das Wort in der *Traumdeutung* gar nicht vorkommt. Die Ordnung des Bezeichnenden ist so verführerisch, daß man gerne die Frage vernachlässigt, ob das Bezeichnete wirklich existiert (die Frage wird im Werk erwähnt, TD 578 ff.; heutige Theoriebildung hat die topographische Repräsentation weitestgehend in eine strukturelle überführt; vgl. u.a. Arlow/Brenner 1976, Bion 1992).

Ich greife also die Gretchenfrage heraus: Ist das nun eigentlich alles wahr? Handelt es sich bei der *Traumdeutung* um eine beweisbare, meßbare, im naturwissenschaftlichen Sinne gültige Theorie? Oder ist sie philosophisch-psychologische Spekulation, vielleicht auch Scharlatanerie auf hohem intellektuellem Niveau? Die Alternative ist in dieser Form natürlich falsch formuliert, aber sie soll die extremen Möglichkeiten benennen. Freud erscheint uns heute als Begründer einer »Diskursivität« (im Sinne von Foucault 1969), deren theoretische Geltung immer im Rekurs auf das begründende Werk neu zu definieren ist, während Begründungen von (Natur)Wissenschaften ihre Geltung aus der Überprüfung an Axiomen oder Fakten beziehen. Wie jedoch hat er selber seine wissenschaftliche Position verstanden? Ein Blick zurück auf die wissenschaftliche Herkunft des Nervenarztes Freud zeigt, daß zwei naturwissenschaftlich-medizinische Theorien sein Denken beeinflusst haben: Da ist zum einen die auf Hermann von Helmholtz zurückgehende, von Freuds Lehrer Ernst von Brücke maßgeblich mitvertretene physiologische Denkschule. Einfach gesagt geht sie davon aus, daß die Erscheinungen des Seelenlebens von der Neurophysiologie abhängen und daß diese chemisch-physikalischen Gesetzmäßigkeiten folge. Da naturwissenschaftliches Denken meßbarer Einheiten bedarf, tritt hier eine zweite zeitgenössische Theorie in ihr Recht: Analog zur Anatomie, deren Einheit die Körperzelle ist, hatte die Neurophysiologie die Einheit »Neuron« (Nervenzelle) definiert. Diese Einheit war für sich autonom, unterhielt aber zu ihren Nachbarzellen Beziehungen nicht chemisch-physikalischer Natur, die sich als Zustände von Ruhe oder Bewegung, von Leere oder Füllung definierten. War das Neuron mit Energie gefüllt, dann wirkte eine Dynamik aus Widerstand und »Bahnung«, die für die allgemeine Bewegung des Nervensystems verantwortlich war. Diese Erregung wiederum unterlag einem angenommenen Prinzip der Trägheit: Neuronen wollen sich der »Füllung«, der »Quantität«, mit der sie »besetzt« sind, entledigen, um in den Zustand der »Leere«, der »Ruhe« zurückzukehren. (Ich referiere paraphrastisch die Einleitung zu TD, 17f.)

Was aus diesen Annahmen geht in die Darstellung des psychischen Apparats ein, worin entfernt Freuds Darstellung sich von ihnen? Zunächst spricht er in der Skizze des psychischen Apparats nicht von Neuronenbeziehungen, sondern von psychischen Instanzen oder Systemen. Das ist ein entscheidender Unterschied, denn Freud wechselt vom naturwissenschaftlichen Denken in *Einheiten* hinüber zu einem logisch-hermeneutischen, sprachanalytischen Denken in *Instanzen*. In einem epistemologisch überaus aufschlußreichen Passus der *Traumdeutung* (TD, 568 f.), spricht er von der »Fiktion eines primitiven psychischen Apparats« (ebd.), um dann öfter in die Nähe der Neuronenlehre zu geraten (er diskutiert »Anhäufung von Erregung«, »Abfuhr« und »Verringerung der Erregung« und so weiter). Aber die naturwissenschaftliche Aufgabe also solche benennt er nurmehr als spätere Möglichkeit für andere Forscher:

> »Die Mechanik dieser Vorgänge ist mir ganz unbekannt; wer mit diesen Vorstellungen Ernst machen wollte, müßte die physikalischen Analogien heraussuchen und sich einen Weg zur Veranschaulichung des Bewegungsvorgangs bei der Neuronerregung bahnen« (TD 569).

Freud ist, so sieht man an diesem Passus, noch geprägt von der naturwissenschaftlichen Epistemologie, aber er weist sie auch schon von sich.

> »Ob den unbewußten Wünschen *Realität* zuzuerkennen ist, kann ich nicht sagen« (TD, 587).

Später wird er zusammenfassen:

> »Das Lehrgebäude der Pychoanalyse, das wir geschaffen haben, ist in Wirklichkeit ein Überbau, der irgend einmal auf sein organisches Fundament aufgesetzt werden sollte; aber wir kennen dieses noch nicht« (*24. Vorlesung von 1916/1917*, GW XI: 403).

Wichtig ist, daß er dieses Fundament utopisiert: Kann sein, daß es eines Tages gefunden wird. In der bleibenden Fixierung auf den als künftig möglich gedachten biologischen Beweis hat Jürgen Habermas das »szientifische Selbstmißverständnis« (Habermas 1991, 300ff.) Freuds gesehen und darauf bestanden, daß die Metapsychologie nur als »strikte Erfahrungswissenschaft« (ebd., 307) und als »allgemeine Interpretation von Bildungsprozessen« (ebd.,

309) sinnvoll definiert werden könne. Die Aporie des psychoanalytischen Tuns zwischen biologischem Determinismus und sprachanalytischer Hermeneutik gilt bis heute weiter (Köhler 1990, 18f., 75 et passim). Ihr entspricht der ähnlich gelagerte Zwiespalt zwischen Abstraktion und Konkretheit, wie ihn Wilfred R. Bion klar formuliert:

> »Weil psychoanalytische Theorien ein Gemenge von beobachtetem Material und aus ihm gewonnener Abstraktion sind, hat man sie als unwissenschaftlich kritisiert. Sie sind gleichzeitig zu theoretisch (...), um als Beobachtung akzeptabel zu sein, und zu konkret, um die Flexibilität zu besitzen, die es einer Abstraktion erlaubt, mit einer Realisierung zusammenzupassen« (Bion 1992, 29).

Ein Blick auf die heutige Neuropysiologie, die natürlich weiter nach den biologischen Mechanismen des Traums forscht, läßt übrigens eher vermuten, daß sie Freuds Annahmen über die Vorgänge im psychischen Apparat des Menschen dementieren würde.

Wenden wir es positiv: Indem Freud die biologisch-naturwissenschaftliche Erklärung als Möglichkeit in die Zukunft projiziert, schafft er seinen Erklärungen den Freiraum, eine sprachanalytisch-interpretierende Erfahrungswisssenschaft sein zu dürfen und sich anderen als naturwissenschaftlichen Kriterien zu unterwerfen, nämlich denen von Tradition, Beobachtung, Plausibilität und Pragmatik. Freud hat diese Seite seines Tuns klarsichtig und nicht ohne Selbstironie beschrieben. Einmal fragt er sich nach der Deutung von Assoziationsketten die einander behindern und meint, es sei immer möglich, ein gemeinsames Element in den Widersprüchen zu finden und

> »... etwas zusammenzubrauen, was man die Traumgedanken nennt, und ohne jede Gewähr, da diese sonst nicht bekannt sind, für den psychischen Ersatz des Traumes ausgibt. Es ist aber alles Willkür und witzig erscheinende Ausnutzung des Zufalls dabei, und jeder, der sich dieser unnützen Mühe unterzieht, kann zu einem beliebigen Traume auf diesem Wege eine ihm beliebige Deutung herausgrübeln« (TD, 505).

Wie kann man sich einer solchen Theorie heute nähern, ohne sie entweder nur für »willkürlich« und »witzig« zu halten, oder aber in die umstrittenen, hochdifferenzierten Fragen nach ihrem epistemologischen Status eindringen zu müssen? Mein Vorschlag ist: Lesen Sie das Buch versuchsweise wie eine literarische Fiktion. Damit sei nicht entschieden, ob sein Inhalt Fiktion *ist*, sondern nur behauptet, daß man es in Analogie zur literarischen Fiktion mit Gewinn lesen und verstehen kann. Das Wesen der Fiktion liegt ja gerade darin, die Unterscheidung von »wirklich« und »nicht-wirklich« nicht treffen zu müssen, statt der »Wahrheit« die Kategorien von »Möglichkeit« und »Wahrscheinlichkeit« anzuwenden. Schon wenn wir es bei dieser groben Bestimmung bewenden lassen, dann finden wir in der *Traumdeutung* alle Charakteristika einer großen, vielgestaltigen und eindrücklichen Fiktion wieder.

Wollen Sie die *Traumdeutung* wie einen Gesellschaftsroman lesen, dann finden sie ein Sittenbild aus dem Wien der Jahrhundertwende, in dem die Dame zum Beispiel träumt,

> »Ich will ein Souper geben, habe aber nichts vorrätig als etwas geräucherten Lachs« (TD, 162);

oder:

> »Sie befindet sich in der Oper. Es ist eine Wagner-Vorstellung, die bis 3/4 8 Uhr morgens gedauert hat« (TD, 347);

und der Herr träumt,

> »Er fährt mit großer Gesellschaft in die X-Straße, in der sich ein bescheidenes Einkehrwirtshaus befindet (...). Ein älterer Herr gesellt sich zu ihm und schimpft über den König von Italien« (TD, 287);

oder er »sitzt als Offizier an einer Tafel dem Kaiser gegenüber« (TD, 398).

Räuber im Traum sind regelmäßig die Väter,

> »Gespenster werden wohl eher weiblichen Personen im weißen Nachtgewande entsprechen« (TD, 394).

Sie dürfen dabei gleich mitdenken, daß man der ganzen Theorie natürlich vorgeworfen hat, sie sei zu sehr dem Milieu ihrer Entstehung verhaftet, nämlich den Lebensumständen des Wiener Bürgertums im ausgehenden 19. Jahrhundert.

Lesen die die *Traumdeutung* getrost auch als den Teil eines Bildungsromans: Der Protagonist ist ein junger Arzt, der zu seinem Leidwesen noch nicht außerplanmäßiger Professor geworden ist und nicht ohne Berechtigung argwöhnt, das habe auch mit seiner jüdischen Religion zu tun; er ist ein sehr gebildeter Mann, der nicht nur immer wieder aus Mythen, Sagen und Legenden schöpft, sondern der die Dichter ernstnimmt, der den abendländischen Bildungsschatz von Sophokles bis Ibsen nicht nur kennt, sondern ihn unablässig für sein Denken produktiv macht, ja für den gilt, daß Dichter und Seelenforscher vieles gemeinsam haben:

> »Das tiefste und ewige Wesen der Menschheit, auf dessen Erweckung der Dichter in der Regel bei seinen Hörern baut, das sind jene Regungen des Seelenlebens, die in der später prähistorisch gewordenen Kinderzeit wurzeln«, (TD, 252).

Dieser Forscher ist auch ein Ästhet, und zwar nicht neben seiner Arbeit, sondern bei derselben: Er geht hartnäckig gegen das Unordentliche und Verworrene an, schwärmt geradezu von »schönen« Träumen und von der »Schönheit« gefundener Erklärungen (TD, 395, 409, 462 et passim). Man sieht ihn bei einer Arbeit, die Ordnung im Unbekannten herstellen will, der dabei recht allein ist und »Psychologie auf eigene Faust« (TD, 579) betreiben muß, bevor er die Autoritäten heranziehen kann. Die selber gefundene Ordnung – Grundzüge haben wir referiert – ist der Quell seiner Befriedigung, ganz wie er später resümiert:

> »So oft ich auch an der Richtigkeit meiner schwankenden Erkenntnisse zu zweifeln begann, wenn es mir gelungen war, einen sinnlos verworrenen Traum in einen korrekten und begreiflichen seelischen Vorgang beim Träumer umzusetzen, erneuerte sich meine Zuversicht, auf der richtigen Spur zu sein.« (GW XV: 7).

Wenn Sie soweit gehen wollten, lange Abschnitte der *Traumdeutung* wie eine Detektivgeschichte zu lesen, wäre dagegen nichts zu sagen: Ständig werden kleinere und größere Fälle erforscht, Indizien gesammelt, Beweisketten geschmiedet, Lösungen festgehalten.

Oder nehmen Sie als Analogie den psychologischen Roman: Die *Traumdeutung* entfaltet Hunderte von Einzelbildern seelischer Zustände und formt sie zu einem Gesamtbild der menschlichen Psyche in weiten Zusammenhängen, die von menschheits- und persönlichkeitsgeschichtlichen Urerfahrungen bis zu Alltagsbanalitäten reichen. Dieser »Roman« handelt nicht nur vom Erotischen und Sexuellen als einem seiner Hauptgegenstände, er hat selber etwas Erotisches in der Darstellungsweise: Zwar verschweigt er nichts Wesentliches, Intimes, Anstößiges, aber er wird selber nie anstößig. Lieber »versichert« Freud lediglich, »daß der letzte Sinn des Traumes, den ich hier nicht ausgeführt habe, zum Inhalt (...) in intimster Beziehung steht« (TD, 203). Oder er appelliert an »mannigfache und von jedem billig Denkenden gutzuheißende Rücksichten« (TD, 309), um nicht alles aussprechen zu müssen. Finden Sie es nicht erotisch, wie er die rhetorischen Mittel von *praeteritio*, *Litotes*, *Paraphrase* und *Anspielung* in den folgenden Sätzen verwendet:

> »Zimmer im Traume sind zumeist Frauenzimmer, die Schilderung ihrer verschiedenen Eingänge und Ausgänge macht an dieser Auslegung gerade nicht irre. Das Interesse, ob das Zimmer ›offen‹ oder ›verschlossen‹ ist, wird in diesem Zusammenhange leicht verständlich (...). Welcher Schlüssel das Zimmer aufsperrt, braucht dann nicht ausdrücklich gesagt zu werden; die Symbolik von Schloß und Schlüssel hat Uhland im Lied vom ›Grafen Eberstein‹ zur anmutigsten Zote gedient« (TD, 349)?

Manche Leser mögen beschämt sein, wenn sie in einem späteren Zusatz belehrt werden:

> »Die Behauptung, daß *alle Träume eine sexuelle Deutung erfordern*, gegen welche in der Literatur unermüdlich polemisiert wird, ist meiner *Traumdeutung* fremd. Sie ist in sieben Auflagen dieses Buches nicht zu finden und steht in greifbarem Widerspruch zu anderem Inhalt desselben« (TD, 388).

Letztes Zitat wäre auch ein Beleg für die dramatischen Aspekte des Buches: Dramatisch, weil antagonistisch, ist die Argumentationsweise, wenn es gegen frühere Theorien oder falsche Einwände geht. Dramatische Qualitäten haben natürlich ebenfalls die Beschreibung der widerstreitenden Impulse im Seelenleben, die Trieblehre an sich und der spezielle Antagonismus zwischen dem Drang zum Bewußtsein und dem Widerstand der Zensur. Ich brauche nun nicht mehr darauf hinzuweisen, wieviel Poetisches in dem Werk zu finden ist – im Zusammenhang mit den Verdichtungen und Symbolisierungen wird das offensichtlich. Überhaupt gefiele mir unter den möglichen Analogien die zum Poetischen in idealistischer Auffassung am besten, zum Gegenstand der Poesie als dem Numinösen und zur Arbeit des Dichters als des Künders von Noch-nicht- oder Noch-nicht-so-Gesagtem. Wir beobachten immer wieder, wie Freud bemüht ist, das Unerkannte und Ungesagte, das Geahnte und Unerhörte in Sprache zu fassen. Sein Gegenstand, der Traum, fordert ihm dies ab, eben weil er voller Andeutungen und Unschärfen ist. Und noch nach aller logischen Bemühungen, nach allem Einsatz dessen, was »die Phantasie (gestattet)« (TD, 353), bleiben ungesagte Reste: »Ich ahne, daß die Deutung dieses Stückes nicht weit genug geführt ist« (TD, 130).

Aber solche Ahnung von Unerklärbarbeit bleibt nicht nur in einzelnen Fällen, etwa als Folge von Versagen des Deutenden, übrig; sie scheint vom Gegenstand selber, und zwar vom Traum an sich, hervorgerufen zu werden:

> »Jeder Traum hat mindestens eine Stelle, an welcher er unergründlich ist, gleichsam einen Nabel, durch den er mit dem Unerkannten zusammenhängt« (TD, 130, ähnlich 503).

Da verwundert es nicht, daß Freud immer wieder Erscheinungen der Dichtung zum Vergleich heranzieht. Als ein Beispiel aus Dutzenden zitiere ich, wie er die Überlagerung zweier Traumgedanken in Analogie zum gereimten Gedicht erläutert:

> »Die besten Gedichte sind wohl die, wo man die Absicht, den Reim zu finden, nicht merkt, sondern wo beide Gedanken von vornherein durch gegenseitige Induzierung den sprachlichen Ausdruck gewählt haben« (TD, 336).

Auch kein heutiger Poetologe könnte es besser sagen.

Liest man die *Traumdeutung* wie eine gattungsübergreifende und -mischende literarische Fiktion *sui generis* – geschrieben von einem hervorragenden Stilisten der deutschen Sprache (vgl. u.a. Schönau 1968) –, läßt man sich von dem Einwand nicht beirren, solche Lektüre sei aber amateurhaft und leichtfertig, dann mag das zunächst wissenschaftlich Interesselose, das Heitere und Lustvolle der Lektüre einigen Erkenntnisgewinn versprechen. Und es ist ja niemand daran gehindert, dann immer noch den vieldiskutierten wissenschaftlichen Wert und die aktuellen Selbstdefinitionsfragen der Psychoanalyse zu erforschen.

Lassen Sie mich am Schluß, nach so vielen Abwägungen und Unentschiedenheiten, noch etwas anfügen, das in der Forschung über die *Traumdeutung*, so weit ich sehe, noch keine Rolle gespielt hat, so daß ich hier einige unbezweifelbare Fakten beitragen kann: Nach Auskunft der österreichischen Zentralanstalt für Meteorologie und Geodynamik herrschte am 23. Juli 1895 zeitweise sonniges Wetter bei gedämpften Temperaturen, am Nachmittag regnete es mit geringer Intensität. Dann träumte Dr. Freud epochemachend. Am folgenden Tag »war es im Raum Wien überwiegend sonnig und gänzlich niederschlagsfrei. (...) Dennoch blieben die Temperaturen etwas unter dem für diese Jahreszeit üblichen Niveau.«

Zitierte Ausgaben:

Sigmund Freud: *Studienausgabe.* Herausgegeben von Alexander Mitscherlich, Angela Richards, James Strachey. – Band II: *Die Traumdeutung.* Fankfurt am Main: S. Fischer Verlag 1972 [zit. als TD].

Sigmund Freud: *Gesammelte Werke.* London: Imago, 18 Bde, 1940–1952; Frankfurt am Main: S. Fischer, 1960ff. [zit. als GW].

Zitierte Literatur:

Arlow, J.A./Brenner, C.: *Grundbegriffe der Psychoanalyse.* Reinbek bei Hamburg 1976.

Bally, G.: *Einführung in die Psychoanalyse S. Freuds.* Reinbek bei Hamburg 1961.

Bion, W. R.: *Elemente der Psychoanalyse.* Frankfurt am Main 1992.

Foucault, M.: *Was ist ein Autor?* (1969), in ders., *Schriften zur Literatur.* Frankfurt am Main 1988, S. 7–31.

Habermas, J: *Erkenntnis und Interesse.* Frankfurt am Main, 10. Aufl. 1991.

Hinrichs, R.: *Freuds Werke. Ein Kompendium zur Orientierung in seinen Schriften.* Göttingen/Zürich 1994.

Köhler, Th.: *Abwege der Psychoanalysekritik.* Frankfurt am Main 1989.

Köhler, Th.: *Das Werk Sigmund Freuds.* – Bd. 1: *Von der hypnotischen Suggestionsbehandlung zur Theorie des Traums.* Heidelberg, 2. Aufl. 1990.

Lohmann, H.-M.: *Freud zur Einführung.* Hamburg 1986.

Schönau, W.: *Sigmund Freuds Prosa.* Stuttgart 1968.

Strunz, F.: *Die Traumdeutung zwischen Freud und Jung.* Regensburg 1995.

Raymond Chandler: Die Marlowe-Romane

Hans Albrecht Hartmann

Der Referent: »Welcome to L.A.« – und Südwärts nach La Jolla

Zuweilen fügt sich alles aufs Schönste zusammen: eine rasante undurchsichtige Lady (keine kornblumenblau beäugte Blondine freilich, wie Chandler bedauernd angemerkt hätte), ein lakonischer Freund, in dunkle Machenschaften verstrickt, doch das erfuhr ich – wie *Philip Marlowe* im *Long Goodbye* – erst viel später, und ein magischer Ort – kurzum: es war ein Augusttag des Jahrs 1981, ich landete zum ersten mal in Los Angeles, der Stadt Raymond Chandlers und seines Helden, und war gespannt wie dessen *Colt* im *Big Sleep*, bevor er *Canino* umlegte, das einzige Mal übrigens, daß er so was Abscheuliches tat. ›*Did you have to kill him?*‹ hat *Silver-Wig* ihn bitter gefragt und sich dann sanft die Antwort gegeben: ›*Yes, I suppose you did*‹ (BS: 177).

Eigentlich ist L.A. keine Stadt, sondern ein gräßlich zersiedeltes, von Freeways umzingeltes und durchzogenes Etwas mit einem Durchmesser von was-weiß-ich-wievielen -zig Meilen: »die ›Große Orange‹ – lauter Schnitze um ein Nichts« (Hugo Loetscher). Mit der bezwingenden, je einzigartigen Atmosphäre von San Francisco und New York City kann L.A. sich nicht messen – aber der Umstand, daß hier der fiktive Spürhund *Phil Marlowe* seine Duftmarken setzte und dubiose Fährten verfolgte, macht auch L.A. zu einem mythisch-literarischen Ort. Zumindest für europäische Intellektuelle ist *Marlowe* der Genius loci der »Großen Orange« – wie das Empire State in der »getürmten Gigantenstadt« (Th. Mann) und die Golden Gate über der Bay von San Francisco.

Gleich am Tag nach unserer Ankunft bummelten wir zu dritt in einem weinroten Chevy entlang der Küste nach Süden. Rechtzeitig zur Heure bleue erreichten wir die Stadtgrenze von La Jolla, einer reichen Vorstadt von San Diego, wo Chandler sich 1944 ein Haus gekauft hatte, in dem er bis kurz nach dem Tod seiner Frau (Dez. 1954) gelebt hat. ›*I suppose it's* not *too early for a gimlet*‹, sagte mein Freund (LG: 378) und hielt am Ortseingang vor einer Bar, der unglaubwürdigsten, die ich jemals betreten habe: der Innenraum knapp unter dem Meeresspiegel gelegen, an die Panzerglasscheiben klatschten die pazifischen Wellen (in einem der Frühjahrsstürme des folgenden Jahrs wurde die ganze Herrlichkeit von den Fluten zerstört).

> »Diese Bars, so kurz nachdem sie aufgemacht haben für den Abend – da fühle ich mich richtig wohl. Wenn die Luft drinnen noch kühl ist und rein und alles glänzt und der Barmann seinen letzten Blick in den Spiegel wirft, um zu sehen, ob seine Krawatte auch grade sitzt und sein Haar schön glatt. Ich mag die sauberen Flaschenreihen auf dem Regal hinter der Theke und die blitzblanken Gläser und die ganze Erwartung, die darüber liegt. Ich sehe dem Mann gerne

zu, wie er den ersten des Abends mixt und ihn auf einen frischen Untersatz stellt und die kleine gefaltete Serviette daneben legt. Ich liebe es, den ganz langsam dann zu kosten. Der erste stille Drink des Abends in einer stillen Bar – das ist was Wundervolles.«
Ich war ganz seiner Ansicht.
»Mit dem Alkohol ist es wie mit der Liebe«, sagte er. »Der erste Kuß ist magisch, der zweite vertraut, der dritte schon Routine. Danach dann zieht man das Mädchen aus.« (LG: 24)

Wir saßen bei Victor in einer Ecke der Bar und tranken Gimlets. »Die haben hier keine Ahnung, wie man die macht«, sagte er. »Was die hier einen Gimlet nennen, ist einfach Zitronen- oder Limettensaft mit Gin und einem Schuß Zucker und Bitterbier. Richtiger Gimlet besteht zur einen Hälfte aus Gin und zur andern aus Rose's Lime Juice und aus sonst nichts. Aber das schlägt sämtliche Martinis haushoch.« (LG: 20; vgl. auch Trader Vic's 1972: 90, Gimlet–3)

That's true. Und beachten Sie bitte: der Drink heißt *Gimlet* – nicht Dschimlet!

Nun möchten Sie sicher erfahren, wie ernst ich's mit alldem meine. Schließlich habe ich in diesem Hörsaal Kafkas »Schloß« und Benns »Morgue«-Gedichte zur Brust genommen – und komme Ihnen diesmal mit Krimis. Zwar sind hier bereits Karl May und Wilhelm Busch akademisch gewürdigt worden, aber trotzdem: Ist unsereiner denn noch zu retten? Gilt der Kriminalroman – um Thomas Mann zu paraphrasieren – nicht wie die »Reiselektüre« als »Gattungsbegriff voller Anklänge der Minderwertigkeit«? Ich sag' Ihnen was: Außer für Kafka, Benn und Chandler würde ich mir als Nicht-Literaturwissenschaftler die Mühe eines solchen Vortrags gar nicht mehr machen. Kafka bewundere ich, und Benn fasziniert mich; Chandler dagegen – oder lassen Sie's mich präzisieren: seinen Helden *Phil Marlowe* liebe ich; ob zu Recht und warum, wird sich im Lauf des Vortrags noch zeigen – ich war beim Nachdenken selbst gespannt, was dabei herauskommen würde. Apropos: Hat Kafka mit dem »Proceß« nicht den abstraktesten aller Kriminalromane verfaßt? Und schrieb Benn nicht in einem Brief: »... – aber Herr Oelze! Lesen Sie keine Kriminalromane? Ich ständig, wöchentlich 6, Radiergummi für's Gehirn« und rund fünf Jahre später: »WAS SCHLIMM IST – Wenn man kein Englisch kann,/von einem guten englischen Kriminalroman zu hören,/der nicht ins Deutsche übersetzt ist«? Leider hat Benn wohl nie einen wirklich guten englischen Krimi gelesen, sondern sich mit dem Schund à la Edgar Wallace und Agatha Christie begnügt.

Im übrigen ist der Kriminalroman im weitesten Sinne, als literarische Darstellung von Verbrechen, nicht von vornherein eine minderwertige Gattung. Defoe und Fielding, Schiller, die Droste, Hoffmann und Kleist, Balzac und Hugo, Poe, Dickens, Fontane, Dostoevskij, Raabe, Faulkner, Dürrenmatt, Robbe-Grillet, Handke, Umberto Eco und sonstige Größen haben unter anderem ›Kriminalromane‹ geschrieben. Das Verdikt, Trivialliteratur zu sein, trifft denn auch nicht die Gattung als ganze, sondern bestimmte Sub-Varianten: den von Schillers dramatischem Erstling inspirierten und massenhaft verbreiteten Räuberroman des späten 18. Jahrhunderts und dessen moderne Nachkommenschaft, den Detektiv-, Polizei- und Agentenroman. Und selbst den haben angesehene Literaturwissenschaftler immer wieder zumindest für methodische Fingerübungen benutzt. Chandlers Werke gehören zur genuin angelsächsischen Kategorie der »detective-« oder »mystery story« respective »detective novel«. Es wird also zu begründen sein, weshalb ich gleichwohl – unisono mit den meisten europäischen Intellektuellen – Chandlers Romane zu den »Großen Werken der Literatur« zu rechnen gewillt bin.

Und was hält man von Chandler in seiner Heimat? Lassen Sie mich ein Erlebnis berichten – zurück nach La Jolla im Jahr 1981! Am Morgen nach unserer Ankunft erkundigten wir uns bei einem Hotelmanager nach der Adresse von Chandlers einstigem Haus, die ich vergessen hatte.

»Chandler – who?« fragte er.

»The famous mystery writer.«

»Never heard of him«, war die definitive Antwort.

Wir recherchierten weiter, in einer Buchhandlung, bei einem Officer auf der Straße, in einem Reisebüro – und erzielten überall die stereotype achselzuckende Reaktion: »Chandler – who?« – »Never heard of him.« Schließlich verwies man uns an eine Leihbücherei: dort sei eine ältere Miss so-and-so angestellt, die habe mal was von einem gewissen Raymond Chandler erzählt. Und in der Tat: Die betagte Lady hatte den Autor nicht nur persönlich gekannt, sie wußte auch die Adresse: 6005 Camino de la Costa. Wir fragten uns durch, gerieten in eine Gegend, in der Schilder auf den Rasenflächen der Vorgärten warnten: »Protected by ...« (es folgte der Name der Security Agency, und ich fühlte mich fast wie im *Idle Valley* im *Long Goodbye*), dann entdeckten wir endlich Chandlers Haus, einen weißen Bungalow an einer weiten Kurve der Straße und – wie deren Name schon signalisierte – unweit des Meers. Wir stiegen aus, vertraten uns unschlüssig die Beine und hielten Maulaffen feil.

Hinter einem Fenstervorhang bewegte sich wer (ich dachte an *Dr. Almore* aus *Bay City*, LL: 29), kurz darauf kam ein Mann aus dem Haus, näherte sich uns mit wachsamen Augen und stellte die unausweichliche angelsächsische Frage: »May I help you?«

»Be so kind«, sagten wir, »das ist doch das Haus von Ray Chandler?«

»So what?« fragte er zurück.

Da stach uns der Hafer. »Wir sind eigens aus Germany hergekommen, um es zu sehen.«

Das haute ihn um. »Chandler lebt hier nicht mehr, er ist lange schon tot«, sagte er schnell, und sein Mißtrauen wuchs. »Ich habe das Haus erst viel später gekauft.«

»Erinnert drinnen noch etwas an Chandler?« wollten wir wissen.

»Nein«, wehrte er ab, »ich habe den Mann nicht gekannt und nie was von ihm gelesen. Innen sieht jetzt alles ganz anders aus.«

Hinein bat er uns nicht, was für einen Amerikaner aus der Provinz ganz atypisch ist. Er hielt uns wohl bestenfalls für ein bißchen bescheuert. »Nice to have met you, and have a good rest«, sagte er und stapfte ins Haus zurück.

> That was *the first* – and the last – *time I laid eyes on* La Jolla, and it's people. [...]
> *I never saw any of them again – except the cops. No way has yet been invented to say goodbye to them* (LG: 5, 382). Good-bye Ray Chandler, sleep *The Big Sleep* – sic transit gloria mundi!

Unser La-Jolla-Erlebnis scheint notorisch gewesen zu sein. Sieben Jahre später begann Kristian Lutze (1988: 175) das Kapitel »The Long Goodbye – Die Liebe, die Sehnsucht und der Tod« seiner romanhaft-halbauthentischen Chandler-Marlowe-Biographie mit den Sätzen:

> »Das Haus am 6005 Camino de la Costa lag etwas außerhalb am Hang. Neil Morgan hatte in der Stadt noch einmal nach dem Weg gefragt, und schließlich hatte man ihm an einer Tankstelle weiterhelfen können.
> Der Name Raymond Chandler sagte keinem der Befragten etwas. Man hatte sich in La Jolla an die Stars und Sternchen, die aus Hollywood hierherzogen, gewöhnt, und selbst ein erfolgreicher Autor war hier eine kleine Nummer.«

So war es zu Chandlers Zeiten in den 40er und 50er Jahren, so ist es heute erst recht. Die US-Amerikaner gehen ohnehin selbst mit ihren berühmten Autoren nicht eben ehrfurchtsvoll um. Aber ist das bei uns etwa anders?

Der Autor: »Chandler – who?«

Wer also war Raymond Chandler? Leser/innen, die sich – schon gar vor der Publikation von Frank MacShane's Biographie (1976, dt. 1984) – mit minimalen Informationen begnügten oder bescheiden mußten, wußten in der Regel immerhin dies: Chandler war in L.A. als Leitender Angestellter eines Ölkonzerns tätig gewesen, bevor er seinen Job kündigte oder verlor und seit den frühen 30er Jahren als spätberufener Mittvierziger für billige Magazine mystery stories zu schreiben begann. Zwischen 1938 und 1958 hatte er dann sieben Detektivromane um *Philip Marlowe* herumgebaut, die im Großraum Los Angeles handeln und ihren Autor zunächst in den USA und vor allem in England, nach dem Krieg auch in Westeuropa neben – oder noch vor – dem Altmeister Dashiell Hammett zum unübertrefflichen Klassiker dieses Genres machten. Als seine Romane seit 1949 in deutscher Übersetzung als Taschenbücher erschienen, zuerst im Nürnberger Nest-Verlag, später in Frankfurt bei Ullstein, war Chandler weit über den Kreis passionierter Krimi-Leser hinaus der ultimative Geheimtip – nur nicht bei mir. Ich hatte in den 50er Jahren, zwischen zwölf und zwanzig, die Weltliteratur erst rauf- und dann runtergelesen, doch einen Kriminalroman hätte ich selbst mit der Feuerzange nicht angefaßt. Das änderte sich abrupt, als mir mein Blutsbruder Tom, nicht identisch mit meinem ›amerikanischen Freund‹ (à la Patricia Highsmith), im Jahr 1958 Chandlers *The Long Goodbye* mit den Worten aufs Auge drückte: »Den mußt du lesen, das wird dir gefallen!«

Tom hatte recht: Ich las das Buch – und war hingerissen. Weil er's mir empfohlen hatte? Weil es das Hohelied und zugleich der Abgesang auf Männerfreundschaften war? Oder schrieb und erzählte Chandler wirklich so gut? Sicherlich wirkten die drei Faktoren zusammen. Ich stürzte mich also auf alles, was damals von Chandler zu kriegen war, und habe seine Romane seither fast auswendig gelernt. Wenn der Lebensekel mich packt und ich zu gar nichts mehr zu gebrauchen bin, wenn mir Kafka zu kompliziert und Benn zu verbohrt ist, lese ich Chandler – der baut mich dann wieder auf. *Phil Marlowe* ist der einzige Bursche, der mich noch nie gelangweilt oder enttäuscht hat.

Sorry, daß ich mal wieder ins Schwärmen geraten bin. Ich beeile mich nun, in knapper Form die high lights und low points dingfest zu machen, die nicht nur Mentalität und Charakter des Meisters, sondern auch die seines Helden modelliert haben, und stütze mich dabei auf die Materialsammlung von Gardiner & Walker (1962), auf die Biographien von Frankie MacShane (1976) und Tom Degering (1989) und auf die »Selected Letters« von Raymond Chandler (ed. by MacShane 1981).

Chandlers Kindheit und Jugend waren gerahmt durch zwei gegenläufige Zufluchtsbewegungen: away from – and back to the USA; die erste vollzog seine Mutter, die zweite er selbst. Als er – am 23. Juli 1888 in Chicago geboren und aufgewachsen in der Weite Nebraskas – sieben Jahre alt war, läßt sich sein Vater – ein trunksüchtig-jähzorniger Ingenieur und Nachfahre früher irischer Immigranten – von seiner Frau scheiden. Die mittellose Florence Dart Thornton, in Irland geboren, übersiedelt mit ihrem Sohn nach London, ins Haus ihrer Schwester und ihrer begüterten verwitweten Mutter. Siebzehn Jahre später wird der inzwischen gleichfalls gescheiterte Ray ins Land seines Vaters aufbrechen. Welche Persönlichkeits-Facetten hat er in den zurückliegenden prägenden Phasen entwickelt?

– Chandler – der vaterlose Vaterverächter: Seinen Erzeuger, den er später *an utter swine* (ein richtiges Schwein) nennen wird, hat er nie wiedergesehen und keinen Penny von ihm erhalten. In diesem Trauma wurzeln *Phil Marlowe's* Unabhängigkeitsdrang und seine antiautoritäre Haltung.

- Chandler – der chevalereske Mutter-Sohn: Im Londoner ›Weiberladen‹ fühlt er sich als ›Mann im Haus‹ und als Beschützer der Mutter. *Marlowe* wird diesen ›Beschützerinstinkt‹ als unbedingte Loyalität auf seine Klienten und Klientinnen übertragen.
- Chandler – der stolze Underdog: Die ›bucklige Verwandtschaft‹ ist im Haushalt und unter der spätviktorianisch-puritanischen Fuchtel der *beschränkten und arroganten Großmutter* nur geduldet und lebt in finanzieller Abhängigkeit, besonders vom reichen Onkel, einem despotischen Zivilanwalt im irischen Waterford. Kompensatorisch entwickelt der schwächliche und empfindsame Ray ein starkes Gerechtigkeitsgefühl und einen *enormen Stolz* – wie *Philip Marlowe*.
- Chandler – der frühreife Überflieger: Vom 12.–17. Lebensjahr besucht er auf Kosten des Onkels das angesehene Dulwich College in London, zuerst den ›modernen‹, dann den humanistischen Zweig. Stets gehört er zu den Besten der Klasse und absolviert das Examen drei Jahre früher als üblich. Seine Ausbildung in den alten Sprachen, in Kunst und Literatur hat er später als Fundament seines Schreibens betrachtet.
- Chandler – der britische Gentleman: Gleichfalls geprägt wird er in der Schule durch den Verhaltens- und Ehrenkodex des konservativ-aristokratischen England, der die Orientierung an Werten wie diesen verlangt: Mannhaftigkeit und edle Gesinnung, Uneigennützigkeit, Taktgefühl und Achtung vor andern, besonders vor Frauen, Toleranz gegen fremde Eigenarten, Aufrichtigkeit und Gerechtigkeitssinn, Selbstbeherrschung, fair play, ausdauernde Leistungsbereitschaft, Härte gegen sich selbst, aber auch die Fähigkeit, ein guter Verlierer zu sein. Damit kennen Sie nun bereits den mentalen Steckbrief von *Philip Marlowe*.
- Chandler – der ›gebrochene‹ Snob: Bis zu einem gewissen Grad übernimmt er die antiproletarisch-antikatholische Ideologie seines Onkels aus der irisch-protestantischen Mittelklasse, doch als Habenichts und kritischer Kopf besitzt er schon früh einen scharfen Blick für die sozialen Folgen des anglo-irischen Klassensystems. Privat und als Autor wird er später die *heuchlerisch-bourgeoise Moral* verachten und mit beißendem Spott überschütten. Allerdings konnte sich Chandler von bestimmten Vorurteilen nie ganz befreien.
- Chandler – der verhinderte Strafverteidiger: Nach dem College-Abschluß (den sich *Phil Marlowe* erspart hat, BS: 10) möchte er Jura studieren, um wie sein Onkel Anwalt zu werden, und zwar – anders als dieser – defender. Doch der Onkel weigert sich, ihm das Studium zu bezahlen, und schickt den Jungen zur Vervollkommnung seiner Sprachkenntnisse für ein Jahr nach Paris, München, Nürnberg und Wien.
- Chandler – der ›entlaufene‹ Staatsdiener: Nach London zurückgekehrt, will Raymond überraschend Schriftsteller werden, aber sein Onkel nötigt ihn, sich auf die Prüfung zum Eintritt in den Staatsdienst vorzubereiten, die er als Drittbester unter 600 Kandidaten besteht. Mit der Illusion, dort viel Zeit für seine literarischen Ambitionen zu haben, tritt Raymond auch brav ins Marineministerium ein (wie später *Phil Marlowe* ins Büro des District Attorney), quittiert den Dienst – *Marlowe* wird rausgeschmissen (BS: 11) – aber schon ein halbes Jahr später, entnervt durch den militärischen Umgangston und die öde Routine. Der Onkel tobt.
- Chandler – der gescheiterte Schriftsteller: Zum ›Beweis‹ für seine Begabung hatte der 19jährige Ray ein unsägliches Poem fabriziert, betitelt *The Unknown Love* (vgl. Mac-

Shane 1976: 15f.), in dem von *evening sun, human progress, lover's kiss* und *gardens of the bless* die Rede ist, und das sogar gedruckt worden war (hier schlug sich Chandlers Sentimentalität zum erstenmal schriftlich nieder). Nun verfaßte er weitere süßlich-schwülstige Verse und verdingte sich nacheinander als Reporter, Redakteur, Übersetzer und bissiger Rezensent bei verschiedenen Blättern. Doch ein publizistischer Durchbruch blieb aus; die literarische Avantgarde nahm er offenbar nicht zur Kenntnis – und ihm selbst fehlte eine kreative Vision. Somit hatte er sich beruflich, ökonomisch und literarisch ins ›Aus‹ manövriert.

- Chandler – the unlucky lover: Die *Unknown Love* seines lyrischen Erstlings gewann möglicherweise zu dieser Zeit reale Konturen, denn ein Vierteljahrhundert später (1932), als Chandler an der Schwelle seines zweiten Karriereversuchs als Schriftsteller stand, schrieb er ein wehmütiges Erinnerungsgedicht (mit dem Titel *Nocturne from Nowhere*, vgl. MacShane 1976: 20ff.), in dem die Vision vom *beautiful England* sich mischt mit *visions of a woman / I once loved / ... / Whose cornflower-blue eyes look at me / With the magic of frustration / And the promise of an impossible paradise.* Eine glücklose Liebe in London? Wir wissen es nicht. Doch die Frauen mit den *kornblumenblauen Augen* werden uns als jene *Blondinen* wiederbegegnen, die *Marlowe* bewundert, von denen er aber nur eine und erst im letzten Roman (PB: 91ff.) für einen one-night-stand bekommt.

Was macht ein mittelloser, britisch-puritanischer Möchtegern-Schriftsteller, der im bürgerlichen Beruf, mit der Literatur und der Liebe gescheitert ist? Er borgt sich von seinem Onkel 500 Pfund und wandert nach Amerika aus, um in God's own Country sein Glück zu versuchen. So did Raymond Chandler, 23, Im Jahre des Herrn 1912. *America seemed to call to me in some mysterious way* (MacShane 1976: 23), schrieb er 46 Jahre später (1958), im Jahr vor seinem Tod, und enthüllte damit seine anglo-amerikanische »basic personality structure« (vgl. Raeithel 1981), der – wie Sie noch hören werden – auch die Mentalität *Philip Marlowe's* entspricht.

In den USA eingetroffen, folgt Chandler dem typischen Immigranten-Imperativ »Go West!« (vgl. Raeithel 1981) und läßt sich – nach kurzen Aufenthalten in New York City, St. Louis und seiner ehemaligen Heimat Nebraska – in Los Angeles nieder, wozu ihn der kultivierte Ölmillionär Warren Lloyd, den und dessen Familie er auf der Überfahrt von Europa kennengelernt hatte, ermunterte. In Kalifornien kam er an *with a beautiful wardrobe, a public school accent, no practical gifts for earning a living, and a contempt for the natives which, I am sorry to say, has in some measure persisted to this day. I had a pretty hard time trying to make a living* (SL: 236), schrieb er 1950 an Hamish Hamilton, seinen englischen Verleger und einen seiner wenigen Freunde. Chandler jobbt als Plantagenarbeiter und Tennisschläger-Bespanner, bevor er einen Dreijahres-Buchhaltungskurs in nur sechs Wochen abreißt und durch die Vermittlung von Warren Lloyd bei einer Molkerei in L.A. als Buchhalter eingestellt wird. Prompt läßt er seine Mutter aus England nachkommen und wohnt zusammen mit ihr.

Als Amerika 1917 in den Weltkrieg eintrat, meldete er sich freiwillig bei der Canadian Army, weil die seiner Mutter ein Unterstützungsgeld zahlte, wird 1918 mit einem Expeditionscorps nach Frankreich verfrachtet und überlebt als einziger seiner Einheit ein deutsches Granatensperrfeuer. *Wenn man einmal einen Zug in direktes Maschinengewehrfeuer führen mußte, ist nachher nichts mehr so wie früher* (Br: 635), wird er noch zwei Jahre vor seinem Tod schreiben. Chandler hat – außer in einem Erzählfragment – nie über dieses Trauma gesprochen, es aber in modifizierter Form in den *Long Goodbye* einfließen lassen (LG: 79f.).

Anfang 1919 wird er aus der Army entlassen und erlebt bald darauf einen privaten Gefühlssturm. Über die Lloyds, in deren Familie sie verkehrten, hatten Chandler und seine Mutter den Komponisten und Konzertpianisten Julian Pascal und dessen Frau Cissy, auch eine Pianistin, kennengelernt. Cissy war ein engelsgleiches, kapriziöses und erotisches Wesen mit rötlichblond-seidenweichem Haar. Es kam, wie es kommen mußte: der 30jährige Chandler und die 48jährige Cissy verliebten sich ineinander. Man war kultiviert und gentlemanlike genug, um das kleine Problem im Kreis aller Betroffenen einvernehmlich zu lösen. Cissy, schon einmal geschieden, reichte alsbald die Scheidung ein, die ein Jahr später rechtskräftig wurde. Chandler wartete freilich ab, bis seine Mutter, die eine geplante Heirat mißbilligt hatte, 1924 gestorben war, bevor er mit Cissy die Wedding Chapel aufsuchte. Im sozialen Umfeld war man sich einig: der gute Junge hatte seine Mutter geheiratet. Die Ehe mit dieser allseits bewunderten Schönheit, die ihre Hausarbeit nackt zu erledigen pflegte, bestätigte Chandler als Mann, geriet jedoch zunehmend zu einer heillosen Symbiose: Ray fühlte sich zwar bei Cissy geborgen, wurde von ihr in seinen Schreib-Ambitionen bestärkt und sorgte rührend für sie, aber er hatte sich mit seiner anspruchsvollen, notorisch kränkelnden und wesentlich älteren Frau eine lebenslange Belastung eingehandelt.

Beruflich mußte der Kriegsheimkehrer von vorn anfangen und sich in L.A. mit wechselnden Jobs durchschlagen. Doch bereits zu Beginn der »golden Twenties« setzt sein Aufstieg ein, *so rapide wie der Wuchs eines Mammutbaums* (Br: 346): Wiederum durch die Protektion seines Millionärsfreundes Warren Lloyd wird Chandler vom Ölmagnaten Joseph B. Dabney als Buchhalter angeheuert und steigt in dessen South Basin Oil Company zum Vice President und Director mehrerer Ölgesellschaften auf. Während der rund zwölf Jahre, in denen er im Big Business tätig war, zu Zeiten einer explodierenden Prosperität und des aufsteigenden Gangstertums, hat er jene Einblicke in Struktur und Dynamik des US-amerikanischen Monopolkapitalismus und seiner Gesellschaft gewonnen, die ihn rückblickend urteilen ließen, der *Unterschied* zwischen den *Gangstern und den Ölmillionären* sei *sehr fein* (Br: 520) – ein Urteil, das sich für ihn später auch in Hollywoods Filmindustrie bestätigen sollte und das in seinen Romanen für das Großkapital überhaupt gilt.

Anyway: Einstweilen heulte Chandler noch mit den Wölfen und saß wie die Made im Speck. Doch als er den Zenit seiner Karriere bereits überschritten hatte und der Big-Business-Boom seit dem »Schwarzen Freitag« an der New Yorker Börse (am 28. Oktober 1929) in die Depressionsjahre rutschte, geschah etwas Seltsames: der gewesene britische Gentleman, inzwischen längst ein pedantisch-erfolgreicher Boss, kippte mächtig aus den Pantinen. Aus seiner Berufstätigkeit hatte Chandler ohnehin nur die formale Genugtuung gezogen, etwas geleistet zu haben, aber – so schrieb er 1957 an seine literarische Agentin Helga Greene – *Business is very tough and I hate it. But whatever you set out to do, you have to do as well as you know how. [...] Perhaps all this sounds a little hard-boiled. But I wasn't like that really at all. I was just doing what I thought was my job* (SL: 444f.). Merken Sie was? Hier belegt Raymond Chandler rückblickend seine Berufstätigkeit mit Begriffen – *tough* und *hard-boiled* –, denen er dann in seiner zweiten Karriere zur literarischen Weihe verhelfen sollte.

Was schrieb Oscar Wilde (Januar–März 1897) aus H.M. Prison zu Reading an seinen moralisch verkommenen Freund Lord Alfred Douglas? »Wer danach trachtet, etwas zu werden, was nichts mit seiner Persönlichkeit zu tun hat, Parlamentsmitglied oder erfolgreicher Gemischtwarenhändler ... oder sonst etwas Langweiliges, wird unweigerlich dieses Ziel erreichen. Das ist seine Strafe. Wer eine Maske haben will, muß sie auch tragen.« Chandler wollte oder konnte seine »Charaktermaske« nicht länger tragen – und läßt sie fallen. Er wird unstet, zieht häufig um, in der Ehe beginnt es zu kriseln, Chandler gerät an hard liquors, ist immer häufiger stockbesoffen, stürzt sich sozial und physisch in riskante Aktivitäten, entdeckt seine Lust am Fliegen (vgl. dazu Raeithel 1981: 99ff.), hat Affären mit Frauen aus dem Büro, die sich aber wohl eher in Saufgelagen erschöpfen, simuliert theatralische Selbstmordversuche, zerfließt in Selbstmitleid und fällt in einen Zustand wilder Verzweiflung. Natürlich vernachlässigt er zunehmend seine beruflichen Pflichten, erscheint tage- und wochenlang nicht im Büro, geriert sich – wenn er vorhanden ist – höchst aggressiv, handelt sich schließlich eine Abmahnung ein und wird 1932, mit 44 Jahren, gefeuert. Auf dem Höhepunkt der Weltwirtschaftskrise steht Chandler zum zweiten Mal vor dem Nichts.

Anmerkung des Referenten: Es ist ja durchaus bemerkenswert, was zuweilen alles geschehen muß, bevor einer, der schreiben will und das auch kann, ans Schreiben gerät, um dann das, was sich in vier Jahrzehnten in ihm aufgestaut hat, so zu erzählen, wie nur er es vermag.

Die Anfänge: »Take a pulp magazine«

Ganz soweit war es noch nicht. Arbeitslos, mittellos (die Geldanlagen nach dem »Schwarzen Freitag« dahin), anfangs mit 100 Dollars im Monat von den Lloyds unterstützt, verwandelte sich Chandler in einen ›hungrigen Wolf‹, physisch und metaphorisch. *I never slept in the park*, erinnerte er sich später, *but I came damn close to it. I went five days without anything to eat but soupe once, and I had just been sick at that* (MacShane 1976: 59). Zugleich verspürte er seinen zwei Jahrzehnte lang unterdrückten Heißhunger aufs Schreiben. Und Cissy ermutigte ihn: »Raymio – write!«

Leichter gesagt als getan. Was denn und wie? Chandler nahm Adjustierungen vor: tapfer gab er das Saufen auf und ließ sich im Telephonbuch von L.A. als Schriftsteller registrieren. In London hatte er, long ago, einen Fernkurs in short-story-writing belegt; nun schmökerte er sich, anregungsheischend und wahllos, durch Essays, Romane und Stöße bedruckten Papiers von Hochglanzgazetten (slicks) und Groschenheften (pulps) – und bei deren Lektüre fiel dann der Groschen.

Pulp, auf deutsch Pulpe (von lat. pulpa = Fleisch), ist ursprünglich ein Begriff für breiige Masse, auch für Papierbrei, dann für das minderwertige, stark holzhaltige Papier, das man daraus gewinnt, und schließlich für die im doppelten Wortsinn ›billigen‹ Schund- oder Groschenhefte, die darauf gedruckt sind. Heftromane gab es weltweit schon lange, doch in den USA der 20er Jahre boomten sie und erreichten Millionenauflagen in allen Sparten von Trivialliteratur – vor allem detective stories. Die pulp industry beschäftige rund 1300 Autoren, die jährlich jene 200 Millionen, mit bis zu 5 Cents pro Stück honorierten Wörter ausspuckten, die ein Massenpublikum dann unzerkaut und in hohen Dosen verschlang – eigentlich eine Horrorvision für einen Schriftsteller in spe mit Rosinen im Kopf. Chandler aber gefielen die stories; für Schwere Jungs hatte der verhinderte Strafanwalt ja schon immer was übrig gehabt, und – so schrieb er im Rückblick – *I decided that this might be a good way to try to learn to write fiction and get paid a small amount of money at the same time* (SL: 236).

Als der auszubildene Lohnschreiberling 1932 vom kriminalistischen pulp-Fieber gepackt wurde, grassierte die Epidemie schon seit zwölf Jahren. Ihr Rappelerfolg verdankte sich der Seelenverfassung der amerikanischen Nachkriegsgesellschaft, jener sozialcharakterologisch so typischen Ambivalenz aus Depression und Faszination angesichts des wuchernden Gangstertums in den Jahren der Prohibition (1920–33), verstärkt durch die schleichende Wirtschaftskrise und die um sich greifende Korruption in Politik, Verwaltung und Polizei. Die pulp-Autoren wateten im zeitgenössischen Sumpf des Verbrechens, erhöhten den Bleigehalt der Luft in den Cities und spülten das Blut in den Rinnstein. Der gute alte »Whodunit?«-Krimi als ›pseudologische‹ Bastelarbeit, vom Landsmann Edgar Poe in den 1840er Jahren ›erfunden‹, doch überwiegend von britischen Autoren im doppelten Wortsinn ›exekutiert‹, war in den Staaten passé. In den pulp stories mordeten keine exzentrischen Sonderlinge und heimtückisch-harmlosen Mauerblümchen mit indischen Halstüchern oder Curare in Pastors Rosengarten und auf idyllischen Herrensitzen, um dann von selbstgefälligen Superhirnen oder schrulligen alten Damen in bestem Kings English oder miserablem Französisch genüßlich in einer Denksport-Talkshow entlarvt zu werden – nein, hier wurde in einem aufs Nötigste reduzierten knallharten Großstadtidiom, ohne emotionale und atmosphärische Mätzchen, Sinn und Verstand »das große Umlegen« (Hammett) als action pur zelebriert. Sadistische Killer schossen sich mit großkalibrigen Guns ihre Ration Menschenfleisch zum Whisky, brutale Gangs mähten einander mit Maschinenpistolen nieder, wenn sie nicht gerade mal einen Cop, den sie zuvor bestochen hatte, ins Gras beißen ließen, die Stadtverwaltungen spielten Marionettentheater, und zwischen den Fronten zog wortkarg und unbeirrt ein einsamer Privatdetektiv seine Bahn, der sich in seiner Kaltschnäuzigkeit vom Mob und den Cops kaum unterschied und seine Abstammung von den mythisch-heroischen Loners der Pionierzeit mit ihrer rüden Frontier Mentality nicht verleugnen konnte. Die detective stories der »tough-guy-writers« aus der »hard boiled school« – eine anheimelnde Gut'-Nacht-Lektüre für rachsüchtig-verunsicherte Bürger.

Immerhin: Verglichen mit der *fundamental dishonesty in the matter of character and motivation* (SL: 7) der Figuren in den American-way-of-live-Gazetten empfand Chandler den pulp-Stil als *pretty forceful and honest, even though it had its crude aspect* (SL: 236), und es spricht für sein literarisches Urteilsvermögen, daß er sich das anspruchsvollste der Bum-Bum-Magazine als Sparringspartner und Vorbild wählte: »Black Mask«, 1920 gegründet und schon ein halbes Jahr später mit großem Gewinn an einen Zeitungskonzern verkauft. Dessen Vertriebsleiter Phil Cody hatte potente Autoren für das Revolverblatt rekrutiert, unter ihnen den jungen Erle Stanley Gardner und Dashiell Hammett (Biographie von Johnson 1983), die späteren Lehrmeister Raymond Chandlers.

Hammett (1894–1961) war einer jener wundervollen amerikanischen Männer, von denen man hierzulande nur träumen kann. Spindeldürr und an die einsneunzig, mit einem markanten Langschädel, frühzeitig eisgrauem Haar, schwarzen Augenbrauen und dunklem Schnauzer, verkörperte er eine aparte Mischung aus James Coburn und William Faulkner; im Alter kam dann noch ein Schuß Samuel Beckett dazu. Er hatte sich vom jugendlichen Haudegen zum eleganten Dandy umstilisiert, mit Maßanzügen, weichen Hüten und Stöckchen, und trotzdem eine ›linke‹ Gesinnung entwickelt, für die er 1951, zur Zeit der Kommunistenhatz von McCarthy, ein halbes Jahr ins Gefängnis ging, weil er sich weigerte, politisch Gleichgesinnte zu denunzieren. Alles in allem ein Mann, wie er sein soll; verglichen mit ihm wirkte der unscheinbare, freundlich-nervöse und ›schwierige‹ Chandler eher harmlos und etwas spießig.

Hammetts Herkunftsfamilie gehörte zum oberen Rand der ländlichen Arbeiterklasse; er selbst mußte die High School schon nach kurzer Zeit wieder verlassen und erwarb später eine etwas verwilderte enzyklopädische Bildung. In seiner Jugend hatte er sich als Wanderarbeiter durchgeschlagen und war mit zwanzig bei Pinkerton's Detektiv geworden, was ihm später unter den pulp-Autoren eine Sonderstellung verschaffte. In den Jahren 1918/19 diente er freiwillig in der Army, und seit Oktober 1922 schrieb er detective stories, überwiegend für »Black Mask«, an die 80 Stück in zwölf Jahren. 1929–34 veröffentlichte er fünf Romane, die später weltweit Bestseller wurden. Danach war Hammett ›ausgebrannt‹ und publizierte nichts mehr; er hörte zu schreiben auf, kurz nachdem Chandler damit begonnen hatte, und eignete sich auch deshalb dafür, von diesem beerbt und übertroffen zu werden.

Dashiell Hammett erzählte grimmige (Mord-)Geschichten von rivalisierenden dunklen Geschäftemachern und blutigen Bandenkriegen in einer knappen, präzisen ›behavioristischen‹ Sprache; als Meister des lakonischen Dialogs hat er vorab mit Sam Spade in »The Maltese Falcon« (1930) und Ned Beaumont in »The Glass Key« (1931) dem ›tough guy‹ überhaupt erst Profil und Konturen verschafft. Ihm fehlte indessen, was den späteren Roman-Autor Chandler auszeichnen sollte: dessen sarkastischer Witz, psychologisches Feingefühl und das Händchen für atmosphärische Details – auch wenn »Red Harvest« (1929) eine geradezu ›kafkaeske‹ Wirkung erzielt und »The Glass Key« (1931) als psychoanalytisches Lehrstück frappiert. In beiden Romanen wird übrigens der Ödipus-Konflikt auf den Kopf gestellt: der Vater tötet den Sohn.

Chandler, der zuvor maliziös sein britisches College English konserviert hatte, mußte sich zunächst den amerikanischen Slang beibiegen: *I had to learn American just like a foreign language* (SL: 155), kommentierte er das später etwas kokett. Minuziös studierte er Wortschatz, Stilfiguren und Plots der pulp-Autoren und ahmte sie gnadenlos nach, vor allem Gardner und Hammett. *I did not invent the hardboiled murder story*, gab er später treuherzig zu, *and I have never made any secret of my opinion that Hammett deserves most or all of the credit. Everybody imitates in the beginning* (SL: 125). In seinem zwölf Jahre später publizierten ›poetologischen‹ Werkstattbericht *The Simple Art of Murder* (1944; dt. in SKM: 318ff.) artikulierte Chandler den Grundaffekt aller pulp-Autoren gegen das biedere Puzzle der »Whodunit?«-Romane britischer Provenienz: *Hammett took murder out of the Venetian vase and dropped it in the alley ... [He] gave it back to the people who commit it for reasons, not just to provide a corpse. He put these people down on paper as they were, and he made them talk and think in the language they customarily used for such purposes.*

Das klingt, als seien Hammett und Chandler beim munteren Morden dabeigewesen. Jedenfalls wird hier der Anspruch erhoben, sie hätten realistisch, ehrlich und ›wahr‹ geschrieben – ›Geschichten, wie sie das Leben schreibt‹. Ob und wie weit das zutrifft, wird später zu prüfen sein. Einstweilen sei noch ein zweiter Anspruch zur Kenntnis genommen, den beide Autoren – erst einmal berühmt geworden – erhoben: hochrangige Literatur produziert zu haben. Hammett und expliziter noch Chandler zählten sich mit einigem Begründungsaufwand zum Kreis der zeitgenössischen amerikanischen Spitzenautoren: Dreiser, Anderson, Faulkner, Fitzgerald und Hemingway; mit ihnen zusammen sah sich Chandler sogar in der Tradition von Nathaniel Hawthorne und Herman Melville. Eine den ›Großschriftstellern‹ und ihren Wahlverwandten gemeinsame, sozialcharakterologisch bedingte Mentalität, die sich auch in ihren Protagonisten spiegelt, ist zwar nicht zu bestreiten

– doch dürften ›Großkritiker‹ zugleich Niveauunterschiede entdecken: im Grad der stofflichen Fülle und Schichtung, der gedanklichen und atmosphärischen Durchdringung gesellschaftlicher Realität und deren Transzendenz sowie der kompositorischen Komplexität und sprachlichen Differenzierung. Darauf abgeklopft seien Hammett und Chandler doch etwas schwach auf der Brust. Ist das so? Die Antwort möchte ich einstweilen immerhin offenhalten und vertraue dabei zunächst auf mein unfehlbares literarisches Gefühl. Ernstgenommen wurden Hammett und Chandler vor allem von europäischen Intellektuellen, etwa von André Malraux und André Gide (Hammetts »mit Meisterhand geführte Dialoge könnten Hemingway oder gar Faulkner als Beispiel dienen«), W.H. Auden (»Chandlers kraftvolle Bücher sollten ... als Kunstwerke gelesen werden«) und Helmut Heißenbüttel, der es für möglich hielt, »daß der Ruhm des Autors Raymond Chandler den des Autors Hemingway überdauert« (Diogenes-Klappentexte).

Apropos Hemingway: Die alte Streitfrage, wer wen stilistisch beeinflußt hat – Hammett Hemingway oder umgekehrt – ist wohl ein Scheinproblem. Beide Autoren begannen fast gleichzeitig, short stories zu publizieren (1922/23), und wann sie voneinander Kenntnis genommen haben, bleibt ungewiß. Chandler dagegen studierte Hemingway sehr genau und hat 1932, nach seinem Entschluß, Schriftsteller zu werden, eine treffliche Parodie auf ihn geschrieben, *dedicated with no good reason to the greatest living American novelist – Ernest Hemingway.* Die Vier-Seiten-Story (dt. in: »Englischer Sommer« 1980: 155ff.) handelt von einem Typ namens *Hank*, der sich die Zähne putzen möchte, damit aber nicht zu Potte kommt, weil ihm ständig *verdammt gute Forellen, Kornschnaps, Tripper, Napoleon* und irgendein Weib durch den Kopf gehn: *»The hell with it«, he said. »She shouldn't have done it«*, so lautet der running gag. Und dann taucht noch eine *Katze* auf, *mit der ein Mann klarkommen konnte*: Old Hem amüsant auf die kürzeste Formel gebracht. Acht Jahre später, in Chandlers zweitem Roman *Farewell, My Lovely* (1940) wird *Phil Marlowe* einen Polizisten *Hemingway* nennen (FL: 165ff.), und von diesem gefragt: *›Who is this Hemingway person at all?‹* die Auskunft erteilen: *›A guy that keeps saying the same thing over and over until you begin to believe it must be good‹* (FL: 169).

Bei allen Déjà-lu-Erlebnissen, was rhetorische Figuren und Mentalität der Protagonisten angeht, fallen indessen die stilistischen Unterschiede zwischen den Texten Hemingways und denen der tough guy writers weit mehr ins Gewicht. Vor allem die knallharten pulp-Autoren (vgl. d. dt. Neuaufl. von Paul Cain: »Totschlag« 1995; »Null auf Hundert« 1996) und selbst Hammett, ihr führender Kopf, sind viel zu sehr am Handlungstempo ihrer Geschichten interessiert, am horizontalen Drive, als daß sie retardierenden Stilelementen Raum lassen könnten. Hemingways Stories und Romane wirken dagegen vergleichsweise handlungsarm und kreisen tagträumerisch um eine imaginäre Achse; unser Kollege Hubert Zapf sprach von einer »vertikalen Bedeutungsaufladung der Texte – bekanntgeworden als ... ›Eisberg‹-Stil« (Bd. IV: 240). Chandler, gleichfalls ein Meister der Ober- und Untertöne, bedient sich, wie ich noch ausführen werde, ganz anderer stilistischer Techniken als Hemingway, um das Geschehen auf eine symbolische Ebene zu verlagern.

»Black Mask«, Chandlers Modell für seine Schreibübungen und bereits ein Jahr später sein publizistisches Forum, beschäftigte nicht nur die besten Autoren der »hard boiled school«, sondern entwickelte auch – seit der kultivierte und literarisch beschlagene Joseph T. Shaw die Reihe herausgab (1927–36) – ein anspruchsvolles Programm. Gewiß: »We wanted action«, erinnerte sich Shaw 1952, »but we held that action is meaningless unless it involves recognizable human character«. Das richtete sich gegen die verbreitete violence-is-fun-Attitüde auch in »Black Mask«. Erst kurz zuvor aus Europa zurückgekehrt, war der ehemalige Army Captain von den Zuständen in seiner Heimat schockiert und davon überzeugt, »that organized crime has allied politics as a necessary part of its business..., that we are rendering a public service by publishing the realistic, true-to-life, highly illuminating stories of modern crime« (»Black Mask«, März 1931: 9). Zwei Jahre später (April 1933: 76) schlug sich Shaws künstlerisch-moralisches Credo in einer pathetischen Hommage an den idealen »Black-Mask«-Leser nieder, der den fiktiven Helden der stories entsprach: hart, aber gerecht und gefühlvoll, »responsive to the thrill of danger, the ... hard action – and always pulling for the right guy to come out of tops«.

Im Dezember desselben Jahres wurden Chandlers emsige exercises belohnt: für ein Honorar von 180 Dollars druckte »Black Mask« seine erste story *Blackmailers Don't Shoot*, an der er fünf Monate lang gebastelt hatte (SL: 236) – pures Mimikry und überladen mit action, wie der Autor später befand (SL: 187). Doch Shaw erkannte Chandlers Begabung und ermutigte ihn, der sich bei seiner ausgeprägten Selbstkritik freilich sehr schwertat. In fünf harten Gesellenjahren an der Grenze des Existenzminimums publizierte er in »Black Mask« und – nachdem Shaw 1936 entlassen worden war – im »Dime Detective Magazine« nur 15 weitere stories, mit denen er stilistisch, erzähltechnisch und inhaltlich experimentierte, auch eine gewisse Eigenständigkeit und Routine gewann, aber doch nicht sonderlich weiterkam, so daß er schließlich Ermüdungserscheinungen zeigte und sich zunehmend selbst parodierte. Da wagte Chandler im Frühjahr 1938 (SL: 281) den nächsten Schritt, indem er zwei seiner »Black-Mask«-Stories – *Killer in the Rain* (Jan. 1935) und *The Curtain* (Sept. 1936) – ausschlachtete (*cannibalized*), die Versatzstücke kombinierte, anreicherte und ergänzte und dergestalt binnen dreier Monate seinen ersten Roman *The Big Sleep* fabrizierte, der dann 1939 beim New Yorker Thomas-Mann-Verleger Alfred A. Knopf und bei Hamish Hamilton in London erschien. Chandler war fünfzig Jahre alt und auf dem Sprung, doch noch ein berühmter Autor zu werden.

Die Struktur: »Herbst in der Großen Orange«

Lassen Sie mich – ganz überraschend und gegen meine Gewohnheit – ein wenig Statistik einschieben! Bezogen auf den ›normalen‹ Buch-Satzspiegel (45 Zeilen à 73 Zeichen) der deutschsprachigen Ausgabe von Chandlers »Gesammelten Detektivstories« (1976) variieren die fünfzehn Geschichten, die er vor der Arbeit am *Big Sleep* publiziert hat, zwischen 35 und 47 bei einem Durchschnitt von 41 Seiten. In den folgenden zwanzig Jahren veröffentlichte er – neben acht weiteren detective stories, sechs Essays und einer Handvoll kleinerer Beiträge – sieben Romane, deren Titel, Erscheinungsdaten und auf das genannte Format umgerechnete Seitenzahlen ich vorab auflisten möchte:

The Big Sleep	(BS)	1939	141 Seiten
Farewell, My Lovely	(FL)	1940	185 Seiten
The High Window	(HW)	1942	161 Seiten
The Lady in the Lake	(LL)	1943	166 Seiten
The Little Sister	(LS)	1949	175 Seiten
The Long Goodbye	(LG)	1953	277 Seiten
Playback	(PB)	1958	115 Seiten

Im Durchschnitt – vom *Long Goodbye* als ›Ausreißer‹ abgesehen – rund viermal so lang wie die Geschichten, halten es die Romane im Umfang noch immer mit einem sympathischen Maß, während die stories doch schon recht lang sind und – auch was das Stoffliche angeht – als ›Mini-Romane‹ durchgehen können, spätestens dann, wenn man sie etwa mit Hemingways »First forty-nine Stories« (1938) vergleicht, die – läßt man die sechs längsten beiseite – mit zwei bis dreizehn Seiten auskommen (durchschnittlich sechs).

Hier aber liegt das konzeptionelle Problem der detective story. Mit vielen Personen und einer bereits recht komplexen Handlung ausgestattet oder gar überladen, ist sie eigentlich keine ›Geschichte‹ mehr – von der short story ganz abgesehen, die ein existentielles Problem extrem komprimiert und gerade dadurch verallgemeinert –, aber sie ist auch noch kein ›Roman‹, der die Handlung und ihre Protagonisten in Ruhe entfalten kann. So betrachtet bleibt die detective story ein Wechselbalg: weder Fisch(gerippe) noch Fleisch (auf den Knochen). Chandler hat das – stärker als Hammett – gespürt und nach seiner Selbstkritik an der Überfrachtung von *Blackmailers Don't Shoot* versucht, stattdessen mehr ›literarische Konterbande‹ in seine Geschichten zu schmuggeln, die ihm dann aber vom Lektorat teilweise wieder gestrichen oder von vornherein mit dem Argument ausgeredet wurde, *their readers didn't appreciate this sort of thing: just held up the action. And I set out to prove them wrong. My theory was they just thought they cared nothing about anything but the action ... The things they really cared about, and that I cared about, were the creation of emotion through dialogue and description* (SL: 115). Daran hielt sich Chandler bei seinem ersten Roman, und der Erfolg gab ihm recht: Obwohl in seiner Machart ein ›Retortenprodukt‹, wurden allein von der amerikanischen Hardcover-Ausgabe des *Big Sleep* über 10000 Exemplare verkauft – damals ein Spitzenergebnis für einen Debütanten –, und in seinem zweiten Roman *Farewell, My Lovely*, der wiederum auf (drei) ›ausgeschlachteten‹ Kurzgeschichten beruht und von manchen Kritikern als sein bester betrachtet wird, schrieb er sich vollends ›frei‹. Schon seine stories waren literarisch zum Teil weit anspruchsvoller als die der anderen pulp-Autoren, doch die Romanform kam Chandlers Ambitionen besonders entgegen: seine detective novels sind von einer solchen Detailfülle, Frische, Lebendigkeit und atmosphärischen Dichte, daß ihr Niveau von keinem der zahlreichen Epigonen erreicht werden konnte.

Gleichwohl folgte auch Chandler – wie fast alle Autoren serieller Genre-Literatur – einem nur geringfügig variierten Schema der Konstruktion, das als ›Markenzeichen‹ fungiert und von den Fans auch erwartet wird. Als erstes möchte ich mir – für das ›Gesamtpaket‹ der sieben Romane – den staff vorknöpfen, also nicht Einzelfiguren, sondern Personen-Gruppen, derer ich acht unterschieden habe und die sich in zwei Fällen überschneiden können (die ›Verschwundenen‹ und – teilweise – die ›Mitwisser einer Tat‹ gehören auch anderen Gruppen an). Ähnlichkeiten mit der Personalausstattung der Romane anderer Krimi-Autoren liegen jenseits des Zufalls. Werfen wir also einen Blick auf die »Acht im roten Kreis« (nach einem Gangsterfilm-Titel von Jean-Pierre Melville):

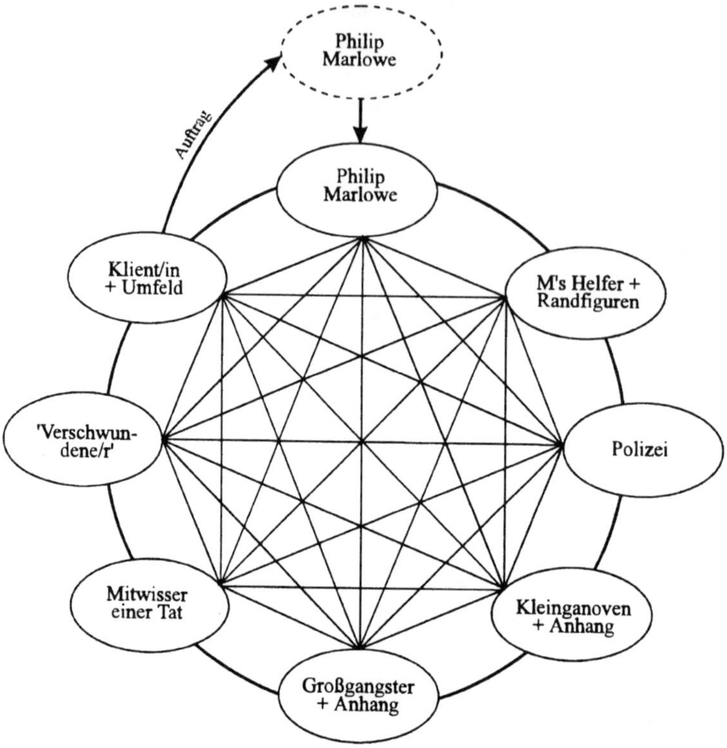

- Philip Marlowe, der Ich-Erzähler und Privatdetektiv, ist natürlich nur eine Person – und zugleich eine Institution. *He is the hero, he is everything* (vgl. SKM: 341). Er soll deshalb erst am Schluß meines Beitrags seine Persönlichkeit voll entfalten.
- Marlowes Klient/inn/en sind überwiegend wohlhabend oder steinreich; nur der Zufallsklient *Moose Malloy* (FL) gehört der Unterschicht und *Orfamay Quest* (LS) dem Kleinbürgertum an. Ihr soziales Umfeld besteht in wechselnder Kombination aus erwachsenen Kindern, Ehegatten, Geschwistern, Freunden, Bekannten und Dienstpersonal.
- Nach den Verschwundenen (aus dem Umfeld der Auftraggeber), entweder schon vor Beginn des Romans oder später ›untergetaucht‹, soll *Marlowe* suchen. Sie spuken ständig in seinem Kopf, auch nachdem sich die Handlung verzweigt hat.
- Bei den Mitwissern handelt es sich teils um außenstehende Personen zumeist der unteren Schichten, die aus ihrem zufälligen Wissen um eine Tat Kapital zu schlagen versuchen, teils gehören sie zum Umfeld der Auftraggeber, zu den Kleinganoven, Großgangstern oder zur Polizei.
- Die Großgangster – gepflegte Herren im besten Alter und (mit Ausnahme von *Playback*) Besitzer von Spielcasinos – unterhalten zu ihrem Vergnügen Geliebte und Ehefrauen, fürs Grobe Laufburschen, Leibwächter und Killer, fürs Geschäftliche inoffizielle Beziehungen zur Stadtverwaltung, zum Großkapital und zur Polizei.

- Unter den Kleinganoven samt ihren Helfershelfern finden sich ›schmierige‹ zweitklassige Erpresser, Diebe, Betrüger, Fälscher und Hehler, aber auch Angehörige honoriger Berufe, vor allem Ärzte, die dunkle Geschäfte betreiben und ihre bürgerliche Fassade zu wahren suchen.
- Polizisten kommen in unterschiedlichen Dienstrangen vor: einfache Officers, Detectives (paarweise zumeist), ein Captain als Leiter der Mordkommission und teilweise auch Mitarbeiter des District Attorney.
- Neben anderen Randfiguren treten *Marlowes* Tipgeber- und Helfer/innen nur passager in Erscheinung: Reporter, Detektive, patente junge Frauen und professionelle oder zufällige Besitzer von Informationen. Im wesentlichen ist *Marlowe* jedoch auf sich selbst angewiesen – ein einsamer Wolf.

Die jeweiligen Vertreter dieser Gruppen sind oder werden im »roten Kreis«, den *Marlowe* mit der Annahme seines Auftrags betritt, schicksalhaft miteinander verbunden und stehen auf unterschiedliche Weise prinzipiell in Opposition; im Grunde handelt es sich um einen ›Krieg‹ aller gegen alle, in den *Marlowe* hineingezogen wird. Die Verbindungslinien und Knotenpunkte im graphischen Schema markieren potentielle Beziehungen respective komplexe Handlungssituationen, die freilich nicht alle und schon gar nicht für jede Person im einzelnen Roman realisiert sind.

Wie Sie als Chandler-Fans wissen oder andernfalls ganz richtig vermuten, mangelt es den genannten Gruppen und ihren Vertretern nicht an Typisierung oder gar Stereotypie; das gilt vorab für die Gangster, Kleinganoven und auch für die Polizei (ausgenommen *Nulty* in FL, *Lt. Degarmo* und *Sheriff Patton* in LL). Am variabelsten sind die Klient/inn/en modelliert: der nobel-resignierte *General Sternwood* (BS), der hünenhafte ehemalige Sträfling *Moose Malloy*, der arrogante Gigolo *Marriott* und die schillernde Millionärsgattin *Mrs Helen Grayle* (FL), die portweinschlürfende beinharte Witwe *Elizabeth Murdock* (HW), der verlassene Ehemann und Parfumgrossist *Derace Kingsley* (LL), die hysterische *kleine Schwester Orfamay Quest* (LS), die Society-Beauty *Eileen Wade* (LG) und der schnarrende Anwalt *Clyde Umney* samt seiner auch erotisch qualifizierten Sekretärin *Miss Vermilyea* (PB). Unter den Mitwissern, Helfern und Randfiguren finden sich originelle Miniaturen, und einige der ›Verschwundenen‹ oder ›Abgetauchten‹ imponieren als außergewöhnliche Charaktere: *Velma* und *Moose Malloy* (FL), die abgründige *Muriel Chess* (LL), der versoffene Bestsellerautor *Roger Wade* und vor allem der einstige Kriegsheld, Playboy und *lost dog Terry Lennox*, der im Suff so *gottverdammt englisch* wird (beide LG). Doch auch in jenen Fällen, in denen die Figuren stärker dem Schema verpflichtet bleiben, gelingt es Chandler, dank seines scharfen Blicks, psychologischen Akzentuierungsvermögens und seiner zupackenden Sprache, das Stereotyp individualisierend zu überspielen.

Wie bei den meisten anderen Genre-Autoren sind auch Gefüge und Ablauf der Handlung einem – mäßig variablen – Konstruktionsschema unterworfen, dessen wichtigste Versatzstücke ich skizziere:

- Die fordernd-arroganten Klient/inn/en (Ausnahmen: *General Sternwood*/BS und *Moose Malloy* / FL) sind *Marlowe* anfangs sehr unsympathisch; es besteht eine wechselseitige Abneigung oder gar Feindschaft (*Mrs. Murdock*/HW), die im Laufe des Geschehens noch zunimmt oder auch abgebaut wird, weil sich die Klient/inn/en als arme Würstchen erweisen.

- *Marlowe* übernimmt dennoch den Auftrag, weil er nichts anderes zu tun hat, Geld braucht und weil ihn der Fall interessiert. Bei der Arbeit treten das ökonomische Motiv und selbst *Marlowes* Hilfsbereitschaft zunehmend in den Hintergrund zugunsten seiner persönlichen Neugier: er hat Blut geleckt und will wissen, was Sache ist – auch und gerade dann, wenn ihm der Fall später entzogen wird.
- Der Auftrag mutet zunächst recht ›harmlos‹ an und sieht nach Routinearbeit aus: eine kleine Erpressung soll ›abgestellt‹ (BS), eine geraubte Beute ›ausgelöst‹ (FL), eine vermißte Goldmünze wiederbeschafft (HW), ein ›Verschwundener‹ aufgespürt (BS, FL, LL, LS, LG) und eine Unbekannte beschattet werden (PB).
- Bei seinen Recherchen durchmißt *Marlowe* in Ausschnitten die Spannweite der südkalifornischen Gesellschaft im Großraum L.A. – zwischen neugotischen Herrensitzen (BS, FL, HW, LG), Luxusvillen (FL, HW, LG), halbseidenen Privatquartieren (BS, HW, LL), Hotels (LS, PB), Ferienhütten (LL), schäbigen Mietskasernen, obskuren Praxen (FL, LS, LG), Büros, Polizeirevieren, Spelunken, Hollywood-Studios (LS) und glitzernden Spielcasinos. Alle Kontaktpersonen begegnen *Marlowe* voller Mißtrauen oder Feindseligkeit, wissen angeblich von nichts und belügen ihn.
- Schon bald stolpert *Marlowe* über die erste Leiche, die andere nach sich ziehen wird: *Murder-a-day Marlowe, they call him* (LL: 122). Weil er den Mord im Interesse seines Klienten nicht sofort anzeigt und dessen Identität nicht preisgeben will, gerät er in Konflikt mit seinem Gewissen und mit der Polizei.
- Die abgebrühten, notorisch mißtrauischen Polizisten, die *Marlowe* verhören, treten in der vertrauten Rollenverteilung auf: ein harter Bursche und ein (scheinbar) verständnisvoller; sie selbst und ihre Chefs erweisen sich teils als brutal und korrupt, teils als anständig, souverän und gesetzestreu. Gelegentlich wird *Marlowe* von den Cops geschlagen und kurzfristig inhaftiert (FL, LL, LG); stets erhält er den dringenden Rat, von diesem Fall gefälligst die Finger zu lassen, sofern ihm seine Lizenz etwas wert sei. Die Polizisten schätzen es nicht, wenn ihnen ein ›Privater‹ ins Handwerk pfuscht; zuweilen folgen sie auch dem Wink eines ›großen Unbekannten‹ (LG) oder sind selbst ins Geschehen verstrickt (FL, LL).
- Bewußtlosgeschlagen, betäubt oder sonstwie mißhandelt wird *Marlowe* mitunter auch von obskuren Gestalten, denen er bei seinen Nachforschungen in die Quere gekommen ist (BS, FL, LL, LS, LG). Der große Gangsterboss läßt ihn durch seine Kreaturen beschatten und bedrohen (mit dem Tode allerdings nur in BS) und gibt ihm, vom mutigen *Marlowe* aufgesucht, den gleichen Rat wie die Polizei: sich aus der Sache herauszuhalten.
- Doch inzwischen hat *Marlowe* längst kapiert, daß sein scheinbar so harmloser Fall mit einem ganz anderen, viel schwerer wiegenden Geschehen oder Verbrechen verknüpft ist, das in der Regel viele Jahre zurückliegt. Damit erfährt der Fall eine Peripetie: seine Erledigung und sogar die Aufklärung der rezenten Morde werden nun eher beiläufig betrieben zugunsten der Lösung des im doppelten Wortsinn ›archaischen‹ Falls. Die findet *Marlowe* freilich eher durch eine Mischung aus Zufall, Notwendigkeit und Intuition als durch die messerscharfe Kombination seiner »grauen Zellen«; er erahnt sie mehr, als daß er sie logisch erschließt. Zugleich fungiert er durch seine Nachforschungen und Hartnäckigkeit als Katalysator, der ein ›fatales‹ Geschehen, dessen unbeabsichtigte Nebenfolgen er nicht zu verhindern vermag, zum Teil erst in Gang setzt und schließlich beschleunigt.

- Im Laufe seiner Ermittlungen begegnet *Marlowe* mehreren Frauen, zumeist Blondinen, die ihn stark affizieren und auch ihrerseits einem Techtelmechtel nicht abgeneigt sind, zu dem es aber erst in den beiden letzten Romanen kommt (LG und PB), nachdem *Marlowes* Abwehrmechanismen vom Autor gelockert wurden: *I have written practically nothing about his sex life ..., but I did in my last book break down a little* (SL: 452).
- Außer Pfeife- und Camelrauchen, Kaffee- und Whiskytrinken und einem nächtlichen Schachspiel gegen sich selbst scheint *Marlowe* keine Annehmlichkeiten des Lebens zu kennen. Wovon er eigentlich lebt, wissen die Götter. Seine Einnahmen sind schmal (anfangs 25, später 40 Eier plus Spesen pro Arbeitstag), nicht selten geht ihm sein Honorar auch noch durch die Lappen (etwa in FL: 5), und wenn er mal einen fetten Fisch an der Angel hat, zum Beispiel einen Fünftausend-Dollar-Schein (LG: 89), wirft er ihn zurück (ebd.: 379f.). In *Playback* lehnt er ein entsprechendes Honorarangebot dann gleich mehrfach ab (179, 188).
- Im Schlußkapitel sind fast alle Facetten des rhizomatischen Falles geklärt, einige schuldhaft in ihn Verstrickte sind tot, die Gangster, Großkapitalisten und Polizisten weithin unbehelligt geblieben, die Blondinen auf Nimmerwiedersehen entschwunden und einige neurotische Girlies halbwegs befriedet: *Carmen Sternwood* (BS), *Merle Davis* (HW) und *Orfamay Quest* (LS). *Philip Marlowe* bleibt einsam mit leeren Händen zurück, kippt in einer Bar ein paar doppelte Scotches (BS: 201), blickt wehmütig in die Ferne (FL: 303), spielt eine berühmte Schachpartie nach und schnuppert am offenen Fenster die Nacht (HW: 264) oder lauscht im Büro den verhallenden Schritten eines verflossenen Freundes (LG: 382). Aus, Ende und Schluß.

Der literarische Wert: »Mord ist keine Kunst« – oder doch?

Hört sich ganz spannend an, werden Sie sagen, wenn auch, wie bei allen Krimiautoren, reichlich nach Schema F. Stimmt – aber das ist nicht der Punkt. Auch im ›richtigen Leben‹ vollzieht sich die Aufklärung von Verbrechen der einzelnen Sparten in der Regel stereotyp: wenn man einen Fall kennt, kennt man alle, das weiß ich als weiland Gerichtsgutachter in spektakulären Fällen von Mord und Totschlag nur allzu gut. Sodann bilden Schema und Plot bloß den Rahmen für Chandlers Romane, auf den er allerdings angewiesen war und fixiert blieb; sein Ruhm als mystery writer beruht nicht auf thrill und suspense, sondern auf vier literarischen Säulen, an denen er bereits in den stories gearbeitet hat: auf (1) der einzigartigen Figur *Philip Marlowe's*, (2) dem – angeblichen – gesellschaftskritischen Touch seiner Texte, (3) deren Durchtränkung mit Atmosphäre und Psychologie und (4) auf dem Reiz seiner kontrastreichen, farbigen Sprache. Spielen wir diese Trümpfe in umgekehrter Abfolge aus.

Ende 1945 bot Chandler dem Mitherausgeber des »Atlantic Monthly« einen Essay an, der *The Insignificance of Significance* heißen sollte und in dem er darlegen wollte, *daß es schnurzegal ist, wovon ein Roman handelt, daß die einzige Prosa zu allen Zeiten ... jene war und ist, die Magie mit Worten treibt, ... daß die einzigen noch übrigen Schriftsteller, die etwas zu sagen haben, jene sind, die über praktisch nichts schreiben ...* (Br: 114).

Heinz Liesbrock (1993), von dem eine der philologisch subtilsten Chandler-Studien stammt, ließ den ersten Halbsatz dieser Passage auf seinen Buchumschlag drucken und scheute sich nicht, als Motto für seine Dissertation ein korrespondierendes Zitat von Flaubert zu wählen: »Was mir schön erscheint und was ich machen möchte, ist ein Buch über nichts, ein Buch ohne äußere Bindung, das sich selbst durch die innere Kraft seines Stils trägt ...« (Brief an Louise Colet vom 16.1.1852). Ob Chandler, der Flaubert zu seinen Lieblingsautoren zählte (SL: 203) und ihn sogar von *Philip Marlowe* zitieren ließ (LG: 178), diese Briefstelle kannte, bleibt eine offene Frage; verblüffend ist jedenfalls die Parallelität der beiden Passagen. In gewissem Widerspruch zu Chandlers ›Traum‹ – *to write about practically nothing* (SL: 59), der *creation of magic by words* (SL: 289) – steht nun freilich der Umstand, daß er den Texten avantgardistischer Autorinnen und Autoren, etwa dem experimentellen Prosastil von Gertrude Stein, der Montagetechnik von T.S. Eliot (SL: 305, 337) und den *stream-of-consciousness ladies and gents* (SL: 456) nichts abzugewinnen vermochte; bei ihnen sah er nur technische Brillanz und die Neurosen von Intellektuellen am Werke (SL: 337).

Chandler, der verspätete ›Enkel‹ Flauberts und als solcher traditionell und modern zugleich, wollte beides: eine Literatur, die ganz aus der Sprache lebt, aber nicht aus einer artifiziellen, sondern aus einer poetischen, sinnlichen, erfahrungs- und erlebnisgesättigten Sprache. Obwohl es seinen Romanen an Raffinement und Spannung durchaus nicht fehlt, hat Chandler beim Schreiben das *subject matter*, also das Stoffliche, plot und story, Handlungsrahmen und Handlungsverlauf, zurückgenommen und in Briefkommentaren abgewertet (etwa SL: 169f.) – zugunsten von *style*, der sprachlich-ästhetischen Qualität seiner Texte: bemerkenswert angesichts eines Genres, bei dem doch notorisch ein ausgeklügeltes Plot und – je nach ›Schule‹ – spitzfindige Logelei oder rasante Action, jedenfalls eine spannende Handlung den Reiz ausmachen.

Daß Chandler sich für dieses Genre entschied und auch dabei blieb, hat eine Kette von Gründen: zunächst den risikolosen Wiedereinstieg ins Schreiben, verbunden mit Publikations- und Verdienstmöglichkeiten (s.o. 178f.), dann die Herausforderung, das Standardschema subversiv aufzubrechen und sprachlich-literarisch zu transzendieren (s.o. 183), und zunehmend auch die Erkenntnis, daß gerade die qualitativ bescheidene Formenvielfalt und Unspezifität der detective novel einem ambitionierten Autor die Chance bot, ein triviales Genre neu zu definieren, umzugestalten und spezifisch zu prägen, denn es gab zwar Konstruktionsschemata, aber keinen literarischen Kanon. Der erfolgreiche Kriminalautor Chandler wußte oder vermochte sich dann von seinem Protagonisten nicht mehr zu trennen: trotz zaghafter, einigermaßen kläglicher ›Ausbruchsversuche‹ blieb er bis zum bitteren Ende an den Kriminalroman und das *private eye Philip Marlowe* fixiert.

Wie alle Autoren der hard boiled school verwarf Chandler in seinen stories und novels – und explizit-tendenziös pro domo argumentierend in *The Simple Art of Murder* wie in seinen Briefkommentaren – die wirklichkeitsfremde (Pseudo-)Rationalität und instrumentelle Vernunft des mehr oder minder logisch an Fakten orientierten Prinzips der Detektion in Kriminalromanen der alten Schule, in denen das (scheinbar) perfekte Verbrechen eines exzentrischen Außenseiters im Stil einer Denksportaufgabe konsequent aufgeklärt wird – und danach ist die Welt, getreu dem Kantschen Talionsprinzip, wieder in Ordnung. In der anonymen modernen Massengesellschaft der hard-boiled-Welt herrschen dagegen Irrationalität und chaotische Zustände, Emotionen, Affekte und brutale Gewalt, die auch weiter bestehen bleiben, wenn ein Verbrechen, zumeist eher beiläufig-widerwillig, aufgeklärt und gesühnt wird. Mehr noch: Die Welt wirkt danach noch hoffnungsloser als vorher, weil man ein wenig hinter den fadenscheinigen Schleier von law and order geblickt hat.

Damit allein war es für Chandler jedoch nicht getan. Er wandte sich sowohl gegen die ›heile‹, rationalistische Weltsicht des Kriminalromans klassischer Prägung, deren *verbissene Logiker ... so viel Atmosphäre wie ein Reißbrett* entfalten (SKM: 322), als auch gegen die krude Explosion von Gewalt in den hard-boiled-Romanen, die allzu leicht in eine violence-is-fun-Attitüde umschlug. Chandler zeichnete zwar ein überaus pessimistisches Bild der Gesellschaft – insofern gehört er zur ›hartgesottenen‹ Schule –, doch er wollte gegen die selbstgefällige Egozentrik des kriminalistischen Rationalismus wie gegen die Lakonie bloßer Gewaltdarstellung ein humanes, ethisch-soziales Menschenbild setzen, das die Funktionalisierung des Individuums und die gesellschaftliche Anonymität konterkarieren sollte. Insofern ist Chandler, wie sich noch zeigen wird, im Grunde ebenso wenig ›hartgesotten‹ wie ›traditionell‹. Ihm ging es weder um die Gewaltästhetik und spektakuläre Dramaturgie noch um die spitzfindige Aufklärung von Verbrechen, sondern um deren Wirkung auf Menschen; seine Romane sind also – juristisch gesprochen – nicht tat-, sondern täter- und im weitesten Sinn opferbezogen, wobei diese doppelte Perspektivik ihren Fluchtpunkt im Erleben des Detektivs hat. Diese Konzeption erfordert natürlich eine ganz andere Darstellungsweise und Sprache als die der Konkurrenz beiderlei Provenienz.

Chandler elaboriert sein plot nicht als analytisch durchkonstruierte Stufenfolge kriminalistischer Erkenntnis, die systematisch nur die Lösung des Rätsels im Blick hat, und auch nicht als temporeiche action in wechselnden und gleichwohl stereotypen Konstellationen, sondern als zwar chronologisch plausible und weiterführende, aber doch eher lockere Abfolge von *situations*, wie er es nennt, von Szenen, in denen er das jeweilige Ambiente und die in ihm auftretenden Personen detailreich entfaltet. Chandler war ein Meister der atmosphärischen Raumdarstellung, wie es Renate Giudice (1979) in ihrer Dissertation minuziös herausgearbeitet hat, von Landschaften, Stadtbezirken, Straßenzügen, Gebäuden und Innenräumen, die nicht nur – nach dem Muster der Natur- und Haus-Person-Metaphorik – auf die Menschen verweisen, die in ihnen leben, sondern vermöge der hochspezifischen Wahrnehmungsaktivität und -verarbeitung des Ich-Erzählers *Philip Marlowe* dessen eigene Stimmung und Befindlichkeit reflektieren. Dinglicher Außen- und seelischer Innenraum sind somit doppelt aufeinander bezogen, in der trügerischen Ruhe oder Bedrohlichkeit der Umgebung spiegeln sich psychische oder reale, latente oder akute Gefährdung der Akteure und des Protagonisten.

Auch die Personen unterschiedlichster Herkunft und charakterlicher Struktur, denen *Marlowe* begegnet, zeichnet Chandler ungemein individuell, präzis und differenziert. Statur, Erscheinung, Kleidung, Physiognomie, Mimik, Gestik, Gebaren und Körpersprache, Stimme, Jargon und Sprachverhalten seiner Interaktionspartner/innen, die *Marlowe* mit scharfem Blick registriert, dienen wiederum – ganz im Sinne der Ausdruckspsychologie – als charakterologische Indikatoren für die seelische und existentielle Verfassung. Auf diese Weise gelingt es Chandler, in einem atmosphäregesättigten und zugleich ›bezeichnenden‹ Ambiente soziale und menschliche ›Realität‹ sowohl sinnlich-ästhetisch wie metaphorisch-symbolisch zu entfalten und im wahrnehmenden Erleben von *Philip Marlowe* als menschliche Erfahrungsdimensionen sichtbar zu machen.

Das tut er in einer lebendigen, zugleich intensiven und subtilen poetischen Sprache, die unabhängig vom Handlungsgeschehen zum selbstreferentiellen Bedeutungsträger wird, unter Verwendung kraftvoller Verben, konkret-gehaltvoller Substantive und überraschend-›selbstverständlicher‹ Adjektive, die einen Sachverhalt treffend und unverwechselbar spezifizieren. Chandlers Sprache ist rhythmisch und klangvoll, von Ober- und Untertönen begleitet, variantenreich in Satzbau und Tempowechsel, in der Mischung aus melancholischem Moll und saloppem Dur, bald ironisch-gerührt, bald sarkastisch-desillusioniert; sie nutzt die getimte Pointe, die Fermate und die Kadenz. Die Sprachmusik korrespondiert der sinnlichen, geradezu synästhetischen Qualität von *Marlowe's* Wahrnehmungsweise, dem Brennpunkt allen Geschehens. Die Welt, die er durchstreift, erlebt er vorab als visuelles Panoptikum, voller Formen und Farben; aber auch akustische, olfaktorische, taktile und meteorologische Reize registriert er sensitiv und zuweilen fast leitmotivisch – die klagenden Geräusche der Nacht, den Geruch des Salbeis, das Parfüm des Todes, die Schwere des Himmels und des eigenen Körpers, Nebel und Regen als Vorboten des Verbrechens, die südkalifornische Sonne als Kontrapunkt zur Kälte der Gesellschaft und ihrer Leichen im Keller.

Wer Chandlers Romane nicht kennt und das alles so hört, mag sich fragen: Wie schafft es der Autor bei seinem spezifischen Einsatz von Sprache und retardierenden Erzählelementen auf durchschnittlich rund 170 Seiten auch noch einen Kriminalfall halbwegs plausibel und spannend aufzurollen und ›durchzuziehen‹? Keine Sorge: Er schafft es – und das aus zweierlei Gründen. Zum einen schreibt Chandler ungemein knapp und präzise, er zeichnet Atmosphären, Situationen und Charaktere mit wenigen, kräftigen Strichen, stilistisch exakt kalkuliert, *hard and clean and cold and ventilated*, wie er es sich wünschte (SL: 23); in seinen Romanen gibt es keine abschweifenden oder redundanten Passagen, die man am liebsten auslassen möchte, Chandler und *Marlowe* bleiben stets hart am Ball. Zum anderen: Neben markanten Ereignissen (etwa dem Auffinden einer Leiche) und Routineverfahren (gezielten Recherchen, Befragungen und Verhören), die bei Chandler natürlich auch vorkommen, ist die ›Geschichte‹, die er erzählt, weitgehend identisch mit *Marlowe's* »teilnehmender Beobachtung«, »freischwebender Aufmerksamkeit« (Freud) und »irritationsgeleitetem szenischen Verstehen« (Alfred Lorenzer). *Marlowe* gewinnt seine Einsichten und löst seine Fälle – sofern er selbst dazu etwas beträgt – nicht logisch, induktiv oder deduktiv, am Schreibtisch, in Metakommunikation mit sich selbst oder »Dr. Watson«, sondern intuitiv und assoziativ, indem er seine Eindrücke und Informationen eher vorbewußt als bewußt prozeßhaft konfiguriert und dergestalt Zusammenhänge allmählich ›versteht‹. Wenn Marlowe Schlüsse zieht, so folgt er dabei am ehesten der Methode der Abduktion im Sinne von Peirce, die nicht von einem kausalen Erklärungsmodell ausgeht, sondern Intentionen nachspürt (vgl. dazu Haubl & Mertens, Der Psychoanalytiker als Detektiv, Stuttgart 1996). Ihren Vollsinn entfaltet die traditionelle Metapher vom »Psychoanalytiker als Detektiv« erst mit *Philip Marlowe*, und umgekehrt ist dieser eher ein ›angewandter‹ shrink als ein ermittelnder Detektiv. Seine Erkenntnishaltung läßt sich nun auch ›wissenschaftstheoretisch‹ mit der seiner Kollegen aus der alten Schule vergleichen: Während diese im Sinne des (kritischen) Rationalismus faktenorientierte, mitunter sogar experimentelle Indizienbeweise führen, arbeitet Marlowe empirisch-hermeneutisch.

Ziehen wir eine kurze Zwischenbilanz. Chandler ist also zugleich ein besessener Stilist, ein – freilich nur im stiltypologischen Sinn – erfahrungs- und erlebnisgesättigter ›Realist‹, Metaphoriker und Kulturhermeneut. Nicht ohne Selbstgefälligkeit hat er in seinen Briefen immer wieder betont, daß seine Art zu schreiben eine ausgeprägte Persönlichkeit, einen weiten Erfahrungshorizont, sensible Wahrnehmungsintensität, emotionale Reife und ein zentrales Interesse an Menschen voraussetzt. Literarisch umsetzbar sei das freilich nur durch eine leidenschaftliche und bescheidene (SL: 433) Hingabe an den Schreibakt. Als Autor stellte Chandler also höchste Ansprüche an sich selbst und zugleich heraus, welche Bedeutsamkeit Intuition, Improvisation und Emphase für sein Schreiben besaßen. Mit dieser produktionsästhetischen Programmatik theoretisch wenig vermittelt waren Chandlers Erfahrung und Einsicht, daß die genannten Kompetenzen und Eigenschaften auch einer technisch-stilistischen Basis, um nicht zu sagen: der Schulung und Routine bedürfen; selbst und gerade die Intuition fällt nicht vom Himmel: »Le hazard«, schrieb Louis Pasteur, »ne favorise que les esprits préparés«. Chandler wußte das sehr genau und räumte freimütig ein (etwa SL: 459; vgl. auch MacShane 1984: 83f.), daß er in seinen Lehrjahren als (potentieller) »Black-Mask«-Autor stories erfolgreicher Kollegen analysiert, zerlegt und neu geschrieben hatte, um seine Versionen sodann mit dem Original zu vergleichen. Bei diesen technisch-stilistischen exercises rekurrierte er auf die an britischen Colleges favorisierte Methode, griechische, lateinische und englische Texte von einer in die andere Sprache zu übertragen – und wieder zurück (vgl. o. 175). Noch als erfolgreicher Autor hat Chandler seine eigenen Texte ständig überarbeitet und umformuliert.

Ein sprachlich-stilistisches Spezifikum anderer Art resultiert aus Chandlers ›Zweisprachigkeit‹ (vgl. o. 180). Das britische Englisch, mit dem er aufgewachsen war, empfand er als starr und konventionell *(almost a mandarin language,* RCS: 94), geeignet eher für rational-argumentierende Texte. Das Amerikanische galt ihm dagegen als *creative, imaginative, free and even rather wild. Something like the English of Elizabeth's time* (ebd.) – also geschaffen für emotionalen Ausdruck und freie, expressive Verwendung. Chandler schuf eine stilistische Synthese aus britischem und amerikanischem Englisch: Die witzigen, ironisch-sarkastischen, lakonischen oder knallharten Dialoge sind in amerikanischem Slang geschrieben und in ihrer originellen grammatikalischen Nachlässigkeit häufig von großer komischer Kraft, während der Autor für die narrativen Passagen das britische Standardenglisch verwendet, vor allem dessen ›lateinischen‹ Satzbau, durchsetzt freilich mit zahlreichen Amerikanismen. Diese kontrastreiche Mischung macht den besonderen Reiz der Originaltexte aus, während die deutsche Fassung das nicht simulieren und nur auf eine möglichst flotte homogene Diktion bauen kann, die in der Diogenes-Übersetzung – u.a. von Wollschläger, Karasek und Urs Widmer – alles in allem dem Original etwas näher kommt als in den Erstübersetzungen von Peter Fischer und Mary Brand. Daß Marlowe zum Beispiel ›berlinert‹, wäre ja auch keine Lösung.

Wie die vorstellungsfördernde Visualisierung und ›Sinnlichkeit‹ seiner Darstellungsweise setzte Chandler die amerikanische Umgangssprache auch ganz gezielt dafür ein, die Leser/innen vor ihrem Erfahrungs-, Verständnis- und Erwartungshintergrund ›abzuholen‹ und anzusprechen. Denn er schrieb nicht vorab für Intellektuelle, sondern für Durchschnittsleser/innen, und das keineswegs nur aus ökonomischen Gründen. Trotz seines literarischen Anspruchs galt ihm die Akzeptanz durch ein breites Publikum als Beweis einer geglückten ästhetischen Kommunikation.

Chandler bevormundet seine Leser/innen auch nicht, etwa durch Reflexionen und Interpretationsangebote des Ich-Erzählers *Marlowe,* sondern läßt sie ihre Überlegungen im Anschluß an dessen Eindrücke und eher spärliche Gedankenberichte und innere Monologe selber entwickeln. Ständig auf Augenhöhe mit und hinter der ›subjektiven Kamera‹ *Philip Marlowe's* erfahren und ›wissen‹ die Leser/innen nicht mehr als der Protagonist – bis auf eine einzige Ausnahme in *Farewell, My Lovely*: Dort wird ihnen vorenthalten, welche *fünf Worte* Marlowe *auf die Rückseite der Karte* schreibt, die er dem Gangster *Laird Brunette* für *Moose Malloy* übergibt (FL: 277), weil der Autor die Schlußpointe (FL: 292) nicht vorwegnehmen wollte. Chandler verzichtet auch auf die irreführende Verharmlosung der später als Täter/innen Entlarvten und auf den ›diabolus ex machina‹.

Daß Chandler als Stilist und Erzähler nicht nur die Konsumenten kriminalistischer Dutzendware, sondern auch Intellektuelle begeistert hat und noch immer zu faszinieren vermag, weist ihn als einen lebensvollen Schriftsteller aus, dem es gelungen ist, scheinbar nur spannende Unterhaltung in Literatur zu verwandeln.

Zum Abschluß der Sprachanalyse seien die drei wichtigsten ›Chandlerismen‹ benannt, exemplifiziert und in ihrer erzählerischen Funktion verständlich gemacht: die Übertreibung, die Wie-Vergleiche und die ironisch-sarkastischen (Kurz-)Dialoge. Ich beginne mit der Übertreibung als Stilfigur und zitiere, um den Effekt nicht zu gefährden, auf deutsch.

> Über den Türflügeln, die eine Herde indischer Elefanten durchgelassen hätte ... (BS: 5). – Er war ein großer Mann, nur knapp zwei Meter groß und nicht ganz so breit wie ein Bierwagen (FL: 5). – Das Haus selbst war nicht so imposant. Es war kleiner als der Buckingham Palast ... und hatte wahrscheinlich weniger Fenster als das Chrysler Building (FL: 127). – Eine schwierige Sache, Polyp zu sein. Man weiß nie, wem man ohne Risiko auf dem Bauch herumtrampeln kann (LG: 244).

Häufiger und den Leser/innen präsenter sind Chandlers notorisch waghalsige Wie-Vergleiche:

> Der General sprach weiter, aber langsam. Er gebrauchte seine Kräfte so behutsam wie ein brotloses Revuegirl sein letztes Paar Strümpfe (BS: 9). – Sie war sauer wie ein Stadtrat mit Mumps (BS: 23). – Tote sind schwerer als einsame Herzen (BS: 37). – Sie war schlapp wie ein abgemurkstes Kaninchen (BS: 73). – Er saß da wie ein steinerner Löwe vor einer öffentlichen Bibliothek (FL: 158). – Sein Lächeln war so schwach wie ein fette Dame auf einem Feuerwehrball (HW: 28). – Sie hatte Augen wie fremde, ferne Sünden (HW: 136). – Er ... blickte ... in die Ferne, als ob er sich gerade seiner Kindheit erinnerte (LL: 95f.). – Er roch nach einem älteren Parfüm – wie drei Witwen beim Teetrinken (LL: 171). – Ihr Revolver bohrte sich in meine Brust. »Sie müssen sich jetzt umdrehen«, sagte sie höflich wie ein Schneider bei der Anprobe (LL: 216). – Nach dem Rasieren und nach einem zweiten Frühstück fühlte ich mich nicht mehr ganz so wie ein Karton voll Sägespäne, in dem die Katze jungt (LS: 261).

Ähnlich den Übertreibungen – vor allem, wenn sie ironisch gebrochen werden (*nur knapp zwei Meter groß* – das Haus *war kleiner als der Buckingham Palast*) – lösen die witzigen, oft verblüffenden Wie- und Als-ob-Vergleiche zunächst ein Schmunzeln aus, aber noch mehr als das: Sie aktivieren die Vorstellungskraft der Leser/innen, indem sie einen Sachverhalt, Zustand oder eine Verhaltensweise höchst originell, plastisch und drastisch spezifizieren. Man lasse in den Beispielen probehalber die Wie-Vergleiche weg und formuliere die Aussagen um! Wie konventionell und flau wären Floskeln wie diese: Er sparte seine Kräfte – sie war sauer/schlapp – er saß versteinert da/lächelte schwach/blickte verträumt in die Ferne – ... sagte sie höflich.

Zuweilen beziehen sich die Wie- und Als-ob-Vergleiche auch auf Dinge, Pflanzen und Tiere:

> An den freien Wandflächen standen überall große, harte Stühle mit runden roten Plüschsitzen. Sie sahen nicht so aus, als ob schon je einer drauf gesessen hätte (BS: 5). – Das Geländer war so kalt und naß wie ein Krötenbauch (FL: 50). – Auf der anderen Seite der Straße stieg eine nackte Lehmböschung an, an deren Rand wie ungezogene Kinder, die noch nicht ins Bett wollen, sich hartnäckig ein paar wilde Blumen klammerten (FL: 151). – Ein schimmernder schwarzer Käfer mit einem rosa Kopf und rosa Punkten kroch langsam über die polierte Platte von Randalls Schreibtisch und schwenkte seine zwei Fühler, als testete er die Luftströmung zum Losfliegen. Er war ein bißchen unsicher auf den Beinen, wie eine alte Frau, die zu viele Pakete trägt (FL: 218).

Bei solchen ›organischen‹ und anthropomorphen Vergleichen kommt zum aufmerksamkeitssteigernden Effekt noch ein zweiter dazu: Die Metaphorik reflektiert jeweils die – unbehagliche – Befindlichkeit *Philip Marlowe's*. In Analogie zu Brechts »Verfremdungseffekt« subsumiert Heinz Liesbrock (1993: 112ff.) die Wie- und Als-ob-Vergleiche der von ihm so genannten Chandlerschen Technik der »Vermerkwürdigung«, vermöge der »die Wahrnehmungs- und Erfahrungsroutine des Lesers (durchbrochen)« wird, was dessen Aufmerksamkeit und Situationsverständnis zugute kommt. Zur strukturellen »Vermerkwürdigung« rechnet Liesbrock witzige Sprachspiele in Dialogen, die der – gefährlichen – Situation offenbar unangemessen sind, etwa wenn *Marlowe* gegenüber dem Gangsterboss im Beisein von dessen Killer eine Lippe riskiert.

> »Reden Sie nur so weiter«, sagte Morny, »und plötzlich tragen Sie dann Bleiknöpfe an Ihrem Sakko.«
> »Stellen Sie sich das vor«, sagte ich. »Der arme alte Marlowe, mit Bleiknöpfen an seinem Sakko.« (HW: 142)

> »Wie wär"s mit einem halben Dutzend *da*von?« fragte ich ihn und hieb ihm, so fest ich konnte, mitten in den Bauch.
> Er klappte wimmernd zusammen. [...] Endlich brachte er mühsam ein Lächeln auf sein braunes Gesicht.
> »Ich hätte gar nicht gedacht, daß sowas drinsteckt in Ihnen«, sagte er.
> »Beim nächstenmal bringen Sie sich eine Kanone mit – oder nennen Sie mich nicht mehr *cheapie*.«
> »Ich hab jemand, der die Kanone für mich schleppt.«
> »Bringen Sie ihn mit. Sie werden ihn brauchen.«
> [...]
> »Na schön, dann bis bald, *cheapie*«, sagte Menendez zu mir und ging hinaus.
> »Bis bald«, sagte der Leibwächter kühl. »Der Name ist Chick Agostino. Schätze, Sie werden mich kennenlernen.«
> »Wie eine dreckige alte Zeitung«, sagte ich. »Erinnern Sie mich daran, daß ich Ihnen nicht aufs Gesicht trete.« (LG: 82ff.)

Da fragt sich der Leser: Weshalb ist *Marlowe* so tollkühn – und der Gangster so ›cool‹? Und man spürt *Marlowe's* Wut und was mit »repressiver Toleranz« gemeint ist.

Die Gesellschaftskritik: »Klein Tarzan fährt im Hühnerstall Motorrad«

Mit diesen Worten – in Wollschlägers Übersetzung – wird *Marlowe* von eben jenem Gangster *Mendy Menendez* begrüßt (LG: 77). Der Mann hatte recht.

Sie ahnen vielleicht schon: weshalb. Jedenfalls nehme ich nun – nach der Sprach- und Darstellungskunst – den dritten Pluspunkt ad notam, den eine breite Lesergemeinde Chandler gutzuschreiben bereit ist: ein Kritiker der US-amerikanischen Gesellschaft seiner Epoche gewesen zu sein. Wie Sie schon wissen, hatte Joseph T. Shaw, der Herausgeber von »Black Mask«, seine Autoren darauf verpflichtet, das moderne organisierte Verbrechen realistisch und lebensnah darzustellen (s.o. 182). Chandler machte sich diese Losung zu eigen, wetterte pflichtschuldig gegen den »Whodunit«-Krimi britischer Provenienz, feierte Dashiell Hammett als Vater des ›kriminalistischen Realismus‹ – und sprach damit natürlich pro domo (s.o. 180). Zwei Jahre nach dem Erscheinen seines Programm-Essays *The Simple Art of Murder* wiegelte er dann gegenüber dem Kritiker Howard Haycraft sophistisch ab, *you must not take a polemic piece of writing like my own article ... too literally. I could have written a piece of propaganda in favor of the English detective story just as easily* (RCS: 52). So willkürlich sind Programme zuweilen. Mir kommt es hier aber auf die Quintessenz an: ›realistisch‹ geschrieben haben Hammett, Chandler und die übrigen tough-guy-writers allenfalls im stiltypologischen, nicht im ›soziologischen‹ Sinn. Ihre Falldarstellungen und Akteure mögen Kondensate von ›Wirklichkeit‹ sein, aber sie sind zugleich, wie das Idiom der tough guys, hoch artifiziell.

Allein dieser Sachverhalt schafft noch nicht das Problem: mehr oder minder gilt er für Literatur – schon gar für die anspruchsvolle – schlechthin. Doch Shaw, der freilich nicht weniger naiv und ideologisch befangen war als seine Autoren, hatte ja mehr als nur Realismus gefordert: Analysen gesellschaftlicher Zusammenhänge und Hintergründe des organisierten Verbrechens. Zwar sind viele hard boiled stories, expliziter noch Hammetts Orgien der Gewalt (vorab in »Red Harvest« und »The Glass Key«) und Chandlers ›Familiendramen‹, in einen Kontext der Korruption von Politik, Verwaltung und Polizei eingebettet, was linksliberale Fans notorisch mit Beifall vermerken, doch gerade sie müssen eingestehen, daß sich selbst Hammett und Chandler ihres gesellschaftskritischen Auftrags wie einer Pflichtaufgabe entledigt haben, um dann als Erzähler in einer stilistischen – und ideologischen – Kür zu brillieren.

Chandlers Ziel war es immerhin, *wirkliche Menschen in einer wirklichen Welt* zu beschreiben (RCS: 63), und er hat die »große Orange« so suggestiv dargestellt, daß die Londoner »Times« noch 10 Jahre nach seinem Tod Los Angeles »Chandler Country« genannt hat (22.3.1969). Ein Engländer war es auch, W.H. Auden, der ihm attestierte, er habe »serious studies of a criminal milieu, the Great Wrong Place«, und nicht nur Kriminalromane verfaßt (Harper's Magazine, May 1948: 408), wogegen sich der Gelobte allerdings wehrte (RCS: 219). Gewiß hat Chandler *this strange corrupt world we live in* (RCS: 233) als »the Great Wrong Place« empfunden, aber nicht so sehr aus gesellschaftspolitischer Einsicht, sondern aus einem persönlichen Affekt mit rebellischen Zügen, den er offenbar schon seit seiner Kindheit entwickelt hatte (vgl. o. 175). Daß er mit seinen Romanen sozialkritische Absichten verfolgte, hat er – in einer sprachlichen ›Kurzschluß‹-Identifikation mit *Philip Marlowe* – bestritten: *So now there are guys ... telling me I have a social conscience. P. Marlowe* [!!] *has as much social conscience as a horse. He has a personal conscience, which is an entirely different matter* (RCS: 214). Die Implikationen des letzten Satzes werden uns noch zu beschäftigen haben.

Chandlers Affekt richtete sich prinzipiell gegen alles und jeden: natürlich gegen Gangstertum und Großkapital und die von beiden korrumpierten Behörden, aber auch gegen die aufstiegsbesessene Mittelschicht, das spießige Kleinbürgertum (ganz explizit in LG: 253) und den auf seine Weise nicht minder charakterlich deformierten ›Bodensatz‹ der Gesellschaft. In seinen drei ersten Romanen – *The Big Sleep; Farewell, My Lovely; The High Window* – geißelt Chandler die moralische Verkommenheit in Kreisen des Großbürgertums, *The Lady in the Lake* entstammt dem kommerziellen, die Mörder im Hintergrund dem einfachen Mittelstand, *The Little Sister* ist die Jüngste eines Geschwistertrios aus der kleinbürgerlichen Provinz, das im Schatten Hollywoods eine private Tragödie erlebt, und *The Long Goodbye* changiert zwischen *Marlowe's* Männerfreundschaft mit einem gescheiterten Playboy und seinem Auftrag als Kindermädchen für einen versoffenen Bestsellerautor, der im Dunstkreis der Reichen lebt. Im Grunde bewegt sich *Marlowe* – was den Hauptstrang des Geschehens betrifft – von Roman zu Roman immer weiter weg vom Öl- (BS) und Hochfinanz-Sumpf

(FL) über die Welt des Kommerz (LL, LS) in die Sphäre der Künstler und Lebenskünstler (LS, LG). Das schmale Spätwerk *Playback*, das auf einem nicht realisierten Drehbuch von 1947 basiert, lohnt kaum die Lektüre, weil dort – von ein bißchen Sex abgesehen – nichts Nennenswertes passiert.

Was Chandler vorab als politisch motivierten Gesellschaftskritiker nicht grade empfiehlt, ist der Umstand, daß die Haupt-Mordtaten, die das Geschehen ›tragen‹ und atmosphärisch bestimmen, in allen Romanen nicht etwa im Interesse ›schmutziger Politik‹ und ›unsauberer Geschäfte‹ von kriminellen Biedermännern aus dem Big Business oder in deren Auftrag von Profikillern begangen werden, sondern von ›lebensweltlich‹ verstrickten Menschen, überwiegend von nymphoman-psychopathischen Frauen, aus ganz persönlichen Motiven: aus Eifersucht, Haß oder zur Verdeckung einer anderen, ebenso ›privaten‹ Straftat oder Verfehlung. Selbst die längst arrivierten, honorigen Gangsterbosse lassen nur im äußersten Notfall einen kleinen Mitwisser ins Jenseits befördern, weil der eine Frau aus ihrem Umfeld in Gefahr bringen könnte (BS, HW, PB). Chandlers Mörderinnen und Mörder würden zum größten Teil in mein Ressort als psychologischer Sachverständiger fallen.

Immerhin siedelt Chandler seine Psychoverbrecher/innen vor dem Hintergrund des Gangsterunwesens an, ohne jedoch die beiden Sphären zwingend vermitteln zu können. Wenigstens fällt zuweilen das Argument, unter der *Macht des Geldes* gehe auch die *private Moral* und das allgemeine Rechtsempfinden zum Teufel (am meisten elaboriert in LG: 237). Eher gewinnt man indessen den Eindruck, Chandler habe die Gangsterbosse nur deshalb implementiert, um für *Philip Marlowe* – nach den Auftraggebern, Verdächtigen und der Polizei – einen weiteren Gegenspieler zu schaffen, mit dem er sich messen kann. Gleichwohl bietet der Autor seinem Protagonisten reichlich Gelegenheit, die ihnen gemeinsamen moralischen, antikapitalistischen und antiautoritären Affekte zu äußern und bestätigt zu finden. Im *Big Sleep* ist mehrfach von Korruption und Verbrechen die Rede, von Bestechung und Protektion, und *Marlowe* kommt zu dem Schluß: *Zum Teufel mit den Reichen. Sie waren zum Kotzen* (BS: 57). In *Farewell, My Lovely* führt Chandler dann – nach dem Vorbild von Santa Monica (SL: 31) – eine Suburb von Los Angeles vor: *Bay City ... Der Name klingt wie ein Lied – gesungen in einer dreckigen Badewanne* (FL: 201), für *Marlowe* Inbegriff und Metapher einer heuchlerischen Fassade abgrundtiefer Verderbtheit (228): *Law ist where you buy it in this town* (144) – einer Stadt, die von einem Gangster neuen Stils beherrscht wird, einem eleganten Geschäftsmann (262f.). Dem kleinen Polizisten, der sich als *Gefangenen des Systems* sieht, fällt da nur noch die hilflose Formel *Moral Rearmament* ein (239f.).

Auch in *The High Window* genießt das idyllische Kapitalisten- und Gangster-Ghetto *Idle Valley* Protektion durch die Polizei, die selbst die private Zufahrtsstraße strengstens bewacht (HW: 131ff.). *Und das nennt man Demokratie*, kommentiert *Marlowe* (133). In einem der Vorfelder des Geschehens vertuscht wurde der Mord eines Multimillionärssöhnchens an seinem Sekretär (119ff.), was *Marlowe* zu der trotzig-stolzen Aussage gegenüber den Polizisten veranlaßt: *»Bis die Zeit kommt, in der eure Seelen euch gehören werden, gehört euch meine nicht.«* (121) Am Schluß des Buchs räumt dann auch der *Detective-Lieutenant Jesse Breeze* ein: *»Wegen des Falles Cassidy und wegen dem, was ich damals empfunden habe, helfe ich zuweilen jemandem aus der Scheiße heraus, auch wenn er das vielleicht nicht wirklich verdient hat. Ein kleines bißchen, das aus den kriminellen Millionen an einen arbeitenden Kadaver zurückbezahlt wird – wie ich einer bin, oder Sie.«* (263) Mehr kann offenbar auch ein Lieutenant nicht tun. In *The Lady in the Lake* kehrt *Marlowe* nach *Bay*

City zurück und stellt fest, daß die Polizei auch dort noch immer Morde vertuscht. *»Ich dachte, die Stadt sei sauber gemacht worden«*, sagt *Marlowe* zu einem Beamten. *»Ja, sie haben sie ein bißchen sauber gemacht«*, antwortet der. *»Aber sie soll auch nicht zu sauber sein. Denn dabei könnte ihr mancher schmutzige Dollar entgehen«* (LL: 179f.). Später philosophiert *Captain Webber: »Die Polizei ... ist schon ein verteufeltes Problem. Es ist im großen und ganzen wie mit der Politik. Es verlangt die besten Leute, und die besten Leute werden durch kaum etwas angezogen.«* (190f.)

Mit *The Little Sister* und ihren Geschwistern agiert *Philip Marlowe* vor dem Hintergrund Hollywoods, durch das Chandler zwar als verfilmter Autor und Drehbuchschreiber den größeren Teil seines Geldes verdiente, das er aber als rabiate Industrie des falschen Bewußtseins herzlich verachtet hat. Im Roman verschenkt er freilich die Chance, sich mit der Traumfabrik strukturell auseinanderzusetzen; die Story bleibt in parodistischen Sketchen (LS: Kap. 17–19) und individuellen Verstrickungen hängen. Im *Long Goodbye*, ohnehin Chandlers persönlichstem Roman, treten die ›Institutionen‹ noch mehr in den Hintergrund. Der Randolph Hearst nachempfundene, völlig zurückgezogene Zeitungszar *Harlan Potter* läßt seine Beziehungen nur noch spielen, wenn seine private Sphäre tangiert wird (LG: 67; Kap. 32), und der Gangsterboss und Spielcasinobesitzer *Randy Starr*, der bemerkenswerterweise zugleich das Amt des *Commissioners* ausübt, residiert im fernen Las Vegas, von wo er den wildgewordenen Subganoven *Mendy Menendez*, dessen Methoden nicht mehr in die Landschaft passen, aus dem Verkehr ziehen läßt (LG: 348ff.): Das ist die politisch erhellendste Passage dieses Romans. Ansonsten hat *Marlowe* ausgiebig Gelegenheit, das Leben der Reichen im *Idle Valley* zu studieren: *Schlechthin ideal. Reizende Leute mit reizenden Häusern, reizenden Autos, reizenden Pferden, reizenden Hunden, vielleicht sogar reizenden Kindern. Aber ein Mann namens Marlowe wollte nichts weiter als da weg. Und zwar so schnell wie möglich.* (LG: 223)

Eine Bewertung des sozialkritischen Gehalts von Chandlers Romanen hängt nun natürlich vom Anspruch ab, den man an Gesellschaftskritik stellt. In dieser Hinsicht eher genügsame Leser/innen werden sich damit zufrieden geben, daß Chandler doch immerhin seine Finger in so manche gesellschaftliche Wunde gelegt hat. Wer die Texte kritischer rezipiert, mag die Feststellung treffen, daß der Autor nur räsonieren läßt, ohne Zusammenhänge und Hintergründe sichtbar zu machen oder gar gesellschaftspolitische Gegenentwürfe wenigstens anzureißen. Wenn Chandler am Ende des ›offiziellen‹ Teils von *The Long Goodbye* seinem Protagonisten die Einsicht zu-schreibt: *Verbrechen ist keine Seuche, sondern ein Symptom* (LG: 356), dann formuliert er zwar eine richtige, aber reichlich triviale Erkenntnis, die eine gesellschaftspolitisch hinreichende Analyse des organisierten und womöglich sogar des individuellen Verbrechens nicht zu ersetzen vermag. Symptom wofür? Das deutet Chandler nur an. Ironischerweise legt er die kohärenteste Kritik dem Tycoon *Harlan Potter* in den Mund (LG: 236ff.); der muß es ja wissen.

Es wird Sie sicherlich nicht überraschen, daß Chandler aus linker, um nicht zu sagen: marxistischer Perspektive betrachtet noch wesentlich ›älter‹ aussieht – und nicht etwa er allein oder ganz besonders. Rainer Burkhardt zum Beispiel führte in seiner Dissertation (1978) einen fulminanten Rundumschlag nicht nur gegen »Die ›hartgesottene‹ Amerikanische Detektivgeschichte und ihre gesellschaftliche Funktion«, sondern gegen den Kriminalroman zwischen Edgar Poe und Ross Macdonald schlechthin. Burkhardt zufolge (185ff.) stand dieses Genre von Anfang an nicht etwa im Dienst von Gesellschaftskritik, sondern umgekehrt im Dienste des ideologischen Systems, der Entwicklung vom Laissez-faire-Kapitalismus des 19. Jahrhunderts zum imperialistischen Monopolkapitalismus des 20. mit seiner zunehmenden Entfremdung der Arbeit. In beiden Epochen thematisierte der Kriminalroman Zwänge und Ängste des abstiegsbedrohten Kleinbürgertums und befriedigte dessen Sehnsüchte, Bedürfnisse und Wünsche: die Zwänge in einer immer anonymer, widersprüchlicher und bedrohlicher werdenden Welt, die Ängste vor einer plötzlichen Katastrophe, die Wünsche nach Ordnung und Sicherheit, die Ambivalenz zwischen voyeuristisch-geheimer Bewunderung des anarchischen Kriminellen und dem Wunsch nach seiner Bestrafung, die Sehnsucht nach selbstbestimmtem, autarken Handeln und nach Abwechslung oder gar Thrill in einem zermürbenden Leben. Diese Zwänge, Ängste und Wünsche, die überwiegend unbewußt bleiben und im kapitalistischen Alltag nicht konkretisiert werden können, agiert der Kriminalroman kompensatorisch und in der Person des tough guy sogar eskapistisch. Während der unfehlbare Detektiv alter Schule als Garant einer rationalistisch verbürgten Ordnung auftrat, geriert sich sein maulfaul-gewalttätiger oder subversiv-zungenflinker Kollege als einsamer Wolf, der die bösen Reichen und reichen Bösen verbellt und verbeißt. So betrachtet erscheint der sarkastische Witz, den *Philip Marlowe* als Waffe auch gegen die Mächtigen einsetzt, in anderem Licht:

> »Der ›tough talk‹ des Detektivs ist die Redeweise, von der der Leser träumt, er könnte sie gegenüber seinem Vorgesetzten und anderen repressiven Instanzen gebrauchen; die Härte des Helden soll die Verwundbarheit des Kleinbürgers kompensieren, den ein unbotmäßiges Wort sozial deklassieren kann.« (Burkhardt 1978: 230)

Entsprechend den Detektivromanen klassischer Prägung, die alle in einem feudalen und/oder idyllischen Ambiente verortet sind, reicht der Eskapismus in Chandlers Romanen und der hard boild school überhaupt freilich noch weiter:

> »Die soziale Welt, in der sich Marlowe bewegt, ist gekennzeichnet durch das Fehlen gerade der sozialen Schichten, in denen reale ›Pflichterfüllung‹ geleistet wird, nämlich der werktätigen Bevölkerung. [...] Allen Charakteren ... verleiht er [Chandler] irgendwie den Glanz von Exotik und zwar entweder durch Luxus oder durch das Verbrechen. Die Milieus, die Marlowe durchschreitet, sind vorwiegend solche, mit denen der kleinbürgerliche Leser unvertraut ist: [...] Hier zeigt sich einmal mehr die Diskrepanz zwischen realistischer Schilderung und antirealistischer Ideologie der hard boiled detective story.« (Burkhardt 1978: 217)

Anmerkung des Referenten: Freilich hat selbst der Marxist Bertolt Brecht außer der »Mutter« – und die geht auf Gor'kij zurück! – keinen einzigen klassebewußten Proletarier auf die Bühne gestellt, sondern bevorzugt exotische Charaktere aus dem Lumpenproletariat und der Bourgeoisie. Offenbar eignet sich die Arbeiterklasse nicht für anspruchsvolle Literatur – und die Arbeiterliteratur ist zwar politisch korrekt, aber selten ein Lesevergnügen.

Nur nebenbei: Wenn man bürgerliche Literatur marxistisch aufs Korn nimmt, bleibt – wie im umgekehrten Fall – nicht allzuviel von ihr übrig; ein Paradebeispiel ist Kafka (vgl. meinen Beitrag zu Bd. III: 191). Angriffe dieser Art sind wohlfeil, töricht und häufig auch doppelzüngig. Gewiß muß – auch ›große‹ – Literatur ideologiekritisch durchforstet werden, doch sie bleibt – Literatur. Für Schulungszwecke geeignete Machwerke jeglicher Provenienz sind zumeist ungenießbar. Dennoch stimme ich Burkhardts Analyse des Kriminalromans aus dem von ihm gewählten Blickwinkel zu, auch wenn er uns nicht verrät, weshalb »jene Intellektuelle, die glauben«, in Chandler »endlich einen Detektivromanautor gefunden zu haben, dessen Produkte sie ohne schlechtes Gewissen geniessen können« (220), eigentlich überhaupt so gern Krimis lesen, obwohl die doch angeblich für Kleinbürger/innen verfaßt worden sind. Tun sie das etwa deshalb, weil sie in unserer Gesellschaft gleichfalls ständig von Deklassierung bedroht sind und des Eskapismus bedürfen?

Der Protagonist: »But down these mean streets a man must go...«

> Aber durch diese schäbigen Straßen muß ein Mann gehen, der selbst nicht schäbig ist, der eine reine Weste hat und keine Angst. [...] Er ist der Held; er ist schlechthin alles. Er muß ein ganzer Mann sein und ein gewöhnlicher Mann – und zugleich doch ein ungewöhnlicher auch. Er muß, um einen ziemlich abgedroschenen Ausdruck zu gebrauchen, ein Mann von Ehre sein – [...]. Er nimmt von keinem Menschen schmutziges Geld und von keinem Menschen eine Beleidigung hin, ohne sie gebührend und leidenschaftslos zu vergelten. Er ist ein einsamer Mensch, und sein Stolz ist, daß Sie seinen Stolz respektieren, sonst würde es Ihnen bald sehr leid tun, ihn kennengelernt zu haben [...]. Gäbe es genügend seinesgleichen, die Welt wäre ein Ort, so sicher, daß man darin leben könnte, und doch nicht so langweilig, daß es sich nicht mehr lohnte, darin zu leben (SKM: 341f.).

Jeder Chandler-Fan flippt auch dann noch aus, wenn er diese Schlußsätze aus der Programmschrift des Meisters zum x-ten mal liest oder hört. Spötter könnten versucht sein, den Kommentar Arno Schmidts nach seiner Auflistung der Attribute von Winnetou zu zitieren: »What a man!« (»Sitara« 1985: 35).

So schön wie der Häuptling der Apatschen ist *Marlowe* allemal. Die Bühne betritt er mit 33, Körpergröße 1,83, 85 Kilogramm Kampfgewicht, *dunkelbraunes Haar, braune Augen, und mit der Beschreibung »ganz passables Aussehen« wäre er nicht im mindesten zufrieden;* Chandler stellte sich Marlowe vor wie den schönsten und charmantesten aller Hollywoodstars: *Cary Grant* (Br: 393). Daß in der hochgelobten Verfilmung des *Big Sleep* (Drehbuch: William Faulkner u.a., Regie: Howard Hawks, 1946) ausgerechnet der stark überalterte, mürrische Gnom Humphrey Bogart den *Marlowe* mimte und optisch prägte, hat Chandler zwar akzeptiert (Br: 36, 135), doch eine angemessene Vorstellung von der physischen Präsenz seines Helden wurde durch diese Fehlbesetzung verhindert, und – schlimmer noch – das Happyend zwischen Bogart und Lauren Bacall stellt den Roman auf den Kopf.

Marlowe beherzigt aber auch Juvenals Petitum nach einer »mens sana in corpore sano«. Zwar hat er nur ein paar Jahre das College besucht (BS: 10, Br: 392), doch mit seiner Lebensklugheit und seinem Witz treibt er jeden Akademiker in die Enge. Überhaupt bringt *Marlowe* allenfalls *lässigen Respekt ... für andere Leute* auf (Br: 124), auch für Multimillionäre und Staatsanwälte, und attackiert sogar Gangsterbosse mit beißendem Spott. Nebenbei spielt er ganz passabel Schach, zitiert Shakespeare und Hemingway, Flaubert und Anatole France – *und kann immer noch englisch sprechen, wo's gebraucht wird,* aber in seiner *Branche wird's wenig gebraucht* (BS: 10). Mit der Nonchalance kontrastiert eine strenge Moral: *Marlowe* ist der kategorische Imperativ auf zwei Beinen, ein Champion des aufrechten Gangs, auch und gerade dann, wenn er zu Boden geht. Für seine Klientinnen und Klienten läßt er sich den Löwen zum Fraß vorwerfen, beschützt hilflose Mädchen, selbst wenn sie ihn gräßlich nerven (HW, LS, PB), verachtet Geld und Macht und die Methoden, wie man beides erwirbt, Habgier und Heuchelei, *kann Leute ziemlich stark hassen, aber ... nicht lange* (LL: 249) und *richtet* keine (FL: 203f.) und keinen, *das habe ich nie getan* (LG: 382). Zuweilen läßt *Marlowe* Schuldige sogar laufen.

Wie kommt ein so fabelhaftes Mannsbild dazu, ausgerechnet Privatdetektiv zu werden und sich notorisch als ›kleinen Schnüffler‹ beschimpfen zu lassen? Eben weil er so ist, wie er ist – und die Welt um ihn her so sehr auf den Hund gekommen, daß sich ein ehrlicher Kerl nur eine Kanone kaufen und selbständig machen kann, wenn er sich treu bleiben und anderen helfen möchte. Die rechtlichen Institutionen, auch die korrekten Beamten, von denen es in jedem Roman mindestens einen gibt, sind längst nicht mehr in der Lage, die traditionelle Werteordnung zu schützen. Das vermag gelegentlich nur ein private investigator dank seines persönlichen Ethos – und damit gewinnt sein anrüchiger Job eine unerwartete Dimension: Widerständigkeit gegen eine korrupte Welt (vgl. dazu Liesbrock 1993: 224f.).

Dieser moralische Rigorismus hat einen hohen psychischen, sozialen und ökonomischen Preis: *Marlowe* ist ganz auf sich selbst gestellt und schlägt sich gerade so durch. Als Ein- Mann-Betrieb mit dem schäbigsten aller Büros kann er sich jeweils nur auf einen einzigen Fall konzentrieren und seine Dienstleistung nicht vermarkten. Verglichen mit seinem Klappbett-Apartment (BS: 134) wirkt jedes Hotelzimmer intim und luxuriös; erst im *Long Goodbye* bewohnt *Marlowe* vorübergehend ein kleines gemietetes Haus (LG: 8). *»Mann, sind Sie ein kleines Kaliber«*, sagt der Gangster *Mendy Menendez* zu ihm. *»Sie sind eine Niete, Marlowe. Sie sind ein Arsch mit Ohren. Sie sind so klein, daß man ein Vergrößerungsglas braucht, um Sie zu sehen. [...] Wo ich Bilanzen mache, sind Sie bloß eine naseweise Null nach dem Komma.«* (LG: 78) *»Herr mein Heiland, so billig kann der Mensch sein?«* (79). Menendez nennt Marlowe *cheapie*, was Peter Fischer – völlig daneben – mit »Miesepeter« und Hans Wollschläger – auch nicht viel besser – mit »Rotznase« übersetzt hat. »Billiger Jakob« wäre ein Äquivalent, aber *cheapie* klingt natürlich viel schöner.

»Kein Weibsbild?« wollte *Menendez* noch wissen, und *Marlowe* verneinte: *»Bloß ich«* (79). Damit sind wir beim nächsten Tractandum. Daß *Marlowe »kein Geld, keine Familie, keine Aussichten, kein gar nichts«* besitzt (82), liegt notwendig in der Natur der Sache. In einer Welt, in der sich das Geld als Fetisch verselbständigt hat, in der alles verdinglicht und käuflich geworden ist und selbst die einst obsessive Brutalität des organisierten Verbrechens nun im nachtblauen Smoking honorigen Unternehmertums auftritt, läßt sich Moral nur in Armut und Einsamkeit aufrecht erhalten – das ist die Chandlersche Botschaft. Weshalb aber hat ein so attraktiver, ritterlicher und mutiger Mann wie *Marlowe* nicht einmal eine Geliebte? Schwul wie Winnetou und die alte Schüttelhand ist er mitnichten, und an Chancen fehlt es ihm auch nicht: die Damen werfen sich ihm buchstäblich an den Hals, und er bleibt – von seinen frivolen Sprüchen ganz abgesehen – nicht einmal unbeeindruckt davon, schon gar nicht von den *Blondinen*, deren Augenfarbe zwischen *seeblau* (BS: 170), *lapislazuliblau* (FL: 128), *kobaltblau* (HW: 9), *zu blau* (HW: 46), *wunderschön blau* (LS: 148) und *kornblumenblau* (LG: 92) changiert – eine Chandlersche Obsession seit den Tagen der Jugend (s.o. 176). Im *Long Goodbye* hat der Autor sogar eine ironische Blondinen-Typologie vorgestellt (LG: 92ff.).

Der Gangsterfrau *Mona Mars*, die ihm das Leben gerettet hat, bringt *Marlowe* zwar *zärtliche* Gefühle entgegen (BS: 170), doch am Ende steht das berühmte *and I never saw her again* (201). Von der Millionärsgattin *Helen Grayle, wegen der ein Bischof ein Loch ins Kirchenfenster getreten hätte* (FL: 97), wird *Marlowe* zwar fast vernascht (135ff.), aber dummerweise verpatzt deren Mann die Pointe. In die Gangsterfreundin *Mavis Weld* verliebt sich *Marlowe* sogar, doch als er ihr aus der Patsche geholfen hat und alle Gefahr vorbei ist, entschwindet auch sie für immer aus seinem Leben (LS: 260). Auf die Schriftstellergattin *Eileen Wade* ist *Marlowe* zwar *scharf wie ein Zuchthengst* – und sie im Augenblick der Wahrheit *nackt wie ein Septembermorgen, aber längst nicht so schüchtern,* doch diesmal funkt ihm der chilenische Hausboy *Candy* dazwischen (LG: 216). Zielsicher fliegt unser Homme à femmes stets auf die ›falschen‹ Frauen – und dann verkorkst ihm auch noch ein Störenfried die intime Situation.

Muß das so sein, um den Nimbus des ›Untouchable‹ auch in eroticis zu bewahren? Jedenfalls hat *Marlowe's* Liebhaberpech noch einen anderen Grund; um sein Frauenbild ist's ohnehin nicht zum besten bestellt. Frauen sind es, die Trouble machen, ihre konflikthaften Beziehungen untereinander strukturieren vorab das Geschehen: *Carmen* contra *Vivian Sternwood* (BS), *Jessie Florian* (und *Anne Riordan*) contra *Helen Grayle* (FL), *Elizabeth Murdock* contra *Merle Davis* und *Linda Conquest* (HW), *Muriel Chess* contra *Crystal Kingsley* (LL), *Orfamay Quest* contra *Mavis Weld*, ihre Schwester (LS), *Eileen Wade* contra *Sylvia Lennox* (LG). *Marlowe's* Kontakte mit mannbarer Weiblichkeit beschränken sich auf vier Typen: (1) das hinreißende, aber moralisch verkommene und gefährliche bad girl mit viel sex appeal (im Ansatz bereits *Vivian Sternwood*, vor allem aber *Helen Grayle, Muriel Chess, Dolores Gonzales* und *Eileen Wade*), (2) das neurotische, scheinbar schutzbedürftige girlie, das es – mit Ausnahme von *Merle Davis* (HW) – faustdick hinter den Ohren hat *(Carmen Sternwood, Orfamay Quest)*, (3) die attraktive, doch vom Leben enttäuschte Frau, die ein bißchen bitter und zynisch geworden ist und sogar einen einsamen Wolf zunächst Distanz halten läßt, bevor sie dann doch ihre emotionale Stärke beweist *(Mona Mars, Mavis Weld, Linda Loring)*. Ein vierter weiblicher Typus kommt – nächst dem girlie – für *Marlowe* von vornherein nicht infrage: das erotisch leicht angefrustete good girl, vertreten durch *Anne Riordan* (in Umrissen auch durch *Birdie Keppel*, LL: 68ff.), die ein hübsches Gesicht hat, *aber nicht so hübsch, daß man jedesmal einen Schlagring mitnehmen mußte, wenn man mit ihr ausging* (FL: 91). Einen Augenblick lang wird *Marlowe* fast schwach: *Es war ein schönes Zimmer. Es mußte schön sein, Pantoffeln darin zu tragen* (195). Aber gerade deshalb widersteht *Marlowe* der Versuchung und läßt sich von der *wütenden Anne* nach Hause fahren, wo ihn *ein anheimelnder Geruch* empfängt, *ein Geruch nach Staub und Pfeifenrauch, der Geruch einer Welt, wo Männer leben – und weiterhin leben werden* (196). Später sagt unser Frauenheld zu *Kommissar Randall*: *»Sie ist ein nettes Mädchen. Nicht mein Typ.«* (202)

Der asketische Moralist *Philip Marlowe:* nicht nur ein armer Schlucker, sondern – nach den Worten seines Hausarztes *Dr. Carl Moss* – auch erotisch *ein etwas heruntergekommener Galahad* (HW: 208), Chandler zufolge sogar *ein Versager, und er weiß das auch* (Br: 423). Was hat man nach der pathetischen Lobeshymne des Autors: *He is the hero, he is everything* (s.o. 186, 198) nun davon zu halten? Zunächst einmal entspricht diese Antinomie einem typisch US- amerikanischen Topos: *Marlowe* war seinerzeit der ›letzte‹, differenzierteste und wohl auch am stärksten ›gebrochene‹ Repräsentant in einer langen Reihe von Helden, die sich seit Lederstrumpf (J.F. Cooper, 1823ff.) über Kapitän Ahab (aus H. Melville's »Moby Dick«, 1851) bis zu den tough guys in »Black Mask« und den Haudegen Hemingway's durch die amerikanische Literatur zieht – und nicht nur durch die Literatur. Einige von Hemingway's Titeln bringen den Topos auf seine kürzeste Formel: »Men Without Women« (1927), »Winner Take Nothing« (1933), »To Have and Have Not« (1937).

In der Literatur wie im Leben verkörpern diese Helden einen Charaktertypus, den der Psychoanalytiker Michael Balint (»Thrills and Regressions«, London 1959) – in Analogie zu akrobatisch – philobatisch genannt und durch folgende Merkmale definiert hat: Objekt- und Bindungsschwäche, einen bis zur Gefühlskälte reichenden Gleichmut, ein starkes Bedürfnis nach Autonomie und die Suche nach Herausforderungen, Gefahren und Thrills.

In seinem Buch »›Go West‹ – ein psychohistorischer Versuch über die Amerikaner« hat der Münchner Amerikanist Gert Raeithel (1981) überzeugend plausibel gemacht, daß die US-amerikanische »basic personality structure« wesentlich durch diesen philobatischen Charaktertypus geprägt worden ist – vermöge eines einschlägig-persönlichkeitsspezifischen Selektionsmechanismus' der Immigration, der Dominanz des angelsächsischen Puritanismus' und der charakteranalogen Herausforderungen bei der Kolonialisierung des Kontinents.

Die tough guys der waschechten hard boiled detective story von Carroll John Daly (20/30er Jahre) bis Mickey Spillane (50/70er Jahre) waren – bei nur mäßiger Variation – extreme Vertreter einer sinistren Abart des philobatischen, phallisch-narzißtischen Typs: räudige einsame Wölfe, die nur den Gesetzen des Großstadt-Dschungels gehorchten – mißtrauisch-überharte, lakonische Männer der Tat und zugleich neurotische Säufer, brutale Sadisten und von Ängsten und Zwängen geplagte heimliche Masochisten, latent homosexuelle Schwulen- und Frauenhasser, kurzum: faschistoid-regressive, perverse Machos (vgl. dazu Burkhardt 1978). Dieser Typus, von Daly für die detective story ›verpflichtet‹, hat bei Dashiell Hammett die literarisch anspruchsvollste und eine im Ansatz kathartische, bei Mickey Spillane, den Chandler verachtet hat (SL: 310f., 476), die widerwärtigste Ausgestaltung erfahren.

Rainer Burkhardt (1978: 188, 211ff.) stellt auch Chandler und *Philip Marlowe* in diese Reihe, genauer: in die Nachfolge Hammetts und seiner Helden. Tatsächlich zeigt *Marlowe* – ohne daß ich das hier im einzelnen nachzeichnen muß – manche problematische Züge der tough guys bis hin zur sexuellen Konflikthaftigkeit, freilich in ›kultivierter‹ und vor allem selbstironischer Form. Man täte Chandler indessen Unrecht, wenn man ihm mit Burkhardt (211) vorhalten würde, er habe »den bekannten Elementen der hard boiled detective story nichts Neues hinzugefügt«, sondern sie nur ironisch »entschärft« (213). Chandler ist – mit beträchtlicher Publikumsresonanz – sehr wohl etwas Neues gelungen: den sinistren Typus des tough guy rundum zu humanisieren, indem er dessen pechschwarzen Pessimismus und rücksichtslose Kaltschnäuzigkeit in *Marlowe's* Melancholie und Moral konvertierte, in idealistische Desillusion, in ein Verantwortungsethos von gelassen-heiterer Hoffnungslosigkeit, ohne daß die Spannung der story darunter leidet.

Man mag diese Sicht auf *Marlowe* und gar ihn selbst als sentimental empfinden, das hat Chandler am Schluß seines zweiten Romans schon vorweggenommen. ›*That's just sentimental*‹, sagt *Kommissar Randall* (FL: 302), und *Linda Loring* sieht es später genauso: ›*A bit of a sentimentalist, aren't you, Mr Marlowe?*‹ (LG: 166). Der stuft sich selbst etwas freundlicher ein: ›*I'm a romantic, Bernie*‹ (283). Doch *Marlowe* ist mehr als ein romantischer Märchenheld für ewig pubertierende Männer und deren weiblichen Anhang. Als Privatdetektiv ist er zwar, wie Chandler selbst immer wieder betonte (Br: 395, 423), ganz unrealistisch, als allegorische Kunstfigur wird er aber überraschend relevant und konkret. Seine Existenz ist identisch mit einer ›Idee des guten Lebens‹, die er handelnd als strikt moralische ausweist, indem er – ohne andere Menschen zu ächten – nach strengen eigenen Maßstäben urteilt und aus innerer Notwendigkeit ›Gerechtigkeit gegen jedermann‹ übt, selbst dann, wenn es niemand würdigt oder auch nur bemerkt und wenn es ihm schadet. Als Paradigma und Modell des Handelns in »moralischer Freiheit« (Kant), als Trainingspartner in praktischer Philosophie, ist *Marlowe* ganz ernstzunehmen, zumindest sehr informativ.

Doch wir haben es nicht mit einem Neokantianer zu tun, sondern mit einem US-amerikanischen Archetypus, pragmatisch und zugleich transzendental, »down to earth« und »up, up, and away« (vgl. Raeithel 1981 passim). R.W. Flint (Partisan Review, May-June 1947: 328ff.) hat *Marlowe* einen existentialistischen Helden der amerikanischen Mittelklasse genannt, und das trifft meines Erachtens den Kern. Als ›Fremder‹ in einer ihm fremden Welt, zwischen den »absurden Mauern« der Armut und des Reichtums, der Korruptheit und des Verbrechens, durchlebt *Marlowe* Grenzsituationen physischer und psychischer Gefährdung, der Isolation und der Angst (vgl. Liesbrock 1993: 236ff.). Dabei praktiziert und verteidigt er nicht nur seine strikt moralische Haltung, sondern auch den existentialistischen Wertekodex: persönliche Autonomie und Integrität und die Wahrung der Vielfalt individueller Erfahrungsformen (vgl. ebd.: 235) – ganz im Sinn von Camus' »Vivre le plus« statt »Vivre le mieux«. Als ›Existentialist‹ hat *Marlowe* kein soziales, sondern ein *persönliches Gewissen* (s.o. 194). Wenn er sich in Gefahr begibt oder durch fremde Gewalt das Bewußtsein verliert und dann wieder erwacht (BS: 165f.; FL: 65f., 170ff.; LL: 217f.; LS: 172f.), unterzieht er sich einer Initiation und erlebt symbolisch Tod und Wiedergeburt, wie es Liesbrock (1993: 236ff.) an *Marlowe's* Fahrt zum Gangsterschiff *Montecito* (FL: 250ff.) exemplifiziert hat.

Allerdings: Die dünne und eisige Luft auf den Höhen eines ›absurden Bewußtseins‹ und der einsame Kampf im Geschirr der Moral wurden für *Marlowe* (um nicht zu sagen: für seinen ›Erfinder‹) zunehmend unerträglich. Der biestigen *Orfamay Quest* gesteht er: *»Ja, ich rede zuviel. Männer, die allein sind, reden immer zuviel«* (LS: 10), und als *Mavis Weld* ihn fragt: *»Sind Sie sehr einsam?«* antwortet er: *»Einsam wie ein Leuchtturm«* (150) – eine doppelte Metaphorik. Was hier schon anklingt: das Bedürfnis nach sozialer Teilhabe und Liebe, wird im *Long Goodbye* virulent. Hinzu kommt als biographisches Datum des Autors, daß Chandler dieses Buch nur mühsam in zwei Jahren größter psychischer Anspannung schrieb, während seine Frau an einer fortschreitenden Lungenfibrose litt.

Gleich zu Beginn des Romans, des persönlichsten und anspruchsvollsten von Chandler, mit dem er das Genre noch weiter aufbrechen wollte, befreundet sich *Marlowe* ein wenig mit dem *lost dog Terry Lennox* und nimmt mit ihm gelegentlich bei *Victor's* ein paar *Gimlets* zur Brust (LG: 19ff., 24ff.). Als *Lennox* in den Verdacht des Totschlags an seiner Frau kommt, einem promisken Multimillionärstöchterchen, verhilft ihm *Marlowe* zur Flucht ins benachbarte Mexico und gerät deshalb ins Kreuzfeuer der Polizei und Staatsanwaltschaft, später auch des mächtigen Schwiegervaters und der Gangsterfreunde von *Lennox*. Doch obwohl man ihn erst übel traktiert und dann – nach einem schriftlichen Geständnis und dem ›Selbstmord‹ des Freundes – massiv unter Druck setzt, von dem abgeschlossenen Fall endlich die Finger zu lassen, hält *Marlowe* hartnäckig an der Unschuld von *Lennox* fest und sucht dessen Ehre zu retten: Apotheose einer fast mythischen Männerfreundschaft, die am Ende tragisch zerbricht.

Schon über ein Jahr vor dem Erscheinen des Buchs, nach der Lektüre des Rohtyposkripts, monierte die Cheflektorin von Chandlers Agenten, *Marlowe's* Charakter zeige zunehmend »sentimentale«, geradezu »christusähnliche« Züge. Der Autor reagierte betroffen: *Es mag durchaus sein, daß ich nicht mehr viel tauge* (Br: 453; s. auch 454). Doch Bernice Baumgartens Diagnose paßt in einen erweiterten literarischen Horizont: auch der Schluß von Hemingway's Alterswerk »The Old Man and the Sea« (1952) »deutet auf eine Christusallegorie hin. Santiago zeigt Züge der Selbstaufopferung« (Raeithel 1981: 105). Das hatte schon Robert Jordan in »For Whom the Bell Tolls« (1940) getan. Und sogar eine ›existentialistische‹ Assoziation stellt sich ein: Camus nannte seinen ›Fremden‹ »le seul Christ que nous méritions« (Œuvres Complètes I: 1921). Meursault, Jordan, Santiago und der späte

Phil Marlowe sind natürlich keine ›Erlösergestalten‹, sondern ›absurde‹ Helden, Modelle der Möglichkeit eines aufrechten ›Seins im Scheitern‹.

Die pessimistische Variante des Topos' thematisiert Chandler im zweiten Handlungsstrang des Romans, in dem er mit dem Schicksal des versoffenen Bestsellerautors *Roger Wade* sein eigene Scheitern als Schriftsteller gleichsam vorwegnimmt. Im dritten und kürzesten Handlungsstrang erlebt *Marlowe* mit *Linda Loring*, der anderen Tochter des Zeitungsmillionärs *Harlan Potter*, die erste Liebesnacht, seit wir ihn kennen, die freilich bittersüß endet. Als *Linda* abgereist ist, wechselt *Marlowe* das Bettzeug. *Auf einem der Kissen lag ein langes dunkles Haar. In meiner Magengrube lag ein Klumpen Blei.*

Die Franzosen haben eine Redensart dafür. Die Kerls haben für alles eine Redensart, und sie stimmt immer.

Abschiednehmen heißt ein bißchen sterben. (LG: 368)

Der literarisch gebildete *Marlowe* zitiert hier das berühmte »Rondel de l'adieu« von Edmond Haracour:

> Partir, c'est mourir un peu,
> C'est mourir à ce qu'on aime.
> On laisse un peu de soi-même
> En toute heure et dans tout lieu.

I never saw any of them again – except the cops, behauptet *Marlowe* am Schluß des Buchs (382), aber diese Prognose erweist sich als falsch. Am Ende des letzten Romans mit dem bezeichnenden Titel *Playback* ruft *Linda* ihn aus Paris an und macht ihm einen Heiratsantrag (PB: 190f.), den *Marlowe* im *Long Goodbye* noch abgelehnt hatte (LG: 365ff.). Nun aber heißt es: *Die Luft war voller Musik* (PB: 192). In Chandlers nachgelassenem Kurzfragment *The Poodle Springs Story* (RCS: 253ff., dt. SKM: 343ff.) sind die beiden dann frisch vermählt – und das war nicht nur symbolisch und faktisch das ruhmlose Ende von *Philip Marlowe*, sondern auch das Ende des Schriftstellers Raymond Chandler, der nach dem Tod seiner Frau (Dezember 1954) in tiefe Verzweiflung und Alkoholsucht gefallen war und sich persönlich und mit dem, was er noch schrieb, auch literarisch zerstörte. Ein knappes halbes Jahr nach seinem letzten Versuch, *Marlowe* am Leben zu halten, ist er 70jährig am 26. März 1959 in La Jolla gestorben. Nur ergänzend und nebenbei sei erwähnt, daß auch Dashiell Hammett in seinem letzten Roman »The Thin Man« (1934) den Detektiv mit einer reichen Frau verheiratet und zum Dandy stilisiert hatte – und danach nichts mehr schrieb.

War Chandler *Marlowe* – und *Marlowe* Chandler? Der Autor hat das verneint: *ich bin nicht Marlowe* (Br: 124; s. auch 631). Diese Antwort ist literaturtheoretisch trivial, aber psychologisch nicht ganz korrekt, denn Chandler hat *Marlowe* mit zentralen Merkmalen ausgestattet, die auch seine eigenen waren: mit der tief verwurzelten rebellischen Haltung des Einzelgängers, hoher sensorischer und psychischer Sensibilität, Humor und sprachlichem Witz, aber eben auch mit einer konfliktgeladenen psychosexuellen Struktur (man lese die Briefe des Autors nach dem Tod seiner Frau, in denen er das Glück seiner Ehe beschwört, um seine lebenslange erotische Frustration zu erahnen). Chandler war nicht *Marlowe*, denn *Marlowe* war sein Ich-Ideal, das seine Tragik als Mensch und als Autor freilich nicht ganz zu verbergen vermochte. *I have lived my whole life on the edge of nothing*, schrieb er knapp zwei Jahre vor seinem Tod (SL: 455).

Das alles habe ich als faszinierter adoleszenter Leser nicht einmal geahnt und mir auch später keine Gedanken darüber gemacht. Inzwischen bin ich seit vier Jahrzehnten mit *Mar-*

lowe so sehr verwachsen, daß mich die späte Einsicht in seine problematischen Züge nicht irritiert. Für mich war er schon bei der ersten Lektüre und nach wenigen Seiten eine so lebendige, persönliche und vertraute Erscheinung, daß ich glaubte, ihn schon lange zu kennen. Wie Benns Gedichte versetzen mich Chandlers Romane in einen glückhaften Zustand schwebender Schwermut, den kein anderer Autor bei mir erzeugt, political correctness hin oder her. Und ich will verdammt sein, wenn ich *The Long Goodbye* nicht für das schönste Buch halte, das ich kenne.

Ausgaben der zitierten Texte

Originalausgaben der Romane:

The Big Sleep. New York: Alfred A. Knopf (1939)/London: Hamish Hamilton (1939). – *Farewell, My Lovely.* New York (1940)/London (1940). – *The High Window.* New York (1942)/ London (1943). – *The Lady in the Lake.* New York (1943)/London (1944). – *The Little Sister.* London (1949)/Boston: Houghton Mifflin (1949). – *The Long Goodbye.* London (1953)/Boston (1954). – *Playback.* London (1958)/Boston (1958).

Nachdrucke sind u.a. bei Penguin Books (Harmondsworth, Middlesex, England) erschienen.

Deutschsprachige Ausgaben

Zu den seit 1949 erschienenen *Erstübersetzungen* vgl. Thomas Degering (1989, S. 146f.; s.u.). *Neuübersetzungen* bei Diogenes (Zürich), 1974–76; seit 1980 im Rahmen der 13bändigen Werkausgabe (Neuauflage 1988).
Titel: *Der große Schlaf* (1974). – *Lebwohl, mein Liebling* (1976). – *Das hohe Fenster* (1975). – *Die Tote im See* (1976). – *Die kleine Schwester* (1975). – *Der lange Abschied* (1975). – *Playback* (1976).

Bei deutschen *und* englischen Zitaten im Text, die jeweils mit englischen Siglen versehen sind (s.S. 182), beziehen sich die Seitenverweise auf diese Ausgaben.

Weitere Textausgaben

Raymond Chandler Speaking (= RCS). Ed. by Dorothy Gardiner und Kathrine Sorley Walker. Boston: Houghton Mifflin (1962). Reprint: Plainview, New York: Libraries Press (1971). – Dt. Ausgabe: *Raymond Chandler. Die simple Kunst des Mordes* (= SKM). Zürich: Diogenes (1975).

Gesammelte Detektivstories. Zürich: Diogenes (1976).

Englischer Sommer. Zürich: Diogenes (1980).

Selected Letters of Raymond Chandler (= SL). Ed. by Frank MacShane. New York: Columbia University Press (1981). – London: Jonathan Cape (1981). – Dt. Ausgabe: *Raymond Chandler – Briefe 1937–1959* (= Br). Goldmanns btb Taschenbuch (1996).

Ausgewählte Sekundärliteratur

Burkhardt, Rainer: *Die »hartgesottene« Amerikanische Detektivgeschichte und ihre gesellschaftliche Funktion.* Frankfurt a.M.: Peter Lang (1978).

Degering, Thomas: *Raymond Chandler* (rowohlts monographien 377). Reinbek: Rowohlt Taschenbuch Verlag (1989).

Giudice, Renate: *Darstellung und Funktion des Raumes im Romanwerk von Raymond Chandler.* Frankfurt a.M.: Peter Lang (1979).

Johnson, Diane: *Dashiell Hammett. A Life.* New York: Random House (1983). – Dt. Ausgabe: *Dashiell Hammett. Eine Biographie.* Zürich: Diogenes (1988).

Liesbrock, Heinz: *Die Suche nach dem Menschen. Raymond Chandlers Sprachkunst.* Meisenheim/Frankfurt a.M.: Anton Hain (1993).

Lutze, Kristian: *Mein Freund Marlowe. Das einsame Leben des Raymond Chandler.* Hamburg: Rasch und Röhring (1988).

MacShane, Frank: *The Life of Raymond Chandler.* New York: E.P. Dutton (1976). – Dt. Ausgabe: *Raymond Chandler. Eine Biographie.* Zürich: Diogenes (^{2}1984).

Raeithel, Gert: *»Go West«. Ein psychohistorischer Versuch über die Amerikaner.* Frankfurt a.M.: Syndikat (1981).

Trader Vic's Bartender's Guide, Revised. Ed. by Shirley Sarvis. Garden City, New York: Doubleday (1972).

Thomas Mann: »Joseph und seine Brüder«

Helmut Koopmann

Was hat Thomas Mann, den Lübecker Senatorensohn und den lebenslangen Verteidiger einer abendländischen Kulturtradition, den Botschafter des geistigen Deutschland in den Jahren seiner Emigration und den überzeugendsten Verehrer Goethes und Schillers, Nietzsches und Wagners – was hat diesen deutschesten und wenn nicht das, diesen europäischsten aller deutschen Schriftsteller des 20. Jahrhunderts ins Morgenland gebracht? Warum hat er darüber einen Roman in vier Bänden geschrieben und über das Dasein Josephs in Ägypten sogar zwei? Das letzte gesprochene Wort dieses über 1.800 Seiten starken Romanwerks ist »Ägyptenland«. Wie kam Thomas Mann dazu?

Thomas Mann war ein leidenschaftlicher Leser, aber daß er leidenschaftlich auch in der Bibel gelesen hätte, vielleicht sogar täglich, wie es einem frommen Christen zugekommen wäre, das ist uns nicht überliefert, obwohl wir aus bestimmten Lebenszeiten ja seinen Tagesablauf halbstundenweise rekonstruieren können. Freilich: ein wenig christliche Lebensluft hatte er von Anfang an mitbekommen, und man muß nur einmal bedenken, wie das war, wenn er aus der Tür jenes Hauses trat, das als Buddenbrook-Haus heute in der Mengstraße steht: er sah sich den riesenhaften Türmen der Marienkirche gegenüber, deren Schatten fiel tief hinein in die Straße, und es ist sicherlich nicht pure Spekulation, wenn wir annehmen, daß da von Anfang an so etwas wie eine geheime Sympathie mit biblischen Stoffen dagewesen sein muß, oder sagen wir vorsichtiger: das war ihm alles nicht unvertraut. Aber diese lübischen Lebensluft, die ihn umgab, der er auch nicht entkam, wenn er aus dem Schatten der Marienkirche heraustrat, denn da waren auf engstem Raum ja noch sechs andere Kirchen – das hat früh gleichzeitig zu einem ambivalenten Verhältnis zur Religion geführt. Als sein Vater starb, war der Hauptpastor von St. Marien zu Lübeck am Sterbebett, Thomas sah ihn, hörte ihn, denn der Pastor sprach laute Gebete, und er hat auch mitbekommen, daß der Sterbende dabei unruhig wurde und schließlich in die frommen Redereien hinein ein energisches »Amen« vernehmen ließ – was den Pastor nicht weiter störte, der dieses Amen vielmehr in der Grabrede auch noch lobend erwähnte als Zeichen ganz besonderer Frömmigkeit des Heimgegangenen. Aber der kleine Thomas wußte, was dieses Amen zu bedeuten hatte: es sollte nichts anderes heißen als Schluß, endlich Schluß mit dem frommen Gerede, und da war plötzlich alles Fassade geworden, was so tief in die Seele des jungen Thomas Mann hineingereicht hatte.

Wir wollen diese kleine Geschichte, die ein Schlaglicht wirft auf die Religionsverhältnisse des jungen Thomas Mann, nicht überbewerten. Aber das alles scheint auch ein Schlaglicht zu werfen auf das spätere Verhältnis Thomas Manns zu religiösen Stoffen. Vertraut war er mit ihnen durchaus – aber zugleich auf sehr distanzierte Weise damit beschäftigt. Das könnte uns auch erklären, was es mit dem biblischen Roman Thomas Manns, mit *Joseph und seine Brüder* auf sich hat. Er handelt ununterbrochen von biblischen Geschichten, und doch ist er alles andere als ein religiöser Roman, wie ihn etwas Franz Werfel mit seinem *Lied von Bernadette*, dem Lourdes-Roman, geschrieben hat. Der Stoff zu den Josephsromanen entstammt bekanntlich der Genesis, im ersten Buch Mose ist er in aller Ausführlichkeit zu finden – aber es war bezeichnenderweise nicht die Bibel, die ihn darauf gebracht hat, sondern etwas anderes, nämlich die Beschäftigung mit dem Ägyptenland. Und die führt bis in seine Anfänge zurück. Wir wissen ja, daß fast jeder Roman Thomas Manns lange Wurzeln in seinem Leben hat, und wir wissen auch, daß nicht nur die Kenntnis der Josephsgeschichte aus der Bibel, sondern daß das Interesse für Ägypten sehr früh da war. Thomas Mann war schon jenseits der Fünfzig, als er sich erinnerte, daß er als Kind ein Buch gelesen hatte mit dem Titel *Das alte Wunderland der Pyramiden* – und daß er in der Schule übel hereingefallen war, weil er den dort gefundenen Namen für den heiligen Stier der Ägypter zwar der Sprache nach richtig, dem Verständnis des Lehrers nach aber falsch hergesagt hatte und ihm geraten worden war, besser nichts als etwas Falsches zu sagen. Das so früh gelesene Buch hatte eigentlich einen abschreckenden Untertitel: *Geographische, geschichtliche und kulturhistorische Bilder aus der Vorzeit, der Periode der Blüte, sowie des Verfalls des alten Ägypten*; es war 1863 erschienen, und zwar als Band einer Serie »Neue Jugend- und Hausbibliothek«. Der monströse Untertitel ist nicht unwichtig, wie wir später noch sehen werden, aber damals hat er den jungen Thomas Mann natürlich nicht interessiert, sondern allein das Wunderland der Pyramiden und das darüber Berichtete. Diese erste Bekanntschaft war wohl schon bald in Vergessenheit geraten, jedoch nicht in eine endgültige; 1930, in Thomas Manns *Lebensabriß*, taucht das Buch wieder auf, die »geliebte Knabenlektüre«, die »frühe Passion« für jenes Land. Ein Zufall hatte die Erinnerung an das alte Buch geweckt: Thomas Mann kannte einen Münchner Maler, der eines Tages eine Bildermappe anbrachte; sie behandelte die Geschichte Josephs »in hübscher graphischer Darstellung« – und dieser Maler bat Thomas Mann um eine Einführung zu seiner Mappe. Das brachte ihn dazu, in der Familienbibel die Geschichte Josephs nachzulesen, – ja, und damit begann dann der Josephsroman. Und mehr noch: Thomas Mann las die Geschichte, als er für religiöse Fragen eigentümlich sensibel geworden war. Das war wohl nicht zuletzt eine persönliche Altersfrage; und diese verband sich mit etwas Drittem: dem Interesse an historischen Themen und Stoffen. Auch das war in gewissem Sinne Sache des eigenen Lebensalters. »Eigentlich möchte ich Historien machen: Joseph, Erasmus, Philipp, ein schönes Buch«, schrieb Thomas Mann im Juni 1925 (*Dichter über ihre Dichtungen*, Bd. 14/II: Thomas Mann. Teil II: 1918–1943. Hg. von Hans Wysling unter Mitwirkung von Marianne Fischer. München 1979 [im folgenden als DüD zitiert], S. 84). Daß ihm damit Ernst war, zeigt ein zweiter Brief, der in die gleiche Richtung geht: historisierende Dinge sind da erwähnt, »Joseph in Ägypten, Spanisch-Niederländisches, Erasmus-Luther«. Das Gemeinsame sei »das Religiöse« (DüD II, 85), hat Thomas Mann an anderer Stelle gesagt, obwohl es ja reine Liebhaberei sei, »sich in einem Ägypten, Spanien, Deutschland der Vergangenheit festzuhaken« (DüD II, 93). Auch dahinter vielleicht das Gefühl persönlichen Alterns, Nachdenklichkeit, auf das eigene Leben bezogen, ein Gegengewicht zum überaus repräsentativen Dasein des Schriftstellers in diesen Jahren, also geradezu ein wenig Innerlichkeit bei so viel Äußerlichkeit – sicher ist, daß es nur historische Novellen sein sollten, eine Art Triptychon mit einem gemeinsamen religiösen Grundton, etwas unbestimmt in den Absichten und Konturen, aber offenbar nachdrücklich interessant. Doch auch Äußerliches spielte eine Rolle: im März 1925 war Thomas Mann von der Stinneslinie zu einer Mittelmeerreise eingeladen, und sie führte bis nach Ägypten, Kairo, Luxor. Und da hat er die altägyptische Kultur gleichsam hautnah betrachten können, die Königsgräber, die Schätze des Museums zu Kairo – das war die direkteste Kontaktaufnahme mit dem Morgenland, und wie eindrucksvoll diese Reise für Thomas Mann war, geht aus einem Bericht hervor, der mit dem Satz schließt: »Das Morgenland ist doch mein geworden« (DüD II, 84). Und so war er denn wohlgerüstet und schickte sich an, die Josephsgeschichte noch einmal zu erzählen. Natürlich war er nicht der erste. Schon Goethe wollte die Geschichte Josephs erzählen, wie er in *Dichtung und Wahrheit* berichtet hatte, und das kannte Thomas Mann natürlich und sah: hier war eine Goethe-Nachfolge anzutreten, zumal Goethe gewissermaßen selbst schon nach einem Nachfolger gesucht hatte, denn er hatte in *Dichtung und Wahrheit* geschrieben: »Höchst anmutig ist diese natürliche Erzählung, nur erscheint sie zu kurz, und man fühlt sich berufen, sie ins einzelne auszumalen«. (Thomas Mann: *Gesammelte Werke in 13 Bänden.* Stuttgart –1974 [im folgenden als GW zitiert], XI, 136). Wer wäre dazu besser geeignet gewesen, so fand Thomas Mann, als er selbst?

Also nicht bibelkundliche Interessen, sondern etwas anderes, Goethe-Nachfolge. Aber sehr viel mehr als ein äußerlicher Anstoß war das wohl auch nicht, jedenfalls nicht in den Anfängen der Beschäftigung mit den Josephsromanen. Anders gesagt: die Goethe-Nachfolge war es sicherlich nicht in erster Linie, die ihn auf den Josephsstoff brachte, sondern die Suche nach dem richtigen historischen Gegenstand. Von Erasmus und Luther war allerdings bald nicht mehr die Rede, nur noch von Joseph, und das offenbar als Reaktion auf das damals, in den 20er Jahren, allgemeine Interesse am Vorzeitlichen, also gewissermaßen in Fortsetzung der psychoanalytischen Tiefenerkundungen Siegmund Freuds, der für die Seele des Einzelnen ähnliches schon getan hatte, indem er nämlich so etwas wie Seelenarchäologie betrieben hatte, die zu den frühesten Zeiten des Individuums bis ins Vor- und Unterbewußte zurückgeführt hatte. Es mußte verlocken, diese Archäologie auch auf die historischen Frühzeiten zu übertragen, also gleichsam völkerpsychologisch einen Brunnen zu graben bis zum Ursprünglich-Anfänglichen noch weit vor der Zeit der menschlichen Geschichtsschreibung. Dergleichen war natürlich schon längst vorbereitet worden: Bachofen hatte mit seinen mutterrechtlichen Überlegungen die Frühzeit der Kulturen bereits im 19. Jahrhundert ausgeleuchtet. In den 20er Jahren war zudem die Märchenforschung auf breiter Front hochgekommen, man interessierte sich für westafrikanische Volkskulturen und ostasiatische Kulte, nicht zuletzt aus einem Überdruß an der eigenen Spätzeitlichkeit. Die Erfahrungen des Einzelnen forderten geradezu dazu heraus, phylogenetisch rückübersetzt zu werden in die gleichsam stammesgeschichtlichen Erfahrungen ganzer Völkerschaften, und so kam es zu dem starken Interesse der Zeit an Prähistorischem, an Frühzeitdokumenten – und das alles ging, wenn man diesen Spuren einigermaßen sachlich nachforschen wollte, immer in den Mittelmeerraum hinein, über Griechenland hinaus bis nach Ägypten. »Die Neugier nach dem menschlich Frühesten und Ältesten, dem Vorvernünftigen, Mythischen, Glaubensgeschichtlichen ist rege in uns allen«, schrieb Thomas Mann.

Aber so rasch war dieses Interesse erzählerisch nicht umzusetzen. Als Thomas Mann anfing, über Joseph und seine Geschichte nachzudenken, da erkannte er etwas für moderne Vorstellungen sehr Befremdliches. Es war nämlich um die Individualitäten seiner Geschichte nicht sonderlich gut bestellt, oder besser: das Gefühl der eigenen Identität war in der Frühzeit nicht sonderlich hoch entwickelt. Und so konnte es kommen, daß eine Gestalt gewissermaßen doppelt leben konnte, als sie selbst und dann in einem eigentümlichen

Rollentausch mit einem bewunderten Vorbild oder Urbild. Thomas Mann schreibt: »Der babylonisch-ägyptisch gebildete Amurru-Knabe Joseph weiß doch natürlich von Gilgamesch, Tamuz, Osiris, und er lebt ihnen nach. Eine weitgehende und eigentümlich hochstaplerische Identifikation seines Ich mit dem dieser Helden ist unterstellbar, und die Wiederverwirklichung des ja wesentlich zeitlosen Mythos ist ein Hauptzug der Psychologie, die ich dieser ganzen Welt zuzuschreiben geneigt bin« (DüD II, 96). Joseph also als Nachfolge, als Wiederholung von Gilgamesch, Tamuz und Osiris – in einem anderen Brief hat Thomas Mann gesagt, daß »Joseph eine typhonische Tamuz-Usiris-Adonis-Dionysos-Form ist« (DüD II, 94). Joseph also als mythischer Hochstapler, aber letzteres in gutem Sinne: er identifiziert sich, indem er seine Rollenhaftigkeit erkennt. Thomas Mann entnahm das einem kraus formulierten Buch eines Julius Braun, *Naturgeschichte der Sage. Rückführung aller religiösen Ideen, Sagen, Systeme auf ihren gemeinsamen Stammbaum und ihre letzte Wurzel*, 2 Bände, München 1864–1865. Wichtig daran ist nur die Feststellung, daß es mythische Wiederholungen gibt und daß Joseph in eine solche Wiederholungs-Reihe hineingehört.

Ob Joseph sich derart wirklich als mythische Figur empfand, das ist natürlich eine müßige Frage und die Antwort darauf pure Spekulation. Aber um so sicherer können wir sein, daß Joseph in einer anderen Reihe steht, und das ist eine Reihe von Figuren aus Thomas Manns Werk selbst. Wir wissen, daß Hanno Buddenbrook, die liebenswerteste Figur seines ersten Romans, sich bis in Einzelheiten seiner körperlichen Erscheinung in Tonio Kröger wiederholt, und die Reihe setzt sich fort im Tadzio des *Tod in Venedig*, wo sich noch einmal so etwas wie die Epiphanie des schönen Knaben ereignet, und er ist dort von fast übermenschlicher Anmut: »Sein Antlitz, bleich und anmutig verschlossen, von honigfarbenem Haar umringelt, mit der geraden abfallenden Nase, dem lieblichen Munde, dem Ausdruck von holdem und göttlichen Ernste, erinnerte an griechische Bildwerke aus edelster Zeit, und bei reinster Vollendung der Form war es von so einmalig persönlichem Reiz, daß der Schauende weder in Natur noch in bildender Kunst etwas ähnlich Geglücktes angetroffen zu haben glaubte« (GW VIII, 469). Die Reihe setzt sich fort, und der nächste ist Joseph, der seinen literarischen Vorgängern nicht in Einzelheiten, wohl aber an Schönheit gleicht. Diesmal kann Thomas Mann sich sogar auf die morgenländische Legende dieser Schönheit berufen, und wir lesen schon zu Anfang des Romans: »Die morgenländische Überlieferung zögert nicht, zu erklären, die Hälfte aller überhaupt vorhandenen Schönheit sei diesem Jüngling zugefallen und die andere Hälfte unter den Rest der Menschheit verteilt worden. Ein persischer Sänger von besonderer Autorität übertrumpft diese Aufstellung mit dem exzentrischen Bild eines einzigen Goldstückes von sechs Lot Gewicht, zu dem die Schönheit dieser Welt zusammengeschmolzen wäre, – dann würden, so schwärmt der Dichter, fünf Lot davon auf ihn, den Ausbund, der Unvergleichlichen, gekommen sein« (GW IV, 64). Wir wollen der Vollständigkeit halber nur noch hinzufügen, daß sich auch im späteren Werk die Reihe der schönen Kinder fortsetzt: Echo im *Doktor Faustus* gehört dazu, und dann, alle übertrumpfend, Felix Krull in Thomas Manns letztem Roman. Auch in diesem Sinne also ist Joseph alles andere als eine Individualität, vielmehr ein Nachfolger und ein Vorgänger, was die Spätwerke angeht. An dieser Genealogie wäre freilich noch nichts besonders auffällig und es würde auch für unser Thema nichts hergeben, gäbe es nicht ein starkes autobiographisches Element in diesen Schilderungen schöner Menschen. Das ist nicht so zu verstehen, als habe Thomas Mann sich hier selbst abgeschildert – er war, das zeigen uns schon die Jugendphotographien, von der Natur auch nicht entfernt mit solcher Schönheit begabt, wie er sie Hanno Buddenbrook, Tonio Kröger, Tadzio, Joseph zugeschrieben hat; eine klobige Nase, ein zu scharf geschnittener Mund, eine zu kleine Gestalt standen dem entschieden entgegen. Seine Gestalt war verbesserungsfähig, hieß es einmal von einer Novellenfigur Thomas Manns. Aber die literarischen Schönheiten waren Wunschbilder des eigenen Ich, Selbststilisierungen, ja Mythisierungen der eigenen Existenz. Wir wissen um die extreme Narzißhaftigkeit dieser Existenz, sowie wir auch wissen, daß sein letzter Roman, in dem diese Figurenreihe sich noch einmal konzentriert, so etwas wie eine radikale Autobiographie, eine schonungslose Enthüllung des eigenen Inneren ist – verkleidet natürlich in die erzählten Abenteuer eines Götterlieblings. Wir wollen im übrigen nicht den Mittelalterroman Thomas Manns vergessen, den *Erwählten*, wo es auch so etwas wie eine idealisierte Jugendlichkeit gibt, und alle diese Figuren treffen sich in einer mythischen Gestalt: in Hermes, dem schönen Gott. Das sei eigentlich seine Lieblingsgottheit gewesen, hat Thomas Mann wiederholt erklärt, und es sind zweifellos Hermes-Züge, die auch der junge Joseph trägt. Aber – und das ist für den Gang unserer Überlegungen wichtig, wie noch zu zeigen sein wird – dahinter steht Thomas Mann selbst. Und wir dürfen schon jetzt vorsichtig eine Schlußfolgerung aus dem Beobachteten ziehen: wenn der junge Joseph eines der zahlreichen Wunschbilder und gesteigerten Selbstbildnisse Thomas Manns ist, gleichsam ein Idealentwurf der eigenen Existenz und Lebensmöglichkeiten, dann dürfte auch das, was sich an Lebenserfahrung angesammelt hatte, in diese Gestalten übergegangen sein: eine Feststellung, die gerade für die Ägypten-Teile des Romanwerks außerordentlich bedeutsam ist.

*

Nehmen wir das alles zusammen, dann haben wir in etwa die Ursprünge und viele der Antriebskräfte benannt, die den Roman voranbrachten – in einer Zeit, die derart mythologische Themen eigentlich nicht als Romanstoffe kannte.

Dafür gab es historische Romane wie Sand am Meer. Sie waren schon in den 20er Jahren aufgekommen, waren literarische Mode geworden, und als 1933 viele deutsche Schriftsteller ins Exil gezwungen wurden, nahmen sie ihre historischen Romane natürlich mit – wenn wir der Forschung glauben dürfen, dann hat sich dadurch an der Ausrichtung dieser Romane allerdings nur sehr wenig verändert. Gelegentlich hat man die Unfähigkeit der bürgerlichen Autoren dafür verantwortlich gemacht, über ihre eigene Gesellschaftsform hinauszudenken – ihre Bürgerlichkeit habe zur Folge gehabt, daß Geschichte immer in affirmativem Sinne verstanden worden sei, und bei dem sei es auch nach 1933 geblieben; das Biographisch-Psychologische, das vorher die Romane bestimmt habe, sei auch nach 1933 bestimmend gewesen. Für einige Autoren gilt das sicherlich – für Thomas Mann sieht die Welt nach seinem Weggang freilich anders aus, und bezeichnend ist eine Äußerung des Jahres 1934 in einem Brief an Karl Kerényi vom 4. August: »Was geht mich die ›Weltgeschichte‹ an, sollte ich wohl denken, so lange sie mich leben und arbeiten läßt? Aber ich kann nicht so denken«.

Er konnte es in der Tat nicht; er hätte damit sein eigenes Werk geradezu in Frage gestellt. Denn im Grunde genommen waren die Josephs-Romane auch vorher schon nicht ein abseitiges mythologisches Werk gewesen, sondern enthielten, erzählerisch verkleidet, eine höchst dezidierte Stellungnahme zur eigenen Zeit – und sie waren in gewissem Sinne sogar so etwas wie eine Abrechnung mit früheren Anschauungen seiner selbst. Aber das andere, die Abrechnung mit der Gegenwart, stand im Vordergrund, und so gesehen war der Roman eigentlich von Anfang an so etwas wie ein im weitesten Sinne politischer Roman. Im Hintergrund der Darstellung steht eine Auseinandersetzung, die Thomas Mann in den 20er Jahren geradezu leidenschaftlich geführt hat, und diese Auseinandersetzung hat den Grundton und die Richtung der Josephs-Romane entscheidend mitbestimmt. Natürlich war, wie wir gesehen haben, so etwas wie eine ursprüngliche Neigung zum Orient vorhanden, ein originäres Interesse an allem Östlichen; diese östliche Welt, Ägypten, die morgenländische Frühgeschichte sollte aber nicht so behandelt werden, wie das oft schon im ausgehenden 19. Jahrhundert geschehen war, nämlich in einem historischen Roman mit quasi antiquarischer Ausrichtung. Thomas Mann hat selbst berichtet, daß er, um sich auf seinen Roman einzustimmen, Flauberts *Salammbô* wiedergelesen habe, und er hat hinzugesetzt: »Um zu sehen, wie man es heute nicht machen kann. Nur keinen archäologischen Brokat! Nur nichts Gelehrt-Artistisches und keinen gewollt gegenbürgerlichen Kult krasser Exotik! Das Archäologische ist ein Reiz unter anderen, – der wenigst wirksamen, wenigst ausschlaggebenden einer, entschieden. Der antike Osten zieht mich an, ich hege vor allem für das alte Ägypten und seine Kultur eine schon aus Knabenzeiten stammende Sympathie und Vorliebe. Wirklich, ich weiß nachgerade gar nicht wenig davon, ich bin ein wenig Orientalist geworden, wie ich zur Zeit des *Zauberbergs* Mediziner war.« (GW XI, 626).

Also wirklich eine alte Kindheitsliebe, das Morgenland – aber es war nicht Flauberts Roman, mit dem er sich in seiner Josephsgeschichte noch einmal auseinandergesetzt hat, denn da konnte es eine solche Auseinandersetzung gar nicht geben, weil alles anders, besser gemacht werden sollte. Mit Flaubert hatte Thomas Mann zwar gemeinsam, daß auch der 1858 an den Ort seiner Darstellung gefahren war, aber sein *Salammbô* zielte eigentlich darauf ab, die Absurdität des historischen Geschehens sichtbar zu machen, das Sinnlose und Zerstörerische der Geschichte überhaupt. Das konnte nicht im Sinne Thomas Manns sein. Er hat sich freilich damit nicht weiter auseinandergesetzt, weil eine andere Auseinandersetzung längst begonnen hatte; es war eine Auseinandersetzung mit einem der meistgelesensten und am häufigsten diskutierten Bücher der frühen 20er Jahre, nämlich mit Oswald Spenglers *Der Untergang des Abendlandes*. Und man kann die Josephsromane nicht richtig verstehen, sieht man nicht die hier so nachdrücklich geführte Diskussion mit Spengler und seinem Untergangsbuch. Und: auch die Rolle Ägyptens in diesem Roman bleibt dunkel, bezieht man nicht die Auseinandersetzung mit Spengler ein.

Wir schweifen einen Moment ab, um zu verdeutlichen, warum Thomas Mann an diesem Buch so sehr interessiert war. Die erste Bekanntschaft mit Spenglers Werk fällt in das Jahr 1919, bald darauf hat er dessen *Untergang des Abendlandes* gelesen, und zwar mit offenbar geradezu leidenschaftlichem Interesse. 1919 berichtet er bereits in einem Brief vom 5. Juli etwas ironisch: »Man muß sich kontemplativ stimmen, auch fatalistisch-heiter, Spengler lesen und verstehen, daß der Sieg England-Amerikas die Zivilisierung, Rationalisierung, Utilarisierung des Abendlandes, die das Schicksal jeder alternden Kultur ist, besiegelt und beendigt«. Das entsprach alles dem allgemeinen Fatalismus gegen Ende des Ersten Weltkrieges, der sich in Deutschland breitgemacht hatte, aber der leicht ironische Ton der Thomas Mannschen Äußerung ist verräterisch, denn er deutet an, daß Thomas Mann diesen Fatalismus offenbar durch ein wenig Heiterkeit überspielen wollte. Das war der Beginn nicht einer gläubigen Übernahme Spenglerscher Ideen, sondern einer zuletzt radikalen Abkehr. Allmählich muß ihm klar geworden sein, daß Spenglers Buch so etwas wie eine antihumane Kampfschrift war, und als er einen deutschen Romantiker, Novalis, gelesen hatte, schrieb er in nun sehr offener Kritik an Spengler: »Welch kühnster Gegensatz zu jener Natur- und Geschichtslehre voll falscher Unerbittlichkeit, mit der ein starker Kopf uns neulich erschütterte und nach welcher ›Menschheit‹ wieder einmal nur ein leeres Wort und ein Ungedanke, die Geschichte aber nichts als der restlos-außermenschlich vorbestimmte, nach ehernen Gesetzen sich vollziehende Lebensablauf biologischer Einheiten sein sollte, die man Kulturen nenne« (GW XI, 840). Das enthält bereits die ganze Lehre Spenglers auf einen Satz gebracht, die Lehre nämlich von der biologischen Entwicklung jeder einzelnen Kultur mit Blütezeit, Höhepunkt, Herbst und Untergang, und eigentlich war ihm das vertraut, denn das erste Ägyptenbuch hatte ja auch von der Periode der Blüte und der des Verfalls des alten Ägypten gehandelt. Damals überwog die Faszination – aber Thomas Mann war jetzt nicht mehr gewillt, das gedanklich mitzumachen. Was aus alledem sprach, so muß Thomas Mann gesehen haben, war Lebensfeindlichkeit, und das widersprach aufs gründlichste den Ansichten Thomas Manns, die er 1924 in seinem damals abgeschlossenen *Zauberberg* gerade postuliert hatte. In seinem *Zauberberg* hatte er einer neuen Humanität das Wort geredet, der Todesschwärmerei, wie er sie durch die deutsche Romantik kennengelernt hatte, eine endgültige Absage erteilt – und nun kam Spengler und erklärte, daß alles untergehen müsse. Thomas Mann schrieb damals, zunächst einmal abschließend (obwohl die Diskussion mit Spengler bis in den *Doktor Faustus* weiterging): »Wirklich kann man eine Sache wie die ›Zivilisation‹, nach Spengler der biologisch-unvermeidliche Endzustand jeder Kultur und nun auch der ›abendländischen‹, ja prophezeien – nicht damit sie kommt, sondern damit sie *nicht* kommt, vorbeugenderweise also, im Sinne geistiger Beschwörung; und so, dachte ich, verhalte es sich hier. Als ich aber erfuhr, daß dieser Mann seine Verkalkungs-Prophetie stockernst und positiv genommen haben wolle und die Jugend in ihrem Sinne unterweist [...], – da wandte ich mich ab von so viel Feindlichkeit und habe sein Buch mir aus den Augen getan, um das Schädliche, Tödliche nicht bewundern zu müssen« (GW XI, 41f.). Und auch im folgenden polemisiert Thomas Mann geradezu gegen Spengler, spricht vom »fatalen Spengler«, vom »Defaitisten der Humanität«, vom »Snob«, von der Verhöhnung des Geistes durch ihn, von der eigentümlich vexatorischen Erscheinung dieses Privatgelehrten, und wenn auch eine gewisse Faszination bleibt, so gehört er doch zu den modernen Figuren, »die unangenehmerweise lehre, was ihnen nicht zukommt«.

Was haben die Josephsromane damit zu tun? Eigentlich alles – denn sie sind die endgültige Antwort auf Spenglers Untergangsprophetie. Spengler hatte das Abendland für erschöpft gehalten und die Zivilisation für das »unausweichliche Schicksal einer Kultur«, und er hatte geschrieben: »Zivilisationen sind die äußersten und künstlichsten Zustände, deren eine höhere Art von Menschheit fähig ist. Sie sind ein Abschluß; sie folgen dem Werden als das Gewordene, dem Leben als der Tod, der Entwicklung als die Starrheit«. Nun, das kannte Thomas Mann auch schon von Nietzsche her, aber er mochte es nicht akzeptieren – und viel wichtiger als alles, was zu den Quellen Thomas Manns gerechnet worden ist, ist die Auseinandersetzung, die unerbittliche Abrechnung mit Spengler. Wie Spengler begab sich Thomas Mann in die Frühzeit der Menschheitskultur, aber dann drehte er um, was bei Spengler so fatal war. Spengler hatte so etwas wie einen Schicksalsgedanken propagiert, gegen den nicht anzukommen war und aus dem es kein Ausbrechen gab. Überlegungen wie diese sind überall dort zu finden, wo die Geschichte als Kreislauf verstanden wurde, und Spengler war nicht der erste, der die Geschichte so sah; wir erinnern uns, daß ja schon das alte Buch über das Wunderland der Pyramiden, das der Schüler Thomas Mann gelesen hatte, Bilder aus der Periode der Blüte und des Verfalls des alten Ägypten gebracht hatte. Aber gegen diesen Schicksalsgedanken setzte Thomas Mann etwas, was er aus der Bibel kennengelernt hatte und was er nicht nur mit Joseph, sondern auch mit dem Ägyptenland zusammenbrachte: den »Segen«, die zukunftsträchtige Verheißung. Und zwei andere Grundideen brachte er in die Josephsgeschichte mit hinein: zum einen, daß der Weg vom Polytheismus zum Monotheismus – demonstriert am Beispiel Josephs und seines Herausdenkens Gottes – einer der wichtigsten Schritte in der Kulturgeschichte der Menschheit gewesen sei. Die andere Feststellung ist für die letzten beiden Teile des Romans, also die Ägyptenteile, eigentlich noch wichtiger, und sie lautet: Hochkulturen sind keine Untergangskulturen, in der Zivilisation geht eine Kultur nicht zu Ende, sondern steigert sich bis in ihre höchsten Möglichkeiten – wie das die ägyptische Kultur im Roman so überzeugend demonstriert.

Thomas Mann hat sich sogar dann, wenn er das Werk eines Autors angriff, nie gescheut, aus diesem Werk zu übernehmen, so geschah das auch mit Spenglers »Untergang des Abendlandes«, selbst wenn Thomas Mann Spengler nur noch als den »klugen Affen« Nietzsches bezeichnet, gegen den Nietzsche verteidigt werden mußte. Thomas Mann, der sich in die historischen Zusammenhänge der ägyptischen Kultur ja erst mühsam hineinlesen mußte und das mit Hilfe eines abundanten gelehrten Materials auch getan hat, hat zweifellos einiges von Spengler übernommen, was er bei dem über das Wesen der ägyptischen Kultur gelernt hatte. Am deutlichsten ist das vielleicht zu sehen am Begriff der »Sorge«, also der Vorsorge. Spengler hatte die Hochkultur der Ägypter als Inkarnation der Sorge um die Zukunft gekennzeichnet, er hatte geradezu von »sorgenvollen Staatsbildungen« gesprochen, und ägyptisch war für Spengler die »umfassende Sorge für dauerhafte wirtschaftliche Zusammenhänge« – also sozusagen ein Wirtschaftsunionsdenken und ein positiv gesehener Merkantilismus. Das war nicht nur außerordentlich modern gedacht, sondern lief auch auf die Überwindung eines leichtsinnigen Individualismus hinaus. Eben das hat Thomas Mann nur zu gerne und nur zu deutlich von Spengler übernommen: denn in den ägyptischen Teilen seines Romans ist Wirtschaftsvorsorge ein zentrales Thema; Joseph, der nach Ägypten verschlagene Fremdling, erscheint als »Mann der Vorsorge und der Austeilung«, als »Herr des Überblicks«, und man würde heute sagen: Joseph hat sich sogar in einem erstaunlichen Maße, was die ägyptische Kultur angeht, akkulturiert – zum Schluß ist er ja so etwas wie der oberste Wirtschaftsadministrator Ägyptens und damit eine lebende Illustration dessen, was Spengler vom ägyptischen Vorsorgedienst geschrieben hatte. Aber Thomas Mann ist noch einen Schritt weitergegangen: er hat das den Ägyptern Eigentümliche, nämlich das Denken in wirtschaftlichen Ordnungen, noch dadurch überstiegert, daß er Josephs Dasein in Ägypten, das diese Wirtschaftsvorsorge zum Ausdruck bringt, gewissermaßen in ein Stück biblischer Menschheitsgeschichte transferierte, und damit wurde aus der bloßen Zukunftssorge der Ägypter und den Erfolgen Josephs so etwas wie eine biblische Segenserfüllung. Damit glaubte Thomas Mann nicht nur dem Wesen der ägyptischen Hochkultur, sondern auch der Bibel als einem Menschheitsbuch gerecht geworden zu sein. Eines mochte ihn an Spengler auch gereizt haben und sogar seine Zustimmung gefunden haben, nämlich die Anschauung, daß es so etwas wie einen gemeinsamen »Grundzug Ägyptens und des Abendlandes« gebe; damit war für ihn das Ägyptische nicht ein früher einmal Gewesenes, sondern in manchem Sinne sogar ein Modell, dessen Grundstrukturen sich im Abendland wiederfanden und aus denen das Abendland lernen konnte. Allerdings: es ist ein Israelit, der Sohn Jaakobs, der diese Vorsorgeleistung dann zum Segen des Ägyptenlandes erbringt, nicht ein Ägypter. So steht es zwar in der Bibel – aber wir werden sehen, daß das auch noch andere Gründe hat.

Doch vorerst noch einmal ein kurzer Blick zurück zur Frage hin, warum Thomas Mann so sehr für das Leben eintrat, für die Humanität, wenn er sich gegen Spengler wandte, und warum die Auseinandersetzung mit ihm geradezu leidenschaftliche Züge bekam. Die Auseinandersetzung mit Spengler war auch eine Auseinandersetzung mit seinem früheren Selbst, denn niemand anders hatte eindrucksvollere Untergangsgeschichten geschrieben als Thomas Mann – in den *Buddenbrooks*, eigentlich in allen seinen frühen Novellen bis hin zum *Tod in Venedig*. Das Überfeinerte einer Spätzeit, die Todesverfallenheit der sensiblen Ästheten, die Geschichte als eherner Kreislauf, aus dem es keinen Ausbruch gab, Dekadenz als Zeitstimmung – alles das und noch einiges mehr fand sich ja in den *Buddenbrooks*, und das war dort nicht nur Literatur gewesen, sondern entsprach in vielem auch Thomas Manns eigener Lebensstimmung. Daß Spengler nur in kulturgeschichtliche Überlegungen brachte, was Thomas Mann selbst erzählerisch im Einzelfall, im Verfall einer Familie, dargestellt hatte, das haben nicht erst Spätere gesehen, sondern das hat Thomas Mann natürlich selbst erkannt. 1936 schrieb er am 1. August über Spengler ins Tagebuch: »Was ihn mir (nach einem Getroffensein durch sein Hauptwerk) so widerwärtig machte, war gerade eine gewisse Verwandtschaft der Herkunft und der geistigen Neigungen zwischen uns: auch er hatte von Nietzsche hauptsächlich den Sinn für ›Verfall‹ übernommen – sein Interesse gilt tatsächlich vor allem dem Verfall seiner Kultur-Pflanzen, und ich erinnere mich wohl, daß man den *Untergang des Abendlandes* bei seinem Erscheinen gelegentlich mit *Buddenbrooks* in Beziehung gebracht hat«. Das stimmt zweifellos – aber davon wollte Thomas Mann sich ja gerade mit seinem *Zauberberg* und mit den *Betrachtungen eines Unpolitischen* befreien und befreit haben, und die Reizbarkeit und Schärfe der Auseinandersetzung mit Spengler ist besser zu verstehen, wenn man bedenkt, daß es eine Auseinandersetzung, ein Sich-Ablösen von der eigenen Vergangenheit war, zumal Thomas Mann sich eben in den 20er Jahren durchaus nicht mehr als Décadence-Ästhet, sondern als Repräsentant seiner Zeit zu sehen begonnen hatte und darin seine neue Rolle fand – da stand ihm die Untergangsprophetie Spenglers nur zu sehr im Wege. Er, der einer etwas unscharfen Verfallsphilosophie in seiner Frühzeit in extenso gehuldigt hatte, schrieb sich frei davon – indem er die Josephsromane schrieb. Und gegen den Untergang des Abendlandes gesehen schilderten die Josephsromane nichts Geringeres als den Aufgang des Morgenlandes; Ägypten erschien bei allem Totenkult und aller Spätzeitlichkeit doch ein wenig als das goldene Zeitalter der Menschheit, in dem es das im Übermaß gab, was in den 20er Jahren in Europa gerade zu verschwinden drohte, nämlich Kultur.

*

Wir haben bislang die Anfänge der Josephsromane, die Geschichten Jaakobs und auch die Frühzeit der Josephs-Legende weitgehend ausgeklammert. Wir wollen uns im folgenden zwei Fragen stellen und diese im Nacheinander beantworten: Erstens: Warum vertieft Thomas Mann sich so intensiv in die Lebensgeschichte des jungen Joseph? Und die zweite Frage lautet: warum fühlt Joseph sich in Ägypten so wohl?

Wir könnten uns die Antwort auf die erste Frage relativ leicht machen, indem wir zitieren, was Thomas Mann einmal über epische Produktivität gesagt hat. Wir lesen bei ihm: »Sein Bedürfnis, die Vorgeschichte zu sinnlicher Anschauung zu bringen, war übermächtig, und so begann er nach rückwärts zu schreiben [...]; er ruhte nicht, bis er alles in voller Gegenwart auf die Bühne gebracht hatte, [...] von der Urzelle, dem Erzbeginn [...] an, womit er denn feierlich und fast unhörbar zu erzählen anhob« (GW XI, 374f.). Kein Zweifel, das könnte er schon zu seinen *Buddenbrooks* gesagt haben, wo ja eigentlich, um es paradox zu formulieren, auch das Ende am Anfang stand, nämlich die Geschichte des kleinen Hanno Buddenbrook, die erzählt werden sollte – und die plötzlich eine ungeheure Vorgeschichte bekam, die über vier Generationen weit zurückreichte. Ist es nicht ähnlich in den Josephsromanen? Will Thomas Mann nicht auch da an den Anfang zurück, und ist der Anfang nicht das, was in den Geschichten Jaakobs beschrieben wird? Immer wieder geht es bei Thomas Mann in die Vorgeschichten hinein, im *Zauberberg* erfahren wir nach dem furiosen Romananfang, was es mit dem Großvater und mit dem Herkommen des Helden auf sich hat, im *Doktor Faustus* geht es hinab bis ins Reformationszeitalter, wo die Geschichte eigentlich beginnt, die Geschichte des *Erwählten* ist über weite Partien hin Geschichte der Zeit, die davorliegt, und diese offenbar unbezähmbare epische Neigung, an die Anfänge zurückzukehren, wenn man vom Ende schreiben will, scheint auch für die Josephsromane zu gelten. Was wir gerade zitiert haben, stammte zwar von Thomas Mann, aber es war, wie manche vielleicht gemerkt haben, nicht auf ihn bezogen, sondern auf ein anderes gepriesenes Vorbild, das ebenso verfuhr: nämlich auf Wagner; etwas verkürzt ist es die Entstehungsgeschichte des »Ringes«, bei der Thomas Mann das bewundert, was er selbst damals mit dem ersten Band der Josephsromane schon so bravourös praktiziert hatte. Aber natürlich wäre diese Erklärung etwas fadenscheinig, denn sie würde darauf hinauslaufen, daß Thomas Mann hier nur das befolgt habe, was er selbst einmal seine epische Pedanterie, seinen Fanatismus des ab ovo genannt hat. Zur Erklärung reicht das natürlich nicht aus. Wir haben, in aller Vorsicht, eine andere anzubieten: der Roman ist ein überdimensionales Selbstbildnis, so wie alle seine großen Romane im Grunde genommen Selbstbildnisse sind, aber es kommt zu diesem Charakter des Selbstporträts noch etwas hinzu, was den anderen Romanen weitgehend fehlt: die Geschichte einer Vaterbeziehung. Könnte es sein, daß Thomas Mann hier am biblischen Beispiel etwas darstellt, was bei ihm eine Mangelerscheinung in seinem Leben gewesen ist, was als literarisches Thema untergründig aber schon oft eine Rolle gespielt hat? Als Thomas Mann seinen Roman beginnt, ist er fünfzig, auf der Höhe seines Ruhms, offen den Zeiteinflüssen gegenüber, und die gehen in die gleiche Richtung, in die auch sein Erzählen geht: die Vorgeschichte interessiert, der Gang in die Geschichte hinab, und das ist keine Frage eines antiquarischen Historienverständnisses, sondern eine Frage der eigenen Seele und der Frühgeschichte dieser Seele. Wir begeben uns mit solchen Überlegungen in eine sehr gefährliche Sphäre hinein, nämlich in den Bereich der Psychoanalyse, und was uns dazu legitimiert, ist eigentlich nur die helle Begeisterung, die Thomas Mann für die Psychoanalyse selbst an den Tag gelegt hat. Was bedeutet die so ausführlich erzählte Vater-und-Sohn-Geschichte der Josephsromane? Wir wissen, daß es eine persönliche Vaterrolle für Thomas Mann in doppeltem Sinne kaum gegeben hat; er selbst hat als Kind eine Vaterbeziehung eigentlich nie erfahren, da sein Vater zu früh starb; und daß er selbst seiner eigenen Vaterrolle vielfach nicht gerecht geworden ist, bezeugen viele Aussagen seiner Kinder, insbesondere die seiner Söhne. Wird hier etwas literarisiert, was nur mit Schwierigkeiten gelebt worden ist? Am Anfang der Josephsromane gehen alle möglichen Ideenverbindungen wild durcheinander, aber sie gruppieren sich doch um die Begriffe Vater und ›Oheim‹; Vatergedanken werden mit Gestirnfrömmigkeit und Familienerinnerungen in Verbindung gebracht, und wenn das auch mehr assoziativ geschieht, es ist doch dominant. Jaakob ist ein höchst eindrucksvoller ›Vater‹, fast zu einer heroischen Gestalt aufgewertet, mit Macht ausgestattet, ein königlicher Hirte, und wenn wir weiterlesen, dann erfahren wir nur zu schnell, daß auf die Zeit einer intensiven Vaterbeziehung etwas Grausames folgte, nämlich eine Zeit der Vaterlosigkeit – die vaterlose Zeit ist eine Schreckenserfahrung des jungen Joseph, und wenn er auch eine Reihe von Ersatzvätern hat, vom Führer der Ismaeliten, der ihn um 20 Silberlinge gekauft hat, bis zu Petepré und dessen Hausvorsteher: er bleibt »Jaakobs Sohn«, und als er sich den Brüdern, die nach Ägypten gekommen sind, zu erkennen gegeben hat, ist seine erste Frage: »Sagt, lebt mein Vater noch?«. Väter und Söhne – Thomas Mann hat das alte Thema hier mythisiert, weit über den üblichen Hamlet-Bezug hinaus, denn Jaakob erscheint als Urvater schlechthin, und der Vaterverlust ist um so gräßlicher, als es im Grunde genommen Ersatzväter und Ersatzlösungen nicht geben kann. Hat Thomas Mann hier ein sehr persönliches Problem und Thema abgearbeitet? Wir wissen, daß derartige Themen nie sofort, nie in der Frühzeit hochkommen, sondern sich erst spät zu Worte melden, aber wir wollen aus dieser psychologischen Allgemeinerfahrung kein besonderes Kapital schlagen und nur festhalten, daß es gerade beim älteren Thomas Mann eigentümliche Vaterbegegnungen gibt. Als er 1932 das Goethe-Haus in Frankfurt besucht, da hat er das Gefühl, daß er da endlich zu Hause sei, denn alles kommt ihm urbekannt vor; er ist gleichsam ins Vaterhaus zurückgekehrt. Als er 1929 seine Lessing-Rede hält, taucht Lessing als Vater auf, sogar als Urvater eines ganz bestimmten Typs, und wir spüren: da ist ein genealogisches Denken, das sofort in dem Augenblick mobilisiert wird, wo das Väter-Söhne-Thema auch nur entfernt akut wird. Jaakob und Joseph: das ist auch die Geschichte eines Vaters, der zum Übervater wird.

Neutral konnte das Thema offenbar nicht behandelt wrden, und wir kennen auch das Gegenteilige: der Vater Felix Krulls gehört eher in die kriminelle Sphäre, bringt sich um; der Vater des Erwählten kommt auf einer Reise ins Heilige Land um, Goethes Vaterrolle seinem eigenen Sohn August gegenüber ist höchst prekär, und Hans Castorp – auch er wächst vaterlos auf, sucht und findet in Peeperkorn seinen Ersatzvater. Kurzum: so zögernd man einer solchen Interpretation der ersten beiden Teile, also bis zum Sturz in die Grube hinab, auch folgen mag, so darf man doch sicher sein, daß da mehr Lebensanteiliges vorhanden ist, als es von der Bibel selbst her nahegelegt worden wäre. Daß Thomas Mann ein unermeßlich reiches Quellenmaterial benutzt und ausgearbeitet hat, spricht nicht dagegen, sondern zeugt nur von seiner Integrationskraft. Und es ist vielleicht Zeichen und Ausdruck einer Distanzierung im Erzählerischen, also des Versuchs, mit Hilfe einer elaborierten Technik und eines riesigen Forschungsmaterials Distanz zu gewinnen zu einem Stoff, der zwar ein Bibelstoff war, der ihn aber selbst auf höchst eigentümliche Weise betraf.

Es sollte nicht der Eindruck entstehen, als zerfalle der Roman in zwei Teile, sozusagen in einen privat-persönlichen und in einen zweiten, noch näher zu bestimmenden ägyptischen Teil. Was die beiden Teile miteinander verbindet, ist, daß sie Reaktionen sind auf Lebenserfahrungen. Die der Vaterlosigkeit meldet sich spät, aber es ist bezeichnend, daß in flankierenden Essays auch so oft vom Vater die Rede ist, und wenn man noch bedenkt, daß die Goethe-Beziehung in den 20er und frühen 30er Jahren sicherlich am stärksten war, dann schleicht sich auch in die Beziehung Thomas Manns zu Goethe so etwas ein wie das Verhältnis zu einem Übervater, und es will nicht mehr so sehr als Zufall erscheinen oder als Willkür, daß der Goethe-Roman in die Josephsgeschichten eingeschaltet worden ist.

Die Frage, was Thomas Mann am zweiten Teil des Romans, also an Ägypten, interessierte, ist leichter zu beantworten, sie hat weniger Tiefgang, aber sie führt auch weniger in das sumpfige Gelände der Psychoanalyse hinein. Vorauszuschicken ist freilich, daß *Joseph in Ägypten* Thomas Mann selbst »fast ohne Frage als der dichterische Höhepunkt des Werkes« erschien (XI, 678), und in der Tat sind wir heute geneigt, die beiden letzten Teile nicht als Appendix zu nehmen zur Frühgeschichte, also zur Vater-Sohn-Geschichte zwischen Jaakob und Joseph und zur Geschichte der Trennung des Sohnes vom Vater, sondern tatsächlich als gewichtigsten Teil des ganzen Unternehmens. Was uns dazu ermutigt, ist die Feststellung (die zunächst freilich nur einmal Annahme bleiben soll), daß auch dieser Roman auf eine Lebenssituation antwortet, aber nun nicht auf eine, die eigentlich längst, äußerlich gesehen wenigstens, überwunden war, sondern die vielmehr von außerordentlicher Aktualität war: es ist die Erfahrung des Emigranten Thomas Mann.

Wir wollen zunächst fragen: wie präsentiert sich die ägyptische Kultur in Thomas Manns Romanen? Sie präsentiert sich zunächst einmal als ungemeine Sprachkultur, als Kultur der ironischen Brechung; schon die Ankunft ist vom Erzähler in ein heiteres Licht getaucht. Als die Asiaten, die Ismaeliter, endlich Ägypten erreichen, müssen sie eine neuntägige Schiffsreise machen, um die Füße setzen zu können »auf die schimmernde Uferlände von Weset-per-Amun, der Königsstadt«. Das Kapitel »Die Ankunft« beginnt: »›Glänzend durch Schnelligkeit‹ hieß das Schiff, das die Ismaeliter am Platze der Anpflockung mit ihren Tieren über eine Laufplanke beschritten, nachdem sie sich in den Handelsbuden, die hier aufgeschlagen waren, mit Mundvorrat für neun Tage versehen hatten. Dies war sein Name, der zu beiden Seiten seines mit dem Kopfe einer Gans geschmückten Vorderteils geschrieben stand – ein von dem Prahlsinn Ägyptenlands geprägter Name, denn es war der plumpste Lastkahn, der überhaupt an Menfes Pflockplatz zu finden war, sehr bauchig gebaut, damit er Laderaum gewänne, mit hölzernen Bordgittern, einer Kajüte, die nur aus einem gewölbten, vorne offenen Mattenzelt bestand, und einem einzigen, aber sehr schweren Steuerruder, das steil an einem am Hinterteil aufgerichteten Pfahl befestigt war« (GW IV, 761). Ein Wortspaß, ein ja wirklich nicht landestypischer Scherz – aber das scherzhafte Sich-Erheben über die Wirklichkeit, im folgenden dann die sprachliche Verwandlung der Wirklichkeit in wohlgesetzte Sprache, die Wechselreden der Torhüter mit dem Führer der Ismaeliter, die Ankunftsgespräche im Hause des Mont-kaw, die Handelsszene mit den Ismaelitern und dem Vorsteher des Hauses des Potiphar – ein einziger Sprachtriumph. Heiterkeit, Intellektualität prägt die Welt der Ägypter, und als dann die Versuchung über Mut-em-enet kommt, da bespricht sich die Herrin des Hauses mit einem der beiden Zwerge, der bösartigen Variante der Wichtelmänner, weil es die Ägypterin so unwiderstehlich nach Joseph verlangt und sie genau weiß, daß sie diesem Verlangen nicht nachgeben kann. Der große Monolog der Mut-em-enet – ein Meisterwerk an sprachlicher Ziselierkunst, eine hundertfache Variation des einen kurzen Satzes, nämlich daß sie Joseph liebe. Da spricht nicht nur die gebildete Ägypterin (GW V, 1124), die sich klar, literarisch und, wie es heißt, »in ihrer Art vernünftig ausdrückte«, sondern da spricht die Angehörige einer sprachlichen Hochkultur, die auch das Verschwiegenste noch auf artistisch-raffinierte und dennoch überzeugende Weise auszusprechen vermag – und was im Gespräch zwischen Joseph und Mut-em-enet vorgeht, wiederholen die beiden Zwerge, der gute und der bösartige, die gelauscht haben und sich gegenseitig hinterher angeifern – sprachlich, wie sich versteht, in höchster Perfektion. In nichts anderem wird die Hochkultur Ägyptens so deutlich wie in der Sprachkunst, aber sie wird es natürlich auch in der Beschreibung der Häuser und Städte, der kultischen Gebräuche und der Regelung von Lebensschwierigkeiten, und die Hochzivilisation zeigt sich nicht weniger in dem, was wir heute politische Kultur nennen würden, in der Staatshierarchie und in den Lebensordnungen, in den Festen der Ägypter und in der hochelaborierten Symbolik der Kulte, der Namen, der Vorgänge, der Feiern und der Träume. Das alles wird spielerisch dargestellt, ohne daß es zu der »Verwechslung von Redeweise und Wirklichkeit« (GW V, 1308), wie es einmal im Roman heißt, käme. Vor allem ist Heiterkeit ein Kennzeichen der ägyptischen Welt, Heiterkeit als Überlegenheit, als Kunst der intellektuellen und damit auch der sprachlichen Bewältigung des Lebens und seiner Schwierigkeiten, und es ist nicht nur Joseph, der über diese Fähigkeiten verfügt, es ist das Ägyptenland überhaupt. Gäbe es da nicht eine Ursymbiose zwischen dem Hebräer und den Bewohnern des Niltales, so würde Joseph vermutlich auch nie geworden sein, was er dann im Roman wird, nämlich »Herr über Ägyptenland« (GW IV, 1494). Alles das sind Zeichen einer zivilisierten Spätzeit, die sich durchaus nicht anschickt, in den Untergang zu taumeln, wie man es bei Spengler nachlesen konnte, sondern die einzigartig war und die selbst den Sohn Jaakobs zu interessieren, ja zu integrieren vermochte.

Auch das war freilich nicht das reine Lob Ägyptens um seiner selbst willen. Kein anderer Roman Thomas Manns hat seine Substanz so sehr durch den Widerspruch zu anderen bekommen wie die Josephsromane, und wenn es in der Frühzeit Spengler war, der Thomas Mann zu seinem Anti-Spengler-Roman motivierte, so war es in der Zeit, in der der erste Ägyptenteil niedergeschrieben wurde, also von 1932 bis 1936, noch etwas anderes, was Thomas Mann im Weg stand und wogegen er anschrieb. 1932 waren die großen Goethe-Feiern gewesen, 1932 war auch Gerhart Hauptmann gefeiert worden, der ungekrönte »König der Republik«, der Goethe-Nachfolger des 20. Jahrhunderts, der »heimliche Kaiser«, der wiedererstanden war, – alles zum wachsenden Mißvergnügen Thomas Manns. Besonders das von Hauptmann sich selbst zugesprochene Amt der Goethe-Nachfolge mußte Thomas Mann stören, weil er sich ja eigentlich mit seinem *Joseph* gerade anschickte, diese Stelle einzunehmen, aber es war auch noch etwas anderes. Es war eine gewisse dumpfe Mythenanschauung, die sich bei Hauptmann breitgemacht hatte, und es war diese dunkle Mythenverherrlichung, dieses Übermaß an Irrationalem und Rauschhaftem, das nicht zuletzt in eigentümlicher Verbindung mit den Rauschorgien der Zeit stand, was Thomas Mann aufs äußerste abstoßen mußte. Hauptmann tat sich einiges zugute auf das Heidnische, auf das Naiv-Urtümliche seines Mythenverständnisses, auf das Pathetische und Unreflektierte seiner mythischen Welt. Thomas Mann hat ihn in der Gestalt des Peeperkorn im *Zauberberg* eben so dargestellt: als eine der Rede letztlich unfähige, aber auf ihre Weise bedeutende Persönlichkeit. Mit hintergründigem Sarkasmus hat Thomas Mann sich etwa über Hauptmanns *Der Ketzer von Soana* ausgelassen, als er schrieb: »Welche Trunkenheit! Welches Überwältigtsein von sinnlicher Herrlichkeit! Und bei weitem ist das das einzige Beispiel in seiner Dichtung nicht von enthusiastischer Verfallenheit, tiefer Hingenommenheit vom Ewig-Leiblichen. Der Gekreuzigte und Dionysos waren in dieser Seele mythisch vereinigt, wie in derjenigen Nietzsches, – der Schmerzensmann, der Mann von Gethsemane, und der das Gewand im sakralen Tanze raffende Heidenpriester« (GW IX, 812). Das war rhetorisch fein ziseliert, aber es war pure Bosheit. Seiner Tochter Erika gegenüber hat er sich einmal über Hauptmanns »zu Herzen gehende Quasselei« ausgelassen; es war gerade das Irationale und Rauschhafte der Mythenkonzeption Hauptmanns, das heidnische Getue und das Sprach- und Gedankenlose, was Thomas Mann aufs tiefste zuwider war – und worin er Tendenzen der Zeit, den aufflackernden Faschismus, eine falsche Romantik hochkommen sah. Kein Wunder, daß Hauptmann sich abfällig über die ersten *Joseph*-Bände äußerte, kein Wunder auch, daß Thomas Mann notierte: »Der alte Tor«. Was Thomas Mann dagegensetzte, war die Heiterkeit der antiken, der ägyptischen Kultur und eine mythische Inszenierung, die sich nicht als anti-intellektualistisches Unternehmen darbot, sondern als Spiel, als hochartistischer, sehr bewußter Umgang mit der Überlieferung der Vorzeit. So ist das Kunstvolle dieser alten Hochkultur also ganz bewußt auch gegen Hauptmanns dumpfe Mythenwelt gesetzt, als die richtigere und zeitgemäßere Mythen-Konzeption, in der die Aufklärung nicht unterging und der Verstand nicht ausgeschaltet wurde. Die Hochkultur Ägyptens: das war auch ein Anti-National-Mythos, die Hochkultur eines alten Volkes aufgerufen gegen Germanenverehrung und dunkle, verstandesfeindliche Riten und Kulte, mit denen Thomas Mann in den 30er Jahren weniger zu tun haben wollte denn je. Dieses Ägypten war, so könnte man etwas überspitzt sagen, auch das Gegenbild zu Nazi-Deutschland und allem, was dazu beigetragen hatte, Hauptmann als unklugen Mitläufer eingeschlossen.

*

Und damit sind wir endlich bei der Frage, die wir eigentlich schon halbwegs beantwortet haben, nämlich der, warum es Joseph in Ägyptenland so gut gefiel. Es war die durchheiterte und durchgeistigte Welt einer spielerisch verstandenen Hochkultur, aber – und wir kehren zu den Anfängen unserer Überlegungen zurück – es war auch mehr. Wenn diese schönen Idealgestalten im Werk Thomas Manns irgendwo verborgene Selbstbildnisse sind im Sinne einer Hochstilisierung des eigenen Wunsch-Ichs, wenn für Hanno Buddenbrook und Felix Krull der autobiographische Grundzug so deutlich bezeugt ist, dann ist natürlich Joseph aus dieser Reihe nicht auszunehmen. Joseph: das ist, anders gesagt, auch ein wenig Thomas Mann, hochidealisiert und ins Mythische gesteigert, auch Joseph ein Hermes, eine frühe Personifikation der Thomas Mannschen Lieblingsgottheit, so wie es auch kein Zufall ist, daß Thomas Mann Künstlertum einmal als eine Art hermetischer Vermittlung zwischen den Sphären begriffen hat, in Anspielung auf die Götterbotentätigkeit des Hermes. Aber Joseph in Ägyptenland – das ist nicht nur der biblische Joseph, der aus der Wüste in ein hochzivilisiertes Kulturland gekommen ist, das ist zugleich die idealisierte Exilerfahrung Thomas Manns, das Dasein in der Fremde, wie Joseph es erlebt und wie es freilich so nicht jeder Emigrant erlebte, aber wie Thomas Mann es idealiter dann doch wenigstens andeutungsweise erfahren – und hier nur leicht verschlüsselt beschriebens hat. Anders gesagt: gerade in die beiden Ägyptenteile, die in der Zeit der Nazi-Herrschaft entstanden, und besonders in *Joseph der Ernährer*, 1940–1943 niedergeschrieben, sind offenbar Thomas Manns Exilerfahrungen in einem außerordentlichen Maß eingegangen, und es könnte sogar sein, daß ihn das wenn nicht am Leben, so doch wenigstens am Schreiben hielt. Daß das Werk ausuferte, hatte er ja schon früh gesehen und alles Mögliche versucht, um es zu beschneiden – aber dann, mit dem dritten Ägyptenroman, ließ er es wuchern, und wir haben einige deutliche Hinweise darauf, daß in der Tat sich mythische Darstellung, heiter-intellektuelles Schreiben und Exilerfahrung hier auf einzigartige Weise verbanden. Natürlich war das Dasein Josephs in der Fremde vorgegeben, am Stoff der Geschichte war nicht zu rütteln gewesen – aber es könnte gut sein und scheint mir sogar sehr wahrscheinlich, daß Thomas Mann nach 1933 gerade die unheimliche Nähe von Josephsgeschichte und eigener Exilerfahrung erkannt hat, und so gab er den Stoff denn nicht auf, als er sein Vaterland aufgeben mußte, sondern hielt zäh an ihm fest – ein Stück eigenster Lebensgeschichte auch die

Josephsromane, so wie ja wenig später darauf die Exilerfahrungen massiert noch in den Roman vom *Doktor Faustus* eingegangen sind, sich in der Geschichte vom *Erwählten* finden und auf heitere, sehr spielerische Weise im Roman von Felix Krull wiederholen. Und Joseph konnte sich in Ägypten so wohlfühlen, weil er in ein ideales Emigrantenland kam, ja weil ihm das gelang, was den wenigsten Emigranten tatsächlich gelang: die Assimilation, die Akkulturation in eine Hochkultur – ohne daß das Eigene, die eigene Herkunft damit aufgegeben wäre, wie ja der Schluß des Roman, das Wiederfinden der Brüder, zeigt. Welchem Emigranten wäre das gelungen? Thomas Mann selbst kaum – er hat sich in seinen späten Jahren so von Amerika distanziert, wie er das anfangs wohl nicht für möglich gehalten hätte, und anderen Exilanten ist es noch weniger geùlungen: es hätte eines Balancieraktes zwischen extrem Gegensätzlichem bedurft, um gleichzeitig in der Fremde zu sein und dennoch zu Hause bleiben zu können: Wunschtraum vieler, und ich kenne nicht einen einzigen, bei dem er sich erfüllt hätte.

Thomas Manns Exil war, alles in allem, nicht gerade unbequem; die Jahre in der Schweiz waren Jahre im deutschsprachigen Bereich, die folgenden Jahre in Amerika Jahre wirtschaftlicher Sicherheit und großer öffentlicher Anerkennung. Welcher deutsche Schriftsteller war sonst schon ins Weiße Haus eingeladen? Der Ehrendoktor zahlreicher Universitäten, allen voran der Harvard University, hatte einen unermüdlich für ihn tätigen Verleger und seine amerikanische Übersetzerin, hatte die Frau des Herausgebers der *Washington Post* als Mäzenatin, war als Vortragsredner landauf, landab die Jahre hindurch wie kein anderer Deutscher gefragt, hatte die amerikanische Staatsbürgerschaft bekommen und vermerkte 1945: »Als Amerikaner bin ich Weltbürger« (GW XI, 1127). Ganz unzweifelhaft sind gute amerikanische Erfahrungen in seine Josephsromane eingegangen. Die Notiz, daß ihn der so blaue kalifornische Himmel an Ägyptens Himmel erinnere, läßt die enge Symbiose spüren zwischen der neuen Welt, in der er schrieb, und der alten Welt, die er beschrieb. Am eindrucksvollsten aber hat er die Wirtschaftsadministration Roosevelts, den New Deal, in seinen Ägypten-Roman eingeblendet, und Joseph bekommt stellenweise sogar Züge eines frühzeitlichen Roosevelt, der in weiser Voraussicht eben das entwirft, was dem Land Ägypten zum wirtschaftlichen Überleben not tut. Dieses Ägypten ist natürlich immer auch ein Gegenbild zu Nazi-Deutschland, nicht zuletzt in der moralischen Haltung und der sittlichen Kultur, die in Deutschland so völlig verlorengegangen waren und die sich am Beispiel des alten Ägypten so eindringlich als Gegenbild darstellen ließen. Und ein wenig hatte Thomas Mann in seiner Künstlerexistenz in Kalifornien nicht nur unter den Emigranten die Stellung inne, die Joseph am ägyptischen Hof innehatte: die eines Glückskindes, dem alles gelang. Aber es wurde Thomas Mann im Laufe seiner amerikanischen Jahre zunehmend bewußt und schmerzlich bewußt, daß es eines in Amerika so gut wie nicht gab: Kultur.

Das war nicht europäische Hochnäsigkeit, sondern war die Folge eines Vorurteils, das sich in den 20er Jahren unter den Intellektuellen Deutschlands stark ausgebreitet hatte: Amerika war nicht gerade ein waste land, aber war nicht weit davon entfernt. Thomas Mann war damals der Meinung, daß Amerika im Grunde genommen zum Kulturterritorium des Abendlandes gehöre, eine eigene Kultur hat er der Neuen Welt eigentlich nicht zuerkannt. Sein Bruder Heinrich Mann war noch rigoroser; er sprach 1926 von der amerikanischen Entgeistung, und als Gegenbild des europäischen Intellektuellen galt ihm der »Neger« – Kultur gab es für ihn in Amerika überhaupt nicht. Als Heinrich Mann 1940 das amerikanische Exil erreichte, notierte er bei seiner Ankunft in New York: »Eindrücke belanglos« – er wußte, daß er in einem Niemandsland angekommen war, und er wußte es schon, bevor er überhaupt dieses Land betreten hatte; aus ihm sprach der in den 20er Jahren so weitverbreitete Eurozentrismus, und er war da noch entschieden radikaler als sein Bruder Thomas, der als Deutscher kam und der das lange Zeit auch bleiben wollte. Aber das von ihm scheinbar achtlos einem amerikanischen Reporter am 22. Februar 1938 gegenüber ausgesprochene Wort: »Where I am, there is Germany. I carry my German culture in me« ist ein höchst vieldeutiger Satz, denn daß er, Thomas Mann, die deutsche Kultur mit sich trage, in sich trage, das war zumindest indirekt auch einem Land gegenüber gesagt, wo es daran, nämlich an Kultur, gerade zu fehlen schien. Kultur gab es für viele Emigranten nicht in Amerika, sie alle waren Gefangene ihrer Vorurteile und sahen sich, weil sie so dachten, dann natürlich auch von ihrer Umgebung immer wieder darin bestätigt. Nein, Kultur fanden die Emigranten in Amerika nicht, erst recht nicht dort, wo sie an die amerikanische Filmindustrie gerieten – und das war in Los Angeles. »Übler Stuß« sei das alles, schrieb Döblin in einem Brief. Die Abneigung war übrigens wechselseitig. Ein emigrierter Regisseur notierte über die Arbeitsbedingungen in Hollywood: »Die Konkurrenz ist hart und bösartig, und die europäischen Kreise haben nicht den besten Ruf«. Das ist verständlich, die wechselseitigen Vorurteile waren kaum zu überwinden. Die meisten Emigranten, deutsche Intellektuelle, wußten haargenau, was sie im Exil erwartete, und Carl Zuckmayer wußte das bereits in Zürich, also längst, bevor er nach Amerika kam: »Schlechtes Essen, seelische und erotische Frigidität, ein Land der phantasielosen Standardisierung, des flachen Materialismus und der geistfremden Mechanik«. Wie langweilig denn auch ein Besuch von Amerikanern war, hat Thomas Mann gelegentlich seinem Tagebuch anvertraut; es sei so stereotyp, daß man für die nächsten Wochen erst einmal wieder genug habe.

Aber in seiner literarischen Phantasie, in seinem erdachten Ägypten, fand er das, was er in Amerika vermißte, eine Hochkultur als Gegenbild, Intellektualität und Sprachartistik als Kennzeichen dieser Hochkultur, und wenn man es etwas paradox formulieren wollte, so müßte man sagen: in Amerika hat Thomas Mann, der sich schließlich als amerikanischer Weltbürger bezeichnete, nie akkulturiert, aber in Ägypten, in dem Ägypten seiner Josephsromane, hat er es um so bedingungsloser. Da war er zu Hause, als Joseph in Ägypten, und in diesem erdachten Ägypten, in seinem Romanwerk, lebte er um so mehr, je weniger er in Amerika leben konnte.

Es gibt ein paar Hinweise in Texten von Thomas Mann, die uns erkennen lassen, daß dies alles nicht interpretatorische Spekulation ist. Mit der Emigration haben die Romane in jedem Fall zu tun, wie hoch man auch die Akkulturation in Ägypten ansetzen will. Thomas Mann schrieb an Agnes Meyer 1941: »Ich habe *Joseph in Ägypten*, *Lotte in Weimar* und die *Vertauschten Köpfe* geschrieben, Werke der Freiheit und Heiterkeit und, wenn Sie wollen, der Überlegenheit« (DüD II, 232). Das waren Freiheit, Heiterkeit, Überlegenheit des Emigranten, allen wirklichen Bedrängnissen zum Trotz. Thomas Mann hatte in einem anderen Brief an Agnes Meyer sein Leben ein »gesegnetes Leben« genannt – und wir erinnern uns, wie groß die Bedeutung des Segens im ägyptischen Roman ist (DüD II, 242). Zum Beleg für sein eigenes gesegnetes Leben führt er eine Passage aus dem letzten der Josephsromane, aus *Joseph, der Ernährer* an. Da wird uns denn also schwarz auf weiß bestätigt, wie sehr Thomas Mann sich mit dem Joseph des Ägypten identifizierte. Und er hat, was seine innere Unzerstörbarkeit und auch die Substanz seiner Exilwerke angeht, später noch einmal geschrieben: »Daß die Freiheit und Heiterkeit meines gemächlichen Werkes völlig unberührbar ist durch die äußere Welt, so lange sie mir eben nur Leben und Freiheit gönnt, das hat sich doch wohl seit vielen Jahren erwiesen« (DüD II, 250). Und wenn es in einer Briefstelle zu den Josephsromanen heißt: »In den ganzen vier Bänden wird ein Mensch von großer natürlicher Begabung, aber von einer gewissen selbstzentrierten künstlerischen Veranlagung zum Mitmenschen, zum sozialen Diener einer Gesellschaft und zum ›Ernährer‹ erzogen. So, Joseph der Ernährer, heißt ja der Schlußband« – wenn Thomas Mann das schreibt, dann ist die Charakteristik des Joseph, das wissen wir heute, eine unübertreffliche Selbstcharakteristik – und das zeigt noch einmal, wie eng Emigrantendasein und das Schreiben an den Josephsromanen miteinander verflochten waren.

Aber der Roman zeigt es selbst. Wenn am Anfang »fremde Männer, Männer des Elends« in das Ägyptenreich kommen, dann ist Elend im mittelhochdeutschen Sinne als »elende«, als Fremde, gebraucht, und was wir vor uns haben, ist nichts anderes als die Geschichte von Ausländern, Fremden, die in das Gastland Ägypten ziehen – wie das die Emigranten dann Tausende von Jahren später auch taten. Als ein Wunschtraum ist wohl das Kapitel zu lesen, das von Thomas Mann überschrieben wird mit: »Joseph wird zusehends zum Ägypter« (GW V, 959). Joseph wird nicht nur allmählich zum Ägypter, er wird am Ende »ein sehr großer Herr am Hofe und im Lande« (GW V, 1494), und dieses Kapitel ist tituliert mit »Herr über Ägyptenland«. Als er am Ende dann seine Brüder wiederfindet, da hat er freilich etwas, was der Emigrant nie hatte: Heimat und Fremde in einem. Thomas Mann hat sich in seinen letzten Schweizer Jahren manchmal nach seinem Haus in Kalifornien zurückgesehnt, auch nach dem blauen kalifornisch-ägyptischen Himmel. Im Roman gibt es die wirkliche Rückkehr nach Ägypten, denn als die Brüder den Vater Jaakob begraben haben, sagen sie als letztes: »Morgen wollen wir nach Gottes Rat die Rückfahrt aufnehmen ins drollige Ägyptenland.« Drollig, so mochte es den Hebräern erscheinen. Daß es mehr war, wußte Joseph – und wissen wir als Leser der Romane.

Zwei Schluß- und Nachbemerkungen. Thomas Mann ist mit seinem Ägyptenroman in der Fremde gewesen, und die Fremde ist ihm zur erzählerischen Heimat geworden. Aber ein bißchen heimische Kultur hat er doch auch in diese erzählte Fremde mithineingenommen, und es ist heimische Kultur vom besten.

Es gibt eine noch nicht recht ausgelotete und sichtbar gemachte Spur in den Josephsromanen, und die führt weit weg von Ägyptenland, nämlich zurück in sehr heimische Gefilde, genauer gesagt: zu Goethe. Über die Bedeutung Goethes für die Entstehungsgeschichte ist schon einiges gesagt worden, aber es gibt eine unauffälligere, vielleicht aber deswegen um so nachhaltigere Goethe-Spur. Es ist die Spur von Goethes *Faust.* Wir wollen uns auf Andeutungen beschränken. Die Weltfahrt Josephs ins große Ägyptenland läßt zumindest Assoziationen aufkommen an die Weltfahrten Fausts, auch wenn die nur imaginärer Natur sind. Ob in die Geschichte Josephs und Mut-em-enets die Geschichte Fausts und Helenas hineinspielt, wenn auch in sehr parodistisch-verfremdeter Form, wäre zu prüfen. Zu prüfen wäre auch, ob nicht das wirtschaftliche Reformwerk Josephs in Verbindung zu bringen ist mit dem Urbanisationswerk am Ende von *Faust II.* Die Visionen Fausts von einem glücklichen Volk und einem fruchtbaren Gefilde scheinen sich in der glücklichen Wirtschaftsadministration Josephs zu spiegeln. Von Mangel und Sorge ist im fünften Akt von *Faust II* die Rede – und wir wissen, welche Bedeutung das für die Ägyptenwelt bei Thomas Mann hat. Die kaiserliche Pfalz scheint Gemeinsames zu haben mit dem ägyptischen Hofstaat. Das alte Paar, Philemon und Baucis, erinnert entfernt an Potiphars Eltern. Die Grablegung am Schluß von *Faust II,* Jaakobs gewaltiger Leichenzug – auch hier zumindest entfernte Ähnlichkeiten. Natürlich lassen sich alle solche Assoziationen mit einem Hinweis auf den vorgegebenen Stoff der Josephsromane hinwegwischen. Und dennoch: da wir allmählich sehen, bis in welches Ausmaß hinein deutliche und undeutliche *Faust*-Zitate vor allem im Spätwerk Thomas Manns zu finden sind, ist zumindestens, um kriminologisch zu sprechen, ein Anfangsverdacht gegeben, dem noch nachzugehen wäre.

So vorläufig und fragwürdig das Unternehmen aus sein mag, Spuren von Goethes *Faust* in Thomas Manns Josephsromanen zu finden, insbesondere in den Ägypten-Teilen, so eindeutig und genau könnte man den Nachweis führen, daß Thomas Mann einen anderen Teil heimischer Kultur in die erzählte Fremde mithineingenommen hat, genauer: daß es Wagners Werk ist, das Thomas Mann in die Ägypten-Geschichte hineinmontiert hat – ebenfalls unauffällig, aber durchgängig und in bewußter Synchronie und Symbiose. Der Ehezwerg Dudu als Alberich, Joseph ein wenig als germanischer Siegfried, Mut-em-enet als Brünnhilde, Potiphar als Wotan, die Götterdämmerung als Untergangsstimmung im Hause des Petepré, selbst das Motiv der Sorge im *Ring* – es gibt Dutzende von Verweisen, Bezügen, Entsprechungen. Das Ägypten Thomas Manns ist also auch ein Ägypten Wagners – aber das wäre ein eigenes Thema. Wie eng beides miteinander zu tun hat, zeigt eine kleine Tagebuchnotiz vom 26.11.1939, als Thomas Mann festhält: »Hörte mit Genuß Götterdämmerungsplatten. Sphäre des Joseph«. Und als Joseph Amenhotep trifft, schreibt Thomas Mann ins Tagebuch: »Anmutig-seltsam. Doch lang. Einfluß des Ringes bei den komprimierten Wieder-Erzählungen«. »Anmutig-seltsam«, das ließe sich als Kurzcharakteristik vielleicht sogar zu den Josephsromanen überhaupt sagen. Auf die Frage, warum Joseph sich in Ägypten so wohlfühlt, darf man also auch antworten: weil Goethe vielleicht, weil Richard Wagner sicherlich mit nach Ägypten gezogen sind. Das war die Heimat in der Fremde, wenn auch nur als Literatur, nicht als Wirklichkeit. Aber vielleicht war diese Wirklichkeit am Ende die eigentlichere. Es war die Heimat eines Intellektuellen, dem die Wirklichkeit nicht mehr so sehr viel anhaben konnte, weil er sie zu überwinden wußte. 1947 hat Thomas Mann das noch einmal gesagt, aber er schrieb: »Das Komische, das Lachen, der Humor erschienen mir mehr und mehr als Heil der Seele; ich dürste danach, nach den nur notdürftig aufgeheiterten Schrecknissen des Faustus und mache mich anheischig, bei düsterer Weltlage das Heiterste zu erfinden. Wer zur Zeit von Hitlers Siegen den Joseph schrieb, wird sich auch vom Kommenden nicht unterkriegen lassen, sofern er es erlebt.«

Jean-Paul Sartre: »Les Séquestrés d'Altona«/ »Die Eingeschlossenen von Altona«

Henning Krauß

Für Pinkas Braun

Späte Arbeiten fruchtbarer Autoren haben die Tendenz, sich zur Summe zu runden; literaturwissenschaftlich adäquat sind sie nur vor der Folie des Gesamtwerks zu interpretieren.

Bereits das Bühnenbild der *Séquestrés d'Altona*, die am 23. September 1959 im Pariser *Théâtre de la Renaissance* uraufgeführt wurden, ruft eindeutige Reminiszenzen wach. Die Hölle in *Huis clos / Geschlossene Gesellschaft* hatte ihren Ort in einem Salon »style Second Empire«, der nach allgemeinem Urteil geschmacksärmsten aller französischen Kunstrichtungen, negativ ausgezeichnet durch geborgte Klassizität und plüschigen Pomp. Die Hölle der *Eingeschlossenen* ist deutsch ausgestaltet: »Ein großer Raum, vollgestopft mit protzigen und häßlichen Möbeln der Jahrhundertwende (...) Rechts gehen zwei Glastüren auf einen dicht belaubten Park. Das Licht, das von draußen durch das Blattwerk der Bäume fällt, wirkt fast grün.« Das wilhelminische Intérieur, zu dessen ›Gemütlichkeit‹ noch ein Nippeswust, den alle französischen Deutschlandreisenden genüßlich ironisierten, und eine »große deutsche Standuhr« beitragen, erhält durch seine grüne Einfärbung teutonisch-barbarische Züge. Grün war die Uniformfarbe der deutschen Besatzungssoldaten im Zweiten Weltkrieg. Grün ist der deutsche Wald, dessen romantische Verehrung und Beseelung cartesianischer *clarté* als unverständlich-bedrohlicher Mystizismus erscheint. Eine belaubte Allee in Berlin ängstige ihn mehr als eine dichte französische *forêt*, schreibt Jean Giraudoux.

Die Handlung, die abrollen wird, hat – dies sei bewußt hervorgehoben – zunächst mit Frankreich nichts zu tun, reiht vordergründig altbekannte antideutsche Vorurteile aneinander. Leni Gerlach, die mit ihrem Bruder Werner und dessen Frau Johanna, einer ehemaligen Schauspielerin, zum Familienrat erschienen ist, nennt ihren Vater, auf den alle warten, den »alten Hindenburg« (I, 1), parodiert seinen Kommandoton, wertet ihn als Produkt der Ära Bismarcks. Alle Gerlachs betrachten sich als Opfer Luthers. Im Salon liegt eine schwere Lutherbibel auf, Requisit für mehr oder weniger ernst gemeinte Treueschwüre. Ein Hitler-Bild wird im noch unzugänglichen Zimmer des Sohnes Franz die Blicke auf sich ziehen.

Die germanophobe Klischeekette – in Texten französischer Nationalisten seit 1871 wie ein Rosenkranz heruntergebetet – offenbart ein Weltbild. Luther, überheblich, stiernackig und stur, von seiner Statur her Modell deutscher Biedermänner und Feldwebel in französischen Karikaturen, zerstörte die Einheit der Kirche, spaltete Europa, begründete den deutschen Sonderweg. Bismarck entweihte den Spiegelsaal von Versailles durch die Ausrufung des Deutschen Reiches, trieb brutale, das Recht mit Füßen tretende Macht- und Hegemonialpolitik, der Hindenburg, der Wegbereiter der Nazis, verpflichtet blieb, die Hitler zur industriellen Tötungsmaschinerie ausbaute.

Der Familienrat ist Ort des Befehlsempfangs, wird von Angst dominiert. Unangefochten herrscht der noch abwesende Vater über die Zeit der anderen, die er warten läßt. Zugleich aber ist er – er leidet an Kehlkopfkrebs und hat höchstens noch ein halbes Jahr zu leben – Opfer der Zeit: »Ich werde krepieren. Das steht fest (...) In sechs Monaten werde ich alle Unannehmlichkeiten einer Leiche (...) haben.« (I, 2). Für ihn geht es darum, die Zukunft der anderen zu determinieren, seine Herrschaft über das Grab hinaus zu sichern.

In seiner frühen Novelle *Die Kindheit eines Chefs* hat Sartre den Mechanismus, der dieses Verfahren steuert, kritisch beschrieben. Der Chef, in seiner alltäglichen Praxis als Befehlsgeber alleiniges Subjekt, das sämtliche Befehlsempfänger zu Objekten degradiert, rechnet sich selbst die Position eines irdischen Ersatzgottes zu. Durch Erziehung formt er seinen Sohn nach seinem Bilde, richtet ihn dazu ab, sich als transzendental gerechtfertigten, legitimen Nachfolger zu fühlen, vererbt ihm die Essenz des *être chef*, die selbstverständliche Ausübung der Macht des Menschen über den Menschen.

Doch Werner Gerlach fühlt sich nicht in der Lage, die ihm zugedachte Rolle des »neuen Königs« zu übernehmen.

WERNER: Wenn ich einem Menschen in die Augen sehe, bin ich unfähig, ihm etwas zu befehlen.
DER VATER: Warum?
WERNER: Weil ich das Gefühl habe, daß er genau so viel wert ist wie ich.
DER VATER: Dann sieh ü b e r die Augen. *Sich an die Stirn fassend.* Dahin zum Beispiel: da sind nur Knochen. (I, 2).

Die Parallelführung von Blickfixierung und Machtanspruch, die der kurze Vater-Sohn-Dialog instrumentiert, enthüllt ihre volle Tragweite, setzt man sie zur Analyse des *regard* in *L'être et le néant / Das Sein und das Nichts* (1943) in Beziehung: In meinem Blick gerinnt der Andere zu einem Ding, zugleich aber macht mir sein Blick auf mich meine eigene Dinglichkeit bewußt, zwingt mich, ihn als Gleichen anzuerkennen. Gesellschaftliche Hierarchie läßt sich somit ontologisch nicht begründen. Der Sadismus als Versuch, den anderen ein für allemal als Objekt zu konstituieren – sei es faktisch durch die Folter, bei der der Geschundene seine Ohnmacht momentan akzeptieren muß, oder ideologisch im Rassismus, der ganze Menschheitsgruppen als geborene ›Untermenschen‹ abzuqualifizieren sucht –, muß ebenso scheitern wie der Masochismus als das Unterfangen, selbst ganz und nur Ding sein zu wollen. Angesichts dieser Erkenntnis erweist sich das selbstgewisse Credo des Vaters »Die Schwachen sind die Diener der Starken: das ist Naturgesetz« (I, 2) – aus existenzialistischer Perspektive als a priori falsch.

Seine reale Entscheidungsgewalt, dies konzediert er bereitwillig, um Werner Mut zu machen, ist ohnehin stark beschnitten. Das von ihm aufgebaute Unternehmen mit globaler Bedeutung hat sich wegen der notwendigen Arbeitsteilung zu einer Maschinerie verselbständigt, die nach dem Gesetz des *auto-réglage*, der Selbstregulierung, funktioniert. Technokraten von je begrenzter Einsicht halten das unendlich komplexe System in Gang. Der Besitzer ist auf die Rolle des bloßen Repräsentanten zurückgestuft: »Was bin ich? Ein Hut auf der Stange. *Mit trauriger und sanfter Miene, fast senil.* Das größte Unternehmen Europas... Eine ganze Organisation, nicht wahr, eine ganze Organisation ...« (I, 2).

Des Vaters innerfamiliäre Macht genügt aber noch, Werner, seine schwächliche Kopie, zum Schwur auf die Lutherbibel zu zwingen, dieses Herrenhaus, den Ort seiner totalen Abhängigkeit, bis zu seinem Lebensende zu bewohnen.

Werners Frau Johanna revoltiert gegen diese auch sie versklavende Sequestration, bringt den ältesten Sohn des Hauses, Franz, dessen trauerumflorte Photographien den Salon zieren, ins Machtspiel, enthüllt, daß sie weiß, daß er nicht vor drei Jahren in Argentinien gestorben ist, sondern sich seit 1946 in seinem Zimmer verbarrikadiert hat. Ihr Leben soll nicht durch ihn determiniert werden.

Sie setzt damit einen Detektionsprozeß in Gang, der erst im fünften Akt an sein Ende gelangen wird. Wie bereits in *Les mains sales / Die schmutzigen Hände* bedient sich Sartre auch in den *Eingeschlossenen* der dramaturgischen Technik der Rückblende, um die Motivation früheren Handelns bloßzulegen, Verfälschungen aufzudecken, Verdrängungen aufzuheben.

Der erste Sprung in die Vergangenheit führt in das Jahr 1941. Franz, fassungslos angesichts des Faktums, daß sein Vater den Nationalsozialisten Firmengelände überließ, auf dem sie ein Konzentrationslager errichten konnten, stellt entsetzt fest, daß er gegenüber den geschundenen Zwangsarbeitern Abscheu und Ekel empfindet. Um sein eigenes Konzept humaner Freiheit zur Geltung zu bringen, um seinen Vater und das faschistische Regime herauszufordern, versteckt er einen aus dem KZ entkommenen polnischen Rabbiner in seinem Zimmer. Er muß mit ansehen, wie dieser von der SS, die sein Vater über den Vorfall unterrichtet hat, erschlagen wird. Dank seiner exzellenten Verbindungen zu Göring, der den Rüstungsmagnaten für seine Kriegsmaschinerie braucht, gelingt es dem Vater, die idealistische Tat des Sohnes auf die Stufe einer »Unbesonnenheit« (I, 2), eines ›Dummejungenstreichs‹ herunterzutransponieren.

Franz erfährt sich als ohnmächtig klein, als *impuissant*, macht- und bedeutungslos, nichtig. Die ihm von der lutherischen Erziehung eingebrannte Idee, der Einzelne müsse stets nach seinem Gewissen entscheiden, das Gute wählen, erscheint ihm nun als blankes Konstrukt angesichts der Tatsache, daß sein Vater nach den völlig situationsabhängigen, auf kurzfristige Wirkung abgestellten, eigentlich amoralischen Kategorien *richtig* oder *falsch* handelt – und damit Erfolg hat. Die Angst, daß ihm die Konsequenzen seiner Taten gleichsam gestohlen, gänzlich zunichte gemacht werden können, wodurch er als weltgestaltendes Individuum genichtet wäre, wird Franz' weiteres Verhalten determinieren.

Um ein Mindestmaß ihrer eigenen Freiheit zu retten, muß Johanna, die einzige der dramatis personae, die nicht völlig in die Vorgeschichte eingeweiht ist, das Geheimnis ihres Schwagers zu ergründen suchen. Sie erfährt, daß er – nach den Ereignissen des Jahres 1941 von Göring zur Bewährung an der Front begnadigt – den Kontakt zur Familie abbrach, 1946 zurückkehrte, einen amerikanischen Besatzungsoffizier, der Leni vergewaltigen wollte, tätlich angriff, der Verurteilung dank der Beziehungen des ökonomisch immer noch oder schon wieder wichtigen Vaters entging, angeblich nach Argentinien auswanderte, wo er vor drei Jahren gestorben sein soll.

In Wahrheit aber inszeniert er in seinem Zimmer, noch immer seine alte Offiziersuniform tragend, einen nicht enden wollenden Prozeß gegen das 20. Jahrhundert. Vor dem Gerichtshof imaginärer Krabben, die er – Schillers Diktum »Die Weltgeschichte ist das Weltgericht« getreu – als Repräsentanten des dritten Jahrtausends phantasiert, enthüllt er die Motive seines Handelns. Zwei Ziele habe er verfolgt: zunächst den Krieg für Deutschland gewinnen, danach mit Hitler abrechnen. Der Sieg der Alliierten beraubte ihn der Folgen seiner Taten. Er, der einst opponiert hatte, identifiziert sich nun völlig mit Göring, dessen Verurteilung beim Nürnberger Kriegsverbrecherprozeß auch seine eigene Verdammung impliziert. Sie erscheint ihm als total ungerechtfertigt, haben doch die Alliierten durch den Abwurf der Atombombe auf Hiroshima und die noch immer andauernde Verwüstung Deutschlands – Tausende zerlumpter Kinder verhungern in Ruinenstädten – viel größere Schuld auf sich geladen als das Hitlerregime.

Franz, zwischen Furcht und lutherisch-hochmütiger Selbstgewißheit oszillierend, stilisiert sich zum einzigen Zeugen seines saeculums vor dem Gericht ferner Nachwelt, wirft sich zum Verteidiger des Jetzt und zum Ankläger der Zukunft auf, die aus seiner Perspektive lediglich inhuman sein kann, haben doch hirnlose Schalentiere die Macht übernommen. Seine Aussagen und Plädoyers spricht er auf Tonbänder. Nicht nur die formale Nähe zu Samuel Becketts im selben Jahr 1959 in englischer Sprache publiziertem Stück *Krapp's Last Tape*, auch viele inhaltliche Elemente scheinen *Die Eingeschlossenen von Altona* in den Umkreis des absurden Theaters zu rücken.

Franz' angstbesetztes Gefühl – »wir leben unter ständiger Bewachung« (II, 1), – ist dem dumpfen Empfinden Wladimirs und Estragons verwandt, die sich unter den Augen Godots und anderer ähnlich undefinierbarer Mächte als ewig zum Warten verurteilte Objekte erfahren.

FRANZ: Heute abend wird die Geschichte stillstehen. Zack! Die Explosion des ganzen Planeten steht auf dem Programm, die Wissenschaftler haben den Finger auf dem Knopf, adieu. (IV, 3).

Der Abstand dieses Katastrophenszenarios zu Becketts Weltsicht scheint eingeebnet, ist doch bei dem irischen Autor – wie Adorno trefflich formuliert – »der Weltuntergang diskontiert, als wäre er selbstverständlich... Von der Geschichte erscheint bloß noch deren Resultat als Neige.«

Die Frage, ob die folgenden Aussagen von Sartre oder Beckett stammen, dürfte, fügte man nicht die jeweilige Fundstelle bei, schwer zu beantworten sein.

FRANZ: Nichts hat sich verändert, nichts ist geschehen. (II, 5).

HAMM: Ich bin nie dagewesen (...) Ich bin nie dagewesen (...). Abwesend, immer. Alles ist ohne mich geschehen. Ich weiß nicht, was vorgegangen ist.

FRANZ: (...) ich habe nichts getan. Nichts! Nichts! Niemals. (IV, 3).

Das jeweilige Individuum erlebt sich nicht mehr als Handelnden in der intentionalen Veränderung von Welt, sondern, da es nirgends Spuren erkennen kann, die von ihm herrühren, als Abwesenden.

Während Becketts Figuren die eigene Ohnmacht als prästabiliertes Datum annehmen, wird sie von Franz nur wieder und wieder behauptet. In Wahrheit bedarf er, da das seinen eigenen Hirngespinsten entstammende Krabbentribunal keine selbständige Subjektivität besitzen kann und nie in der Lage sein wird, ihm objektiv zu antworten, der Absolution durch ein menschliches Bewußtsein, das bereit ist, ihn umfassend zu diskulpieren. Leni, seine Schwester und lange Zeit einzige Kontaktperson zur Außenwelt, ist für die zugedachte Aufgabe immer weniger geeignet, da ihre inzestuöse Liebe zum Bruder beide miteinander verschmilzt, den Abstand aufhebt, den die Richterposition zwingend erfordert.

So muß Franz alle Hoffnungen auf seine Schwägerin Johanna setzen. Ihre Enttäuschung über Werner, den dem Vater gar zu gefügigen Ehemann, macht sie empfänglich für die

Aura rauher Virilität, die Franz umgibt. In ähnlicher Weise war schon Jessica, die ihrer bourgeois-unerfüllten Existenz überdrüssige höhere Tochter, dem Tatmenschen Hoederer in *Die schmutzigen Hände* verfallen. Franz qualifiziert Johanna als seelenverwandte Eingeschlossene, zieht sie nach und nach in die Welt seiner Wahnvorstellungen hinein, bringt sie zu der Aussage: »Das ist ein Handel: ›Geh du auf meine Verrücktheit ein, dann gehe ich auf deine ein.‹« (II, 6). Schon in Sartres früher Novelle *La chambre / Das Zimmer* mißlang das Delirium zu zweit, da für ihn psychische Krankheit das Ergebnis einer frei gewählten Entscheidung darstellt, die – wie ein Handel auch – jederzeit revoziert werden kann.

Franz, von Zweifeln geplagt, ob sein Krabbengerichtshof ihn je wahrgenommen hat, möchte Johanna als alleinige Richterin einsetzen, die er zugleich zu faszinieren und zu bestechen hofft. Er hypostasiert sie – religiöse Metaphorik geht allen lutherischen Gerlachs mühelos vom Munde – zum Neuen Testament.

FRANZ:	Du wirst die Zukunft sein und die Gegenwart, die Welt und ich selbst; es wird nichts geben außer dir: du wirst mich die Jahrhunderte vergessen lassen, ich werde deine Blicke auffangen, und ich werde dich antworten hören; eines Tages, vielleicht erst nach Jahren, wirst du meine Unschuld erkennen, und ich werde es wissen. Was für ein hohes Fest: du wirst mir alles sein, und alles wird mich freisprechen. *Pause.* Johanna! Ist das möglich? *Pause.*
JOHANNA:	Ja.
FRANZ:	Kann man mich noch lieben?
JOHANNA	*lächelt traurig, aber mit tiefem Ernst:* Leider. (...)
FRANZ:	Und wenn du aufhörtest, mich zu lieben? Wäre das nicht ein Gericht? Das Jüngste Gericht?
JOHANNA:	Wie könnte ich?
FRANZ:	Indem du erfährst, wer ich bin...
JOHANNA:	Ich weiß es schon. (IV, 2).

Die bewußte Opferung des freien Willens, die Erhöhung des Anderen zum zeitenthobenen Faszinosum führt notwendig in die Inauthentizität, kann keine Lösung sein, zumal Franz seinen Lebensbericht geschönt hat.

Leni, die Franz als ihr Eigentum nicht an Johanna verlieren will, zwingt ihn aus verletzter Liebe und Eifersucht, bis ans Ende seiner Vorgeschichte zu gehen, sich als Folterer zu offenbaren.

Der unüberbrückbare Abstand der *Séquestrés d'Altona* vom absurden Theater wird deutlich, vergleicht man die unterschiedlichen Konzepte von Schuld, die beiden zugrundeliegen. Für Beckett macht die Erbsünde des bloßen In-der-Welt-Seins individuelle Schuld im Bereich des Sozialen bedeutungslos.

HAMM:	All jene, denen ich hätte helfen können. *Pause.* Helfen! *Pause.* Retten! *Pause.* Sie kamen aus allen Ecken. *Pause. Gewaltsam.* Aber bedenkt, bedenkt, ihr seid auf der Erde, da gibt es keine Rettung!

Angesichts der Tatsache, daß die Welt a priori heillos ist, werden die bei Beckett als Rudimente erhaltenen Herr-Knecht-Verhältnisse zwischen Pozzo und Lucky, Hamm und Clov ihrer möglichen, in der literarischen Tradition vielfach beglaubigten Sprengkraft beraubt. Die Konfiguration Herr-Knecht, die seit dem 18. Jahrhundert zugleich zur Veranschaulichung und zur Infragestellung sozialer Hierarchie herangezogen wird und die Veränderbarkeit dieser Interdependenz zum Ausdruck bringt, verliert ihren Sinn.

Franz' Eingeständnis, er habe 1943 bei Smolensk zwei russische Bauern gefoltert, hebt die zuvor von ihm so wortreich behauptete Absurdität auf. Die absurdistischen Glaubenssätze »Rien à faire«/»Nichts zu machen«, »Quelque chose suit son cours«/»Etwas geht seinen Gang« werden falsifiziert. Im Akt der Folterung hat Franz seine einst so schmerzlich erfahrene *impuissance* in ihr grausiges Gegenteil verkehrt: Um sich selbst als Subjekt empfinden zu können – und sei es auch nur für ein einziges Mal – hat er die brutalste Form der Herrschaft des Menschen über den Menschen gewählt. Endlich begreift sich Franz nicht mehr als Zeugen, Verteidiger oder Ankläger, sondern als das, was er ist: als Angeklagten. Der erste seiner Gründe für die Sequestration besteht nicht mehr. Den zweiten, seinen Glauben, Deutschland liege noch immer in Trümmern, werde von den Siegermächten schamlos ausgeraubt, entzieht ihm Leni in einer geschickten Inszenierung. Wohl wissend, daß religiöse Rituale – und sei es auch auf der Schwundstufe – alle Gerlachs unweigerlich faszinieren, bringt sie Franz einen Geburtstagskuchen mit seinem Namen in rosa Zuckerguß. Er wird ihn zur Kontrafaktur des Abendmahls mißbrauchen.

FRANZ:	*schneidet zwei Scheiben von dem Kuchen ab:* Das ist mein Leib. *Er gießt Sekt in zwei Gläser.* Das ist mein Blut. (IV, 8).

Der hochfahrend-blasphemischen Identifikation mit Christus, dem letzten Akt der Selbsterhöhung, folgt die radikale Desillusion. Leni wirft die *Frankfurter Allgemeine* auf den Tisch und sagt: »Man spricht von uns«.

FRANZ:	Von dir und mir?
LENI:	Von der Familie. Sie machen eine Artikelserie: ›Giganten, die Deutschland wieder aufbauten‹. Ehre, wem Ehre gebührt; sie fangen mit den Gerlachs an.
FRANZ:	*kann sich nicht entschließen, die Zeitung zu nehmen:* Ist Vater ein Gigant?
LENI:	*zeigt auf den Artikel:* So sagen sie, du brauchst es nur zu lesen: sie sagen, daß er der Größte von allen ist. *Franz nimmt die Zeitung mit heiserem Knurren; er schlägt sie auf.* (IV, 8).

Der Sohn wird sich dem Vater zum entscheidenden Gespräch stellen, in dem es um die Frage der jeweiligen Schuld gehen muß.

Die Aufdeckung von Franz' Folterakt sprengt das scheinbar exklusiv deutsche Dekor. Französische Soldaten foltern in Algerien, begehen Greueltaten – so schreiben Sartre und andere Autoren – aus genau dem gleichen Ungeist wie die Nazis, die französische Widerständler doch vor einem guten Jahrzehnt bekämpft hatten. Der Faschismus hat in Frankreich Wurzeln geschlagen.

In einer Diskussion mit Arthur Adamov, Michel Butor und anderen über das Thema »Kann das Theater sich mit der politischen Aktualität auseinandersetzen?«, hat Sartre am 13. Februar 1958 auf das Problem der Zensur hingewiesen: »Ich glaube nicht, daß man ein Stück gegen den Algerienkrieg schreiben könnte. Aber ich glaube auch nicht, daß man ein Stück über die jetzige Generation schreiben könnte, ohne von diesem Krieg zu sprechen. Und wie sollte man von ihm sprechen, ohne jene zu erwähnen, die gesehen haben, wie gefoltert wurde, die zur Hälfte Komplizen waren, zur Hälfte angewidert und die jetzt schweigen. Man kann das Problem nur lösen, wenn man in die Tiefe geht, wenn man sieht, daß hinter allem ein Land steht, das die Leiden der Dekolonisation durchmacht, das sich in einer präzise zu beschreibenden ökonomischen Situation befindet.«

Aus dieser Perspektive verlieren Luther als Reformator und die Gerlachs als seine Opfer, Bismarck, nach dem französische Patrioten ihre ungeliebten Hunde nannten, der alte Hindenburg und Hitler ihre exotische Aura. Sartre bindet Luthertum und Puritanismus zusammen, greift die These von Max Weber auf, Puritanismus und Kapitalismus bedingten einander.

Der puritanische Protestant, unmittelbar zu Gott, hypostasiert Arbeit zum Gottesdienst, Luxus zur Sünde, sammelt Gewinn an, der nicht ausgegeben werden darf, investiert werden muß, fühlt sich durch seinen ökonomischen Erfolg je länger desto mehr transzendental gerechtfertigt. Im Zuge der sich herausbildenden Arbeitsteilung, des Auseinandertretens von Kapital und Arbeit, wird er zum *chef*, damit letztlich zum Ausbeuter, der Herrschaft über Menschen ausübt. Da er als Puritaner vorwiegend allgemeinen Ideen anhängt, wird sein Verhältnis zur Welt zusehends abstrakter, äußert sich in Maximen wie jener von Franz: »Ich werde alle Menschen auf einmal retten, aber ich helfe keinem allein.« (II, 5).

Die Klassengesellschaft, d.h. die strikte Trennung von Kapitaleignern und Eignern von Arbeitskraft, ist das Ergebnis des Kapitalismus. Sie muß, will das System überleben, exportiert werden: Der Kapitalismus bedarf des Kolonialismus. In seinem Aufsatz *Le colonialisme est un système* schreibt Sartre: »(...) der Kapitalismus selbst wird kolonialistisch. Jules Ferry wird sich zum Theoretiker dieses neuen Kolonialismus machen: ›Frankreich, das stets Überflüsse an Kapital besaß und diese in beträchtlichem Ausmaß ins Ausland exportierte, hat ein Interesse daran, die koloniale Frage unter diesem Gesichtspunkt zu betrachten. Für jene Länder, die wie das unsere zu großen Exporten berufen sind, stellt sich die Frage nach den aufnehmenden Märkten... Dort wo die politische Vorherrschaft liegt, liegt die Vorherrschaft der Produkte, die ökonomische Vorherrschaft.‹ Sie sehen, nicht Lenin hat als erster den kolonialen Imperialismus definiert, es ist vielmehr Jules Ferry, jene ›große Gestalt‹ der Dritten Republik.«

Ferry war Zeitgenosse Bismarcks, wie dieser unverhohlener Propagandist der ›Macht geht vor Recht‹-Theorie. Vater Gerlach begründet seine taktische Kollaboration mit den Nazis mit demselben ökonomischen Argument: »Gewiß – diese Leute da oben sind der Plebs auf dem Thron. Aber sie führen Krieg, um uns neue Märkte zu erschließen, und ich werde mich mit ihnen nicht wegen einer Terrainangelegenheit überwerfen.« (I, 2).

Was hier euphemistisch ›Terrainangelegenheit‹ genannt wird, meint die Errichtung des Konzentrationslagers. Konzentrationslager sind Orte zur Ausbeutung von Menschen, die man – zumeist aus rassistischen Gründen – zu ›Untermenschen‹ degradiert. Was für die Politik der Nazis galt, macht Sartre auch für die französische Kolonialpolitik geltend: »Eine der Funktionen des Rassismus besteht darin, den latenten Universalismus des bürgerlichen Liberalismus zu kompensieren: Weil alle Menschen die gleichen Rechte besitzen, macht man aus dem Algerier einen Untermenschen.«

Hat man eine wesensmäßige Differenz zwischen Menschen erster und zweiter Klasse konstruiert, erscheint Folter legitim. Die Duldung dieses fatalen Faktums macht alle Franzosen zu Komplizen, denaturiert sie, zwingt sie zu ununterbrochener Verdrängung.

Engagierte Literatur, schreibt Sartre in *Qu'est-ce que la littérature?* verfolgt die Absicht, einen Bewußtwerdungsprozeß einzuleiten: »(...) jedes Ding, das man benennt, ist schon nicht mehr ganz dasselbe, es hat seine Unschuld verloren. Wenn man das Verhalten eines Individuums benennt, enthüllt man es ihm: es sieht sich. Und da man es gleichzeitig allen anderen benennt, sieht es sich *gesehen* in dem Augenblick, in dem es sich *sieht*«, d.h. es erkennt sich selbst im Gefühl der Scham, wird seiner selbst bewußt, kann sich nicht mehr auf Unwissenheit berufen, muß *en connaissance de cause* handeln.

Die Handlung der *Séquestrés* entspricht auch von ihrer Dramaturgie her diesem Ansatz. Das Abarbeiten der Verdrängungen, die allmähliche Aufdeckung der Wahrheit reicht bis in den fünften Akt hinein. Heinrich Lausberg hat zu recht auf die strukturelle Nähe der *Eingeschlossenen* zu Sophokles' *Ödipus* hingewiesen. Zu ergänzen ist, daß der Sohn bei Sartre den Vater nicht erschlägt, sondern daß der Vater das Leben des Sohnes weitgehend determiniert hat. Die taktische Kollaboration des Vaters mit den Nazis und Franz' Folterakt sind die beiden Seiten derselben Medaille. Auf beiden lastet nicht Götterfluch, beide tragen individuelle Verantwortung, aber sie ist im Vergleich zu früheren Positionen Sartres eingeschränkt.

L'Etre et le néant hatte die totale Freiheit und zugleich die totale Verantwortlichkeit des Menschen gelehrt. Da es keinen Gott gibt, der den Menschen geschaffen, ihm eine Essenz, bindende Leitlinien für sein Verhalten gegeben hat, muß das Individuum dezisionistisch Werte setzen, in jedem Augenblick so handeln wie es glaubt, daß jedes Individuum handeln sollte. Aus dieser Perspektive wird der Einzelne für den Krieg verantwortlich, als habe er ihn selbst erklärt. Ganz in diesem Sinne versucht Franz noch zu Beginn jener Rückblende zu argumentieren, die ihn als Folterer entlarven wird.

> FRANZ: Der Krieg war mein Schicksal, und ich habe ihn aus ganzer Seele gewünscht. Ich handelte, endlich! Ich stellte mir neue Ordnungen auf; ich war mit mir im reinen (...) Ich werde den Krieg verantworten, als hätte ich ihn allein geführt, und wenn ich gewonnen habe, werde ich kassieren. (IV, 5).

Er hat verloren, verweigert lange die Verantwortung für seine Taten, und als er sie endlich akzeptiert, muß er sich von seinem Vater belehren lassen, daß idealistische Selbstgewißheit zum Anachronismus geworden ist.

Sartres *Kritik der dialektischen Vernunft*, die zur selben Zeit wie die *Eingeschlossenen* entstand und 1960 publiziert wurde, kann als philosophischer Kommentar des Stückes herangezogen werden. Ausgangspunkt aller Überlegungen ist die Erfahrung des Kalten Krieges, dessen unversöhnliches Blockdenken bürgerlich-kapitalistische und sozialistische Entwürfe hat erstarren lassen. Die Situation des Individuums läßt sich adäquat nur noch beschreiben, wenn man den Marxschen Entfremdungsbegriff verwendet.

Geschichte, eigentlich das Produkt menschlicher Praxis, erscheint nun als entmenschte Maschinerie, die sich gegen ihre Urheber wendet, sie zu Objekten kaum mehr zu durchschauender Prozesse zu erniedrigen droht. In seinem sozialen Feld, das durch fortgeschrittene Arbeitsteilung, die Entfremdung des Produzenten von seinem Produkt und die Bedingungen der Ausbeutung charakterisiert ist, muß der Mensch gegen *le pratico-inerte*, das zäh-klebrige Praktisch-Träge ankämpfen, das seine Freiheit ersticken will. Der Einzelne bleibt Praxis, d.h. Entwurf, ständiges Sich-selbst-voraus-, Über-sich-selbst-hinaus-Sein, Veränderer und Sinnstifter, sein Ziel ist die *totalisation*, die Schaffung eines Ganzen in der Zukunft, auch wenn dieses Ganze nun als Einheit von Freiheit und Notwendigkeit zu denken ist.

Der wichtige erste Arbeitsschritt der *Kritik der dialektischen Vernunft*, die Strukturen der zeitgenössisch gegebenen Verhältnisse auf ihre »konkrete Entstehungsart aus ihren Elementen und schließlich ihre totalisierende Einwirkung auf die Elemente, die sie gebildet haben« zu untersuchen, wird auch in den *Séquestrés* geleistet.

Die Entwicklung des Kapitalismus hat den selbstgewissen Einzelnen entmachtet, ihn auf die Funktion eines Symbols reduziert. Klarsichtig bezeichnete der Vater sich im ersten Gespräch mit Werner als »Hut auf der Stange«; in der letzten Unterhaltung mit Franz beschreibt er den Übergang von der sogenannten ›heroischen‹ Phase des Kapitalismus, in der es noch auf den *chef* ankam, zum *auto-réglage* des Systems, zur Technokratie.

DER VATER: Mein armer Kleiner! Ich wollte, daß du das Unternehmen führst, nach mir. Nun führt das Unternehmen uns. Es wählt sich seine Männer. Mich, mich hat es ausgeschlossen: ich besitze, aber ich befehle nicht mehr. Und dich, kleiner Prinz, dich hat es abgelehnt, vom ersten Augenblick an: wozu braucht es einen Prinzen? Es formt und wählt sich seine Geschäftsführer selbst. (V, 1).

Jene *impuissance*, die Franz so schmerzlich als Nichtung seiner Individualität erfuhr, die er durch die Folterung gewaltsam zu kompensieren suchte, ist fast zum allgemeinen Gesetz geworden. Franz und dem Vater bleibt nur noch ein Ausweg: der gemeinsame Selbstmord. Sie waren Eingeschlossene, weil sie ihre Vergangenheit gegen den Zugriff der Außenwelt abschotten mußten, Eingeschlossene aber auch – und dies gilt in gleicher Weise für Leni, Johanna und Werner –, weil sie den jeweils Anderen für ihre egoistischen Ziele als Mittel zum Zweck, als Objekt, benutzten.

Der einzig erfolgversprechende Weg in die Zukunft besteht, so argumentiert Sartre in der *Critique de la raison dialectique*, in der Kreation eines *nous-sujet*, eines Subjekt-Wir, das sich am Ende von *L'Etre et le néant* schon vage andeutete, nun genauer beschrieben wird. Das *Subjekt-Wir* einer Gruppe zeichnet sich dadurch aus, daß jedes Mitglied der Gruppe zu den anderen Mitgliedern eine Beziehung der Gegenseitigkeit entfaltet, die frei von hierarchisierten Abhängigkeiten ist, gegenseitiges Verstehen und Transparenz ermöglicht. Das Ziel der Gruppe besteht in der Aufhebung der Entfremdung, in der Realisierung des Reichs der Zwecke, in der Schaffung einer Gesellschaft, in der der Mensch nicht über den Menschen herrscht: »(...) es ist die erlebte Gewißheit meiner eigenen Freiheit, insofern sie die Freiheit aller ist, welche mir das Bedürfnis nach einem freien Leben gibt und zugleich die Gewißheit, daß dieses Bedürfnis – mehr oder minder bewußt – von jedem Menschen geteilt wird. Die kommende Revolution wird sehr verschieden sein von allen vorangegangenen, sie wird viel länger dauern, sie wird viel härter sein, viel tiefer gehen (...) Ich sage nur, daß mindestens fünfzig Jahre Kampf nötig sein werden (...) bis man zu einer neuen Gesellschaft kommen wird, in der alle Macht abgeschafft sein wird, weil jedes einzelne Individuum im vollen Besitz seiner selbst sein wird. Die Revolution ist nicht der Augenblick, in dem eine Macht durch eine andere gestürzt wird, sie ist ein langer Prozeß der Überwindung der Macht.«

Sartre hat die Wirkabsicht seines und des Brechtschen Theaters als gleichgerichtet beschrieben: »Das Ideal des Brechtschen Theaters bestünde darin, daß das Publikum sich wie eine Gruppe von Ethnologen fühlte, die plötzlich auf einen wilden Volksstamm trifft, sich ihm nähert und sich plötzlich sagt: diese Wilden, das sind wir. In diesem Augenblick wird das Publikum zum Mitarbeiter des Autors, dadurch daß es sich erkennt – und zwar in der Fremdheit – als sei es ein anderer; es bringt sich so ihm selbst gegenüber als Objekt zur Existenz, es sieht sich, ohne sich zu inkarnieren, also sich selbst verstehend.«

Die *Séquestrés d'Altona* sollten das französische Publikum, dem die Zensur Scheuklappen begrenzter Wahrnehmung vorschrieb, zu der Erkenntnis führen, daß das braune deutsche Gewand auch in Frankreich getragen werden kann, daß keine Gesellschaft vor dem

Faschismus und dem ihm inhärenten Rassismus gefeit ist. Die vom Autor intendierte Reaktion des Publikums auf das Stück soll in der Erkenntnis der eigenen Schuld bestehen, dem Ausbeutungssystem des Kolonialismus direkt oder indirekt, durch aktive Folterung oder durch passive Duldung, Vorschub geleistet zu haben.

Die Personenkonfiguration der *Eingeschlossenen von Altona* bietet keinen Raum für die Gruppe, von der Sartre die künftige Revolution erwartet. Im Vergleich mit der *Critique de la raison dialectique* ergibt sich also eine Leerstelle. Leerstellen haben Appellcharakter, fordern zur je eigenen Füllung durch die Rezipienten auf.

Engagierte Dramen, die sich bewußt auf die Aktualität einlassen, um an ihrer Veränderung mitzuarbeiten, haben – so lehrt die Erfahrung der Literaturgeschichte – eine kurze Halbwertzeit. Auch die *Séquestrés d'Altona*?

Marguerite Yourcenar: »Mémoires d'Hadrien«

Gunther Gottlieb / Hans Vilmar Geppert

Marguerite Yourcenar – der Name ist ein Anagramm für de Crayencour – lebte von 1903 bis 1987. Weitaus die meiste Zeit ihres Lebens verbrachte sie, von der Kindheit und zwei mehr oder weniger erzwungenen Phasen der Ruhe abgesehen, auf Reisen. Sie schrieb ein umfangreiches Werk, Romane, Erzählungen, Lyrik, Dramen, Biographien, Essays, erhielt mehrere Literaturpreise und wurde 1980 als erste Frau in die Académie Française gewählt. Ihr Roman *Mémoires d'Hadrien*, eine fiktive, ja »imaginäre« Lebensgeschichte des römischen Kaisers Hadrian (76–138), erschien 1951 und wurde, man denke nur an die Übersetzungen in über 20 Sprachen, ein Welterfolg.

1. Begegnungen mit dem »Nichts« und Erzählen der Geschichte

Abb. 1: Marguerite Yourcenar in ihrer Jugend

Lange Zeit freilich hatte es nicht danach ausgesehen. Der Plan zu diesem Buch hat die Autorin fast drei Jahrzehnte lang verfolgt. Einundzwanzigjährig, 1924, erarbeitete sie eine erste Fassung, von der sie einen Teil, *Antinoos*, 1926 einem Verlag anbot, erfolglos, bis sie 1929 das Projekt aufgab. Später will sie alle diese Manuskripte zerstört haben. Einen zweiten Versuch unternahm sie zwischen 1934 und 1937; davon soll ein einziger Satz übrig geblieben sein. 1939 begibt sich Marguerite Yourcenar auf eine Reise in die USA, eine Reise, die sich durch den Ausbruch des Krieges in eine Art Exil verwandelt, und dies wird dann auch, von wenigen Essays und Gedichten abgesehen, eine Phase literarischen Verstummens werden. »Enfoncement dans le désespoir d'un écrivain qui n'écrit pas«/»Versinken in der Verzweiflung eines Schriftstellers, der nicht schreibt« (324) hat sie später lapidar über diese Zeit geurteilt. Im Januar 1949 wurde ihr aus Europa ein Koffer nachgeschickt, der unter anderem auch mehrere Bündel alter Briefe und Briefent-

Abb. 2: Marguerite Yourcenar 1980

würfe enthielt, und am 24. Januar setzte sie sich an den Kamin ihrer Wohnung in Hartfort Connecticut – sie lebte dort mit ihrer Lebensgefährtin Grace Frick und arbeitete als Dozentin für französische Sprache und Literatur sowie für Italienisch im 150 km entfernten Sarah Lawrence College; das bedeutete konkret: Montag um vier Uhr aufstehen, lange Bahnfahrt, dann bis Mittwochabend Unterricht, darunter auch Anfängerklassen und Vorlesungen über Literatur für Hörer, die die Texte in der Regel nicht gelesen hatten, und Donnerstag wieder zurück –, sie setzte sich also an den Kamin, um zu sichten und zu verbrennen. Dabei hatte sie auch ein paar Blätter in der Hand, die mit der Anrede »Cher Marc« begannen. »De quel ami, de quel amant, de quel parent éloigné s'agissait-il?«/»Um welchen Freund, Geliebten, entfernten Verwandten handelte es sich?« (327) Sie konnte sich an niemanden erinnern, und es dauerte ein paar Augenblicke, bis ihr klar wurde, daß »Marc« für Marc Aurel steht und daß sie einen Teil des aufgegebenen Manuskripts vor sich hatte. Von diesem Moment an wußte sie, daß sie diesen Roman um jeden Preis, »coûte que coûte«, schreiben mußte. Das ist eine ganz negative Erfahrung von Zeit und Person. Deren Grenzen werden plötzlich überschritten: Marguerite ist Hadrian, aber nur und genau im Augenblick des Nichtwissens, wer dieses Ich, wer der andere ist.

Die Niederschrift des ersten Kapitels verlief ähnlich spektakulär. Vom 10. bis 12. Februar 1949 reiste Marguerite Yourcenar im Zug von New York nach Santa Fe und so, Tag und Nacht hindurch, ohne die Außenwelt nennenswert wahrzunehmen, als reise sie unter der Erde (»in einem Hypogäum«, Savigneau 236), schrieb sie buchstäblich »in einem Zug«. Diese räumliche und zeitliche Suspension, abgeschlossen und unfest, entspricht durchaus der

»leeren« Grenzüberschreitung von Zeit und Ich im »Cher Marc«-Moment. Wenn man von Osten nach Westen oder umgekehrt reist, verschiebt sich ja auch die persönliche Lebenszeit gegenüber den Konventionen der gemessenen Zeit, man scheint sich ein wenig zu verjüngen oder etwas schneller zu altern. Haben wir hier nicht vor uns so etwas wie eine fast alltägliche, aber reale Verdichtung jener »Zeitaporie«, daß Lebenszeit und Weltzeit differieren, und jenes Eintretens in eine Erzählzeit, metaphorisch eine »Zeitreise«, die nach Paul Ricœur eine Ursituation des historischen wie des fiktionalen Erzählens bilden? Auf alle Fälle gilt dies seit je für den historischen Roman (schon im ersten Paradigma der Gattung, Walter Scotts *Waverley*, 1814, »reist« der Leser mit dem Helden in die Vergangenheit, und die historischen Veränderungen geschehen, während der Held krank und von der Außenwelt abgeschlossen ist; und genau darum können sie ihn danach buchstäblich »gefangennehmen«). Auch den Helden dieses Romans, erst recht den von *L'œuvre au noir* (1968; deutsch *Die schwarze Flamme*), Marguerite Yourcenars anderem historischen Roman, wird es tief prägen, daß ihre persönliche Zeit (»ma chronologie bien à moi, impossible à accorder«, 34) nicht mit der Zeit um sie her übereinstimmt. Auf alle Fälle hat diese Situation der nahezu »leeren«, von Ereignissen und Erfahrungen freien Reise, der räumlichen und zeitlichen und personalen Suspension, auf Marguerite Yourcenar stimulierend gewirkt.

Denn worum geht es in den ersten Seiten der *Mémoires d'Hadrien*? Von historischen Ereignissen oder Fakten ist überhaupt nicht, von einem römisch-antiken »Raum« lediglich in den Namen und wenigen Details (»Tunika«, »Badesklave«) die Rede. Was zur Sprache kommt, Krankheit, Jagd, Sport, Essen, Liebe, Schlaf und immer der Gedanke an den Tod, ist so allgemein gehalten, gehört so ursprünglich zur »condition humaine«, zum menschlichen Dasein, daß es zu vielen anderen, wenn nicht zu allen Zeiten relevant wäre. Man hat beispielsweise immer wieder den Eindruck, Montaigne zu lesen. Das ist offensichtlich beabsichtigt, denn es geht so bis zur ersten, sehr klaren historischen Markierung etwa nach 35 Seiten: »Le règne de Domitien s'achevait«/»Die Zeit Domitians ging zur Neige« (47/39). Marguerite Yourcenar erzeugt zunächst jene zeitliche Unbestimmtheit, mit der etwa auch Bert Brechts *Caesar*-Roman (1939) beginnt – ein sanft ansteigender Weg zu einer schön gelegenen Villa, in den Feldern und Weinbergen wird gearbeitet –, eine Überallzeit, die die Leser die Grenze von Fiktion und Historie, den »Hiatus« zwischen beiden, sowohl wahrzunehmen als auch zu überschreiten auffordert.

Aber Yourcenar formuliert diese Grenze radikaler, fundamentaler für alle Selbst- und Realitätserkenntnis. Es geht in den alltäglichen Erfahrungen, mit denen der Roman beginnt, und auch Krankheit und Tod werden genauso gelassen besprochen, um Begegnungen mit dem Nichts (»nos rencontres avec le néant«, 28) und um Erfahrungen, die das Ich transzendieren, Erfahrungen »de l'Autre«. In diesem Sinne verwandelt die Krankheit das »Ich« (»le moi«) in einen Klumpen Gewebe, und der Körper wird zum unfaßbaren Wesen (»monstre«), »das seinen Herrn auffressen wird«. Andererseits bedeuten uns etwa die körperliche Bewegung und alle Formen der Sinnlichkeit, selbst wenn wir nur in eine Frucht beißen und uns so »einen schönen, lebenden, fremden Gegenstand einverleiben« (12), bedeutet dies ganz unidealistisch direkt an der Materie und dem Leben selbst teilzuhaben, ein Stück weit außerhalb von uns selbst zu sein, wie »der Schwimmer, der Welle wird«. Der Schlaf erquickt und ist lebensnotwendig, aber er löscht auch aus (»éclipse totale«), entfremdet (»se retrouver autre«) und macht uns täglich zu einem »homme vide, cette existence sans passé«/»leeren Menschen, einem Dasein ohne Vergangenheit« (26): »chaque nuit nous ne sommes déjà plus«/»jede Nacht sind wir bereits nicht mehr« (28). Und insbesondere kommen die Liebe und der Tod, so Hadrian/Yourcenar, darin überein, daß sie uns über uns hinausführen und uns »in die Gegenwart des anderen stellen« (»nous place en présence de l'Autre«, 20), einem Etwas, »das wir nicht sind« (»ce qui n'est pas nous«, 22). »L'Autre«, der/das andere kann der Geliebte sein, wie in diesen Zitaten; aber auch der Tod wird ganz personal angesprochen: »je commence à apercevoir le profil de ma mort«/»ich nehme allmählich den Umriß meines Todes wahr« (13), das ist jener einzige Satz, der von der früheren Fassung stehengeblieben sein soll.

Man versteht vielleicht, warum Marguerite Yourcenar einen Stich von Piranesi vom Kanopus der Villa Hadriana (s. Abbildung) geradezu für ein Emblem ihres Erzählunternehmens hielt: »Ein runder, wie eine Schädeldecke aufgeplatzter Bau, aus dem unbestimmtes Buschwerk wie Haarsträhnen hängt. Das fast mediale Genie Piranesis hat in ihm die Halluzination, die langen Pfade der Erinnerung, die tragische Architektur einer inneren Welt gewittert.« (*Ich zähmte die Wölfin*, 286) Die tote, geborstene, aber heiter-harmonische Schale der antiken Architektur und die lebendig-wuchernden, aber dunkel melancholischen »Gedanken«, die aus ihr herauswachsen, negieren sich wechselseitig. Jeder Rekonstruktion ist die Tragik nicht nur ihrer Unmöglichkeit eingeschrieben, sondern eben auch die ihrer negativen Voraussetzungen. Die Erfahrung des Nichts, »nos rencontres avec le nèant«, sind die Voraussetzung zur Erfahrung des »anderen«, in der Geschichte, im Erzählen, in der Erkenntnis menschlicher Existenz wie im Studium seiner selbst. Das gilt inhaltlich für die ersten Reflexionen des Hadrian-Romans ebenso wie für Hadrians Entschluß allgemein, im

Abb. 3: Piranesi, Kanopus der Villa Hadriana

Bewußtsein des baldigen Todes sein Leben zu erzählen und zu durchdenken; und diesen Gedanken haben beide gemein mit Marguerite Yourcenars eigenen, von ihr selbst als so wichtig angesehenen Initiations-Erfahrungen. Auch hier hatten die Suspension von Raum, Zeit und Ich, die Erfahrung des Nichtwissens und der Nichtidentität, den Zugang zum Geschichts-Erzählen geöffnet.

Man kann das für banal halten, alltäglich eben, wie das Essen oder den Schlaf, oder für hermeneutisch, erkenntnistheoretisch, ja existentiell bedeutsam. Auf alle Fälle, darauf scheint die Verfasserin von Anfang an Wert zu legen, ist dieser höchst gelehrten, sensiblen und gedankenreichen Verlebendigung eines antiken Lebens das Wissen um deren Unmöglichkeit, um die Differenz von Fiktion und Historie, immer eingeschrieben. Die Stimme Hadrians spricht zu uns durch einen schalltoten Raum hindurch, so daß wir nie genau wissen sollen, wen wir hören. Hinter dieser fast idealen Verkörperung von Humanität steht der Horizont ihres Scheiterns. Wenn die Distanz von Gegenwart und Vergangenheit metaphorisch überbrückt wird – das klingt jetzt etwas technisch: Hayden White hat die Erzählformen von Geschichte als rhetorische Tropen kategorisiert –, so wird sie zugleich »katachrestisch« im Bewußtsein der Differenz bzw. »ironisch«, Setzung und Vernichtung, Ja und Nein zugleich, getrennt usw. Auf alle Fälle gilt für Marguerite Yourcenar gerade nicht: »Hadrien c'est moi«/»Hadrian, das bin ich«. »Ces notes ne cernent qu'une lacune«/»Diese Notizen umkreisen nur eine Lücke«, eine Leerstelle, würde man heute sagen, die mein eigenes Leben ist, notiert sich die Autorin; vielmehr geht es umgekehrt darum, »nicht nur den Abstand, der mich von Hadrian trennte, zu überwinden, sondern vor allem jenen zu mir selbst«, »combler [...] la distance [...] qui me séparait de moi-même« (326). Anders gesagt, gerade indem sie sich die Grenzen ihres Projekts klarmachte, konnte sie sich vollkommen darauf einlassen.

Marguerite Yourcenar hat ihr Projekt einmal »des Mémoires imaginaires« genannt. Die stets wirksame Skepsis gegenüber der Wißbarkeit des Gegenstandes ebenso wie gegenüber den eigenen Voraussetzungen, Gefühlen, dem eigenen Denken, das Bewußtsein der Trennung in der Empathie, wird ihr zum Ansporn, die Selbsterkundung wie die Erkundung des »anderen« immer weiter und tiefer voranzutreiben: »réconstitution passionnée, à la fois minutieuse et libre [...] d'un homme du passé«/»ein leidenschaftliches, zugleich minutiöses wie freies Wiederherstellen eines Menschen aus der Vergangenheit« (*Ton et langage dans le roman historique*. 1972, in *Essais*, 297). Die Erfahrung des Nichts also, wie sie auch im Projekt des nur »Imaginären« aufgehoben ist, hindert nicht, sondern ermöglicht erst die minutiöse und zugleich freie Konzentration auf den historischen Hadrian.

2. Bemerkungen zur Gliederung des Werkes und zu den Überschriften

Marguerite Yourcenar hat die *Mémoires d'Hadrien* in sechs Teile gegliedert und jeden Teil mit einer lateinischen Überschrift versehen. Diese Überschriften hat Yourcenar aus zwei etwa Ende des 4. Jahrhunderts entstandenen Werken, einer Hadrianbiographie und einer Sammlung kurzgefaßter Kaiserbiographien, sowie aus Münzlegenden und Inschriften genommen. Das erste Kapitel, Vorspiel und Einleitung, ist eine Marcus Aurelius gewidmete Meditation über die Kürze des Lebens und die Unausweichlichkeit des Todes. M. Aurelius, der nachmalige Kaiser desselben Namens, war seit seinem Knabenalter an Hadrians Hof besonders gefördert worden. Yourcenars Hadrian weiß, daß dieser M. Aurelius Kaiser werden wird, während in Wirklichkeit noch die Regierungszeit des Antoninus Pius (138–161) dazwischen lag. Die fünf Verse der Überschrift soll der sterbende Hadrian selbst geschrieben haben, wobei gut bezeugt ist, daß Hadrian sich literarisch betätigt hat. Er schrieb eine Autobiographie, die leider verloren ist, und Gelegenheitsgedichte, zu deren spärlichen Überbleibseln die von Yourcenar verwendeten Verse gehören:

»Meine kleine Seele, etwas unstet und schmeichlerisch,
Gast und Begleiter des Körpers,
die du nun dich entfernen wirst an andere Orte;
bist gar blaß, starr und nackt,
wirst nicht mehr, wie du es gewohnt warst, scherzen.«

Das zweite Kapitel behandelt die Regierung Kaiser Trajans, der Hadrian auf dem Sterbebett zum Nachfolger erwählte und den Aufstieg Hadrians zu höchsten zivilen und militärischen Positionen der senatorischen Laufbahn begünstigt hatte. Während dieser Zeit bildete Hadrian seine leidenschaftliche Vorliebe für Griechenland und die griechische Kultur aus. Außerdem begann er eine tief wurzelnde Freundschaft zu Trajans Ehefrau Plotina, die Hadrian schätzte und den sie mit mütterlicher Zuneigung bedachte. Die Überschrift ist ein Text aus der Epitome de Caesaribus, welcher sich auf Hadrians Charakter bezieht: varius, multiplex, multiformis – mannigfach begabt und gebildet, vielseitig, aber auch von unbeständiger und schwer zu ergründender Wesensart.

Das dritte Kapitel trägt die Überschrift ›Tellus Stabilita‹. Es handelt sich dabei um die Münzlegende ›TELLVS STABI‹, die mehrmals überliefert ist, und die man am besten zu ›TELLVS STABI[LITAS]‹ oder ›TELLVS STABI[LIS]‹ ergänzt. Die Münzen zeigen die personifizierte Gottheit Erde mit Pflugschar, Harke und Ähren. Bild und Umschrift verfolgten den Zweck, Hadrians reichsweite Bemühungen um die Hebung der Landwirtschaft zu propagieren. Frei übersetzt lautet die Überschrift: ›Die Erde ist dauerhaft und unveränderlich nährend.‹ Yourcenar behandelt in diesem Kapitel Hadrian als Friedenskaiser, insbesondere Beginn und Anlage seines Friedensregimentes. Die Überschrift des vierten Kapitels lautet ›SAECVLVM AVREVM‹ – ›Goldenes Zeitalter‹. Beschrieben werden die wenigen Jahre, während deren der etwa 50 Jahre alte Kaiser den Knaben Antinoos an seiner Seite hatte. Das fünfte Kapitel, ›DISCIPLINA AVGVSTA‹ – ›Kriegszucht und Staatsverfassung in der Obhut des Kaisers‹, ist dem Jüdischen Krieg, einem Ereignis, das schwere Erschütterungen hinterließ, der Suche nach einem Erben der Herrschaft und der beginnenden Krankheit gewidmet. Aus dem Jüdischen Krieg kehrte Hadrian, obwohl siegreich, in tiefem Weltschmerz zurück. Im letzten Kapitel, ›PATIENTIA‹ – ›Geduld‹, lebt Hadrian am Ende seines Lebens in der prachtvollen Kaiservilla in Tibur (heute die Villa Hadriana in Tivoli). Er läßt Aurelius Antoninus, dem er die Herrschaft übergeben will, zu sich kommen.

3. Hadrian in der wissenschaftlichen Literatur

Der berühmte englische Altertumsforscher Edward Gibbon beschrieb Ende des 18. Jahrhunderts die Zeit von Nerva bis Marc Aurel (96–180) mit folgenden Worten (Übersetzung nach dem englischen Originaltext in E. Gibbon: *Decline and Fall of the Roman Empire*. Nachdruck London 1980, vol. 1, S. 78): »Wenn jemand dazu aufgerufen wäre, die Periode in der Weltgeschichte festzulegen, in welcher die Bedingungen des Menschengeschlechts am glücklichsten und am gedeihlichsten eingerichtet waren, so würde er ohne Zweifel die Zeit vom Tode Domitians bis zum Regierungsantritt des Commodus nennen.« Dieses Urteil, das in Äußerungen von Zeitzeugen seine Entsprechung findet (denken wir nur an den Redner Aelius Aristeides), erfaßt eine Grundstimmung, welche im zweiten Jahrhundert insbesondere in den intellektuellen und gesellschaftlichen Eliten vorherrschte. Unter den Kaisern dieser Epoche verdient Hadrian aus verschiedenen Gründen besondere Aufmerksamkeit. Angesichts dieser ungewöhnlichen Ausgangslage fragen wir zunächst nach dem Hadrianbild in der wissenschaftlichen Literatur, anschließend nach dem historisch faßbaren Hadrian. Nehmen wir das 19. und 20. Jahrhundert, so markieren die Namen Theodor Mommsen und Karl Christ die extremen Positionen, zwischen denen sich die Bewertung unseres Kaisers bewegt. Mommsen beschrieb in seiner Vorlesung zur römischen Kaiserzeit Hadrian wie folgt: »Er war im ganzen keine erfreuliche Erscheinung; er hatte eine widerwärtige Art, ein gehässiges, feindseliges Naturell, das sich schwer an ihm gerächt hat.« Christs Urteil (*Kaiserzeit*, S. 317) dagegen lautet: »Hadrian war eine in sich widerspruchsvolle Persönlichkeit, ein hochgebildeter, empfindsamer, ewig unruhiger und immer neue Eindrücke suchender Mensch. Intellektuell erscheint er unvergleichlich lebendiger, aber auch spannungsreicher, sensibler und nervöser als Trajan.« Christs Wertung ist zugleich Wegweiser und Schlüssel zu den Ergebnissen der modernen Hadriananalyse: Mommsen würdigt Hadrians Leistungen für die Entwicklung von Städtebau, Rechtswesen und Grenzsicherung, aber er kann mit dem Friedenskaiser und der Intellektualität und Feinsinnigkeit Hadrians nichts anfangen, weil dem Rechtsgelehrten, Epigraphiker und Initiator der Reichslimeskommission der pflichtbewußte, das Recht fördernde, die Grenzen schützende und die militärische Disziplin streng durchsetzende Regent näher stand als der Philhellene, der von der griechischen Kultur begeisterte und allen Künsten gegenüber aufgeschlossene, den Frieden über alles achtende, für die geistigen Anliegen seiner Zeit offene, das lebhafte Kultur- und Zivilisationsbewußtsein der Zeit erfassende humanitäre Weltbürger. Generalisierend läßt sich sagen, daß Hadrian gern im Vergleich mit Trajan gesehen wird. Ein solcher Vergleich bietet sich an, weil Hadrian fast vom ersten Tag seiner Herrschaft an eine Wende vollzog und schon die Getreuen Trajans, die nur auf Eroberung und Krieg eingestellten Heerführer und Haudegen, schockierte und in offenen Widerstand trieb. Je stärker der kriegerische und auf imperiale Ausweitung von Roms Weltherrschaft zielende Trajan den Historikern, zumal den deutschen, imponierte, desto kritischer wird der innere Abstand zu Hadrian formuliert, desto teilnahmsloser bleibt die Würdigung. Allgemein gültige, aber natürlich zeitgebundene, bisweilen auch noch im Nachhall faszinierende Wertvorstellungen und Grundhaltungen des 19. und beginnenden 20. Jahrhunderts haben das Trajan- und Hadrianbild geprägt, und dazu geführt, daß der kriegerische Trajan lange bevorzugt wurde.

Abb. 4: Hadrian (117–138), Sesterz

Dieselben Gegensätze zwischen nüchterner Darstellung und Würdigung der Leistungen Hadrians auf der einen und einer von innerer Anteilnahme und Überzeugung geleiteten Hervorhebung der Herrscherpersönlichkeit und ihrer fast einzigartigen Besonderheiten äußern sich beispielsweise auch noch in den Urteilen der zeitgenössischen, jedem Studenten der Geschichte geläufigen Althistoriker Hermann Bengtson und Alfred Heuß. Während Bengtson sein Urteil, das den administrativen und militärischen Leistungen unter dem Gesichtspunkt distanzierter, sich objektiv gebender Darstellung durchaus gerecht wird, nur in karg und blaß wirkende Worte kleidet, ist Hadrian für Heuß ohne Zweifel ein sehr bedeutender Kaiser, der darüber hinaus zu den interessantesten Figuren der antiken Welt zählt. Gerade Bengtson entpuppt sich, wenn man die Abschnitte über Trajan und Hadrian im Zusammenhang liest, als schönes Beispiel dafür, wie sich auch in der formalen Objektivität die Subjektivität des Geschichtsschreibers verbirgt.

Man mag darüber streiten, ob es den Ruhm der Schriftstellerin erhöht, wenn der Historiker seine Eindrücke in dem Ergebnis zusammenfaßt, sie habe die feinsinnigste, lesenswerteste und einfühlsamste Hadrianbiographie geschrieben, wobei die bewußte, aber nicht ganz korrekte Verwendung des Gattungsbegriffs Biographie der Veranschaulichung dienen möge. Neutraler gesagt: Yourcenar hat das beste Hadrianbuch verfaßt. Das ist ihr auch dadurch gelungen, daß ihre *Mémoires d'Hadrien* auf einem ungemein ausführlichen Studium 1. der Quellen, aller Quellen einschließlich der Städte und Landschaften, der Bildwerke, Inschriften und Münzen sowie 2. der wissenschaftlichen Literatur vom 19. Jahrhundert bis etwa 1950 fußen. Sie hat sich ganz im Sinne historischer Forschung, und zweifellos mit Begeisterung und wissenschaftlichem Ehrgeiz und Ethos eine umgemein solide Grundlage erarbeitet. Wie der amerikanische Philologe Harry C. Rutledge in seinem 1989 erschienenen Buch *The Guernica Bull. Studies in the Classical Tradition in the Twentieth Century* schreibt (S. 104): »Yourcenar's novel, solidly founded on the sources, and on research available forty years ago ...« Das von Yourcenar entworfene literarische Porträt Hadrians, so Rutledge, entspreche ganz den Ergebnissen des von Herbert W. Benario 1980 herausgegebenen Kommentars zur vita Hadriani in den Scriptores Historiae Augustae (ebd., S. 104). Und Benario selbst rühmt Yourcenar »for being remarkably successful in evoking the character of the man« (*Commentary*, S. 13). Bekommt also Marguerite Yourcenar bei Philologen und Althistorikern so gute Noten, weil sie vorbildliche Quellen- und Literaturarbeit geleistet hat und daher den historisch erweisbaren Hadrian nachzeichnet? Ganz gleich wie der einzelne die Frage beantwortet, wir haben das Faktum als feste Größe. Ganz gleich, was der Roman vermittelt und wie er analysiert werden kann, Yourcenars Hadrian ist in den Grundzügen von Charakter und Persönlichkeit der historische Hadrian, die von ihr verarbeiteten Ereignisse, Zielsetzungen, Ideen und Kulturgüter sind die uns überlieferten.

4. Der historisch faßbare Hadrian

Damit kommen wir zu den Quellen und zum historisch faßbaren Hadrian. Natürlich kann es nicht darum gehen, Aufstieg und Regierung nachzuzeichnen. Vielmehr werden die aus den Quellen erkennbaren wichtigen Taten, die Schwerpunkte der Regentschaft sowie die Besonderheiten von Lebensweise, Charakter und Persönlichkeit zusammengestellt, um so gewissermaßen parallel zur Beschreibung der Urteile die Belege aus den Quellen zu liefern.

An literarischen Quellen haben wir außer einer, wir würden sagen, Überblicksdarstellung zur römischen Geschichte die ungefähr 30 Druckseiten umfassende schon mehrfach erwähnte Hadrianbiographie, zwei Kurzbiographien, eine kurz gefaßte Römische Geschichte und Briefe, dazu einige knappe Erwähnungen in unterschiedlichen Werken. Alle historiographischen Quellen sind nachhadrianisch, zwischen dem 3. und 5. Jahrhundert entstanden. Die Briefe hat ein Zeitgenosse Hadrians, der Erzieher Marc Aurels, geschrieben. Zahlreich sind die Inschriften und Münzen, wichtige Zeugnisse für Administration, Heerwesen, Sicherung der Grenzen, Rechtswesen, Baupolitik, Selbstdarstellung und Propaganda sowie für die Reflexion der kaiserlichen Selbstdarstellung in den Äußerungen der Untertanen, wo wir gleichsam Echo und Widerhall auf das vorgegebene Programm nachzeichnen können. Hadrians Maßnahmen nach innen betrafen Reform von Verwaltung und Rechtswesen einschließlich einer auf Sachlichkeit, Objektivität und Humanität ausgerichteten Rechtsprechung, die systematische Kodifizierung des Rechts, Förderung der öffentlichen Bautätigkeit in den Provinzen, Konsolidierung des städtischen Finanzwesens und der städtischen Selbstverwaltung, Eingriffe in die Steuerpolitik zugunsten der Untertanen, etwa am Anfang seiner Regierung durch Erlaß von Steuerschulden. Nach außen galt für Hadrian der Grundsatz, daß ein Regent nur Krieg führen solle, wenn dies unvermeidbar sei, weil Krieg in der Regel nicht dem Staatswohl diene. So rückte er in Reaktion auf die ungehemmte Expansionspolitik Trajans den Grenzschutz an die Stelle der Eroberungen. Damit diente er zugleich der Konsolidierung der Finanzen und der Einschränkung der Ausgaben. Die Schlagkraft des Heeres hat er trotzdem ständig erhöht. Er achtete peinlich auf einen hohen Standard von Ausbildung und Disziplin. Im Kreis der militärischen Führungsspitze war er jedoch ein intellektueller Fremdling. Der Durchsetzung all dieser Ziele dienten die regelmäßigen und ausgedehnten Reisen, die ihn in alle Reichsteile führten. Alle Maßnahmen spiegeln den Ernst und das Pflichtbewußtsein, mit denen er seine patronale Fürsorge wahrnahm. Seine Idee war eine Herrschaft unter dem Vorzeichen inneren und äußeren Friedens über eine im römischen Imperium vereinigte Menschheit.

Auf den Feldern der Innenpolitik und in Hinsicht auf Frieden ist Hadrian vieles gelungen, wofür auch die Resonanz aus der Reichsbevölkerung spricht, der Fehlschlag seiner Judenpolitik war jedoch eine düstere und schmerzende Erfahrung: eine Politik, welche die seit der Zerstörung Jerusalems im Jahre 70 verfolgte Haltung der Reichsgewalt gegenüber den Juden fortsetzte und in der Entscheidung gipfelte, die Stadt wiederaufzubauen, an der Stelle des Tempels einen Tempel für Jupiter Capitolinus zu errichten und Jerusalem in Aelia Capitolina umzubennenen. Die Opfer an Menschen waren gewaltig. Die Bestrafung der Juden nach dem römischen Sieg zeugt von unnachsichtiger Härte: Die Juden durften Jerusalem nicht mehr betreten. Die Provinz Judaea erhielt eine neue Organisation und trug fortan den Namen Syria Palaestina.

Zurück zu Persönlichkeit und Regierungsweise! Hadrian war fasziniert von der griechischen Kultur. Athen wurde seine Lieblingsstadt. Er tauchte ein in die restaurativen, romantischen und hellenophilen Tendenzen seiner Zeit. Er hatte eine große Neigung zu Künsten und Wissenschaften, ließ sich aber auch bannen von Naturerlebnissen. Er liebte den Umgang mit bedeutenden Menschen, er schätzte gute Gesellschaft und Unterhaltung. Aber er war unsicher, mißtrauisch, argwöhnisch und nachtragend, von dauernder Unruhe erfaßt. Soweit die im wesentlichen katalogartige Zusammenstellung dessen, was sich aus den Quellen ermitteln läßt.

5. *Mémoires d'Hadrien* als historischer Roman

Der deutsche Titel *Ich zähmte die Wölfin* (erstmals 1953, deutsch von Fritz Jaffé) hat etwas Trivialisierendes, das offensichtlich gewollt war. Vermutlich sollte an den Erfolg von Robert Graves' *I Claudius* (1934) angeknüpft werden, den Erfolg eines Typs unterhaltend, durchaus anspruchsvoll literarisierter Historie, der sich bis heute behauptet: *Ich Minos* von Hans Einsle (1987), *Ich Augustus* von Alan Massie (dt. 1991; engl. lediglich *Augustus*, 1986), *Ich Cyrus* von Gore Vidal (1986; engl. lediglich *Creation*, 1981) bis hin zum Roman von Renate Fabel *Ich war Cleopatras Lieblingskatze* (1986). Nun ist dem *Hadrian* Yourcenars und dem Stil des Buches das kämpferische Pathos in *Ich zähmte die Wölfin* völlig fremd, und die angedeutete, auf alle Fälle nicht auszuschließende Verallgemeinerung der Tier-Antonomasie (»Rom« als »Wölfin«) zur Menschheits-Metapher (»Bestie Mensch«, »daß der Mensch dem Menschen ein Wolf sei«) läuft den Gedanken des Romans stracks entgegen. Der deutsche Titel ist also sicher verfehlt. Aber wie viele Autoren gerade historischer Romane hat auch Marguerite Yourcenar durchaus populäre, ja triviale Momente künstlerisch sozusagen »veredelt«: die Fiktionalisierung der »Großen« der Geschichte, Enthüllungs-Historie (z.B. im Zusammenhang der Trajan-Nachfolge), eine breit erzählte Liebesgeschichte, Prophezeiungen – die im historischen Roman leicht fallen und daher bei anspruchsvollen Autoren verpönt sind –, man denke etwa an die »Hypothese einer atlantisch dominierten Welt« (151ff.) oder an die Ankündigung, der »Bischof Christi« werde einmal in Rom residieren (314). Und im literarischen Feld des Romans im zwanzigsten Jahrhundert, nicht nur des historischen, wirkt auch der Klassizismus dieser Erzählung, das geschlossene, einsinnige, völlig darstellungs- und deutungssicher vorgetragene Konstrukt, in dem Historie und Fiktion zu verschmelzen scheinen, epigonal.

Der literarisch und intellektuell interessante historische Roman des zwanzigsten Jahrhunderts ist ein »polyhistorischer« Roman. Geschichte im Singular ist, nicht nur hier, suspekt. Der Höhenkamm der beispielhaften Werke reicht von Alfred Döblins *Wallenstein* (1918) über William Faulkners *Absalom Absalom* (1936), Bertolt Brechts Fragment *Die Geschäfte des Herrn Julius Caesar* (1939), Louis Aragons *La semaine sainte* (1958), auch Marguerite Yourcenars anderen historischen Roman *L'œuvre au noir* (1968) zu Klassikern des modernen / »postmodernen« historischen Romans wie Kurt Vonneguts *Slaughterhouse 5* (1969), Michel Tourniers *Le roi des aulnes* (1970), Thomas Pynchons *Gravity's Rainbow* (1973) oder aus der deutschen Literatur Alexander Kluges *Schlachtbeschreibung* (1964, ^{2}1978), Alfred Anderschs *Winterspelt* (1974) oder Uwe Johnsons *Jahrestage* (1970–1983): alle mehrperspektivisch, mehrsträngig, mehrstimmig erzählt, oft auch in spannungsreichen zeitlichen Kontra-Figurationen oder mit provozierenden »Leerstellen« des Sinnes. »L'œuvre au noir« etwa bezeichnet in der Alchemie jene Phase der Transformation von Substanzen, in der die eine nicht mehr und die andere noch nicht ist, ein »schwarzes Loch«, eben eine Leerstelle in der Materie: So wird sie zum Bild für das Bemühen des Romanciers, in den Verlauf der Geschichte einen von dieser her »leeren« Horizont des Unbekannten, Möglichen und Zukünftigen hineinzuschreiben.

Aber erinnert dieses metapoetische, bildhaft über die Entstehung von Dichtung reflektierende Emblem des »œuvre au noir« nicht auch an jene von Marguerite Yourcenar explizit festgehaltenen, vielleicht auch stilisierten Entstehungsbedingungen ihres *Hadrian*-Romans und erst recht an die Schlüsselerfahrungen der »Begegnungen mit dem Nichts« und der »Präsenz des anderen«, wie sie dessen erste Seiten aufzeichnen? Und erinnert dies nicht auch an jenen Satz aus der *Correspondance* Flauberts, den Marguerite Yourcenar als ein Motto ihres Romans verstand:

> Les dieux n'étant plus, et le Christ n'étant pas encore, il y a eu, de Cicéron à Marc Aurèle, un moment unique où l'homme seul a été./Als es die Götter nicht mehr und Christus noch nicht gab, kannte die Geschichte zwischen Cicero und Marc Aurel einen einzigartigen Augenblick, als es nur den Menschen gab? (321)

Es ließe sich zeigen, daß Marguerite Yourcenar ihren *Hadrian*-Roman mit ihrem gesamten historiographisch-literarischen œuvre verknüpft wissen wollte, daß dessen Formenreichtum also den »polyhistorischen« Rahmen für diesen »monohistorischen« Roman bildet – programmatisch ist beispielsweise der Plural im Titel ihres Essays *Les visages de l'Histoire dans l'Histoire Auguste* (1958), in dem eine ihrer wichtigsten Quellen für den *Hadrien* gewürdigt wird (*Essais*, 5–21). Und es ist im Grunde bereits sichtbar geworden, daß sie diesen *Hadrian*-Roman auch in eine Leerstelle ihres Bedürfnisses nach Sinn in der Geschichte hineingeschrieben hat. Eigentlich, so vermerkt sie in ihrem Essay *Ton et langage dans le roman historique* (1971, *Essais*, 289–311), spricht Hadrian nicht so sehr zu Marc Aurel, sondern zu einem »idealen Gesprächspartner, jenem Menschen in sich, der die schöne Chimäre der Zivilisation bis in unsere Gegenwart bildet, also zu uns« (»donc à nous«, 294). Die Offenheit der Geschichtsauffassung in *Mémoires d'Hadrien* ist eine der beabsichtigten Wirkung, das heißt, der Appellstruktur.

Der literarische Rang des Romans beruht sicher zum einen auf der Sorgfalt genuin historischer Erkenntnis, davon war ja bereits die Rede. Zum anderen aber und im Gegensatz zum extensiv differenzierten »polyhistorischen« Roman scheint mir hier die Intensität des Stils interessant, die offene prozessuale Reflexion, in der Geschichte beurteilt und gewertet wird. Beides hängt unlösbar, bruchlos zusammen. Marguerite Yourcenar weiß (man vergleiche die Anmerkung »Les règles du jeu«/»Die Spielregeln«, 332), daß das Durchdringen der verschiedenen »Schichten« von Geschichte ständige intellektuelle und emotionale und eben auch sprachliche Arbeit der Erkundung des anderen und der Erkundung des Selbst bedeutet. Sie hat ihren Stil an der fließenden Reflexivität Montaignes geschult, an der Anschaulichkeit Flauberts, die das je Individuelle ständig als ein mögliches Allgemeines präsentiert, schließlich an der intensiven Erinnerung und Vergegenwärtigung, an der »wiedergefundenen Zeit« (331) Marcel Prousts, und sie hat diese stilistische Intensität eingekleidet in eine römisch-antike »oratio togata« (*Essais*, 293ff.), einen »seinem Wesen nach schriftlichen« (ebd., 294), »halb narrativen, halb meditativen« Stil der Kommentare, Gedanken, Episteln, der »laut zu lesen« sei (»lire et composer *tout haut*«, ebd., 295). Um sich darin zu üben, schrieb sie abwechselnd lateinisch und griechisch (vgl. Savigneau, 193ff.) oder übersetzte ihren Text in diese Sprachen »zurück« (*Essais*, 295). Unter anderem hatte sie den ganzen Roman einmal als eine Serie von Dialogen konzipiert.

Und dieser Dialogismus prägt eben die Reflexionsstruktur des Romans. So geschlossen die Geschichte erzählt wird, so offen wird sie durchdacht. Marguerite Yourcenar ist keine originelle, innovative Philosophin (vgl. etwa Jacquemin, 101ff.). Schon gar nicht sucht sie ein System: »il m'eût toujours déplu d'adhérer [...] à un système«/»es hätte mir stets widerstrebt, einem System anzuhängen« (15), läßt sie Hadrian sagen. Es geht um ein Wiederaufnehmen, Konfrontieren, Neudurchdenken, das Zusammenbestehen und den Wechsel der Begriffe, Urteile, Gedanken und Überzeugungen. Sie werden immer dialogisch in- und gegeneinander »gehört« und begriffen. So durchdringen sich hier die in sich selbst widersprüchliche Selbsterkenntnis (»m'intéresser à moi-même[...] m'en désintéresser«/»mich für mich interessieren und dann wieder gar nicht«, 83) und das alle Sinne und den Verstand umfassende Erschließen des Universums. Hadrian wünscht sich, einmal ein Centaur, ein Naturwesen zu sein, und fühlt sich ein andermal verantwortlich für die Schönheit der Welt (148), er will die Sprache der Philosophen genauso verstehen wie das Gezwitscher der Vögel (75), die Entbehrungen, ja Askese und zugleich seine Leidenschaften ausleben, Arbeit und Wollust verwirklichen; er sieht die Welt als Theater, sich selbst als »acteur« und »acrobate«, und sucht doch nach Wahrheiten in ihr, Wahrheiten, die die der Mystik und die der Ratio sein können und so fort. Man könnte noch viele solche produktiven Widersprüche aufzählen: »Il y plus d'une sagesse, et toutes sont nécessaires au monde; il n'est pas mauvais qu'elles alternent.«/»Es gibt mehr als eine Weisheit, und alle hat sie die Welt nötig; es ist nicht schlimm, daß sie wechseln« (290). So ist das Reisen, die Grenzüberschreitung seine ureigenste Lebensfigur (vgl. 138ff.), er »reist« auch in seinem Selbstbewußtsein; und wenn er bei einem seiner Lieblingsthemen, der Astronomie, einem in der Antike ja bereits vorgedachten galileischen Weltbild vieler Kraft- und Bewegungszentren anhängt (vgl. 162ff.), dann gilt das sowohl für seine äußere wie für seine innere Welt.

Was Yourcenars Hadrian ausschließt und bekämpft, ist die einseitige, einsinnige, begrenzte Aktivität, die immer in Krieg, Gewalt und Unterdrückung endet. So wendet er sich gegen jüdischen Dogmatismus, indische Weltabkehr, aber auch gegen das sich ausbreitende Christentum (vgl. 158ff., 239, 253ff.): »Gott hat sich als Universum gewollt«/ »dieu s'est voulu univers [...] cette force unique engagée dans la multiplicité des choses [...] Protée qui est en même temps Jupiter« (159)/»jene eine Kraft, die die Vielheit der Dinge durchdringt, Proteus und Jupiter in einem«. Und wenn Hadrian gegen Ungerechtigkeit, Gewalt oder Elend ankämpft und »den Frieden erzwingt« (»je forçai la paix«, 109), dann tut er das aus einem letztlich ästhetischen Ideal der »Vielheit in der Einheit« heraus: »cette diversité dans l'unité qui fut mon but impérial« (134): »toute iniquité était une fausse note à éviter dans l'harmonie des sphères«/»jede Ungleichheit war eine falsche Note, die es zu vermeiden galt in der Harmonie der Sphären« (149). Man sieht, dieser prozessuale Dialogismus des Denkens, der als solcher mehr bedeutet als seine einzelnen Aussagen, noch dazu, wenn diese wie hier zu Stichworten verkürzt wiedergegeben werden, diese fließende Reflexivität hat an der Geschichte ein philosophisches, moralisches, poetisches und vor allem utopisches Interesse. So genau Marguerite Yourcenar die vielen militärischen, administrativen, juristischen, wirtschaftlichen, architektonischen Einzelaktivitäten Hadrians zeigt, zusammen mit seinen privaten Erfahrungen, im ganzen soll »die schönste Zeit römischen Friedens« (»les plus beaux temps de la paix romaine«, *Essais*, 6) als ein »goldenes Zeitalter der Menschheit« erscheinen (»un des âges d'or de l'humanité«, 262). In der Darstellung des »skeptischen, pragmatischen, aber von einem Ideal der *humanitas* erfüllten Kaisers« (»l'empereur sceptique et pragmatique, mais préoccupé d'un idéal d'humanitas«, Interview zit. Blot, 168) soll eine Vision des Weltfriedens (»la paix du monde«, 334) entworfen werden, die der Dekadenz der Zeit nach Hadrian bis heute (vgl. etwa 262 oder *Essais*, 20f.) entgegengesetzt ist. Insofern ist die wahre Zeit dieser Geschichte die einer vergangenen Zukunft und die Form ihrer Aussage die einer friedlich »polyhistorischen«, dezentralen Geschichtssicht als eines Appells: »tout reste à faire«/»alles das muß erst noch getan werden« (302).

Einen wesentlichen Aspekt dieses historisch genauen und zugleich konsequent utopischen Geschichtsentwurfs, der sich in der Gestalt Hadrians verdichtet, bildete für Marguerite Yourcenar von Anfang an die Liebe Hadrians zu Antinoos, daß der mächtigste Mann seiner Zeit völlig in dieser Liebe aufging.

6. Antinoos

Im Zusammenhang mit Antinoos geht es aus der Sicht des Historikers um zwei Themen: zunächst das Verhältnis zwischen Hadrian und Antinoos, dann die Nachwirkung von Antinoos' frühem Tod und das Nachleben des Jünglings im Kult. Das Verhältnis Hadrians zu dem Knaben oder Jüngling Antinoos aus Claudiopolis in Bithynien gehört in den Bereich der Päderastie, der Knabenliebe, worunter man das auf ethischen und sinnlichen Voraussetzungen beruhende Verhältnis eines erwachsenen und gereiften Mannes zu einem Jüngling unter 18 Jahren verstand, und nicht in die Kategorie der ausschließlich sexuell geprägten Beziehungen zwischen Herren, auch Kaisern, und Lustknaben, jungen Sklaven, den sogenannten deliciae. Eine Bemerkung wie die Hermann Bengtsons, daß Hadrian aus Abneigung gegen seine spröde und wenig liebenswürdige Frau Sabina seine Liebe dem bithynischen Knaben zugewandt habe, verkennt das Ereignis und zeugt eher von der Biederkeit solcher Einschätzungen, mit denen man vielleicht im Hörsaal Gelächter erregen konnte. Die traditionellen Verhaltensnormen der Römer lehnten die Päderastie, die nur zwischen Freien denkbar war, ab. Sie widersprach der römischen Moral und war bei Strafe verboten. Dergleichen war allenfalls innerhalb des Hauses, und der Familie, und dann nur mit jungen Unfreien als Sexualbeziehung denkbar. Ganz anders die Griechen, wo seit alters die Knabenliebe als Erziehungsphänomen nachweisbar ist. Solche, man möchte sagen, Vater-Sohn-Beziehungen im übertragenen Sinne erfreuten sich allgemeiner Duldung und Förderung. Man sah in ihnen die Möglichkeit, Erfahrung und Bildung weiterzugeben und so die Heranwachsenden in den wichtigen Lebensabschnitt der Volljährigkeit und Mündigkeit einzuführen, vielleicht auch die ›Krisenjahre‹ der Pubertät außerhalb des Elternhauses im Atmosphärenwechsel zu überbrücken! Ganz sicher dürfen wir in Hadrians Eintauchen in die Beziehung zu Antinoos den Philhellenen erkennen, der auch in dieser Hinsicht griechische Sitte und Gesittung nachahmte, den Philhellenen Hadrian, nicht den Graeculus, das Griechlein, wie ihn abschätzig echte, traditionsbewußte Römer nannten. Hadrian war um die 50, als er Antinoos zu sich nahm, das richtige Alter für den väterlichen Freund, Pädagogen und Liebhaber. Wie alt Antinoos war, wissen wir nicht. Wenn das Verhältnis den Regeln entsprach, unter sechzehn; denn spätestens mit sechzehn oder achtzehn, wenn der Bart zu sprießen begann, mußte der junge Grieche aus dem Verhältnis ausscheiden, jedenfalls war das so in klassischer Zeit. Es liegt mir fern, Spekulationen anzustellen; aber der Tod des Antinoos, der im Jahre 130 im Nil ertrank, entriß Hadrian den Geliebten im Jünglingsalter; er mag, dafür gibt es Anhaltspunkte, achtzehn oder zwanzig gewesen sein.

Nachwirkung und Nachleben des Antinoos begannen mit diesem Ereignis. Hadrian, der den Tod des Knaben als schweren Schicksalsschlag empfand, hat selbst die Verehrung begründet und Antinoos zum Mythos und Gott stilisiert. Die Verehrung erhielt zwei Ausprägungen, eine ägyptische und eine griechische. So wurde Antinoos auch in zwei Ausformungen zur Symbolfigur, als Osiris, gemäß der ägyptischen Vorstellung vom Werden des männlichen Verstorbenen zu Osiris, und als Dionysos in Gestalt des Ephebenideals zum Zeichen für Erneuerung, Glück und Ewigkeit. Den Griechen war es seit Jahrhunderten geläufig, Lebenden und Verstorbenen für besondere Fähigkeiten und außerordentliche Leistungen oder Wohltaten Ehrungen zuzuerkennen wie sie sonst nur für Götter beschlossen wurden: Statuen, Weihestätten wie Altäre und Tempel, Priesterschaften, Kultkollegien und Vereine, Prozessionen und Wettkämpfe an Gedenktagen. Nur hatte Antinoos keine Heldentaten im Dienste der Gemeinschaft vorzuweisen. Seine ›Leistung‹ war seine Vertrautheit mit Hadrian. In Ägypten hing die Totenvorstellung aufs Engste mit dem Gott Osiris zusammen. Dabei hatte der Tod durch Ertrinken die Besonderheit, daß der Ertrunkene nicht mehr der rituellen Bestattung, des Zeremoniells, bedurfte, um Osiris gleich zu werden, weil die Apotheose durch das Ertrinken selbst geschah. So gedachten die Ägypter eines Ertrunkenen mit besonderer Ehrfurcht.

Die Nachricht vom Tod des Antinoos verbreitete sich rasch in Ägypten und der griechischen Welt. Die von Hadrian inaugurierte Gründung der griechisch gearteten und besiedelten Stadt Antinoopolis genau dort, wo Antinoos ertrunken war, wurde ein Teil der Totenstiftung des Kaisers für den geliebten Jüngling. Bereits Ende 130/Anfang 131 erschien eine Gesandtschaft aus Thessalonike am Kaiserhof und meldete die Einrichtung eines Antinooskultes. Die lokalen Eliten, welche mit Vorliebe den Kaiserkult und andere Loyalitätskulte wie etwa den der Dea Roma pflegten, schlossen sich bereitwillig der Antinoosverehrung an, stifteten Antinooskulte, äußerten darin zugleich pietas und Dankbarkeit gegenüber dem Kaiser, von dessen großzügigen Wohltaten bereits viele griechische Städte profitiert hatten. Der Antinooskult wurde sogar in den Kaiserkult der Provinziallandtage integriert oder er entwickelte sich als ausgesprochener Jugendkult in der ephebischen Antinoosverehrung, wie zum Beispiel in Athen und Thessalonike. Die Rezipienten empfanden, was Hadrian in seiner Beziehung zu Antinoos empfunden hatte: Hingabe, Ruhe in einem beglückenden Zustand seelischer und geistiger Nähe, eine Art Erneuerung und Wiederauferstehung, wie sie sich elementar mit der Dionysos-Osiris-Antinoos-Verehrung verband. In Ägypten hat der Kaiser selbst im Sinne ägyptischer Traditionen den meisten Einfluß auf die Ausgestaltung des Kultes genommen und den toten Antinoos im Kult auf eine Stufe mit den ägyptischen Gottheiten und dem Kaiser gestellt. Die Antinoos-Verehrung wurde darüberhinaus sowohl ein Teil der Friedens-Ideologie Hadrians als auch der Erneuerung des Hellenentums als kulturgeschichtlichem Phänomen, in deren Rahmen Antinoos eine entsprechende Funktion erhielt und zum Symbol einer besonderen Sinngebung wurde.

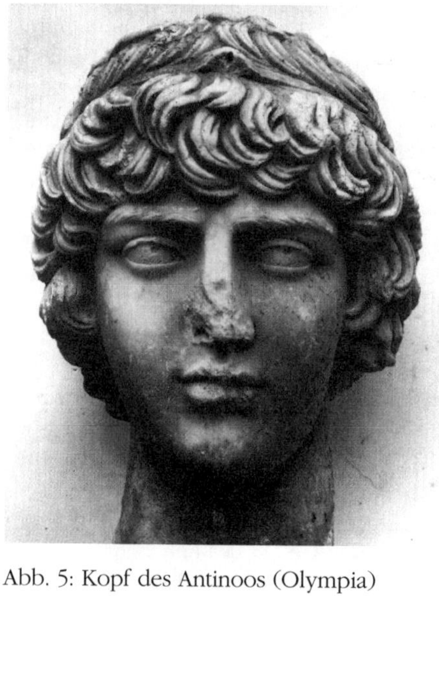

Abb. 5: Kopf des Antinoos (Olympia)

Überall wurden Statuen des Antinoos aufgestellt. Der Ephebe Antinoos wurde als Dionysos dargestellt. In Ägypten wurde ein Antinoos-Obelisk, vielleicht in Antinoopolis, errichtet, den man heute auf dem Monte Pincio in Rom bewundern kann. Das Bild des Antinoos erschien auf Münzen, auf Gemmen und anderen Gegenständen der

Kleinkunst. Etliche noch erhaltene Inschriften zeugen ebenfalls von der Antinoosverehrung. Diese war so nachhaltig, daß zahlreiche christliche Autoren zwischen dem 2. und 5. Jahrhundert sich Mühe gaben, die Anhänger des Kultes abzuwerben und zu verdeutlichen, daß das Heil nicht bei Antinoos zu finden ist.

Marguerite Yourcenar hat die gesamte verfügbare bildliche Hinterlassenschaft selbst gesehen und auf ihren Reisen die Museen und Orte besucht, in denen die Kunstwerke in der Regel noch heute zu besichtigen sind.

7. *Mémoires d'Hadrien* und der deutsche Roman des Exils

Der *Hadrian*-Roman von Marguerite Yourcenar »ist das Schönste, das mir seit langem vorgekommen [...], von einer bis zur Vexation gehenden Echtheit der Fiktion« und »wissenschaftlich gewaltig fundiert«, schrieb Thomas Mann 1953 an Claire Goll (zit. Savigneau, 284). Da zeigt sich wieder einmal das sichere literaturkritische Urteil, aber spricht vielleicht auch eine gewisse Verwandtschaft der Interessen aus diesem Lob? Auf alle Fälle ist die Verbindung von Exilsituation und historischem Roman etwas gattungstypisches und für die deutsche Exilliteratur sicher prägend.

> Il fallait peut-être cette solution de continuité, cette cassure, cette nuit de l'âme que tant de nous ont éprouvé [...] pour m'obliger à essayer de combler [...] la distance me séparant d'Hadrien./Vielleicht war diese Auflösung der Kontinuität notwendig, dieser Bruch, diese seelische Nacht, die so viele von uns empfunden haben, vielleicht zwang erst sie mich zu dem Versuch, den Abstand zu überwinden, der mich von Hadrian trennte. (326)

Wie die deutschen Autoren führte auch Marguerite Yourcenar das erfahrene Vakuum an Identität und Geschichte, das sie in der Fremde erfuhr, zur neuerlichen Orientierung an der Vergangenheit, so daß aus den Phantasievariationen der Geschichte ein Gegenbild zur eigenen Zeit entstand. »Wo Exil ist, da ist auch der historische Roman«, schreibt Döblin. Und insbesondere zu zwei sonst schwer zu vergleichenden, prominenten deutschen Exilromanen scheint mir eine interessante strukturelle Verwandtschaft zu bestehen, zu Thomas Manns *Joseph*-Tetralogie (1933–1943) und zu Heinrich Manns *Die Jugend und die Vollendung des Königs Henri Quatre* (1935 und 1938).

Natürlich ist die Antinoos-Geschichte dem *Josephs*-Roman thematisch verwandt: Der Mythos des Osiris und des Dionysos, von Tod und Auferstehung, ist eine wichtige Quelle für den *Josephs*- Roman, und diesem Mythos überantwortet Hadrian seinen jugendlichen Geliebten. Hier wird der einzelne Mensch mythisch überhöht, während dort die Mythologie in ihrer kultischen Wiederholung das Leben des einzelnen prägt. Aber Hadrian entmythologisiert auch. Nicht nur steht er aller für real gehaltenen Mythologie skeptisch gegenüber, die entscheidende Phase der magischen Versuche, die der junge Antinoos zuletzt tragisch ernst nimmt, leitet Hadrian mit den Worten ein, daß »der Weise zu solchen Dingen zwanzigmal im Jahr seine Meinung ändert; mein Skeptizismus stritt in mir mit meinem Wissensdurst, Enthusiasmus mit Ironie« (198). Die psychische Belastung des Antinoos vor seiner Tat (vgl. 215) ist ihm wichtiger als diese selbst, genauso wie sein eigener Schmerz nichts vom Olympier Zeus oder vom Weltenretter übrigläßt: »es gab nur noch den Mann mit grauen Haaren, der schluchzte« (»il n'y eut plus qu'un homme à cheveux gris sanglotant«, 216), oder wie der etablierte Kult ihn nicht zu trösten vermag. Für Yourcenar wird Antinoos zur

Figur der sich selbst überwindenden Liebe: Es geht um eine durchaus Thomas Mann vergleichbare Humanisierung des Mythos. Mit den Worten ihres Hadrian »Je suis comme nos sculpteurs: l'humain me satisfait; j'y trouve tout, jusqu'à l'éternel.«/»Ich bin wie unsere Bildhauer, das Humane genügt mir, hier finde ich alles, bis hin zum Ewigen« (145/146).

Mit Heinrich Manns *Henri IV*-Roman verbindet Marguerite Yourcenar das Bemühen um das Portrait eines vorbildlichen Herrschers, seiner Zeit verhaftet und zugleich ein verklärtes Gegenbild zur eigenen finsteren Gegenwart, die Verbindung von Skepsis und Utopie, Körper und Geist, Macht und Liebe, aber auch, dem gemeinsamen Vorbild Montaigne verpflichtet, das Fluktuierende der Reflexion, die Gesprächsstruktur der Wahrheiten, die Kultur der intellektuellen Reise und die Toleranz der Gegensätze als politisches Programm. Kurz, man hat den Eindruck, daß, wie es oft von Kindern berichtet wird, die Geschwister sich dann am besten verstehen, wenn sich ihnen noch jemand drittes, fremdes zugesellt.

8. Zur Rezeption der Antike in unserer Zeit – ein Ausblick

Wir schließen mit einem kurzen Abschnitt über die Rezeption der Antike in unserer Zeit. Es geht nicht um Deutung, Analyse und Wertung. Es geht um Auffälliges, um einen Ausblick im wörtlichen Sinne. Die Antike umgibt uns wie eh und je, sie durchweht die Künste und beeinflußt sie. Eine andere Frage ist, inwieweit die Bildungsprogramme und Lehrinhalte noch die Voraussetzung schaffen für Wahrnehmung und Verständnis. Die plakative und undifferenzierte Andeutung mag genügen! Bildungspolitik ist nicht unser Gegenstand. Vielmehr sollen Eindrücke, welche sich ganz der Schönheit unseres Themas zuordnen lassen, das über Yourcenar und ihren Hadrian Gesagte abrunden.

Eine unlängst in England erschienene Einführung in das Studium der Altertumswissenschaften zeigt eine Landkarte mit mehreren Kontinenten und vielen Ländern (von den Vereinigten Staaten über Europa und Nordafrika bis zum europäischen Teil Rußlands und zum Nahen Osten) und benennt sie ›The Classical World‹. Diese Karte will die Vorstellung vermitteln, daß Erbe und Rezeption des Altertums eine weite Ausdehung haben und gleichsam ›weltweit‹ angesiedelt sind. Von einem herausragenden literarischen Zeugnis, das aus der Rezeption einer römischen Kaiserfigur entstanden ist, handelte unser Vortrag. Wer sich mit zeitgenössischer Literatur beschäftigt und Dichtung liest, weiß, daß man auf Schritt und Tritt dem Altertum begegnet. Aber diese Spur soll hier nicht weiter verfolgt werden. Es geht um Kontraste und Einblicke in andere Künste: die Architektur, politische Karikatur sowie Malerei, Plastik und Installation. Nur zwei aktuelle Beispiele aus der Literatur sollen nicht unerwähnt bleiben: Im Garten des irischen Dichters Jan Hamilton Finley steht eine Büste des griechischen Sonnengottes Apoll, in den Gesichtszügen Saint Justs gestaltet. Seamus Heaney, ebenfalls irischer Dichter und Träger des Nobelpreises für Literatur, beschäftigt sich, um nur einen Text herauszugreifen, in dem Gedicht »A Daylight Art« (›Eine Tageslicht-Kunst‹) mit Sokrates und dessen Lebenshaltung.

Nachwirkung und Einfluß der antiken Baukunst äußern sich bis heute neben bloß formalen Anlehnungen, die sich immer finden, in intellektueller Anregung, akademischer Vertiefung, philosophischer Auseinandersetzung, idealisierender oder programmatischer Umsetzng. Der amerikanische Architekt Peter Eisenman verdient in diesem Zusammenhang besondere Aufmerksamkeit: Er begann mit 28 Jahren in Cambridge ein Studium der Bau- und Geistesgeschichte bei einem Historiker, verlor sich zeitweise in der Linguistik eines amerikanischen Sprachforschers, vertiefte sich in die antike Philosophie ebenso wie in die neuzeitliche und übernahm schließlich den Dekonstruktivismus des französischen Philosophen Jacques Derridas. Das Mystische, Zufällige, Chaotische in Eisenmans Architektur wiederholt, so scheint es, in ungeordneter Bewegung das anfängliche Fragen und neugierige Entdecken der archaischen Zeit Griechenlands. Nicht von ungefähr ist Eisenman beeinflußt von einer belebenden Neigung, ja Hingabe zu Historie und Philosophie! Spielerisch und phantasievoll belebt die antike Mythologie das Feld der Architektur: Ein aus zwei Wohnhäusern, einem Haus für die Familie und einem für die Gäste bestehender Wohnkomplex in der Nähe von Wiesbaden trägt antike Götternamen: Haus der Delia, ein Name für Artemis, und Haus des Saturn. Für das Architektenteam versinnbildlichte der Gott Chronos-Saturn die dunklen, statischen und undurchdringlichen Elemente, die Göttin Artemis-Delia Natur und Heiterkeit. Diesen Kontrast wiederholen die beiden Häuser. Oder ein weiteres Beispiel: Anfang November 1994 wurde in Frankfurt/Main der Grundstein gelegt für ein Hochhausprojekt, das demnächst fertiggestellt sein soll: Zwei Bürotürme, Kastor und Pollux genannt, werden entstehen – die Dioskuroi, Söhne des Zeus, die göttlichen Brüder – ungleich ihre Fähigkeiten, Rossebändiger der eine, Faustkämpfer der andere, ungleich auch die im Bau befindlichen Bürotürme! Direkte Umsetzung begegnet uns in dem von Rocardo Bofill für Barcelona entworfenen Katalanischen Nationaltheater. Monumental erhebt sich das Bauwerk als dorischer Tempel mit Säulenumgang!

Aus dem Bereich der politischen Karikatur sind zwei sehr sinnfällige Beispiele ausgewählt: Die Süddeutsche Zeitung veröffentlichte in ihrer Ausgabe vom 27./28.Januar 1990 Auszüge aus einer Rede Richard von Weizsäckers vor Schweizer Studierenden über das Thema »Die Herausforderung. Europäische Tugenden in einer Zeit des Umbruchs«. Cornelia von Seidlein hat eine Illustration beigefügt: die Dame Europa, stehend, griechisch gewandet, näht an einem als Kontinent Europa stilisierten Stierfell. Im März dieses Jahres erschien in der Frankfurter Allgemeinen Zeitung anläßlich der Albanien-Krise eine Zeichnung: neben dem durch bereits in Flammen geratene Pulverfässer symbolisierten Albanien wartet der sorgenvoll nach hinten schauende europäische Stier; die Vertreter der Europäischen Union, die er auf dem Rücken trägt, starren auf das explosive Gefahrengut.

In der Tradition des deutschen Idealismus und der humanistischen Bildung steht Joseph Beuys: Pathetisch, akademisch erhaben ist sein Zugang zu Mythologie, Religion und Geschichte des Altertums; nicht Spiel, Verwandlung und Inszenierung wie bei Luigi Ontani, auf den wir gleich zu sprechen kommen, sondern intellektuelle Auseinanderstzung auf hohem Niveau.›Hauptstrom Jupiter – Beuys und die Antike‹ hieß eine Ausstellung 1993 in der Münchner Glyptothek. 1971 beschrieb Beuys während einer Auseinandersetzung mit der Leitung der Düsseldorfer Kunstakademie ein Aktionsplakat mit einem Satz des um 287 v. Chr. in Syrakus geborenen Mathematikers und Technikers Archimedes: »Gib mir einen Ort, wo ich zu stehen vermag und ich bewege die Erde!« Gottlieb Leinz untersucht im Katalog zur Ausstellung von 1993 Beuys' Annäherungen an die Antike in vier Themenbereichen: Heroische Frauendarstellungen – der Künstler als Demiurg, Demiurg hier im Sinne des schöpferischen Ordners – Dionysische Mania und Hauptstrom Jupiter!

Die Bildwerke und Inszenierungen des Italieners Luigi Ontani sind auf oft heitere Weise voller Bezüge zur antiken Mythologie und Geschichte! Ontani selbst spielt die Hauptrolle in seinen szenischen Arbeiten. Er schlüpft in die Rolle der klassischen olympischen Gottheiten oder er ›verkörpert‹ die römische Wölfin Romulus und Remus säugend. Mit Luigi Ontani kehren wir aber auch direkt zurück zu Kaiser Hadrian und einer Hauptfigur seines

Abb. 6: Luigi Ontani, AdrianAntinoo

Lebens sowie des Romans, der hier im Mittelpunkt stand, nämlich Antinoos. Hadrian und Antinoos, ›AdrianAntinoo‹, zieren als Januskopf eine Art Hermenpfeiler! Der januskköpfige AdrianAntinoo steht am Ende des kurzen Ausblicks. Und mit diesem Kunstwerk schließt sich auf feinsinnige Weise der Kreis zu Marguerite Yourcenar.

Literatur

Marguerite Yourcenar: *Mémoires d'Hadrien*. Suivi de Carnets de notes de *Mémoires d'Hadrien*. Paris: Gallimard, 1974 (GF 921).
– *Ich zähmte die Wölfin. Die Erinnerungen des Kaisers Hadrian*. Deutsch von Fritz Jaffé. München: dtv, 1961 (dtv 1394 und dtv Großdruck 25017).
– *Œuvres romanesques*. Biblioteque de la Pléiade, Paris: Gallimard, 1982.
– *Essais et mémoires*. Bibliothèque de la Pléiade, Paris: Gallimard, 1991.

Herbert W. Benario: »A commentary on the Vita Hadriani in the Historia Augusta.« In: *American Classical Studies*, vol. 7. Chico, Calif. 1980.

Hermann Bengtson: *Grundriß der römischen Geschichte. Republik und Kaiserzeit bis 284 n. Chr.* München ^{3}1982.

Karl Christ: *Geschichte der römischen Kaiserzeit. Von Augustus bis Konstantin*. München ^{4}1995.

Alfred Heuß: *Römische Geschichte*. Braunschweig ^{4}1976.

Hugo Meyer: *Antinoos. Die archäologischen Denkmäler unter Einbeziehung des numismatischen und epigraphischen Materials sowie literarischer Nachrichten*. München 1991.

Harry C. Rutledge: *The Guernica Bull. Studies in the Classical Tradition in the Twentieth Century*. Athens, Georgia 1989.

Remy Poignault: *L'antiquité dans l'œuvre de Marguerite Yourcenar: littérature, mythe et histoire*. 2 Bände. Bruxelles: Latomus, 1995 (Collection Latomus 228).

Georges Jacquemin: *Marguerite Yourcenar: Qui suis-je?* Lyon: La Manufacture, 1985.

Jean Blot: *Marguerite Yourcenar*. Paris: Seghers, 1980.

Josyane Savigneau: *Marguerite Yourcenar. Die Erfindung eines Lebens*. Frankfurt: Fischer 1997 (Fischer 13558).

Hugo Aust: *Der historische Roman*. Stuttgart/Weimar: Metzler, 1995.

Hans Vilmar Geppert: *Der historische Roman. Traditionen, Strukturen, Vergleiche*. Tübingen/Basel: Francke, erscheint 1998.

Große Werke der Literatur

Herausgegeben von Hans Vilmar Geppert

Band I

1990, 246 Seiten, DM 34,–/ÖS 265,–/SFr 35,–
ISBN 3-7720-2501-3

Inhaltsübersicht: N. Oettinger, Isländische Edda und indische Veden. Ein mythologischer Vergleich; *A. Baruzzi,* Platon: "Politeia"; *M. Lausberg,* Ovid: "Metamorphosen"; *J. Janota,* Der Tristan-Roman des Gottfried von Straßburg; *Th.M. Scheerer,* Miguel de Cervantes: "Don Quijote"; *W. Pache,* Laurence Sterne: "The Life and Opinions of Tristram Shandy, Gent"; *H.V. Geppert,* Karl Philipp Moritz: "Anton Reiser"; *Th. Stammen,* Johann Wolfgang von Goethe: "Unterhaltungen deutscher Ausgewanderten"; *M. Wegner,* Fjodor Dostojewski: "Die Dämonen" – ein Roman der Warnung?; *M. Pütz,* Herman Melville: "Moby-Dick"; *H. Koopmann,* Thomas Mann: "Der Zauberberg"; *H. Krauß,* Albert Camus: "Der Fremde"; *H. Reimann,* Lampedusas Sizilien: Die Konstruktion von Wirklichkeit durch Dichtung (Tomasi di Lampedusa: "Il Gattopardo"); *S. Müller,* Arno Schmidt: "Kaff auch Mare Crisium" – Teleskopie und Mikrologie der Erfahrung

Band II

1992, 291 Seiten, DM 34,–/ÖS 265,–/SFr 35,–
ISBN 3-7720-2502-1

Inhaltsübersicht: E. Blum, Das Buch Jona; *G. Gottlieb,* Herodot – Entdecker, Geschichtsschreiber, Künstler; *M. Lausberg,* Martial: "Epigramme"; *G. Wenz,* Martin Luther: "De servo arbitrio" / "Vom unfreien Willen"; *M. Hinz,* Balthasar Gracián: "Handorakel"; *H.-O. Mühleisen,* Immanuel Kant: "Zum ewigen Frieden"; *K. Spinner,* Die "Kinder- und Hausmärchen" der Brüder Grimm; *A. Ziegenaus,* Blaise Pascal: "Pensées" / "Gedanken"; *M. Pütz,* T.S. Eliot: "The Waste Land" / "Das wüste Land"; *H. Koopmann,* Alfred Döblin: "Berliner Alexanderplatz"; *Jörg Tenckhoff,* "Die Politur des steinernen Herzen. Historisches zu Arno Schmidts historischem Roman aus dem Jahre 1954"; *Th. Scheerer,* Mario Vargas Llosa: "Der Krieg am Ende der Welt"; *W. Pache,* Margaret Atwood: "The Handmaid's Tale" / "Die Geschichte der Dienerin"; *B. Schimmelpfennig/H.V. Geppert,* Umberto Eco: "Der Name der Rose"

A. Francke Verlag Tübingen und Basel

Große Werke der Literatur

Herausgegeben von Hans Vilmar Geppert

Band III

1993, 223 Seiten, DM 34,–/ÖS 265,–/SFr 35,–
ISBN 3-7720-2503-X

Inhaltsübersicht: M. Lausberg, Homer: "Ilias"; *K. Murakami,* Murasaki Shikibu: "Die Geschichte vom Prinzen Genji"; *W. Williams-Krapp,* "Das Nibelungenlied"; *J. Janota,* "Fortunatus"; *H. Krauß,* Jean Racine: "Phèdre"; *H. Koopmann,* Goethe: "Wilhelm Meisters Lehrjahre"; *D.F. Mahoney,* Novalis: "Heinrich von Ofterdingen"; *H. Zapf,* Nathaniel Hawthorne: "The Scarlet Letter"; *H.V. Geppert,* Gustave Flaubert: "Madame Bovary"; *W. Pache,* Thomas Hardy: "Jude the Obscure"; *Th. Scheerer,* Karl May: "Der Schatz im Silbersee"; *H.A. Hartmann,* Franz Kafka: "Das Schloß"; *K.H. Spinner,* Rolf Dieter Brinkmann: "Westwärts 1 & 2"

Band IV

1995, 230 Seiten, DM 34,–/ÖS 248,–/SFr 34,–
ISBN 3-7720-2504-8

Inhaltsübersicht: N. Oettinger, "Das Gilgamesch-Epos"; *G. Dharampal-Frick,* Das indische "Rāmāyaṇa-Epos"; *J. Brüning,* Euklid: "Elemente"; *M. Lausberg,* Apuleius: "Der goldene Esel"; *A. Ziegenaus,* Augustinus: "Bekenntnisse"; *J. Janota,* Wolfram von Eschenbach: "Willehalm"; *Th. Stammen,* Thomas Morus: "Utopia"; *W. Pache,* William Shakespeare: "Der Sturm"; *H. Krauß,* Victor Hugo: "Die Elenden"; *K. Spinner,* Wilhelm Busch: "Max und Moritz"; *H.V. Geppert,* Wilhelm Raabe: "Stopfkuchen"; *H. Koopmann,* Thomas Mann: "Buddenbrooks"; *H.A. Hartmann,* Gottfried Benn: "Mogue" und andere Gedichte; *H. Zapf,* William Faulkner: "Schall und Wahn"

A. Francke Verlag Tübingen und Basel